LA FÉODALITÉ DANS LE NORD DE LA FRANCE.

HISTOIRE
DU
CHATEAU
ET DE LA
CHATELLENIE DE DOUAI

PAR

FÉLIX BRASSART,

douaisien.

Châtelains, Prévôts, Gaveniers, etc.

II.

DOUAI
L. CRÉPIN, ÉDITEUR
rue de la Madeleine, 23.

PARIS	GAND
DUMOULIN, LIBRAIRE,	CAMILLE VYT, LIBRAIRE,
QUAI DES AUGUSTINS, 13.	RUE DES REGNESSES, 1.

1877.

HISTOIRE

DU CHATEAU ET DE LA CHATELLENIE

DE DOUAI.

Ouvrage tiré à *deux cent dix exemplaires* numérotés.
Il a été tiré en outre :
Vingt exemplaires sur papier fort.
Et *cinq* exemplaires sur papier vergé.

𝒩°

LA FÉODALITÉ DANS LE NORD DE LA FRANCE.

HISTOIRE
DU
CHATEAU & DE LA CHATELLENIE
DE DOUAI

Des Fiefs, Terres et Seigneuries tenus du souverain de cette ville,

Depuis le Xe siècle jusqu'en 1789 ;

Avec de nombreux renseignements généalogiques et héraldiques,

Tirés des chartes et des sceaux.

PAR

FÉLIX BRASSART,

douaisien.

Châtelains (1024-1464) et leurs vassaux.

Prévôts. Gaveniers. Seigneurs de Saint-Albin.

Eculiers - le - Comte. Damoiseaux de Dorignies, etc.

II.

DOUAI

L. CRÉPIN, ÉDITEUR

rue de la Madeleine, 23.

PARIS	GAND
DUMOULIN, LIBRAIRE,	CAMILLE VYT, LIBRAIRE,
QUAI DES AUGUSTINS, 13.	RUE DES REGNESSES, 1.

1877.

CHAPITRE QUATRIÈME.

FIEF DU

GAVÈNE DE DOUAI

OU

OFFICE DU GAVENIER.

I

Diverses significations des mots gavène, gavle, gavo. *Ce que paraît avoir été, à l'origine, le gavène à Douai et à Sin. Le gavène des cinq villages d'Ostrevant. — Formation du fief du Gavène de Douai : c'est encore un démembrement de la châtellenie ou vicomté. —Attributions et prérogatives du Gavenier. Profits de la recette de vieilles rentes domaniales à Douai et à Sin à Saint-Albin, à Dechy et Férin, à Erchin, Guesnain et Flesquières. Droits d'entrée et d'issue. Part du vinage et de l'Euwage de la Scarpe, à l'encontre du châtelain. Justice dite de Potes ou du Gavène à Douai Deçà l'eau. — Le justice ou sergent de Potes ou du Gavène.—Le receveur du Gavène.—Sort de l'antique impôt foncier, dit le gavène de Douai, après 1789. — Les coeuilloirs des rentes ou terriers du Gavène.*

Recourons encore à l'inépuisable trésor d'érudition, à ce Glossaire où se trouve le moyen âge presque tout entier ; Dufresne du Cange nous apprendra ce qu'on désignait par le mot *gavène* ou *gavle* : « GAVENA. *A Flandrico* gave, gaven, *id est donum seu munus.* » Voilà une première signification : le « gavène » est une sorte de « don gratuit » payé au prince par une communauté ou une agglomération quelconque. — « GABLUM. *Census, tributum, reditus. Ex Saxonico* gafol *vel* gafel, *eadem notione. Nostris etiam gavle.* »(1) C'est aussi un cens, un tribut, une redevance ; nous dirions aujourd'hui : un impôt.

A Douai, on appelait «rentes de gavène» des redevances annuelles de nature foncière consistant les unes en grains, les autres en chapons, sols douaisiens, etc. A l'époque où les documents écrits abondent, c'est-à-dire dès le XIIIe siècle, il n'y avait plus qu'un certain nombre d'héritages déterminés, qui dussent acquitter ces rentes ; mais nous ne pensons pas qu'on doive en conclure que l'impôt ait été inégalement assis à l'origine. Au contraire, nous inclinons à croire qu'il avait été établi sur les mêmes bases pour toutes les propriétés de même nature : tant pour les maisons ou les terrains propres à bâtir, tant pour les jardins, tant pour les terres en labour. En ce qui concerne les terrains propres au jardinage, la quotité de l'impôt a même été retrouvée par feu M. Guilmot, l'infatigable chercheur des antiquités douaisiennes. Voici en effet ce qu'il nous apprend : « *Courtil*, au pluriel *courtieulx*, jardin, terrain d'une étendue déterminée, qui devait une rente foncière, privilégiée et irrédimible, pour cause de sa concession. A Douai, dans tout l'Ostrevant et dans quelques parties de l'Artois, le cour-

---

(1) *Glossarium,* Paris, 1843, in-4°, III, pp. 432 et 497.

til contenait une coupe de terre ou 11 ares 30 centiares et demi, quart de la rasière, et devoit de rente, par an, huit sols douisiens (20 deniers tournois) et deux chapons (1) ».

On est donc autorisé à croire que la rente de « gavène » a été, à l'origine, le prix de la concession, faite par le souverain, de tout héritage de nature cotière ou roturière, situé dans la ville et la banlieue de Douai, ainsi qu'au village de Sin. Puis, le domaine du prince allant toujours s'amoindrissant par les inféodations et les concession à autre titre, une certaine quantité de ces rentes en aura été détachée, soit pour former des fiefs, comme nous en rencontrerons dans le cours de ce travail, soit pour être convertie en rotures. La somme des rentes qui demeura attachée au domaine, après la dernière concession, retint pour elle-même le nom de « gavène. » Elle s'attribua en outre un caractère privilégié, tel que de primer toutes autres rentes foncières qui pouvaient être dues par l'héritage ainsi grevé. Témoins ces mentions tirées du précieux « cœuilloir » de rentes du mois d'octobre 1291, connu sous le nom de « cartulaire Jehan De Franche » :
« En l'escroëte de Deuwioel. En la rue des Meriens. Sur la maison Williaume de Harnes, qui siet entre le tenement Williaume Malet, qui fut Grard Hieraut, et le tenement Williaume Le Waukier. *Après le gavène*, vij sols et vj deniers parisis. En l'autre renc. Sur la maison Williaume Le Waukier, qui fut Symon Cluignart, qui siet entre le tenement Marien Goulet et le tenement Williaume Le Waukier. *Après j quartier de gavène*. j. marc (2) ».

---

(1) *Supplément au Glossaire de la langue romane* de Roquefort, Paris, 1820, in-8o, p. 99, col. 2.

(2) Arch., des hosp., fonds des Chartriers, no 180 de l'*Invent.* de 1839.
Plus tard, la seconde de ces rentes paraît avoir été payée par la ville, à cause du *Petit* ou *Nouveau-Rivage*, pour l'établissement duquel plusieurs maisons avaient dû être démolies (1re moitié du XVIe siècle).

Tel était donc à Douai l'état de cet antique impôt foncier, quand le prince en inféoda la recette à quelque grand vassal.

L'origine domaniale des rentes dépendant du « fief nommé gavle et espier » de Douai est affirmée avec raison dans des lettres patentes datées de Bruxelles, le 4 décembre 1498, et adressées au Gavenier de Douai ; « semblables gavenes », dit le prince, « sont de notre anchien demene »; et il ajoute: « Nos predecesseurs, comtes de Flandres et de Haynnau, ont, dès loing temps et tel qu'il n'est memoire du contraire, ordonnez et instituez, et par nous sont de present entretenus, dix-sept personnaiges, nommez les haulx renneurs (1), aux gaiges d'une livre de gros chacun d'iceulx par an, et à notre charge et payez sur notre demaine. Lesquels, à ceste cause, sont tenus, chacun an, durant le mois de juillet seulement, tenir leur siege et plaizs en notre Chambre des comptes à Lille ». Ces lettres patentes sont transcrites dans un registre, avec « pluseurs enseignemens » tendant à « demonstrer que le deu (*les rentès*) du gavene de Douay est executoire reellement, et meismes que, pour le faict dudit gavene, les haultz renueurs de la conté de Flandres en doibvent avoir la congnoissance et nulz aultres » (2). Les difficultés, qui s'élevaient entre le receveur féodal des rentes du « gavène » de Douai et les contribua-

---

(1) Sur les « hauts reneurs », membres de la « Chambre des renenghes de Flandre », cf. *Messager des sc. hist. de Belg.*, Gand, 1840, in-8o, p. 289.

« Reneurs », en latin *ratiocinatores*, calculateurs, vérificateurs de comptes. Cf. D'Oudeghersl, *Annales de Fl.*, édit. Lesbroussart, Gand, 1789, in-8o, II, p. 517.

Déjà en 1296, le comte Guy parlait de sa « renenghe de Flandres » où se vérifiait le compte du « recheveur de nostre gavre de Douay ». (Hautcœur, *Cartul. de l'abbaye de Flines*, Lille, 1873, in-8°, I, p. 365.)

(2) Arch. départ., Ch. des comptes, reg. D 33 ou « Cartulaire du gavene de Douay » renouvelé en 1551.

bles ou débiteurs de ces rentes domaniales, étaient donc jugées, lorsque notre ville était assujétie à la domination flamande, par un tribunal spécial, qu'on appelait la « Chambre des renenghes de Flandres » et dont les assises annuelles, nommées aussi « renenghes » ou « rennengues », se tinrent longtemps à Lille, plus tard à Bruges, puis à Gand.

En nous résumant, nous dirons qu'à notre avis le « gavène, gavle ou espier » de Douai fut, à l'origine, un impôt foncier établi au profit du souverain, suivant certaines règles auxquelles présida l'égalité. Il grevait tous les héritages roturiers situés en la ville et en l'échevinage de Douai, ainsi qu'au village de Sin. Bien entendu que les terres féodales, tenues du prince soit directement, soit indirectement, n'en furent point frappées, quoique situées et enclavées dans cette circonscription.

Au XIII° siècle, le « gavène » est plus souvent appelé « espier » de Douai, *spicarium*, et l'officier féodal, auquel resta le nom de Gavenier, est désigné sous l'appellation de « receveur de l'espier de Douai, » *receptor spicarii Duacensis*. (Voir ci-après, article II, sous les années 1244, 1249, 1255.)

A cette époque, l'expression « domaine du prince », employée officiellement dès le XVI$_e$ siècle, n'était point usitée ; à Douai, l'on disait « l'espier » ou le « gavène du comte » ; le domaine s'appelait aussi « l'espier », à Lille, Gand, Courtrai, etc.; le « lardier » à Bruges, Bergues, etc.

Les « briefs de l'espier », c'étaient les registres où l'on inscrivait les comptes du domaine du prince.

Le souverain de Douai profitait aussi d'un droit de « gavène » dans cinq villages du comté d'Ostrevant, à savoir : Dechy, Férin, Erchin, Guesnain et Flesquières, tous situés à peu de distance de la ville. Il est aisé de reconnaître, dans cet impôt, que nous ne croyons pas aussi anciennement établi que le gavène de Douai et de Sin, le prix de la protection que le souverain de Douai assura à ces villages ; ceux-ci en effet avaient grand besoin d'acheter la bienveillance de leur puissant voisin : on sait qu'ils se trouvaient placés dans un pays pour ainsi dire étranger, à une heure de marche de la ville, sans château fort pour leur sûreté, et sans seigneur adonné au métier des armes pour les défendre ; car Dechy et Férin appartenaient à l'abbé de Saint-Amand ; Erchin, Guesnain et Flesquières (près Cantin), à l'abbesse de Maubeuge. Ce qui nous fait croire que le souverain de Douai n'eut qu'assez tard le droit de « gavène » dans ces cinq villages, c'est qu'anciennement le comte d'Ostrevant, seigneur de Bouchain, en était l'avoué. On est autorisé à croire que cette protection éloignée aura été jugée insuffisante, et qu'alors les abbayes ou les villages sus-nommés auront traité avec un prince mieux placé pour les défendre.

L'impôt dit « gavène » étant bien connu, occupons-nous de la question de savoir comment a été formé le « noble tenement » connu sous le nom de « fief du gavène de Douai. »

Déjà à plusieurs reprises nous avons eu l'occasion de dire qu'il nous semblait, lui aussi, être un démembrement ou « esclissement » de la châtellenie. Comme le meilleur argument, pour établir cette proposition, sera tiré des attributions elles-mêmes du Gavenier, nous allons commencer par les énumérer ici, d'après le dénombrement du 1ᵉʳ mars

1512 (1); nous en ferons suivre chaque paragraphe par un commentaire.

« C'est le rapport et le denombrement que je fais et baille à l'empereur et à notre très-redoubté seigneur Mʳ l'archiduc d'Austrice, prince de Castille, etc., duc de Bourgogne, comte de Flandre, d'Artois, etc., de tout un certain fief et tenement à moy appartenant, appelé le fief du gavesne de Douay, à dix livres de relief. Lequel gavenne je prends et cœuille tant en bled, en avaine, en chapons et en sols douisiens, comme en autres parties, sur plusieurs heritages seans tant ès ville et eschevinage de Douay et de Sin, comme ès terroirs *et villes* (2) de Fiérin, Flequières, Erchin, Ghesnaing et Dechy, tant en advaine, comme en sols douisiens. Desquelles rentes la déclaration s'ensuit :

» Premier. M'est dû, à cause dudit fief, chacun an heritablement, en la ville de Douay et de Sin, sur plusieurs terres et manoirs estans ès ville et echevinage de Douay et de Sin, chacun an au jour Saint-Remy, à la priserie que les eschevins de la ville de Douay y mettent chacun an au jour de Saint-Remy, en le halle de ladite ville, comme il

---

(1) L'original de ce dénombrement est indiqué comme reposant à la Chambre des comptes, dans un inventaire des fiefs de Douai, dressé vers la fin du XVIIIᵉ siècle. (Arch. départ., D 78.) Il n'existe plus aujourd'hui.

L'auteur en possède une copie délivrée par Godefroy en 1779.

Cf le dénombrement de 1372, *Preuves*, nᵒ XCIX.

(2) Et non *de Villers*, comme il est écrit dans ce dénombrement.

Il paraît que l'erreur se perpétua de siècle en siècle ; en effet nous avons vu, aux archives de la ville, lay. 225, une quittance en partie imprimée, datée de l'an 1707 et commençant ainsi : «Je soubsigné étably à la recepte des rentes et droit dû au Gavenne de la ville de Douai, Sin-le-Noble, Férin, Flecquières *Villers*, Erchin, Guesnaing et Decy…… »

Or, le Gavenier ne levait aucune rente à Villers.

L'erreur n'était pas encore commise dans le dénombrement de 1372, où les noms des « cinq villes d'Ostrevant » sont exactement indiqués.

peut apparoir par le papier et cartulaire (1) dudit gavaine, de ce faisant mention : la somme de 41 muids 7 rasières et une coupe de bled. Item. M'est dû : la somme de 27 muids 5 rasières d'avaine ».

» Item. M'est deu, à cause de mondit fief, chacun an heritablement, en la paroisse Saint-Aubin estant en la ville de Douay, sur plusieurs terres et manoirs estant en ladite paroisse et eschevinage de ladite ville de Douay, au jour de Saint-Remy, à le priserie que les eschevins de Douay y mettent chacun an, audit jour de Saint-Remy, en le halle de ladite ville : la somme de 17 rasières de bled. Item. M'est dû : la somme de 13 muids une rasière d'avaine, et 5 sols 10 deniers maille parisis. »

Dans le premier paragraphe, on entend par « ville de Douai » les anciennes paroisses de Saint-Pierre et de Saint-Amé seulement, autrement dit « Douai Deçà l'eau » ; la paroisse de Saint-Albin, dite aussi « Douai Delà l'eau », est l'objet du second paragraphe.

On remarquera aussi cette particularité, que les paroisses de Douai Saint-Amé et de Douai Saint-Pierre sont comprises dans un seul et même article, avec la paroisse de Sin,

---

(1) C'était le registre ou « coeuilloir » de rentes où l'on inscrivait, article par article, et avec détails, les noms des débiteurs actuels et de leurs auteurs, la désignation du bien grevé, la somme de la rente etc.

On le renouvelait de temps à autre, en vertu d'une autorisation spéciale du prince, qui délivrait au Gavenier des « lettres de terrier », contenant pouvoir de dresser un nouveau registre, « cartulaire » ou terrier.

Ces registres étaient d'ordinaire confectionnés avec un certain luxe; ils sont aujourd'hui perdus ou détruits. On comprend de quel prix ils auraient été pour les chercheurs des antiquités douaisiennes, que d'indications ils auraient fournies sur l'ancienne topographie de la ville, les personnages, etc., etc.

Nous avons trouvé, aux archives départementales, fonds de la Chambre des comptes, une copie du terrier de 1551; registre sur papier, D 33.

tandis que Saint-Albin forme un article à part. Ce fait, à notre avis, est digne d'attention, au point de vue des origines et des antiquités douaisiennes. On sait en effet que Douai rive droite et Sin étaient considérés par le souverain de l'ancien comité d'Ostrevant comme ayant fait partie de ce comté, tandis que ses prétentions ne s'étendaient pas jusqu'à Saint-Albin : ce territoire, au contraire, était réputé ancienne terre d'Artois par le souverain d'Arras et de Lens.

Il semble donc que, même après la formation de la ville forte de Douai, s'étendant à droite et à gauche de la rivière, Douai Saint-Amé, Douai Saint-Pierre et Sin aient continué à avoir de nombreux points de contact. On sait aussi que Saint-Albin conserva longtemps une sorte d'indépendance, comme en témoignant les règlements sur le choix des échevins à Douai (1).

Mentionnons enfin les nombreux rapports qu'eurent Douai Saint-Pierre et le village de Sin. Cette dernière paroisse s'étendait (et s'étend encore) presque jusqu'à la porte Notre-Dame. Le chapitre de Saint-Pierre était le collateur et le décimateur de la paroisse Saint-Martin de Sin. Le domaine du souverain de Douai comprenait la seigneurie et haute justice de Sin, jusqu'en 1626, époque à laquelle le domaine de Sin fut engagé. Jusque-là, ce fut le bailli de Douai qui exerça à Sin l'office de grand mayeur ou bailli. L'un des cinq échevins du village de Sin devait habiter à Douai etc. (2).

(1) La situation particulière de St-Albin vis-à-vis du surplus de la ville sera exposée en détail au 5° chapitre, article I.

(2) Cf. *Sour. de la Fl. wall.*, VIII, pp. 28 et ss.

Il y avait à Sin deux « gavènes ». L'un dit « grand gavène » était levé « à la Noeufville » : c'est celui qui nous occupe en ce moment. L'autre, dit simplement « gavène », se levait sur les terres et manoirs de « Viefville », à raison, par chaque rasière, de 3 sols douisiens, 6 coupes d'avoine et

Pour le mode de perception du « gavène de Douai et de Sin», et pour celui du « gavène de Saint-Albin », il y avait des différences, que nous croyons intéressantes à noter :

» C'est assavoir que ledit gavaine (de Douai et Sin) est de telle franchise et condition, que ceux de la ville de Douay et de Sin, qui les doibvent, peuvent venir payer au receveur dudit gavenne, au jour de Saint-Remy, au jour de Toussaints enssuivant et au jour de Notre-Dame Candeleur, lequel qu'il leur plaist, à telle priserie que assise y sera au jour de Saint-Remy sur bled et advaine. Et s'il advenoist que aucuns fussent en defaut de payer son gavenne au jour de Notre-Dame Candeleur, celuy qui seroit en defaut payeroit le meilleur vente de grain qu'il debvroit, qui aroit été faite au marché de Douay jusques au jour qu'il payeroit, si plus grant vente n'avoit été faite, de le priserie dudit jour Saint-Remy. Et s'il attendoit tant que le jour Saint-Jean-Baptiste, en suivant ladite Candeleur, fut passé, il payeroit le plus haute vente qui auroit été faite, comme dit est, depuis ledit jour Saint-Remy que ledit gavenne esquiet, jusques au jour Saint-Jean-Baptiste ensuivant, et il payeroit le tierch oultre ladite vente ».

» Item. Le gavenne de Saint-Aubin est de telle franchise et condition, que tous ceux qui me doivent gavenne ont delay de payer, en nature de grain ou à le priserie dessusdite, jusques au jour de Notre-Dame de Candeleur et au jour Saint-Jean-Baptiste enssuivant. Et s'il attendoit que ledit jour Saint-Jean-Baptiste soit passé à payer leur dit gavenne, ils doibvent le plus quière (*chère*) vente qui aura

2 chapons, mais sans charge d'aucun droit seigneurial en cas de mutation (il en était autrement pour le « grand gavène ») ; la seconde redevance appartenait au seigneur de Sin. (Coutumes de Sin-le-Noble, manuscrit reposant aux archives du parlement de Flandres, fonds de la gouvernance de Douai.)

été faite au marché de Douay, depuis le jour Saint-Remy jusques au jour Saint-Jean-Baptiste en suivant. Et si payeront le tierch oultre, comme dessus est devisé. Et si, suis tenu de icelles rentes faire, en l'église Saint-Aubin, le jour que je veux aller recepvoir, et depuis, ils ont huit jours deinduirement pour payer. Et au jour qui se doiht recevoir, je suis tenu de aller ou faire aller mon receveur de maison en maison, demander ma dite rente, et dois mener avec moi car ou carette, mesures et mesureurs sermentés, et porteurs au sacq, et mesurer mondit grain sur le car ou carette et à mes dépens ».

L'article suivant concerne le « gavène de Douai et de Sin ».

» Item Qu'il est accoutumé que, la nuit (*veille*) et le jour Notre-Dame Candeleur et lendemain ensuivant, je tiens mon siege, par lesdits trois jours, pour recevoir à tous ceux qui ont volonté de venir payer les rentes de mondit gavenne, qui me sont dues chacun an au jour de Saint-Remy. Et audit siege tenir, le maire et les eschevins de la ville de Sin doivent être avec mondit receveur, quand on reçoit mes dites rentes, pour faire renseignement d'icelles et des heri' ges qui les doivent, et pour ce je suis tenu de payer les depens dudit jour ».

Quant aux trois paragraphes ci-après, ils sont relatifs aux deux « gavènes ».

» Item. M'est dû, à cause de mondit fief, chacun an heritablement, au jour de Noël, 424 chapons ou environ, ès ville et eschevinage de Douay et de Sin, qui dus me sont sur plusieurs terres et manoirs, seans ès dits lieux, à le priscrie que y mettent les eschevins de ladite ville de Douai, chacun an, au jour de Noël, ainsi que le coustume de ladite ville le porte, comme il peut apparoir par ledit cartulaire dudit gavenne ».

Le 10 octobre 1713, à Fontainebleau, fut rendu un arrêt du conseil d'État, relativement au paiement de ces rentes en chapons. Les redevables des chapons « au fief du Gavène et Espier » furent condamnés à les payer, tant pour le passé que pour l'avenir, à raison de dix patars le chapon, si mieux ils n'aimaient les fournir en nature. Il paraît que, depuis 1703, les débiteurs des chapons, composés en grande partie des communautés et des principaux habitants de la ville, la plupart officiers de la gouvernance ou de l'échevinage, s'étaient entendus afin d'empêcher le receveur du Gavène de percevoir les rentes sur le taux d'un règlement de la Chambre des comptes, de l'an 1627, en vertu duquel ils payaient au moins dix patars pour chaque chapon, et jusqu'à quatorze patards, suivant le prix des grains (1).

» Item. M'est dû, à cause de mondit fief, chacun an heritablement, au jour de Saint-Remy, sur plusieurs terres et manoirs estans ès dites ville et eschevinage de Douay et de Sin, comme il peut apparoir par le cartulaire dudit gavenno, de ce faisant mention, la somme de 42 livres 13 sols douisiens, compris ens 18 livres que me doibt, chacun an, la maison de la prevosté de Douay. »

A la suite d'une étude attentive du compte du domaine de Douai, rendu en 1187 (*Preuves*, n° XLI), nous avons réussi à découvrir les différents articles qui donnaient lieu à cette recette totale de 42 livres 13 sols, qui, déjà, en 1187, était le chiffre normal.

La justice de Douayeul (*Duaculum*) ou de Saint-Albin

(1) Archives de la ville, lay. 121.

produisait...........................	9₁	»ˢ
Le prévôt de Douai payait..........	18	»
A Sin (*ex scensu Sin*), on percevait..	10	9
Sur les prés de Saint-Albin	4	»
Le Gavène de Douayeul (*gabalum Duaculi*) produisait.	»	16
Enfin, un dernier article (*ex herbagio*) donnait.........................	»	8
Total égal....	42	13

La recette totale des rentes en argent atteignait bien, en 1187, la somme de 101 livres 7 sols 7 deniers et demi ; soit une différence, avec le chiffre précédent, de 58 livres 14 sols 7 deniers et demi ; mais celle-ci se retrouve dans cinq articles qui, pour des causes différentes, furent distraits de la recette de Douai. C'est d'abord la rente de 20 livres sur la justice de Douai, qui fut inféodée au chevalier Pierre de Douai et dont ses sucesseurs, Gaveniers de Douai, bénéficièrent, en payant d'autant moins au domaine. C'est une rente de 14 livres sur le tonlieu de Douai, éteinte d'une façon semblable. C'est une autre de 10 livres sur la monnaie de Douai qui, en 1205, et déjà en 1187, selon toute probabilité, appartenait au même chevalier, ainsi que nous le verrons plus tard. Puis, vient une rente de 13 livres sur le forage, inféodée à Pierre de Douai. Reste celle d'une livre *ex pontagio*. Quant à la dernière, celle de 14 sols 7 deniers et demi, provenant des plaids de Sin, c'était par erreur qu'elle figurait en 1187 dans la recette de Douai, attendu qu'elle dépendait de celle d'Orchies.

» Item. M'est deubt, à cause de mondit fief, sur tous heritages, estans ès villes et eschevinages de Douay et de Sin, et en la paroisse de Saint-Aubin, quand iceux heritages se vendent, ceux qui me doibvent rente à cause de mondit gavenne, nulz ne nulez qui ayent rentes sur iceux heritages n'y poeuvent ne doibvent prendre entrée ne issue, de quatre lots de vin, vin à ban et tel qu'on vend jour pour jour en ladite ville de Douay. »

Ce dernier article, assez obscur, paraît devoir être entendu ainsi : en cas de vente d'un bien grevé de rente au profit du Gavène, il était dû au Gavenier seul, à l'exclusion de tout autre possesseur de rente, un droit seigneurial (1), qui était un impôt de mutation ; nul doute qu'à l'origine ce droit n'ait appartenu au souverain lui-même, au « seigneur de le terre », comme on disait au moyen âge.

A propos de ce droit de lods et ventes, il nous paraît utile de rapprocher des renseignements fournis par le fief du Gavène ceux qui résultent du document suivant.

Un bourgeois de Douai, Guérart Le Conte, avait acheté une maison sise en cette ville, chargée d'une rente héritière

---

(1) Exemples. Le receveur du Gavène de Douai demande, en 1639, sur une maison vendue et dont on distribuait le prix aux créanciers, située rue des Chapelets, tenant au séminaire des Standons : Une rente foncière de deux chapons et huit deniers douisiens, et « pour droit seignaurial, tel que huit lots de vin, à l'advenant de 20 patars : 8 florins ». (Arch. du parlement de Flandres, fonds de la gouvernance de Douai, distributions.)
En 1580, le comte de Lalaing, Gavenier « heritier » de Douai, demande sur des maisons sises rue des Ecoles, au devant des Ecoles publiques de l'Université : une rente de 12 chapons et 49 sols 3 deniers douisiens, et « pour droits seigneuriaux d'issue » d'une vente antérieure, « tel que quatre lots au ban de la ville, apprécié 8 pattars pour chacun lot. L'ordinaire de l'issue desdits droits est seulement de 16 patars, à payer la moitié par le vendeur, pour le droit d'entrée, et par l'acheteur, 8 pattars pour le droit d'issue : » Sur le prix de ces mêmes maisons vendues par adjudication, le marquis de *Ricebourg* (ou mieux : Roubaix), prévôt « heritier » de la ville, demandait « 2 deniers tournois pour chacune livre, de droit seigneurial qu'il a droit de prendre sur toutes maisons qui se vendent par décret et sublastation de justice en cette ville ». (Arch. du parl. de Fl., greffe de Malines, sac n° 5.)

en sols parisis due aux Chartriers ; le receveur des Chartriers fait ajourner devant les échevins ledit Guérart, en concluant à ce que celui-ci soit condamné à payer aux Chartriers « quatre lotz de vin, mesure et au feur *(prix, cours)* commun de la ville, pour les droits seignouriaulx et entrée de ladite maison, attendu que l'hôpital étoit seul ayant et prenant rente heritiere sur elle ». Pour ledit Guérart, il fut répondu que la maison vendue n'étant chargée de « rente de gavène, sols douisiens, aue *(oie)* ni cappons », mais seulement de sols parisis, il ne devait « nuls drois seigneuriaux d'entrées ou yssues, lesquels ne se devoient engenrer *(engendrer)* pour sols parisis seulement ». Les échevins ayant retenu la cause en leur « advis », pour en appointer à certain jour, après vérification faite de plusieurs *lettres* (chartes) registres et *ensaignements* (renseignements) du *siége et auditoire* (tribunal échevinal), « en sur tout advis et délibération de conseil », condamnèrent, par sentence du « venredi » 21 février 1454 (v. st.), ledit Guérard à payer aux Chartriers lesdits quatre lots de vin, avec les dépens *de cette prevosté* (frais dûs au prévôt pour la vente), « à la taxation de la cour » (1).

Il existait donc à Douai diverses rentes, vestiges d'un antique impôt foncier, jouissant du droit seigneurial d'entrée et d'issue, ou de lods et ventes ; on reconnaissait comme telles les rentes de *gavène*, de *sols douisiens*, d'*aue*, de *chapons* et aussi de *sols parisis*, quoique ceux-ci fussent douteux en 1454 ; l'usage des sols parisis est beaucoup moins ancien dans notre ville que celui des sols douisiens. Donc, les rentes en blé, avoine etc., ne participaient point aux priviléges attribués, à Douai, à cet antique impôt fon-

(1) Arch. des hospices, fonds des Chartriers, no 390 de l'Invent. suppl. ms.

cier; en effet, l'impôt ou la rente en blé, avoine, etc., n'avait pu être établi à l'origine que sur les terres en labour (1).

» Item. M'est dû chacun an, à cause de mondit fief, pour un jardin appelé le Jardin de Guise, séant en la place de Barlet en Douay, qu'a tenu défunt Rogier de Deurewarde (*en 1460 receveur du Gavène*) et à présent (*1512*) Jehan Witase *dit* Pouvillon, en payant, chacun an, au jour de Saint-Remy (2). Pour une porquerie et gardin tenant audit gardin de Guise, en payant, audit jour, douze sols monnoye de Flandres ».

On nommait, au XIV° siècle, rue de Guise la petite ruelle s'ouvrant sur l'Atre Notre-Dame ou cimetière ; elle prit, au siècle suivant, le nom de rue du Refuge d'Anchin.

Dans un vieux « cœuilloir » des rentes appartenant à la bonne maison des Malades (3), renouvelé au mois de février 1324 (v. st.), on trouve cette mention : « Le tenement de Guise, se le tient le gavenier ». Dans un « cœuilloir » des rentes des Chartriers (4), nous avons relevé cette mention : 1451. « Rue Peppin, au rencq de le main senestre, ainsi qu'on y entre de la rue Notre-Dame : Maison joignant d'une part au ponchelet ou ponchel (*petit pont*) d'icelle rue et faisant toucquet sur le plache de Barlet, et d'autre part au gardin Pierre Le Thelier, qu'il tient par arrentement viager du gavene de Douai ». Pierre Le Thelier était le

---

(1) Cf. Rentes de Rieulay, art. II du présent chapitre, rentes des Pourchelets, 6e chap., art. II, etc.

(2) Le chiffre du loyer ou de l'arrentement est omis.

(3) Arch. des hospices, fonds du Petit-St-Jacques, n° 239 de l'*Invent.* de 1839.

(4) Arch. des hospices, n° 181 de l'*Inventaire*.

« clorcq » commis par les échevins pour renouveler ledit « cœuilloir ». La situation du jardin de Guise est ainsi précisée : il se trouvait sur le rang nord de la place de Barlet, entre le rempart et la rue Pépin.

Dans son dénombrement de 1372, le Gavenier déclarait être propriétaire du Jardin de Guise, qu'il louait à raison de quatre livres parisis l'an ; la « porqnerie » était déjà arrentée alors.

» Item. M'est dû, chacun an, à cause de mondit fief, 502 (1) œufs, au jour de Pasques, sur plusieurs pasturages en la ville et terroir de Sin. Lesquels œufs ont été accoutumés de payer au bailly (*de Douai*) ou receveur de Mgr, qui en dechargeoit ledit gavenne. Et à ce present, en est ledit gavenne contraint de les payer comme s'il les eût eu rechu, ce que non. Et les rechoipt le receveur de Douay, chacun an, aux bonnes gens de ladite ville de Sin, et sy les fait payer ledit receveur, chacun an, au receveur dudit gavenne, à mes depens. »

-- En effet, l'article des œufs figure deux fois dans le Cœuilloir du domaine de 1547 : 1° parmi les rentes à recevoir du Gavène; lesdits œufs estimés 20 sols parisis ; 2° comme une dette des gens de Sin, pour leur marais, à percevoir en nature. Le dénombrement de 1372 constate que déjà alors existait, entre le Gavène et le domaine, la difficulté ici mentionnée.

La rente des œufs ne figure point encore dans le compte du domaine de 1187. *Preuves*, n° XLI.

(1) *Sic* dans notre copie du dénombrement de 1512. Dans celui de 1372 : 500 œufs. Dans le Cœuilloir du domaine, renouvelé en 1547 : 501 œufs (Reg. en papier, couvert en parchemin, conservé aux archives du parlem., fonds de la gouvern. de Douai).

» Item. M'est dû, à cause de mondit fief, chacun an, audit Saint-Remy, ès chinq villes d'Ostrevant, c'est assavoir : Ferin, Flequieres (*près Cantin*), Erchin, Ghenain (*Guesnain*) et Dechy, heritablement, sur plusieurs manoirs et terres (1) estans ès terroirs et eschevinages desdites cinq villes, comme il poeut apparoir par le papier et cartulaire des rentes dudit gavenne, de ce faisant mention, à la mesure de gavenne étant en chacune desdites villes sur ce ordonné à payer ledit gavenne : la somme de 38 muids d'avoine.

» Item : Que, sur chacune des chinq villes d'Ostrevant n'a aucunes amendes, mais les loist poursievir (2) à mes despens. »

On a vu plus haut quel était le chiffre des amendes encourues par les débiteurs en retard de payer les rentes des « gavènes de Douai et Sin et de Saint-Albin ». L'impôt établi dans les cinq villages de l'Ostrevant était donc moins rigoureux que l'autre.

» Et si, suis tenu de faire publier lesdites rentes ès églises de chacune icelles chinq villes d'Ostrevant, le jour que je volrais recevoir. Et a-on accoustumé de donner à dîner les mayeurs et eschevins desdites chinq villes, à mes frais et dépens, moyennant qu'ils soient presens au siege, quand on rechoipt mesdites rentes, pour faire renseignement desdits rentes et des heritages qui les doibvent.

(1) Au XVIIIe siècle, il y avait procès entre le receveur du Gavène et les mayeur et échevins de Férin, parce que le premier prétendait poursuivre le paiement des arrérages sur la communauté elle-même, bien plus, sur la fortune personnelle desdits mayeur et échevins, qu'il disait responsables. Ceux-ci prouvaient, au contraire, que le Gavène était dû seulement par des manoirs et des terres désignés dans les terriers et les « cœuilloirs » de rentes du Gavène.

(2) Dénombrement de 1372 : « poursevir et aller querir ».

» Item. M'est dû, à cause de mondit fief, chacun an héritablement, au jour de Saint-Remy, sur plusieurs heritages et terres, èsdites cinq villes d'Ostrevant et ès terroirs d'icelles, avec les rentes d'avaine cy-dessus escriptes, la somme de 32 sols (1) ».

Nous avons indiqué plus haut l'origine présumée du « gavene des cinq villes d'Ostrevant ». Voici, touchant ce même Gavène, deux documents relatifs aux démêlés du roi Philippe le Bel et du comte de Flandre Robert III, au sujet de la possession de Douai, d'Orchies et de Lille ; on y découvre un nouvel indice tendant à établir que le Gavène d'Ostrevant n'avait pas la même origine que celui de Douai.

En l'an 1310 environ, le comte Robert avait donné une mission secrète à son « varlet » Phelippon de Bugnicourt, pour aller « envers les marches de Douway », afin de s'informer « secretement » de ce qui, dans ce quartier, pourrait ne pas dépendre de l'ancien domaine des comtes abandonné au roi (2). L'agent du comte Robert III signala comme tel à son maître le Gavène d'Ostrevant ; voici un extrait de son rapport (3).

« Cest une information envoyé à Mgr de Flandres, par lequelle on li fait savoir que aucunes villetes assises de les Douay doivent appartenir à lui et à se seignerie, par raison de garde, et ne sont de riens des appartenances de Douay ne de Lille. — Ce sont les avaines de rentes ke on

---

(1) Id.: 33 sols parisis, « qui se paient avec et par le manière d'icelle avaine ».

(2) Mandement du comte à ses commissaires dans son débat avec le roi ; daté de « Comcy », 1er octobre (1313 ?). (Arch. départ., Ch. des comptes, carton B 523; liasse de pièces portant le n° 4933. Invent. som., I, p. 85, col. 2.)

(3) Arch. départ., Ch. des comptes, supplément, carton de l'an 1300.

doit au gavene par an en ès v villes en Ostrevant. De choy Bauduins de Riulay est requelieres (*receveur*) iretaules.

» Ierchin, Ghesnaing, Flekieres. Cheli rente rechoit ont par le maieur et par les eskievins de ledite ville, et nient par autrui. Ne baillius ne siergant de Douay n'i ont counisanche ne justice, car cest de le conté de Hainnau.

» Dichy, Fierin. Tenues de mons' l'abé de Saint-Amant, et a toutes justiches, et weut maintenir li pais ke Dichis et Fierins sont de l'empire d'Alemagne.

» Encore maintienent li gent des dites villes et li eskievinages d'ieles, ke toutes les rentes devant dites furent données jadis à perpetuité au conte de Flandres, kikonkes le seroit, *en avoerie*, kil les doit tenir à droit et censer, se on les voloit fourmener, ne leur signeur ni autre ».

Ainsi, au XIVᵉ siècle, dans l'opinion de certaines personnes, le Gavène d'Ostrevant avait été établi pour payer l'*avouerie* ou la protection du comte de Flandre, alors maître de notre Flandre wallonne.

L'autre document, également sans date, mais de la même époque, est une énumération des villes, châtellenies, etc., qui étaient du patrimoine de Robert, comte de Flandre, par suite de la succession de ses père et mère, et qui ne forment aucune dépendance des châteaux, villes, châtelnies et bailliages de Lille, Douai et Béthune, que le roi de France continue à retenir illégalement. Le comte Robert réclame :…. Orchies, le Pèvele, Rasse (*Rache*), le gavenne de certaines villes d'Ostrevant, à savoir : Erchin, Genin (*Guesnain*), Flekieres, Dichy et Fierin ; Flines, Marchiennes, Saint-Amand, les fiefs de Maude et autres fiefs que le comte tenait avant les guerres, au-delà de l'Escaut ; Mortagne, qui est baronnie de Flandre, et le fief de G. de Pottes»(1).

On sait que la prétention du comte Robert n'aboutit point, et que les commissaires désignés pour conclure la paix décidèrent notamment que la châtellenie d'Orchies était réputée une dépendance de Douai.

A la fin du XVIe siècle et durant le XVIIe, dans ces temps de désolations, de guerres et de ruines, les rentes de « gavène », dont les arrérages s'étaient accumulés, devinrent une charge fort lourde pour les détenteurs de biens, qui ne tiraient plus aucun profit de leurs propriétés. A différentes reprises le Gavenier de Douai, qui voyait la recette impossible, plaida sa cause et celle de ses débiteurs auprès du pouvoir central.

Le gouvernement des archiducs Albert et Isabelle se montra fort dur en cette circonstance ; par l'ordonnance de 1602, le Gavenier devait s'emparer, au nom du prince, des biens redevables d'arrérages et les donner en toute propriété à quiconque voudrait s'obliger à payer la redevance. Il paraît que rarement on en voulait à ce prix, et le prince voyait son domaine s'accroître, malgré lui, d'une foule de biens.

On disait qu'anciennement les comtes de Flandre avaient défendu d'abandonner les terres sujettes au « gavène », sous peine par le «débirentier» d'être exécutable en personne et dans tous ses biens, *jusqu'à la dernière maille* (2).

Voilà ce qui touche la recette des droits de « gavène » proprement dits, ou des « rentes de gavène »; mais notre

---

(1) Feuille en parch., en français, très-endommagée. J. de St-Genois, *Invent. analyt. des chartes des comtes de Fl.*, Gand, 1843-6, in-4o, no 1116.

(2) *Messager des sc. historiq. de Belgique*, Gand 1840, in-8o, p. 289.

Gavenier avait bien d'autres prérogatives, que tout à l'heure nous énumérerons et dans lesquelles on reconnaîtra, à n'en pas douter, des parties « éclissées » de l'office du châtelain ou vicomte.

Auparavant il faut donner le détail des redevances que le Gavenier avait à payer au prince ou à ses ayants cause, et qui venaient balancer le compte de sa recette du droit de « gavene ». C'est toujours le dénombrement de l'année 1512 que nous suivons ici.

« Et allencontre des revenues, possessions, justice et seigneurie à moy appartenant à cause de mondit fief, je dois et suis tenu de rendre et payer, chacun an, plusieurs rentes dues d'anchienneté sur ledit gavenne, desquels la déclaration.

» Premier. A mes dits très-redoublés seigneurs, chacun an, heritablement, au jour de Saint-Pierre et Saint-Pol, 25 muis 10 rasieres 2 boisteaux de bled. Item, 37 muids 8 rasieres 2 boisteaux demy d'avaine. Ledit bled et advaine, à le priserie qui se fait chacun an, au jour Saint-Remy, en la halle de Douay, par les eschevins et conseil d'icelle ville. — Item. Leur dois, audit jour Saint-Pierre et Saint-Pol, chacun an, 19 livres 18 sols 6 deniers douisiens, et 424 cappons, non point cappons en plume, mais leur sont deubz à le priserie qui se fait chacun an, au jour de Noël, pour les eschevins de la ville de Douay, en la halle dudit lieu. — Item. Leur dois, à iceluy, 501 œufs. »

Telle était la somme de rente due par le Gavenier au « seigneur de la terre », c'est-à-dire au souverain de Douai. Il la payait entre les mains du receveur du domaine.

On peut en rapprocher l'extrait suivant du « Cœuilloir du domaine de l'empereur à Douai, renouvelé par le receveur en 1547(1) » : Le gavène dudit Douay doit, chacun an, au jour Saint-Remy, dont le paiement eschiet à faire au jour Saint-Pierre et Saint-Paul enssuivant au mois de juing, et en deffault d'icelluy l'on poeult et doibt faire exécuter l'entremecteur et recepveur d'icelluy gavene, et se paie le tout à la priserie de Douay : 25 muids 10 rasières 2 boisteaux de fourment, 37 m. 8 r. 2. b. et demi d'avaine. Item, au jour de Noël, 424 chappons. Item, audit jour, 19 livres 18 sols 6 deniers douisiens. En œufs, au jour de Pasques, 501 œufs estimez à 20 sols ob. parisis ».

En 1353, le Gavenier avait son office chargé en outre d'une rente de plus de 816 livres parisis, envers le domaine ; cette charge, très-lourde, si l'on tient compte du peu de valeur du fief du Gavène (estimé en 1400, alors qu'il en était dégrevé, à 200 livres de rente seulement), dont on ne connaît pas l'origine et qui ne résulte en aucune façon du compte du domaine de 1187 (*Preuves*, n° XLI), fut abolie en 1353, ainsi que nous l'expliquerons à l'article III.

« A Jehan de Longueval, écuyer, dois, chacun an, heritablement, audit jour de Saint-Pierre et Saint-Pol, 9 muids 2 rasieres 3 couppes de bled. Item. Dois, audit jour, 10 muids d'avaine. Bled et advaine, à le priserie telle que dessus est dite. »

La rente de 110 rasières 3 coupes de blé appartint au châtelain jusque vers la fin du XIV° siècle, ainsi que nous l'avons dit en traitant de l'office de la châtellenie. En 1187, c'étaient dix muids de blé que cet officier recevait du do-

---

(1) Arch. du parlem. de Flandres, fonds de la gouvern. de Douai, reg. en papier, recouvert en parchemin.—Cf. le dénombrement de 1373. *Preuves*, n° XCIX.

maine pour la garde de la Vièse tour (*Preuves*, n° XLI). En 1209, on la lui payait « à le noeuve tour, de l'enuaige. » (*Preuves*, n° XLVIII). Acquise par un particulier, cette rente forma dès lors un fief séparé, relevant du château de Douai ; à ce titre, nous réservons, dans notre travail, une petite place à son histoire. (6° chapitre, article IV 2°.)

Presque toutes les rentes, qui vont suivre, ont été constituées par le prince au profit de maisons religieuses et autres, après l'inféodation de la recette du Gavène. Elles étaient donc venues diminuer d'autant l'importance des sommes que le receveur des rentes de Gavène avait originairement à compter au souverain.

» Item. Dois à l'abbaye des Pretz, chacun an heritablement, audit jour Saint-Pierre et Saint-Pol, 5 muids 9 rasieres de bled, telle que dessus est dite ».

On sait que l'abbaye des Prés fut fondée vers 1215, près de Douai, en la paroisse Saint-Albin.

Etant à Lille en 1234, le lundi 8 mai (*feria secunda post Misericordia Domini*), la comtesse Jeanne donna à cette abbaye une rente de deux muids et demy (30 rasières) de blé, à prendre sur son revenu de Douai, *de redditu nostro Duacensi* (1). Nous verrons qu'en 1244 le comte lui céda une rente de 39 rasières de blé sur la recette du Gavène. Ces 69 rasières font bien la rente ci-dessus indiquée (2).

---

(1) Arch. départ., fonds de l'abbaye des Prés, orig. au dos duquel est une étiquette, avec cette mention, d'une écriture moderne : « Gavene, n° 1 ».

(2) Vers le commencement du XVIII° siècle, l'abbaye voulut se faire payer aussi de sa rente par le domaine. L'archiviste Jean Godefroy (1631-1732) fit des recherches à ce sujet, produisit le dénombrement de 1372 et certifia que, dans la collection des comptes du domaine de Douai, remontant à 1385 et se continuant jusqu'en 1664, la rente de 69 rasières ne fut jamais portée en dépense. (Arch. départ., fonds de l'Intendance, portef. D 12, intitulé: Gavène.)

» Item. A l'abbaye du Vergier-lez-Oisy, chacun an heritablement, au jour Saint-Pierre et Saint-Pol, 5 muids d'avaine, à le priserie telle que dessus est dite ».

La fondation de celle-ci remonte à l'an 1220 environ.

En 1244, le prince avait grevé la recette du Gavène d'une rente de 30 muids d'avaine en faveur du béguinage de Champ-Fleury (1); on ignore comment s'évanouit cette rente qui, déjà en 1372, n'était plus payée par 'e Gavenier. Dans la série des comptes du domaine, commençant en 1399-1400 (2), nous n'en avons trouvé non plus aucune trace.

» Est deu par moy à la cappelle dite Viese tour, chacun an heritablement, au jour dessus dit, 10 livres de douisiens».

Déjà en 1187, d'après le précieux compte du domaine (*Preuves*, n° XLI), le chapelain de la vieille tour recevait cette rente.

» Item. Est deu, chacun an, à Collart Desfossez, au jour dessus dit, 4 livres parisis monnoye de Flandres. »

Collart Des Fossez, l'un des receveurs fermiers du Gavène en 1485, possédait, en 1461 et en 1490, le fief des Pourchelets, à cause de sa femme. (6° chapitre, article II.) Il était mort, depuis plusieurs années déjà, quoiqu'en 1512 on inscrivit son nom dans le dénombrement.

Celui de 1372 attribue la rente à demoiselle Reusse Catel, veuve de Watier Picquette, et beaucoup plus anciennement à un certain Bauduin de Douâi.

En 1441, la rente de quatre livres parisis sur le Gavène

(1) Arch. départ., fonds de l'abbaye des Prés, titres provenant du béguinage supprimé en 1477.

(2) Id., Chambre des comptes, reg. D 105 et suivants.

appartenait à demoiselle Evrarde Piquette, femme du bourgeois de Douai Thumas d'Auby, en sa qualité d'héritière de son frère Jacques Piquette, dont la veuve, demoiselle Angniès Artus, était alors remariée à Heuvin de Le Pappoire (1).

» Item. A l'abbaye de Saint-Amand, 60 sols douisiens. »

Cette rente provenait de la libéralité faite en 1177 par le comte Philippe ; elle devait, d'après l'acte de fondation, être payée le dimanche des Rameaux, à employer pour le vin et le pain du sacrifice de l'autel. *Preuves*, n° XCVI.

» Item. Est deu, chacun an, à l'église Notre-Dame de Tournay, au dessus dit jour, 40 sols douisiens.

» Item. Est deu, chacun an, à l'église Saint-Pierre de Douai, au jour dessus dit, 25 sols douisiens.

» Item. Est deu, chacun an, à l'église Saint-Amé, audit jour, 25 sols douisiens. »

La libéralité avait été faite à Saint-Amé et à Saint-Pierre par le même comte Philippe en l'an 1177 ; la rente de 25 sols avait été stipulée payable le jour des Rameaux, et elle était destinée au pain et au vin de la messe.

Selon toute probabilité, la rente de Notre-Dame de Tournai fut constituée en cette même année de 1177, et elle est due à la piété du comte Philippe, qui enrichit alors un grand nombre d'églises de ses États. *Preuves*, n° XCVI.

» Item. Est dû, chacun an, à la chapelle qui fut sire Nicolas Willatte, prestre, en ladite église Saint-Pierre à Douay, 60 sols douisiens. »

(1) Arch. municip., chirog. du 21 juin 1411. Cf. Guilmot, Extraits ms., III, pp. 1340-1341.

Cette dernière rente ne figure pas dans le dénombrement de 1372.

En 1177, le comte Philippe avait donné à l'abbaye de Marchiennes 60 sols de rente à prendre sur ses revenus de Douai, le dimanche des Rameaux, pour le pain et le vin de l'autel ; mais l'abbé ayant acheté, en 1277, une dîme à Auchy-lez-La Bassée, la rente fut vendue « et li argens convertis » ou employé dans l'acquisition de cette dîme. (*Preuves*, n° XCVI.) Peut-être la rente fut-elle achetée pour la chapelle ci-dessus nommée de l'église Saint-Pierre.

Enfin le comte avait donné, toujours en 1177, pareille rente à l'abbaye d'Anchin (*Preuves*, n° XCVI), quoiqu'elle ne figure plus dans le dénombrement de 1512.

Voici comment ces rentes sont relatés dans le compte du domaine de 1187 :

Pour le saint sacrifice de l'autel. A Notre-Dame de Tournai, deux livres. A Saint-Amand, trois livres. A Marchiennes, trois livres. A Saint-Amé, vingt-cinq sols. A Anchin, trois livres. A Saint-Pierre de Douai, vingt-cinq sols. Total : treize livres dix sols. *Preuves*, n° XLI.

On les retrouve toutes sans exception dans le dénombrement de 1372.

En récapitulant tout ce que recevait et payait le Gavenier, d'après le dénombrement de 1512, la balance de son compte s'établit de la manière suivante :

En blé, la recette étant de 43 muids environ, et la dépense d'environ 40 muids 10 rasières, le profit du Gavenier était de 26 rasières environ.

En avoine, une recette de 78 muids 6 rasières, une

dépense de 52 muids 8 rasières environ; bénéfice, environ 25 muids 10 rasières (1).

En chapons, levés à Douai et Sin, une recette de 424 chapons, égale à la dépense. Dans cette somme figuraient 33 chapons dus par l'officier subalterne et feudataire appelé l'Éculier-le-Comte. (Voir 6ᵉ chapitre, article I.)

En œufs, une dépense de 501 œufs.

En « douisiens », une recette de 44 livres 5 sols, et une dépense de 40 livres 8 sols ; ce qui constituait un bénéfice moindre de 4 livres.

Et en parisis, une recette de 5 sols 10 deniers, avec une dépense de quatre livres; ce qui constituait le Gavenier en perte.

D'après le compte du domaine de 1187, le prince encaissa, cette année-là : 36 muids cinq rasières une coupe de blé, la rasière valant alors quatre sols huit deniers; en avoine, 66 muids six rasières deux coupes, la rasière d'avoine valant un sol quatre deniers; 80 muids de *mouth.*, très-probablement du brai, la rasière comptée à un sol deux deniers, valeur un peu moindre que celle de l'avoine; en argent, trente-deux livres treize sols sept deniers et demi ; et 80 chapons (2) comptés à un peu plus de six deniers et demi la pièce. Le tout avait une valeur de 249 livres 8 deniers.

(1) Anciennement la recette s'élevait à plus de 83 muids; elle s'amoindrit par une remise faite, à la fin du XIIIᵉ siècle, par le prince, et surtout par les emprises qu'il fallut faire, vers 1310, pour les fortifications de la nouvelle enceinte de Douai. Cf. le dénombrement de 1379.
En 1187, la recette brute était de plus de 93 muids.

(2) Ils provenaient du lieu dit les Prés Saint-Albin. Quant aux 400 chapons et demi des plaids de Sin (*ex placitis*) et aux 38 de la cuisine (*ex coquina*) de Douai, reportés cette année-là dans la recette du domaine

En ce temps-là, le Gavenier rendait son compte directement aux « renenghes de Flandres »; mais à une époque moins ancienne, il était déchargé en consignant le produit de sa recette entre les mains du receveur du domaine de Douai et d'Orchies, officier dont la création remonte au commencement du XIV° siècle, quand notre province de la Flandre wallonne était réunie à la couronne. Alors le Gavenier ne compta même plus avec le receveur du prince ; le produit de sa recette inféodée devint une sorte de rente fixe au profit du domaine, et il s'en couvrait sur les contribuables, à ses risques et périls.

Malgré l'inféodation de la recette du « gavene et espier » de Douai, le souverain n'en était pas moins resté le maître absolu de son domaine, qu'il grevait de rentes nouvelles, faisant, à sa volonté, des remises, des inféodations ou des aliénations quelconques. Nous avons cité précédemment plusieurs actes de cette nature ; il y en a d'autres, notamment celui par lequel le comte Guy, en 1284, charge, dit-il, « notre espier de Douay » de vingt livres de rente au profit de l'abbaye de Flines, avec ordre de paiement donné « au rechever del dit espier, ki quonkes le soit » (1) ; et

---

d'Orchies, ils ne tardèrent pas à revenir à l'office du Gavenier. Leur somme atteignait ainsi 518 chapons et demi.

Les 80, levés aux Prés Saint-Albin, furent distraits du domaine du prince, sans doute au profit du fief de Saint-Albin.

Les 38 de la cuisine semblent avoir été réduits aux 33 de l'Eculier-le-comte (6e chapitre, art. I). Vers 1270, avant certaine remise faite par le prince à des contribuables, la recette était de 439 chapons. Vers 1280, elle fut réduite au chiffre de 424, qui devint définitif. *Preuves*, n° XCIX.

(1) Hautcœur, *Cartul. de l'abbaye de Flines*, Lille, 1873, in-8°, I, p. 262.

Cette rente et la suivante, montant à 25 livres parisis, grevaient encore le fief du Gavène en 1373 (*Preuves*, XCIX) ; mais, d'après le dénombrement de 1512, le Gavenier en était alors déchargé. Plus tard, elles furent payées directement par le receveur du domaine de Douai et Orchies.

aussi celui de 1296, aux termes duquel « nostre gavre de Douay », dit-il, sera grevé d'une rente de cent sols envers la même abbaye, ordonnant « au recheveur de nostre gavre de Douay devant dit et à ceaus qui le seront pour le temps à venir », de faire ce paiement « et de tant il s'aquiteront à leur compte à nostre renenghe de Flandres » (1).

En octobre 1288, « le venredi prochain apres le jour saint Luch » (22 octobre), le même prince voulant récompenser Sarrain de Torquoing, « pour le boin service, dit-il, ke ele a fait et fera en avant à Ysabiel, n^{re} chiere compaigne », lui assigne une rente viagère de deux muids de blé sur « notre espier » de Douai et ordonne « à notre recheveur doudit espier, quicunques le soit et sera ou tans avenir » de payer exactement cette rente (2).

A la fin du XVe siècle et au commencement du XVIe, lorsque le prince a recours à des emprunts réitérés pour lesquels il s'adresse à ses sujets, il affecte en garantie ce qu'il continue à appeler « *notre* gavene de Douay », autorisant les prêteurs qui seraient en même temps débiteurs de rentes envers « notre dit gavene », à cause de « terres à eulx appartenant », à se payer « par leurs propres mains » en retenant à due concurrence ce qu'ils pourraient devoir chaque année, avec faculté de « prendre et apprehender en

---

(1) *Cartul.*, I, p. 365.

En 1301, le roi, alors maitre de Douai, voulut aussi que la rente fût assise sur son « gave » *(super emolumentis et proventibus gabuli nostri Duacensis)* et donna des ordres en conséquence *(receptori nostro ejusdem gabuli qui nunc est et qui pro tempore fuerit).* Cartul., II, p. 499.

Saint-Genois, dans ses *Monum. anciens*, I, p. 854, dit que la rente de cent sols fut établie sur le domaine de Douai par un arrêt du Conseil, du 27 mai 1687. D'après les comptes du domaine de Douai et Orchies, notamment celui de 1626-1627, le receveur payait exactement cette rente ainsi que l'autre de vingt livres, au total 25 livres parisis.

(2) Arch. départ., Ch. des comptes, 1e cartul. de Fl., pièce 143.

leurs mains notre dit gavene et le faire regir et gouverner soubz eulx » (1).

Il s'en suit donc que, pour l'intelligence des anciens actes, il ne faut pas confondre le « gavene » du prince avec le fief du Gavène, objet principal de notre étude.

Tout ce qui précède touche à une seule des prérogatives du Gavenier, la principale, puisque cet officier lui a dû son nom, c'est-à-dire à la recette héréditaire du « gavène et espier » ou du vieux domaine du prince. Nous allons maintenant exposer le surplus de ses attributions, toujours en suivant pas à pas le dénombrement de l'an 1512.

« Item. M'est dû, à cause de mon fief, le tierce part du vinaige de le riviere de Douay, qui se prend et rechoipt au lez deseure Escarpel, allencontre des autres deux parts que en tient le chastelain de Douay ou autre de luy ayant cause (*la ville, par l'achat de la chatellenie*). De laquelle tierche partie des deux dessusdis, on ne rend à cense, au jour de Saint-Remy, que 9 livres (2) dite monnoye de Flandres. »

Le vinage de la rivière de Douai, dit aussi tonlieu de la châtellenie, s'étendait depuis le pont du Châtelain jusqu'au pont des Béguines, c'est-à-dire en amont (*au lez deseure*) du vinage d'Escarpel, compris entre le pont des Béguines et le moulin d'Escarpel.

Ces droits sont détaillés dans le tonlieu de la Scarpe, rédigé en l'an 1271 et commençant par cette rubrique :

---

(1) Lettres patentes du 8 avril 1490, après Pâques, à Bruxelles, en faveur de plusieurs hôpitaux de Douai. (Archives des hospices, fonds des Chartriers, n° 433 de l'Invent. suppl. ms.)
Cf. lettres du 11 juin 1505, au profit des mêmes. (Arch. municip. n° 1267 de la *Table*.)

(2) En 1372, le loyer était de 4 livres 10 sols. *Preuves*, n° XCIX.

« C'est ce que le castelain de Douai doit prendre à son wienage à Douai. »

Le compte du domaine de 1187 relate le forage que le prince possédait à Douai et qui rapportait treize livres ; il avait été inféodé à Pierre de Douai pour la garde de la Neuve tour: *Ex foragio, xiij l. Dat. Petro in feodo ad custodiam nove turris.* Plus haut, il y est parlé du tonlieu de Douai rapportant quatorze livres : *Ex theloneo Duaci, xiiij l.* Ces revenus étaient assez importants à une époque où la rasière de blé valait 4 sols 8 deniers et où le revenu net du domaine du prince à Douai n'atteignait pas 250 livres. *Preuves*, n° XLI.

Les expressions forage, tonlieu, vinage étant fréquemment employées l'une pour l'autre, il est difficile de savoir si le forage inféodé à Pierre de Douai, avant l'an 1187, ne serait pas le tiers du vinage de la Scarpe dépendant de l'office du Gavenier.

Le 24 décembre 1578, devant échevins, il fut procédé à l'adjudication des droits «sur le tonlieu de la chastelenie et sur la rivière de Douay, dont les deux tierches parties appartiennent à ladite ville, et l'aultre tiers » *au comte de Lalaing*, à cause du Gavène. Les droits sont détaillés article par article, le premier étant ainsi conçu : « De ch[un] tonneau de vin que on vend à broque, ung stier de vin et ung denier douysien. » Adjugé pour trois ans, à partir de la Noël, moyennant 176 livres parisis l'an (1) ; soit 88 livres pour le Gavenier, et 264 livres pour la totalité du droit de vinage.

Il fut procédé pour la dernière fois, par la ville, le 28 octo-

(1) Arch. municip., n° 1700 de la *Table*.

bre 1789, à l'adjudication de ses deux tiers du « tonlieu de la châtellenie » ; elle n'en obtint plus alors que 90 florins (1) ; soit 45 florins pour le Gavenier, et 135 florins pour la totalité du droit.

Ce tiers du vinage de Douai paraît avoir été « éclissé » plus tard du fief du Gavène pour être incorporé à la terre de Lalaing, ainsi qu'il semble résulter du document ci-après (2).

« 1753. Requête des échevins de Douai à Mgr le Garde des sceaux. — Ils ont appris que les maire et échevins d'Arras se sont pourvus pardevant lui, à effet d'obtenir la suppression d'un droit dit le tonlieu de la châtellenie, qui se perçoit sur la Scarpe, depuis des siècles, au profit de cette ville pour deux tiers, *allencontre de M. le duc d'Arenberg, à cause de sa terre et comté de Lalaing, pour l'autre tiers*, sur différentes marchandises chargées dans les bateaux, lorsqu'ils passent à Arras. Sous prétexte, notamment que toute ville doit passage ; que les bateaux ne doivent rien lorsqu'on ne les décharge point. Mrs de Douai sont en possession de les faire percevoir depuis 1464, en vertu des lettres patentes qui les autorisent d'acquérir la châtellenie et tous ses droits. Dont ils jouissent, *contre le tiers du seigneur de Lalaing*, à titre onéreux, comme de l'entretien et curement de la rivière de Scarpe. »

Nous verrons que le Gavène de Douai fut longtemps possédé par les comtes de Lalaing ; c'est alors que ces derniers auront probablement sollicité l'«éclissement » du tiers du vinage, pour l'incorporer à la terre de Lalaing.

(1) Id., reg. des fermes de 1789, CC 705, f° 59 v°.
(2) Arch. de la ville. Guilmot, Invent. analyt. ms., t. I, p. 65.

» Item. Ay, à cause de mondit fief, la moitié des euwaiges des nefz et pontons qui se mettent en euwaige, chacun an, au jour Saint-Jean-Baptiste, en la présence des eschevins de Douay, bailly ou officiers dudit chastelain, et receveur dudit gavenne ad ce ordonné. Et ledit chastelain prend la moitié oultre allencontre de moy. Et poeut madite part, chacun an, une fois plus l'autre fois » (*moins*).

Pour l'intelligence de ce paragraphe, il faut en rapprocher un passage du compte de la ville, de 1697-1698 :

« Fermes muables. — Euwage des nefs. Au jour de Saint-Jean-Baptiste, en présence des échevins, bailli des eaux (*bailli du châtelain*), receveur de la ville et celui du gave, auquel jour les bourgeois, manans et forains, voulant mettre leurs bacquets en euwage, sont tenus de se représenter et (*les forains seulement*) de donner pleige pour ledit droit, qui est, de chacun muid de grain que la nef ou bacquet peut porter, 6 deniers monnoye de Flandres. Duquel droit, moitié à cette ville, moitié au comte de Lalaing (1). Excepté des bacquets non bordés, dont le droit appartient seul à la ville (2). Reçu (*par la ville pour cette année-là*) deux tiers. L'autre tiers reçu par le receveur de M^r le vicomte d'Armuidon : 26 florins, 13 patars, 6 deniers ». *Preuves*, n° LXXIV.

Ainsi, une année, la ville, comme ayant-cause du châtelain, percevait les deux tiers de l'Euwage, et l'autre année, un tiers seulement ; le co-propriétaire prenait sa part dans le sens inverse.

---

(1) Cette mention se réfère au temps où ce comte tenait le fief du Gavène.

(2) « Baqués d'une pièce *sans bors* ne doit nient ». Arch. de la ville ; droits d'Euwage dûs aux châtelain et autres ; XIII° siècle.

La ville levait un droit sur les bois amenés au Vieux-Rivage par « bacquets sans bords », en vertu d'un tonlieu par elle acquis plus anciennement.

En 1372, le Gavenier estimait à un revenu annuel de 18 livres parisis sa moitié de l'Euwage.

Le terrier du fief du Gavène, de l'an 1551, donne sur le droit d' « euwage » des détails circonstanciés (1) :

« Lequel droit est que, se aulcuns voeullent navyer en ladite riviere aval, pour amener faisseaux ne laisgne (*bois*), il convient qu'ils mectent leurs nefs ou bacquet en eau waige, le jour saint Jehan-Baptiste, auquel jour tous bourgeois et manans de ladite ville sont receuz, et tout l'an aval. Et les forains le doivent faire ledit jour, et de ce baillier plesge de bourgeois, et aultrement ilz n'y doibvent estre receuz, se il ne plaist. Se est deu, pour ledit droit, de chascun muy de grains que le navire, nefz ou bacquet poeuvent porter, six deniers, monnoie de Flandres. Et quandt au droit des bacquetz, il appartient à ledite ville, sans ce que ledit gavene y prende aulcune chose, se ils ne ont bordez. Mais se ilz ont bordez, ils doibvent au gavene comme les nefs.

» Et à mectre lesdites nefz et bacquetz en eau waiges, doibvent estre presens deux eschevins, le bailly du chastellain qu'on dist le bailly des eauwes, ung clercq de la halle, un sergent à verghe, les sergent dudit bailly, le recepveur de la ville et le gavenier ou ses commis à la recepte dudit gageno, à la vielse tour. Et audit jour de Saint-Jehan-Baptiste, est acoustumé de *soupper ensemble*, et doibt le gavenier payer le moitié de la despence qui se faict audit soupper ».

Les fiefs du Gavène et de Saint-Albin ayant été longtemps possédés par un seul et même seigneur, une confusion s'établit insensiblement au sujet de la part de l'Euwage qui, lors de l'adjudication du jour de la Saint-Jean 1664, est déclarée

---

(1) Arch. départ., Chambre des Comptes, reg. D 33.

appartenir au « seigneur de Saint-Albin et gavenier », tandis qu'en 1672 et 1693, elle est attribuée au « seigneur de Saint-Albin » ; et même, quand les deux fiefs cessèrent d'être unis dans les mains d'un seul possesseur, la part de l'Euwage fut donnée à celui qui eut le fief de Saint-Albin : l'erreur avait donc fini par faire loi. C'est ce qui explique pourquoi « damoiselle Jacqueline-Philippine de Gavre d'Egmont, dame de Saint-Albin en cette ville », signifia aux échevins, le 22 juin 1696, de ne plus passer en adjudication son tiers du droit d'Euwage à elle appartenant *à cause de sa terre et seigneurie de Saint-Albin*. Une erreur encore plus marquante prit pied dès lors et semble s'être perpétuée : au lieu de la *moitié* de l'Euwage, ce n'est plus que le *tiers* qui est réclamé par l'ayant-cause du Gavenier ; car à l'adjudication de l'an 1697, comme à celle de 1698, le bailli de Saint-Albin ne contredit pas les échevins, quand ils répètent que « les deux tiers dudit droict d'euwage appartiennent au domaine de ceste dite ville » (1). Voilà jusqu'où étaient descendus les vieux droits féodaux, longtemps avant la Révolution ; devenus absurdes et sans valeur, ils dépérissaient par la négligence des agents chargés de leur conserver un semblant d'existence.

Ce fut le 24 juin 1790, à quatre heures, devant « officiers municipaux de la ville », convocation faite « de tous les maîtres bateliers de la même ville, par le valet de leur corps et le sergent des eaux », que l'on procéda, pour la dernière fois, à l'adjudication « de la ferme dite le

---

(1) Arch. municip., lay. 324. Cf. Guilmot, Invent. analyt., II, p. 665 ; et n° 2174 de la *Table*.

En 1698, la ville commença à ne plus adjuger, le jour de la Saint-Jean-Baptiste que « ses deux tiers » de l'Euwage, « sans préjudice au droit que l'on at de passer le tout, dans la grande salle de cette dite ville, selon l'ordinaire ».

droit de l'euuaige des nefs », en ce qui concernait la part de la ville seulement ; « stipulé expressément que les absens payeront les amendes ordinaires. » Dix maitres bateliers étaient présents et treize absents ; l'un des présents se rendit adjudicataire moyennant 81 florins (1).

Encore à propos de l'Euwage du Gavenier, voici un article qui se trouve dans le compte du domaine de Douai, de 1399-1400, et qui est ensuite répété dans des comptes postérieurs (2) : « Du seigneur d'Anthoing, prevost de Douay, à cause de *le demiselle du Mur, pour l'euwage de Reulay*, tenu du seigneur de Potes. iiij deniers douisiens. »

« La demoiselle du Mur » est vraisemblablement Marie 1ʳᵉ de Meleun, prévôte et Gavenière en 1370, remplacée en 1378 par le sire d'Antoing, son frère. Quant à « l'euwage de Reulay », c'est la part du Gavenier, possédée anciennement par la famille de Douai-Rieulay, puis par les seigneurs de Potes et ensuite par la maison de Meleun, qui la tenait des précédents en vertu d'achat.

Le même article est ainsi travesti dans les comptes du domaine, de 1502-1503, de 1503-1504, etc. : « De la dame de Hordaing, prevostresse de Douay, à cause *de la maison* (sic) *du Mur, pour le leuwaige* (sic) *de Rieulay*, tenu du seigneur de Poste. iiij deniers douisiens vallant j denier parisis. » Et dans le Cœuilloir ou terrier du domaine, renouvelé en 1547 (3) : « La dame de Hourdaing, prevoste de Douay, ad cause de *la maison du Nino* (sic), *pour l'eu-*

---

(1) Arch. municip., reg. des fermes de 1789, CC 795, f° 62, v°.
(2) Arch. départ., Ch. des comptes.
(3) Arch. du parlem. de Fl., fonds de la gouvern. de Douai, reg. en papier recouvert en parchemin.

waige de Rieullay, tenu du seigneur de Pottes. Ou terme de Saint-Remy, doit iiij deniers douisiens. »

Ainsi, par la négligence des receveurs successifs et la faute de leurs scribes, « le demiselle du Mur », indication supposée exacte en 1399, devient, en 1502, « la maison du Mur », et en 1547 « la maison du Nino ! »

Quant à la dame de Hordaing, c'est évidemment Marie II de Meleun, veuve, vers 1420, de Jean de Lalaing, sire de Hordaing. Or, elle était trépassée depuis un siècle, quand le receveur du domaine inscrivait ce nom sur son terrier, destiné à devenir le registre des contribuables. Aussi, n'est-il pas surprenant que, cinquante plus tard, cet article de recette était noté comme « perdu. » Il est même encore à remarquer que la dame de Hordaing ne posséda pas le fief du Gavène ; avant elle la prévôté et le Gavène avaient assez longtemps appartenu au même personnage ; mais ils furent alors séparés, par l'attribution de la prévôté à elle-même et du Gavène à sa sœur, Philippa de Meleun, qui le porta dans la maison de Montmorency.

Au 1er chapitre, article I 7°, il a déjà été question du droit d'Euwage, que le châtelain partageait avec le Gavenier, dès le XIII° siècle.

Passons maintenant à la dernière prérogative attachée au fief du Gavène, c'est-à-dire à la basse justice désignée sous le nom de « justice de Potes ».

» Item. Ay, à cause dudit fief, en la ville et eschevinage de Douay, au lieu que on dit Dechà l'eauwe, le justice que on dit de Pottes. A cause de laquelle j'ay certain commis, qui doit faire serment devant les echevins de ladite ville. Lequel, mon commis, a le prinse et arrest de toutes les persounes qui, d'autres personnes, luy seront requises d'être prinses et arrestées pour deptes ou actions personnelles, au lieu dessus dit. Et pareillement saisine et arrest, à l'enseignement desdits eschevins, tant sur biens meubles, cateux et heritages pour rente heritière. Et desdits prinse et arrest des personnes ainsy arrêtées pour debtes, comme dit est, mondit commis doibt prendre et lever, pour chacune des dites prinses, trois sols douisiens, et pour chacune saisie, xij deniers douisiens tant seulement. Et est tenu, mondit commis, lesdites personnes, ainsy arrestées au corps, mener incontinent, les clains faits et fondés pardevant eschevins, en la prison de la basse justice de la prevoté de ladite ville, en interinant et accomplissant ce que dit est, parpointant selon la loy, et aussy de faire renseignement des dites mains assizes aux biens et heritages saisis, comme dit est. Et lesdits prisonniers ainsi mis et delivrés en la main de l'officier de la dite justice de la prevôté, et le renseignemens fait à luy desdits exploits de saisine, ladite justice de le prevôté doit payer et contenter à mon commis les sallaires dessus dits. Et tout le surplus et exécution desdits exploits fait et furny, et partant mondit commis et ma dite justice en demeure et doit demeurer quitte et dechargé, et en demeure ladite justice de la prevosté chargée pour remplir le jugement desdits échevins de Douay, et pour en user au surplus, selon l'usage et coutume dont on use, et déterminé par le jugement et ordonnance desdits eschevins de Douay, lesquels en ce cas sont les juges de moy et des autres parties ».

Ce long article est tiré du dénombrement de 1512.

Celui de 1372 se contente de rappeler que le Gavenier a à Douai, au lieu dit Dechà l'eau, une « basse justice, laquelle a prinse, arrest et admendes qui de clains et de respeulx naissent en ceulx qui par luy sont exploitié » ; et que cette justice s'exerce comme celle de la prévôté, sauf qu'elle « ne a point de garde des prisonniers, mais les loist mener et bailler à la justice de ladite prevosté ». Ce dénombrement ne nomme pas encore la basse justice du Gavène « justice de Potes. »

Quant au Cœuilloir ou terroir du Gavène, renouvelé en 1551 (1), il constate aussi que « la justice de Pottes », au lieu dit Dechà l'eau, « a droict tel que elle poeult faire tous arrestz, clains et saisines, comme la justice de la prevosté, excepté qu'elle n'a point la garde des prisonniers, mais lui loist de les mener ès prisons de ladite prevosté, et est tenu de remettre à la congnoissance de ladite justice d'icelle prevosté tous les biens et namps par luy saisis et arrestez, incontinent son exploit faict. »

Tels sont les documents très-explicatifs que nous avons trouvés touchant la justice de Potes, demeurée presque inconnue aux chercheurs des antiquités douaisiennes, même à feu M. Guilmot, le plus consciencieux de nos devanciers. En effet, dans son Inventaire analytique des archives de la ville (tome I, page 54), il confond les deux justices de Potes et de la prévôté, et il se trompe sur l'origine du mot *de Potes* (nom de terre et de famille), qu'il fait dériver du vieux mot *poesté* (*potestas*). L'attention de Guilmot avait été attirée sur un article d'un document de l'an 1555, contenant la réponse faite par le prévôt à certaine prétention écrite des échevins, cette réponse étant destinée à éclaircir quelque point obscur de la juridiction de la prévôté ; le prévôt y exposait ainsi ses droits :

(1) Arch. départ., Ch. des comptes, reg. D 33.

« Item. Que si aulcun arrest ou saisine estoit fondé par *la justice du gavene que l'on dist de Poste*, en ceste ville, ès termes de ladite prevosté, il convient que, incontinent la fondation de cest arrest ou saisine faite, l'arresté ou biens saisis soient remis ès mains dudit seigneur prevost ou son commis, pour au surplus y procéder et prendre son droit comme dessus, sans qu'il soit loisible à *la justice de Poste* éslargir l'arresté à caution ni signifier telle saisine, parce qu'il n'a aultre cognoissance que de fonder tels arrests ou saisine, et soy faire paier de son droit, pour ledit droit et le tout remettre ès mains du commis dudit seigneur prevost (1).

Guilmot fait suivre ce paragraphe des réflexions suivantes : « Ainsi, *la justice de Poste*, ou *posté*, *poesté*, dont jusqu'à présent je n'avais pas pu faire la différence avec celle de la prévôté, parce qu'elle était, comme celle-ci, entre les mains du prévôt, mais exercée par un commis particulier, était *la justice du Gavène*. »

Il y a là une double erreur. La justice de Potes ou du Gavène et la justice de la prévôté appartenaient à deux feudataires différents, ayant chacun leur commis ou sergent, appelé aussi « justice » : nos explications précédentes en fournissent la preuve évidente. Deuxièmement, la justice de Potes était ainsi appelée parce que, dépendant du fief du Gavène, elle avait été assez longtemps possédée par les seigneurs de Potes, Gaveniers de Douai au XIVe siècle, comme nous le verrons bientôt.

A ce propos, nous pouvons citer dès maintenant un

---

(1) Arch. municip., n° 1524 de la *Table*.

vieux document (1) intitulé : « Chest li escris de le justice de Douai et des droitures des moelins. Et se peut *le justice le seigneur de Potes* mener tous les clains, ki en se main viennent dedens les quatre bous de Douay (2), et prendre teil wage kil veut', si com pour lui aquiter ».

Donc à la justice du Gavenier appartenait l'accomplissement des premières formalités à exercer en cas d'arrêt pour dettes ou de saisie de biens, à juger par le tribunal échevinal ; le surplus des poursuites, et notamment la garde du débiteur arrêté, ainsi que la signification de la saisie, appartenant à la justice du prévôt; le tout Deçà l'eau, c'est-à-dire à Douai, rive droite.

On peut supposer que, lors de la formation du fief de la prévôté aux dépens de la châtellenie, la justice, qu'on a depuis appelée de Potes, aura été réservée au profit du châtelain, et que, dans la suite, elle aura contribué, avec d'autres prérogatives, enlevées aussi au fief de la châtelnie, à former l'office féodal connu sous le nom de Gavène.

Toutefois on trouve, dans le précieux compte du domaine de l'an 1187, que le prince avait à Douai une justice, laquelle venait d'être inféodée à Pierre de Douai, pour la garde de la Neuve tour : *Ex justicia Duaci, xx l. Datum Petro in feodo, ad custotiendum novam turrim.* Cette jus-

---

(1) Archives de la ville, lay. 41, prévôté, liasse 1ᵉ, no 163 de la *Table*. L'original est daté du 30 novembre 1270 ; c'est une déclaration ou énumération de droits appartenant au prévôt. Il commence ainsi : « Teles sont les droitures le prouvost de Douai ». L'intitulé, transcrit ci-dessus, ne s'y trouve point.

Dans la même layette, il y a deux copies sur parchemin, un peu postérieures à 1270, sur le dos desquelles se trouve la mention sus indiquée. Le seigneur de Potes, qui n'était point Gavenier de Douai en 1270, le devint un peu plus tard, au XIVe siècle.

(2) La paroisse St-Albin n'est pas comprise dans cette expression : « Douai ».

tice rapportait alors vingt livres, revenu assez important pour l'époque. Serait-ce la basse justice dépendant du fief du Gavène ?

En 1412, la justice des Potes était affermée moyennant dix couronnes d'or ; c'était le quart de ce que rapportait la justice de la prévôté. A cette époque, le revenu de tout le fief du Gavène était estimé 200 livres.

En 1631 et 1639, la même justice était louée, pour six livres par an, avec celle de Saint-Albin, qui en valait alors quarante-huit (1).

Le dénombrement de l'an 1512 se termine ainsi :

« Toutes lesquels parties et charges cy-devant devisées et declarées, je, gavenier de Douay, tiens et advoue tenir noblement et en fief de mesdits très-redoubtez seigneurs, à cause de leur chastel de Douay, toujours à leur bon amendement, et si plus ou moins y avoist ou estoit trouvé audit fief, si le advoue-je à tenir comme dessus est dit. En tesmoing....» etc.

Au XIII° siècle, le Gavenier profitait en outre d'une part dans un antique impôt sur le vin et la bière, impôt dit afforage et « franquet », dans lequel avaient aussi leur part le châtelain, le prévôt et le seigneur de Saint-Albin. « Eclissé » de l'office du Gavenier au profit d'un cadet, ce fief fut converti en roture l'an 1274 ; mais les droits seigneuriaux qui en résultaient continuèrent d'être perçus utilement au profit du possesseur de cette espèce de *seigneurie roturière*, jusqu'à la Révolution française. Dans un appendice au présent chapitre, nous donnerons l'historique de cette singulière propriété.

(1) Archives municip., 3° reg. aux Mémoires, f°s 282 v° et 304 v°.

A la différence de ce que nous avons vu pour la châtellenie et la prévôté, il n'y eut jamais d'arrière-fief mouvant du fief du Gavène ; nouvelle preuve de ce que nous avons plusieurs fois répété que celui-ci était moins ancien que la prévôté.

Il ne saurait être un instant douteux, en présence de documents si nombreux, que l'office du gavenier de Douai n'ait été très-anciennement inféodé à titre héréditaire, et nullement à titre de simple engagement du domaine. Néanmoins nous avons trouvé plusieurs actes modernes et notamment un arrêt du conseil d'Etat, en date à Fontainebleau du 10 octobre 1713 (1), dans lesquels le Gavenier est traité « d'engagiste sous le titre de receveur hereditaire du fief du Gavenne et Espier », et où il est parlé « des charges de son engagement » ; mais ces allégations du XVIII° siècle ne sauraient prévaloir contre une succession de titres explicites depuis le XIII° siècle jusqu'au XVI°.

Pas plus que le prévôt, le Gavenier n'avait d'officier qualifié bailli, pour exercer sa juridiction, en ses lieu et place.

La loi féodale ne reconnaissait que deux officiers du Gavenier : le sergent ou « justice de Potes » et le receveur du Gavène. Le sergent, qui venait d'obtenir sa commission, prêtait serment devant échevins (2) comme ceux de

(1) Arch. municip., lay. 224.
(2) « Bon Boullet, sergent du bailly, a esté representé en halle » par le receveur de Saint-Albin et du Gavène, « pour exercer l'office de la justice de Post », et a fait le serment « en tel cas pertinent », le 30 septembre 1589. (2° reg. aux Mémoires, fo 152.)
Au XVIII° siècle, la « justice de Poete », c'est-à-dire du Gavène, était exercée par le sergent de Saint-Albin ; ces deux offices étaient affermés en même temps : en 1685, le premier était loué 10 livres, « sans que le recepveur du Gavre puisse tirer quelque profflet desdits droictz », et celui de Saint-Albin 48 livres par an. (Reg. aux Mémoires, 1677-1692, fos 299 v° et ss.)

la prévôté et de Saint-Albin ; il faisait les exploits d'arrêt de la personne des débiteurs, ainsi que ceux de saisie des biens, etc. Le receveur était préposé à la recette et à la dépense des rentes du Gavène ; il percevait aussi tous les profits attachés aux attributions diverses du Gavenier ; il assistait, avec les échevins de Douai et les officiers du châtelain, à la mise en « euwage » des « nefs escarpoises », formalité qui se renouvelait à la Saint-Jean-Baptiste de chaque année. C'était lui qui, pour conserver les droits de son maître, faisait les diligences nécessaires pour renouveler de temps à autre le « papier colletaire », « cartulaire », « cœuilloir » ou terrier des rentes du Gavène ; à cette fin, on obtenait du prince des « lettres de terrier », en vertu desquelles les débiteurs de rentes étaient tenus de fournir leurs dénombrements. Ceux-ci, après avoir été vérifiés, étaient copiés dans un registre, à la suite des lettres patentes autorisant la confection du nouveau terrier (1) ; et ce registre, tant qu'il n'avait pas été renouvelé, avait force de loi contre les possesseurs des héritages grevés de rentes de Gavène. Enfin c'était le receveur qui était chargé du soin de fournir au prince les aveux ou dénombremens du fief de Gavène, quand le Gavenier y était obligé.

Il nous reste à examiner maintenant quel fut le sort de ce fief après l'abolition du système féodal.

(1) Lors d'une contestation, les administrateurs de l'hôpital général obtinrent un extrait « d'un registre couvert de cuir bouilli orné de fleurs de lys », commençant ainsi : « Copie de lettres patentes obtenues par le gavenier de la ville de Douay, adfin que les personnes redevables rentes au gavène de Douay eussent à bailler par declaration la grandeur, scituation et specification de leurs heritages......, pour en faire nouveau terrier et registre. — Charles, par la divine clemence, empereur des Romains, etc., etc. Donné en notre ville de Bruxelles, le 17 juin 1547. » (Arch. des hospices, fonds de l'hôpital général, n° 179 de l'*Invent.* de 1839, p. 373.)

C'est une copie de ce terrier, achevé en l'an 1551, que nous avons plusieurs fois citée, comme existant aux Arch. départ., reg. D 33.

Le Gavenier de Douai perdit toutes ses attributions, tous ses profits, sans exception ; sa propriété périt tout entière : car il ne possédait que des rentes et des droits, mais pas une maison, pas un pouce de terre.

Bien entendu qu'il ne put être question pour lui d'indemnité. En effet, ses attributions étaient de celles que les idées dominantes traitaient le plus défavorablement. Le décret du 15 mars 1790, préparé par le fameux Merlin de Douai, range même expressément parmi les droits ci-devant féodaux abolis sans indemnité : « Les droits connus...... en Flandres, en Artois, en Cambrésis, sous le nom de gave, gavenne ou gaule (*sic*; lisez : gavle)....; et généralement tout droit qui se payait ci-devant en reconnaissance et pour prix de la protection des seigneurs ». Nous avons établi, en commençant, que l'impôt foncier dit le « gavène » de Douai eut à l'origine deux caractères différents ; qu'à Douai et Sin, il avait été établi au profit du prince, conformément aux règles ordinaires, qui voulaient que le sujet contribuât à assurer au souverain un domaine convenable ; mais que, pour les cinq villages d'Ostrevant, il était le prix de la protection vendue par un seigneur puissant à de faibles voisins. Cette différence de caractère dans notre « gavène », intéressante à signaler au point de vue purement historique, n'était plus appréciable pour la pratique, quand on abolit la féodalité. Et quand même on eût reconnu dans le « gavène » de Douai et de Sin un antique impôt foncier, n'était-il point encore nécessaire de l'abolir, afin d'arriver à établir ce qu'on désirait alors en France, un impôt foncier uniforme, à la place d'une quantité de redevances surannées.

Le droit de « gavène » disparaissant, il s'en suivit que les profits tirés par le Gavenier de sa recette, s'évanouirent aussi. Bientôt vint le décret du 17 juillet 1793, qui abolit les distinctions faites par les Constituants entre les droits ci-devant féodaux supprimés sans indemnité, et ceux supprimés moyennant indemnité ; c'est dans cette loi révolutionnaire qu'on trouve la disposition suivante, toute empreinte du vandalisme de cette époque : « Enjoint aux ci-devant seigneurs, feudistes, commissaires-terriers, notaires, etc., de déposer les titres de droits supprimés, pour être brûlés, au greffe de la municipalité des lieux. » Alors durent être livrés aux flammes ces antiques cartulaires, si remarquables par la beauté de l'écriture, par le luxe des reliures, et si précieux pour l'histoire des antiquités douaisiennes.

II.

Possesseurs du fief du Gavène. La châtelaine douairière Adèle, vivante en 1177. — Le chevalier Pierre de Douai, fils cadet du châtelain Michel; sa vie et ses aventures. Il était bailli et gouverneur de Douai, en 1187 pour le comte Philippe et en 1195 pour la reine Mahaut; il devient l'un des principaux personnages de la Flandre et du Hainaut; un chroniqueur contemporain l'appelle miles optimus. *Il s'illustre à la croisade de Constantinople, de 1207 à 1208. Ses bienfaits envers Saint-Amé. Il fonde le village de Rieulay. Sa mort vers 1225. — Le chevalier Pierre de Douai dit de Rieulay, son petit-fils, qualifié receveur de l'Espier de Douai; il meurt vers 1250. Isabeau, dame de Rieulay, sa sœur et héritière. L'Euwage, les rentes et le manoir de Rieulay à Douai; le manoir de la Motte. — Jean de Rieulay, frère de Gossuin, seigneur de Rieulay; il vend, en 1274, le droit de forage dépendant du Gavène. Alexandra, dame de Rieulay, épouse Gérard, seigneur de Potes, chevalier. Bauduin de Rieulay, requelieres iretaules vers 1310. Les seigneurs de Potes Gaveniers de Douai jusques vers 1350. La justice de Potes à Douai.*

C'est en 1177 qu'apparaît pour la première fois l'officier connu plus tard sous le nom de Gavenier de Douai ; en cette année, le comte Philippe donne à plusieurs églises du pays : à l'église Saint-Amé de Douai, à l'abbaye d'Anchin, à l'abbaye de Marchiennes, à l'abbaye de Saint-Amand, etc, pour le vin et le pain servant au saint sacrifice de la messe, le dimanche des Rameaux, des rentes à prendre à Douai, sur l'office d'ADÈLE DE DOUAI, *singulis annis accipiendos Duaci, ex officio Adelidis Duacensis.* (*Preuves*, n° XCVI.) Comme ces rentes grevaient le fief du Gavène, ainsi que le constatent les dénombrements de 1372 et de 1512, analysés plus haut, nul doute qu'Adèle de Douai n'ait été Gavenière.

Dans le précieux obituaire de Saint-Amé, de la fin du XIII° siècle, reposant aux archives départementales, il est fait mention d'un obit qui se célébrait le 7 mai, en mémoire de la châtelaine Adèle, d'Ywan et de Thibaut, ses fils. On y lit en effet :

« AELIDIS CASTELLANA, *Ywanus, filius ejus, et Theobaldus, filius ejus, ob. suo dimidium mod. frumenti ad vj d. prope de melior.*

» Ce doit me dame *Marote d'Aubi*, qui fu femme *Pieron d'Aubi*, chevalier, fil *Bauduin de Markete*, chevalier, sur le tierage de Viteri que *Tiebaus* tiunt. Et cou doit me dame Marote sour quankes ele a à Aubi. Se le tint puis

Ruesselle, fille *Jehan Lalain*. Ore le tient *Pieres*, ses fius. Et doit estre paiiés à vj d. parisis priès dou milleur, le jor Saint-Remi, et de chou a li eglise boines lettres. — *Modo solvit Evrard. de Markete* (addition du XIVe siècle).

» *Non. Mail.* »

En 1177, quand Adèle de Douai exerçait l'office de Gavenier, le châtelain de Douai était Michel (1158-1190), présumé fils du châtelain Wautier II, seigneur recommandable, mort en septembre 1158. Michel était le frère aîné du chevalier Pierre de Douai, que nous allons retrouver Gavenier après Adèle de Douai; du chevalier Bauduin de Marquette, mentionné plus haut, et auteur de la branche dite de Marquette et d'Auby; or celle-ci tint précisément le fief d'Auby sur lequel était assise la rente d'un demi-muid de froment due à l'église Saint-Amé pour l'obit de la châtelaine Adèle et de ses fils Ywan et Thibaut. Le châtelain Michel était encore frère du chevalier Waltold d'Auberchicourt, auteur de la branche de ce nom; de Roger, qualifié frère de Michel, châtelain de Douai, dans une charte d'Anchin de l'an 1160 environ (*Preuves*, n° XXXII), d'Hugues de Douai, prévôt de Saint-Pierre de Douai (1), puis élu de Cambrai, etc.

De tout ceci nous concluons qu'Adèle de Douai, vivante en 1177, était la veuve du châtelain Wautier II; qu'elle avait reçu en douaire notamment la part d'Euwage, détachée alors de l'office du châtelain et destinée au second fils de Wautier II, c'est-à-dire à Pierre de Douai; qu'au même titre de douaire, elle jouissait des profits de la recette du

---

(1) Dans sa charte de l'an 1190, il cite feu son frère Thibaut, chevalier croisé, mort sans enfant. (Arch. départ., *Liber albus* de St-Amand, XIIIe siècle, fo 223 vo, pièce cotée cc lxiiij et 296.)

domaine du comte à Douai, profits qui avaient déjà, suivant toute vraisemblance, été inféodés à son défunt époux, et dont son fils Pierre devait aussi jouir après elle; qu'Ywan et Thibaut étaient également fils du châtelain Wautier II, mais décédés avant leur mère, qui prit soin de conserver leur mémoire ; que Thibaut posséda le terrage de Vitry, passé après lui à Bauduin de Marquette, son frère; enfin que ce terrage ainsi que le fief d'Auby provenaient de la côte et ligne de la châtelaine douairière Adèle.

Nous pensons qu'elle vivait encore en 1187, lors de la reddition du compte du domaine de Douai, faite à Ypres en l'hôtel du comte. Lanvin, le comptable, était apparemment le commis de la châtelaine douairière. *Preuves*, n° XLI.

PIERRE DE DOUAI, chevalier croisé, qui prit part aux événements politiques de son temps, apparaît vers l'an 1180 et reste en scène jusque vers 1225. Sa qualité de fils cadet du châtelain Wautier II est prouvée par plusieurs chartes ; il résulte aussi de divers documents qu'il posséda le fief du Gavène, formé, en partie du moins, aux dépens du fief de la châtellenie.

Comme le chevalier Pierre de Douai est un personnage historique, l'un des plus recommandables de la maison de Douai, nous enregistrerons avec soin tous les renseignements que nous avons trouvés sur lui.

A Lille, vers 1180, Pierre de Douai (*de Duaco*) est présent, comme franc homme (*liber homo*) du comte Philippe, lorsque celui-ci confirme une vente faite à l'abbaye de Cysoing, par Adam, frère et héritier de feu Hugues *Toitellus*, fils de Bauduin *major*, demeurant en la ville de *Vitre-*

jacum (Vitry), qui tenait une terre en fief de Wautier de Morselede, chevalier, au relief de dix sols, monnaie douisienne (1).

Dans un accord conclu en 1183 entre l'abbaye et la ville de Marchiennes au sujet de droits d'usage dans les bois de l'abbaye, il figure en tête des vassaux du comte, *comitis Flandrie homines : Petrus, frater castellani Duacensis, Willelmus de Rascia, Amolricus de Gant, Duacensis* (2).

Comme bailli du château fort de Lécluse, voisin de Douai, il rendit son compte à Ypres, au palais comtal, le jeudi 4 juin 1187 ; voici le début de ce compte : *Sclusa. Anno m° c° lxxx° vij°. R° Petri de Duaco. Ypris, in domo comitis. Feria v^{ta} p. S(anc)tor(um) Marcellini et Petri.* Le compte de Douai et celui d'Orchies prouvent qu'il était, en outre, bailli et gouverneur de Douai, et, comme tel, gardien de la nouvelle tour ou donjon du château ; en conséquence, il recevait (*ad custodiendum novam turrim*), sur le domaine de Douai : 1° les profits de la justice de Douai, qui lui avaient été inféodés et qui produisaient alors vingt livres de rente ; 2° un droit de forage, également inféodé et produisant treize livres ; 3° et dix muids de blé ; enfin, sur le domaine d'Orchies : une rente de huit rasières de blé. *Preuves*, n° XLI.

A Douai, en mai 1188, quand le comte Philippe délivra sa charte en faveur de ses vassaux et sujets d'Orchies, notre chevalier est présent et son nom figure après ceux de la comtesse, dite reine Mahaut, de Gérard de Messines, prévôt de Saint-Pierre de Lille, de Jacques, sire ou baron d'Aves-

---

(1) Titres de Cysoing. F° 69 du vol. 74 des 182 Colbert-Flandres, à la Bibl. nationale.

(2) Arch. départ., fonds de l'abbaye de Marchiennes.

nes, de Pierre du Mesnil (*de Mesnilio*), de Bauduin de Bailleul et de W(autier), châtelain de Rache (*Rassia*) ; Pierre de Douai (*P. de Duaco*) y est le dernier nommé (1).

En 1189, Pierre de Douai est l'un des témoins (après le chevalier Willaume d'Arras, et avant le chevalier Gossuin de Saint-Aubin, de la maison de Douai) de la charte du comte Philippe, relative au droit de « gavle » ou « gavène » (*gavallum*) du Cambrésis (2).

Vers 1190, le dimanche 3 février, notre chevalier (*dominus Petrus de Duaco*), représentant le chevalier Etienne de Lambres, comparaît à Férin, devant Robert, archiprêtre de Douai (*ego Robertus, Dei gratia, Duacensis archip'*), pour terminer un débat élevé depuis longtemps entre l'abbé de Saint-Amand Eustache et ce seigneur de Lambres, au sujet du terrage dû par certaines pièces de terres situées au lieu dit la Vallée de Lambres (sur les limites des terroirs de Sin, Férin et Lambres). L'abbé Eustache comparut aussi en personne. L'arbitrage fut prononcé au profit de l'abbaye, devant les curés de Lambres et de Férin, *Almannus* et *Norfridus*; devant les chevaliers Gérard, prévôt de Douai, Robert de Montigny, Pierre de Douai, Alard de *Cawentin* (Cantin) et Landry de *Guelesin*, l'un des cinq arbitres ; devant tous les échevins et presque tous les paroissiens de Férin (3).

(1) Bibl. nation., collection Moreau, vol. 90, f° 124. Dom Queinsert trouva « au chartrier ou ferme de l'hôtel de ville », le 14 février 1776, l'original de la charte communale d'Orchies.
Celle-ci avait été transcrite « dans le cartulaire en beau velin de l'abbaye de Saint-Amand, du XIIe et du XIIIe siècle, f° 97. » (Coll. Moreau, f° 123.) C'est cette copie incomplète, où manquent notamment les noms de plusieurs témoins, qui se trouve dans le P. Buzelin, *Gallo-Flandria*, Douai, 1625, in-fo, p. 230 C, ainsi que dans le recueil de Le Mire et Foppens, I, p. 719.

(2) Le Mire et Foppens, II, p. 1191.

(3) Arch. départ., *Liber albus* de St-Amand, XIIIe siècle, f° 222 v°, pièce cotée cclxj et 293.
Férin appartenait à l'abbaye de Saint-Amand.

Il figure ensuite dans des chartes de la reine Mahaut, dont il était l'un des principaux conseillers. En 1191 (v. st.), le 25 mars, cette princesse, ainsi qualifiée : *Ego regina Matildis, comitis Flandrie et Viromandie uxor*, termine un débat entre l'abbaye de Marchiennes et Gérard de Renenges, vassal du sire de Termonde, au sujet d'une dîme à Renenges ; la décision fut rendue selon l'avis des grands, *consilio baronum curie et sapientium virorum* : *S. Hugonis, abbatis S. Petri Gand', Henrici, abbatis S. Bavonis, Gerardi quondam abb⁵ de Alno, Willelmi de Tenremunde, Joh¹⁵, castellani Insule, Sygeri, cast' Gand', Rozonis de Gavera, Petri Duacensis, Rob" de Ercha, Martini, notarii mei* (1). Pierre de Douai apparaît ici avec les principaux personnages du pays.

A Lille, l'an 1195, comme cette princesse (*ego Mathildis regina, comitissa Flandrie*), jugeant au milieu de ses vassaux (*in curia mea apud Insulam, astante copiosa hominum meorum turba*), terminait un procès entre l'abbaye de Loos et Roger d'Englos, elle nomme, parmi les principaux témoins de la réparation faite à l'abbé (*Rogerus de Englos ad pedes abbatis de Los, flexis genibus, veniam imploravit*) : Robert de *Sengin* (de Wavrin, sire de Sainghin-en-Weppes), Pierre *del Maesnil* (du Maisnil), Bauduin de Commines, Jean *del Bies* (du Biez), Pierre de Douai (*Petrus Duacensis*), et Gille d'Aigremont (2).

Il était, avons-nous dit, l'un des conseillers de la reine Mahaut, comtesse douairière de Flandre, comme il l'avait été du comte Philippe, qui le fit bailli et gouverneur de la

(1) Arch. départ., fonds de l'abb. de Marchiennes.
(2) Arch. départ., fonds de l'abbaye de Loos. — Cf. Bibl. nation., collection Moreau, vol. 96, f° 150.

ville de Douai et du château fort de Lécluse (1), terres mises dans le douaire de cette princesse ; mais il eut assez d'indépendance pour résister à des ordres iniques et arrêter la veuve de son bienfaiteur dans une voie préjudiciable à sa réputation et à ses intérêts.

Nous avons déjà expliqué, en traitant de l'histoire de nos châtelains, comment la reine Mahaut, poussée par sa haine aveugle contre Bauduin, comte de Hainaut, époux de sa belle-sœur Marguerite de Flandre, avait comploté avec le roi Philippe-Auguste, pour assurer à celui-ci la possession de Douai après l'extinction du douaire et au préjudice du comte de Flandre, nu propriétaire. Le pacte secret conclu à Pontoise en 1195 constate la résistance que le chevalier Pierre de Douai était décidé, de concert avec son neveu le châtelain Wautier III, à opposer aux mauvais desseins de la princesse. « La comtesse fera jurer à *Pierre de Douai* et au châtelain de Douai, qu'à sa mort ils livreront au roi *les tours* de Douai ; s'ils ne veulent pas le jurer, le roi pourra ravager et détruire tout ce qu'ils possèdent, sans que la comtesse ose s'y opposer en aucune manière ; il pourra aussi donner à d'autres la garde desdites tours ». Il s'agit ici de la Neuve-tour, tour du comte, ou château (la Fonderie), dont la garde était commise à Pierre de Douai, en sa qualité de bailli et gouverneur ; l'autre tour était celle du châtelain ou Vièze tour. Une promesse semblable est faite pour le château fort de Lécluse.

(1) *Preuves*, n° XLI ; compte des domaines de Douai, de Lécluse, d'Orchies, etc. Pour ses gages de châtelain de la Neuve Tour de Douai (*ad custodiam nove turris*), Pierre de Douai prenait six muids de blé sur la recette de Douai et huit rasières sur celle d'Orchies ; en outre, le comte lui avait inféodé, pour la même cause, les profits de la justice et ceux du forage de Douai, les premiers rapportant vingt livres et les seconds treize livres de rente. Comme bailli de Lécluse, il rendit son compte à Ypres, le jeudi 4 juin 1187.

Du reste, le pacte de Pontoise n'eut aucun effet; le comte Bauduin de Hainaut étant mort cette année-là (décembre 1195), la reine Mahaut s'attacha entièrement à son beau-neveu l'illustre Bauduin de Constantinople et reporta ses haines contre le roi, son ex-complice. Douai, que le dévouement intelligent du noble chevalier, avait conservé à son prince légitime, échappa pour cette fois aux convoitises de Philippe-Auguste.

Pierre de Douai, grâce à sa loyale conduite, se conserva la confiance de la comtesse douairière et acquit la faveur du nouveau comte de Flandre, parmi les barons duquel il figure dans bon nombre de chartes.

A Tournai, en septembre 1195, Bauduin, comte de Flandre, confirmant les priviléges de l'abbaye de Saint-Nicolas-des-Prés lez Tournai, est accompagné de la comtesse Marie, sa femme, de Pierre de Douai (*Petrus de Duaco*), de Guislain (*Gislenus*), châtelain de Beaumont, de Hugues de Saint-Aubert, etc. (1).

En 1196, au mois de septembre, ce prince, devenu comte de Flandre et de Hainaut, délivre une charte en faveur de l'abbaye de Saint-Jean de Valenciennes, devant sa très-chère femme Marie, Pierre de Douai (*de Douvaco*), les prévôts, le mayeur et les échevins de Valenciennes (2).

Lorsqu'en 1197 le comte confirme un échange conclu entre l'abbé de Saint-Amand et son prévôt Gérard, Pierre de Douai est cité en tête des barons de Hainaut : *S. Petri*

---

(1) *Invent. des Arch. de la Ch. des Comptes*, Lille, 1865, in-4°, I, p. 89. — Vos, *L'abbaye de Saint-Médard*, II, Cartulaire, p. 114; Tournai, 1873, in-8°.

(2) Bibl. nation., collection Moreau, vol. 97, f° 54; copie extraite, par dom Queinsert, le 26 octobre 1774, du f° 47 du cartulaire de l'abbaye, XIII° siècle, contenant 32 feuillets sur vélin.

de Duaco. S. Hugonis de Lambres et Stephani fratris ejus. S. Willelmi avunculi mei (bâtard de Bauduin IV, comte de Hainaut, et tige de la première maison de Werchin). *S. Gerardi de Provi. Et hii barones Haynonie* (1).

La même année, quand ce prince, étant à Courtrai avec sa cour, termine un différend qu'avait élevé sa cousine Sibille (de Flandre, dame de Lillers, veuve de Robert Ier, sire de Wavrin, sénéchal de Flandre), fille de feu Pierre, comte de Nevers, contre l'abbaye de Saint-Amand, au sujet de la dîme de *Lecca* ; parmi les juges du procès, barons de Flandre, figure Pierre de Douai (*de Duaco*), nommé après Jean châtelain de Lille, Sohier (*Sigerus*), châtelain de Gand, et Pierre du Maisnil ; et avant Robert de Wavrin, dit l'oncle, Roger de Courtrai, Thierry de Beveren et Bauduin de Commines (2).

En 1198, le comte, confirmant les priviléges de la ville de Saint-Omer, est accompagné des nombreux témoins dont les noms suivent : Bauduin, comte de Guisnes, Gérard de Bailleul, Henri de Bailleul, Bauduin de Commines, Philippe d'Aire, Jean, châtelain de Lille, Pierre de Maisnil, Bauduin de Prat, Sohier, châtelain de Gand, Rasso de Gavre, Gérard, prévôt de Saint-Omer et chancelier de Flandre, Thierry, châtelain de Dixmude, Pierre de Douai (*de Duai*), Wautier d'Avesnes, Bauduin, chambellan (de

---

(1) Id. vol. 98, f° 88, copié par dom Queinsert, le 2 août 1773, sur l'original existant alors aux archives de l'abbaye de Saint-Amand, qui manque aux arch. départ. La charte est reproduite dans le *Liber albus*, XIIIe siècle, f° 24, pièce 16, où est cette mention : « L'original avec le scel est au fermo. »

(2) Id., f°s 86 et 87 ; deux copies prises par dom Queinsert, l'une le 2 septembre 1773, sur le *Liber albus*, pièce 128e, et l'autre, le 15 août, sur le f° 89 d'un cartul. du XIIe siècle et du XIIIe, contenant 97 feuillets en beau vélin, large de 6 pouces 2 lignes, sur 10 pouces et demi de hauteur.

Flandre), Gérard de Saint-Aubert, Willaume, oncle du seigneur comte, et Renier de Trit (1). Pierre de Douai figure ici parmi les grands seigneurs des comtés de Flandre et Hainaut, qui avaient secondé leur maître dans la guerre à la suite de laquelle les villes de Saint-Omer, Aire, etc., furent reprises au roi Philippe-Auguste.

L'an 1200, le 28 juillet, au château de Mons, quand le comte Baudouin confirme les coutumes féodales de la cour de Mons, parmi les très-nombreux signataires, Pierre de Douai vient immédiatement après ses parents Gérard III, prévôt de Douai, et Wautier III, châtelain de Douai. (*Preuves*, n° XLV.) Nous verrons tout à l'heure que, grâces aux bienfaits du comte Baudouin, notre chevalier avait acquis des terres en Ostrevant, dépendance du comté de Hainaut.

La même année en septembre, à Ruhout, ce prince confirmant les priviléges de l'abbaye de Clairmarais, Pierre de Douai figure en tête des témoins de la charte, avant Renaud d'Aire, Alard de Maurevel, Arnoul des Plankes, etc. (2).

En l'an 1202 ou 1203, le 28 mars (3), le comte étant à

---

(1) *Mémoires de la Société des antiq. de la Morinie*, Saint-Omer, 1839, t. , p. XXV.

(2) *Invent. des arch. de la Ch. des comptes*, Lille, 1865, in-4, I, p. 103. — Cf. *Invent. som.*, Lille, 1865, in-4, I, p. 3, carton B 11; et Saint-Genois, *Monum. anciens*, I, p. 494.

(3) La charte est ainsi datée: *Actum ano dcc Incarn. millesimo ducentesimo* (1200), *quinto Kalendas aprilis*.
Or, il n'y a pas eu de 28 mars 1200, style commun; l'année 1200 a commencé le 9 avril et l'année 1201 a commencé le 25 mars suivant. Le notaire ou clerc du comte Baudouin a donc commis une erreur: il a omis d'ajouter *uno* ou *secundo* après *millesimo ducentesimo*. La charte est du 28 mars 1201 (v. st.) ou du 28 mars 1202 (v. st.).
Voir cette charte dans le recueil de Le Mire et Foppens, I, p. 724; à la suite s'en trouve une autre de la même date et renfermant la même erreur.

Valenciennes, en ma chapelle, dit-il, qu'on appelle *Gloriete*, et confirmant les priviléges de l'abbaye de Saint-Jean, il désigne ainsi les personnes de sa suite : ma très-chère épouse Marie, comtesse de Flandre et de Hainaut, Willaume, mon oncle (*patruus*), Nicolas de Barbençon, Reinier de Trit, Gislen, châtelain de Beaumont, Pierre de Douai (*de Duaco*), Godefroid, mon frère, archidiacre de Cambrai (frère bâtard du comte, prévôt de Saint-Amé de Douai), Gilles de Trasegnies, Gérard de *Maucicort*, Reinier de Mons, Alulf de Struen, maître Gunter et Huluin, mes clercs, Baudouin, mon sénéchal (1).

Au moment où le comte délivra ce diplôme, il était sur le point de partir pour la croisade, où s'illustrèrent plusieurs de ses vassaux nommés dans la charte : Reinier de Trit, Gilles de Trasegnies et Gérard de *Maucicort* (Monchecourt près Douai). Le chevalier Pierre de Douai les accompagna-t-il ?

Si l'on consulte les listes des croisés dressées plus ou moins exactement par des compilateurs, on répondrait négativement, attendu qu'il ne figure ni dans celle de Le Mire et Foppens (I, page 724, en note), ni dans celle du P. Pierre d'Outreman (*Constantinopolis Belgica*, pages 88 et 89, Tournai, 1643, in-4°). A la vérité, il figure dans la charte de Carpentier (2), reproduite par Foppens (III, pages 72 et 73) ; le falsificateur habituel de tant de diplômes tire, à ce qu'il prétend, des archives de l'abbaye de Saint-Aubert de Cambrai, une charte originale « seellée du grand seel » du comte Baudouin, qui, sur le point de partir pour Jérusalem,

---

(1) Arch. de l'abb. de St-Jean de Valenciennes; sceau manquant. Collection Moreau, à la Bibl. nationale, vol. 107, f° 21.

(2) *Hist. de Cambray*, Leyde, 1664, in-4o, II, p. 23 des Preuves.

aurait délivré un diplôme collectif pour les monastères de Saint-Denis en Broqueroie, Nivelles, Ninive, des Dunes, de Saint-Nicolas de Furnes, de Saint-Aubert et de Cantimpré à Cambrai, de Valenciennes et d'ailleurs (*et alibi*); il les appelle *ecclesias quæ in mea sunt potestate*, bien que plusieurs abbayes, notamment celle de Nivelles, ne fussent pas soumises à ses lois. Il aurait, dans ce but, fait une assemblée en son château de Valenciennes (*conventum feci in meo castro apud Vallencenas, in medio cujus recognovi....* etc.), où il aurait appelé ses chevaliers pour prendre la croix avec lui. Le document finit ainsi : *Fiat ita. Amen. Amen. Actum apud Valencenas solempniter An. M. CC. I. Mense Aprili*, etc Là se trouve une liste d'environ 170 noms, comme Carpentier aimait à en dresser, en prenant un certain nombre de personnages connus, parmi lesquels il glissait quantité de noms imaginaires pour justifier les prétentions d'un grand nombre de familles. Ce sont évidemment les deux chartes de l'abbaye de Saint-Jean de Valenciennes, publiées par Le Mire et Foppens (I, page 724), qui ont servi au prétendu historiographe du Cambrésis, pour colorer sa supercherie ; tous les noms de chevaliers, repris en ces chartes, figurent sans exception dans l'interminable liste, où trouvent place également la plupart de ceux des croisés du pays, conservés par Villehardouin.

Il est certain du reste que Pierre de Douai n'a pas accompagné son maître, Bauduin de Constantinople : non-seulement il était d'un rang et d'un caractère à faire parler de lui, comme nous le verrons tout à l'heure, et Villehardouin ne le cite pas une seule fois ; non-seulement les raisons politiques qui s'appliquaient à son neveu, le châtelain Wautier III, auront aussi empêché le départ de celui qui avait tant contribué à conserver à son prince le château et la ville de Douai; mais il y a plus encore : car Pierre de Douai, en mai 1204, était à Vitry, avec le châtelain, son neveu. *(Preuves*, n° XLVI.) Il se trouvait également dans notre ville en 1205 ; or, il n'est guère probable qu'il fût revenu au pays avec les seigneurs qui abandonnèrent lâchement la Grèce après la prise de l'empereur Bauduin (avril 1205). C'est alors, en effet, qu'il fonda une chapelle en l'église Saint-Amé, dont il était paroissien en qualité d'habitant de la Neuve-Tour ou château du comte. Voici l'analyse des actes de cette fondation.

En 1205, il (*Petrus de Duaco, miles*) donne à l'église Saint-Amé où il fonde une chapelle (*ad opus unius capellanie*) pour l'âme de Philippe, comte de Flandre, et des autres comtes, pour le repos de la sienne, de *Juliana*, son épouse, et de tous ses ancêtres, une rente d'un muid (12 rasières) de froment et de dix livres monnaie de Douai. Le froment sera pris au Neuf-Moulin (celui de la Prairie), tel qu'il vient en mouture, la première rasière à la Saint-Remi, la seconde une semaine après, et ainsi de suite, jusqu'à ce que le muid soit livré. Les dix livres seront livrées par la monnaie de Douai, à la Saint-Remi, sur le premier paiement qu'elle fera (*de primo pagamento annuati*). Passé devant onze échevins de Douai, en présence de sa femme et de ses héritiers (*presentibus Juliana, uxore mea, et heredibus meis*). L'original, reposant aux archives départementales, est muni du sceau du donateur et de celui de l'échevinage, dit le Martinet. Le sceau de Pierre de Douai est armorial ; on y voit un chef d'hermines brisé d'un lambel de quatre pendants ; il y a un petit contre-sceau non armorial (1).

(1) Demay, *Invent. des sceaux de la Fl.*, Paris. 1873, in-4o, I, no 793.

Il est à remarquer que l'historien de Cambrai, Carpentier (II, page 508), donne pour épouse à Pierre de Douai Alexandrine de Valenciennes : « Le Mortuologe de Premy fait mention d'un Pierre de Douay, chevalier, qui, du consentement d'Alexandrine de Valenciennes, sa femme, donna un muid de bled à ladite abbaye. »

L'an 1207, en avril, il rappelle qu'il a fondé une chapelle en lui assignant un muid de froment sur le Neuf-Moulin de Douai, et dix livres, monnaie douisienne, sur les tables de Douai (*ad tabulas duacenses*), déclarant que, si l'église Saint-Amé rencontrait quelque difficulté, ces revenus lui seraient payés sur tous les biens qu'il possède en la ville (*in villa*). L'original est muni du même sceau que précédemment. Par acte de la même date, Raoul, évêque d'Arras, confirme les libéralités de Pierre, qu'il appelle *Dominus Petrus miles de Duaco*.

Les actes de 1205 et de 1207 constatent que la rente de dix livres sur la monnaie douaisienne, avait été inféodée à notre chevalier. Cette inféodation semble antérieure à 1187, puisque, d'après le compte du domaine de cette année-là (*Preuves*, n° XLI), le produit de la monnaie figure au chapitre des recettes et ensuite à celui des dépenses.

Ce fut sous le coup de graves préoccupations que Pierre de Douai délivra la charte de 1207, destinée à assurer l'avenir de la chapelle fondée par lui. Quoiqu'ayant dépassé la cinquantaine, étant né vers 1150, il avait pris la croix et était sur le point de partir pour Constantinople, dont le nouvel empire, fondé par le comte de Flandre et de Hainaut, n'était pas dans une situation prospère. L'empereur Henri, frère et successeur de Baudouin, avait adressé, en septembre 1206, à son frère bâtard, Godefroid, prévôt de

Saint-Amé de Douai, une lettre contenant une demande très-pressante de secours (1). Cet appel aux sentiments religieux et patriotiques du pays fut entendu par quelques-uns, notamment par Pierre de Douai.

Henri de Valenciennes, continuateur de Villehardouin, le signale à diverses reprises, dans son histoire, comme l'un des principaux chevaliers et conseillers du second empereur de Constantinople, Henri de Flandre.

Vers le mois de juillet 1207, au combat de Bernay livré par l'empereur contre les Comains, celui-ci aperçoit le chevalier Lyénars de *Hielemes* (Hélesmes en Ostrevant, entre Douai et Valenciennes), « preudom durement et de graut pooir », qui s'était engagé témérairement et sans suite dans les rangs ennemis, et voit qu'il est sur le point de périr. Tandis que « li preudom de l'ost disent que il avoit fait un fol hardement et que nus hom ne le deveroit plaindre se li meschaoit de cette emprinse », l'empereur Henri, n'écoutant que son courage et rejetant toute prudence, courut presque seul au secours de son chevalier et parvint à le délivrer. Puis il revint vers les siens, qui ne savaient ce qu'il était devenu : il était tout ensanglanté et son cheval percé de coups.

A cette vue, le chevalier Pierre de Douai, qui avait, paraît-il, son franc parler auprès du prince, lui tint ce langage très-dur, que nous a conservé le chroniqueur :

« Et quant *Pierres de Douay* le vit, il vint à li et li dit :
» Sire, sire! teus (*tel*) hom comme vous iestes, et qui tant
» de preudomes a à garder et à gouverner comme vous
» avés, ne se doit mie si folement despartir de ses hommes

---

(1) Dutbilloeul, *Catalogue des Mss. de la Bibl.*, Douai, 1846, in-8°, p. 107.

» comme vous, à cette fois, vous en iestes departis.
» Car s'il avenist que vous i fussiés, par aucune mesa-
» venture, ou mors ou pris, ne fussiemes-nous tous mort
» ou deshouneré ? Oïl, se Diex me saut! Nous n'avons
» chi autre fremeté *(fortification)* ne autre étendart fors
» Dieu tant seulement, et vous. Or vous dirai une cose,
» s'il vous plaist : que jou voel que vous sachiés, que se
» vous, une aultre fois, vous embatés en tel peril, dont
» Dex vous gart! nous vous rendons chi orendroit tout ce
» que nous tenons de vous. »

» Et quant li empereres entent comment Pierres de Douay le vait reprendant por s'ounour, si li respondi moult debonnairement : « *Pierres, Pierres !* bien sai que jou i allai
» trop folement. Si vous prie que vous le me pardonnés, et
» je m'en garderai une autre fois. Mais che me fist faire
» Lyenars, qui trop folement se embati ; si l'en ai plus
» laidengiet et dit de honte que je ne deusse. Et non pour-
» quant, se il feust remés, trop fust vilaine chose à nous ;
» car qui piert un si preu Jome comme il est, chou est
» damages sans restorer, et mains en seriesmes cremu
» *(craint)*. Mais ralés en vostre conroi, et laissomes les
» Blas *(Valaques)* à tant et tournons vers Phinepople »
(Philippopolis).

Après cette noble et digne réponse du prince, chacun obéit et l'on se mit en route vers *Phinepople*. L'armée fut obligée de se loger dans un endroit stérile, ne produisant rien dans un rayon de douze grandes journées. Dans ce moment critique, nous trouvons encore le chevalier Pierre de Douay chargé par l'empereur d'un commandement important : il va, avec Renier de *Trit* (Trith, près de Valenciennes), Ansiau de Kaeu et plusieurs autres chevaliers, protéger les « fourriers » de l'armée, devant Phinepople, à la vue des ennemis, les Comains et les Blas.

Le lendemain, 2 août 1207, un jeudi, la bataille se livra, près de Phinepople. Quand l'empereur Henri sut que l'ennemi acceptait le combat, il en fut bien joyeux, car il craignait que toute son armée ne pérît de faim. « Lors appela Pieron de Douay, et li dist que il molt se fioit en lui, et que il (*Pierre*), por Dex, ne l'eslongast pas, que il tout adiés ne li fust priès en ceste besoigne, por son cors garder » ; nouvelle preuve de la haute renommée dont jouissait le chevalier, et de la confiance que l'empereur avait en lui.

Cependant ce prince parlait à l'un et à l'autre, perdait du temps en recommandations que Pierre de Douai jugeait sans doute inutiles ; alors le chevalier intervient encore avec sa rudesse et son autorité habituelles. « — Sire, dist Pierres
» de Douay, qu'alès-vous chi plaidant ? Alés avant hardie-
» ment, et bien sachiés que, se mors ne l'en destorne, vous
» ne serez hui devant moi le montant de quatre piés ! »

» Et quant l'empereour oï chou, si se teut et ne dist plus à cele fois, ains chevaucha viers la gent Burille » (*les ennemis*).

A cette bataille, l'empereur et ses compagnons se couvrirent de gloire ; l'armée ennemie fut taillée en pièces, malgré sa grande supériorité numérique.

Durant l'hiver de cette même année 1207, six jours après la Noël (31 décembre), le chevalier fut chargé par son maître d'une mission importante. La terre de *Salenyque* (Salonique), que les Lombards avaient reçue en fief de l'empereur, allait se détacher de l'empire, contre droit et raison, mais avec de la prudence, il était encore possible d'éviter un conflit et d'amener les Lombards à faire hommage. « Et lors manda li emperores monseigneur Quenon de Biethune, que il adiès avoit trouvé sage chevalier et loial, et *Pierron de Douay* et Nicholon de Mailly, et leur dit que il alassent à Salenyque parler au comte des Blans-dras et aus autres Lombars. »

Les ambassadeurs eurent beaucoup à souffrir du froid : « car il estoit moult durement giélé et negié, et avoec tout chou il estoit nuis. » Devant le comte *des Blans-dras* ou de Blandras, ce fut Quenes de Béthune qui, comme chef de l'ambassade, porta la parole et remontra les bonnes intentions de l'empereur ; mais le comte refusa tout accommodement et ordonna même aux ambassadeurs de quitter la cité sur le champ, malgré « li plouasse, et les neges et les gielées. » — « Et se nous n'avons nul très (*tente*) ne au-
» cube (*couche*), dist Pierres de Douay, où nous nous puis-
» sions hierbregier, girons-nous donc as chans (*aux*
» *champs*), ainsi comme mastins (*chiens*) ? — Vous girez,
» dit Aubretins (*l'un des chefs lombards*), au mius que
» vous porez et que vous sarez. »

Sur cette réponse dédaigneuse, les ambassadeurs se retirèrent et revinrent à Corthiac (près de Salonique), vers l'empereur Henri, à qui ils firent part de l'insuccès de leur mission.

La guerre contre les Lombards n'ayant pu être évitée, l'empereur marcha contre eux, quelques jours après Pâques (vers la mi-avril 1208). Bientôt son avant-garde franchit le pont de *l'Arse* (Larisse, sur le fleuve Pénée) et mit l'ennemi en fuite. « Dont primes vinrent les nouvieles à l'empereur, que li pons estoit pris, et il en ot si grant joie, que à paines le pot-il croire ».

En cet instant intervient encore le sage chevalier. « Sire!

» dist Pierres de Douay, hastés-vous de tost ensivir nos
» deus batailles ; car, en nulle manière, je ne vauroie que
» nostre gent (*l'avant-garde*) feussent decreu par Lombars. »
La *bataille*, c'était le centre de l'armée, dont Pierre partageait le commandement avec l'empereur.

Ce dernier suivit le conseil sans tarder et les Lombards durent rendre la ville de *l'Arse*.

Enfin le chevalier fut encore envoyé par son maître vers Michalis, grec puissant, dont l'empire, en ces circonstances critiques, devait ménager l'alliance. « Le parlement, por pais faire », fut « li lieu nommés desor Salenyque ».

» Li empereres i vint et se logea desor les oliviers. Puis apiela Quenon de Biethune et *Pierre de Douay* ». Il leur exposa combien était précieuse l'alliance de Michalis, mais combien aussi ce Grec était « mervelleusement trahitres et faus, et agus de parler et tranchans »; après leur avoir recommandé la prudence : « Or, alés à lui, et si li dites chou que je vous ai dit ; car aussi vous a-t-il tous deus mandés. »

Les ambassadeurs se mirent en route, cherchant Michalis qu'ils trouvèrent logé dans une abbaye. Après avoir justifié de leurs pouvoirs, « Quenes de Biethune et Pierres de Douay se mettent à parler et à dire uns biaus mos polis et à mettre avant la parole de lor seignor, par si grant mesure, et à deffendre sa partie en repondant (car mestiers lor en iert), que chil qui encontre eus estoient, en estoient ausi tout comme abaubi, et non mie por chou que de rien mespresississent envers aus, ains lor moustroient tant bieles paroles et tant bieles raisons aournées et traitiés de droit, que tout chil de la partie Michalis, et Michalis meisme, estoient tous desirans de venir à lor amour. »

Cette fois l'éloquence persuasive des deux chevaliers eut

tout le succès désirable. Non-seulement le Grec consentit à faire paix et alliance avec l'empereur Henri, mais il offrit sa fille en mariage, avec le tiers de sa terre, à Wistasse ou Eustache de Flandre, frère de l'empereur (1).

Bientôt après Pierre de Douai quitta Constantinople, où il n'avait guère demeuré plus d'un an et demi (de juillet 1207 à 1208), mais où il avait marqué son passage par de glorieux faits, qui mirent le sceau à sa haute réputation (2). Déjà auparavant, vers l'année 1200, le chroniqueur anglais, M⁰ Roger de Hoveden, son contemporain, ancien agent diplomatique du roi anglais Henri II, le qualifiait *miles optimus*.

Il est utile de citer ce passage de la Chronique, bien qu'il contienne plusieurs inexactitudes ; c'était au temps de la guerre entre le roi Philippe-Auguste et le comte Bauduin de Constantinople : « En 1199 (vers le mois d'août), Henri (c'est Philippe), comte de Namur, frère de Philippe (c'est Bauduin), comte de Flandre, Pierre de Douai, chevalier de haute réputation et honoré de la faveur du comte de Flandre (*Petrus de Duay, miles optimus et familiaris comitis Flandriæ*), et l'élu de Cambrai (Hugues), frère dudit Pierre, furent pris par des gens du roi de France, et livrés à celui-ci. Mais le cardinal, Pierre de Capoue, légat du saint-siége en France, mit, à son arrivée, le

---

(1) Henri de Valenciennes, *Contin. de l'hist. de la conq. de Constantinople*, imprimée à la suite de Villehardouin, édit. Paulin Paris, pour la Soc. de l'hist. de France; Paris, 1838, in-8°, pp. 173 à 181, 223, 231 à 236.

(2) Néanmoins le nom de Pierre de Douai ne figure pas dans les galeries des Croisades, à Versailles, où se trouvent en revanche tant de blasons qui n'y devraient pas rester.
Si l'on veut quelque jour réparer cette erreur, on pourra mettre, à côté du nom de notre chevalier, la date de 1207-1208, avec son blason : De sinople au chef d'hermines, brisé d'un lambel de quatre pendants, qu'on ferait de sinople, couleur du champ de l'écu.

royaume en interdit à cause de la détention de l'élu de Cambrai. La sentence ne fut rapportée qu'après que le roi Philippe-Auguste eût rendu la liberté à l'élu »(1).

Le chroniqueur anglais, informé de l'événement arrivé en France, fut trompé par une similitude de nom ; ce n'était pas le chevalier Pierre de Douai qui était tombé aux mains du roi, mais un prêtre appelé aussi Pierre de Douai, très-hostile au monarque ; ce fut même à cause de ce prêtre que la France fut mise en interdit. Voici du reste le récit de Rigord, *De gestis Philippi Augusti*, parfaitement placé pour être exactement informé : « En 1199, Philippe, comte de Namur, frère du comte de Flandre, fut pris par Robert de Blois et Eustache de Neufville, avec douze chevaliers, au mois de mai, près de la ville forte appelée Leuze, et livré au roi Philippe avec un clerc, nommé Pierre de Douai (*Petrus de Doaio*), qui avait machiné quantité de méchancetés contre le roi (*qui multa mala regi machinatus fuerat*). De plus l'élu de Cambrai avait été pris par Hugues d'Hamelaincourt. C'est pourquoi le cardinal Pierre de Capoue, légat de la sainte église romaine, mit toute la France en interdit. Mais au bout de trois mois, mieux inspiré, le roi rendit à la sainte église ledit Pierre parfaitement libre » (2).

Ajoutons que le prêtre Pierre, appelé de Douai sans doute à cause du lieu de sa naissance, devint, en 1212 ou 1213, cardinal diacre sous le titre de Sainte-Marie *in Aquiro*, qu'en 1216 il fut évêque de Sabine et qu'il mourut en 1221. Il a été souvent confondu avec d'autres cardinaux du même prénom. On lui donne pour blason : De.... à la

---

(1) *Chronica Magistri Rogeri de Houedene*, édit. William Stubbs, Londres, 1871, in-8°, IV, p. 91. — Cf. *Recueil des historiens de France*, XVII, p. 598 A.

(2) *Recueil des historiens de France*, XVII, p. 50, D, E.

bande de..... à la bordure componée de.... et de...., au chef de.... chargé d'une aigle de........ (1).

Si nous interprétons bien un renseignement fourni par les travaux de dom Queinsert (2), notre chevalier était de retour dans le pays dès le milieu du mois de septembre 1208. Une charte de la comtesse Mahaut (*ego Regina Mathildis, comitissa Flandren.*), relative au domaine (*curia*) de Verquenesse (*Werkenessa*, village voisin de Dixmude), appartenant à l'abbaye de Vicogne, et datée de Lille, le 19 septembre (*feria sexta infra octavas Nativitatis beate Marie*) de cette année-là, relate ainsi les noms des témoins : Wluinus, trésorier (du chapitre) de Lille, Roger, châtelain de Lille, Gilbert de Bourghelle, ci-devant châtelain (de Lille), Pierre de *Brueco* (*sic* ; probablement : *Duaco*), Gossuin de Gand, Gille d'Aigremont (*de Egremont*), Wautier de Somerghem et plusieurs autres.

Rentré à Douai, notre brave chevalier eut à intervenir dans les affaires de sa maison, à propos de la succession de de son neveu, le châtelain Wautier III, qui venait de mourir. L'an 1209, il rappelle qu'il avait été présent autrefois (entre 1192 et 1206), comme bailli de la reine Mahaut, veuve du comte Philippe, quand le châtelain Wautier, son neveu, accorda en douaire à Agnès, sa femme, fille du châtelain de Bapaume, la châtellenie de Douai, la Vieille

---

(1) *Vitae et res gestae Pontificum Romanorum et S. R. E. Cardinalium*, Rome, 1677, in-fo, t. II, col. 30.

(2) Bibl. nation., Collection Moreau, vol. 110, fo 181; copie tirée du grand cartulaire de l'abbaye de Vicogne, contenant 142 feuillets en très-beau vélin, écriture de la fin du XIII° siècle et du commencement du XIV°, fo 110 vo, pièce numérotée, à la marge, vj.

Toutefois on trouve, en 1212, parmi les vassaux de la comtesse douairière: Pierre *de Broco* (du Breuc), avec Gérard d'Avelin, Nicolas d'Armentières, Pierre de *Weneberchies (*Wambrechies), Gérard de Bondues, etc., (Arch. départ., fonds de l'abb. de Loos).

Tour, etc., ce qui avait été passé devant les vassaux de la reine Mahaut, savoir : « Mgr *Bauduin de Marquete*, men frere, *Gossuin de Saint-Aubin* », etc.; en présence aussi du châtelain de Bapaume et de Robert de Montigny. De retour alors de Constantinople, Pierre de Douai (1) fait un record de l'acte constitutif de ce douaire : « jou reconnut tel douaire, puis que jou repairoi de Constantinoble », en présence de la reine Mahaut elle-même, comtesse douairière de Flandre, et des vassaux de cette princesse, savoir : « *Bauduin* mon frère *de Markete* et ses deux fius, *Gillon* et *Pieron* », etc.; « et ensement devant deux prestres, sil est assavoir : Pieron, capelain de le vies tour de Douay, et Bauduin de Gand, capelain de Saint-Amé. De rekief, je reconnut tel douaire devant mes neveus Henri de Mausni (*Masny*), Wautier de Aubrechicourt et Jehan, men fil ». Preuves, n° XLVIII.

Nous le retrouvons à Mons, dans le palais du comte, le 1er juin 1212, avec les princes Ferrand et Jeanne, les pairs de Hainaut (*pares Montenses*), savoir : Eustache du Rœulx (*de Rues*), Gérard de Jauche (*Jacea*), Gille de Barbançon (*Barbencionc*) et Willaume l'oncle; et avec Bouchard (*Bussardus*) et Gilbert de Bourghelle (*Borgeia*), frères. Après notre Pierre de Douai, sont encore nommés : Oste d'Arbre (*Osto de Arbro*) et Gilbert, prévôt de Saint-Germain de Mons (2), le chroniqueur de Hainaut.

Le 23 juillet, il assiste, dans le même palais, aux prélé-

---

(1) C'est par erreur que notre chevalier a été rangé parmi nos prévôts héréditaires (Cf. 3e chapitre, article II, 3, 4 et 5), à la page 71 de la « Notice historique » publiée dans l'*Annuaire* Céret, 1859, in-8°.—Cf. *Recueil d'actes*, Douai, 1849, in-8°, pp. XCVII et CII; et *Chroniques de Douai*, 1875, in-8, I, p. 204.

(2) Arch. départ., fonds de l'abbaye de St-André du Cateau.

minaires du trop fameux mariage conclu entre Bouchard d'Avesnes et la jeune princesse Marguerite de Flandre, sœur de la comtesse Jeanne. Le comte Ferrand, ayant réglé le partage entre le sire ou baron d'Avesnes et Bouchard, son frère, et assuré le douaire de la nouvelle épouse, délivre sa charte devant les nobles témoins dont les noms suivent : Gérard de Jauche, Eustache du Rœulx, Gille de Barbançon, Willaume l'oncle, Alard d'Estrepy, Philippe, comte de Namur, Jean, sire de Neele (*Nigella*), Gérard de Saint-Aubert, Nicolas de Condé, Wautier de Fontaine, *Pierre de Douai* et Gilbert de Bourghelle (1).

Encore à Mons, le 10 septembre 1213, il est nommé comme témoin d'une charte du comte, où viennent, après les pairs de Hainaut : Arnoul d'Audenarde, Nicolas de Condé, Pierre de Douai (*Petrus de Duaco*) et Wautier de *Roavia* (2).

Après les désastres éprouvés par la Flandre et le Hainaut dans la guerre contre Philippe-Auguste, à la suite de laquelle Douai avait passé à la France (Douai demeurant au roi, de 1213 à 1226), les seigneurs les plus importants du pays, qui avaient échappé à la mort ou à la prison, accompagnèrent à Paris la comtesse Jeanne et durent souscrire avec elle, le 24 octobre 1214, aux conditions dictées par le vainqueur, avant tous pourparlers touchant la délivrance du comte Ferrand et de ses compagnons d'infortune ; les cautions de la comtesse furent : Sibille (de Flandre), douairière de Wavrin, Ernoul d'Audenarde, Rasse de Gavre, Gilbert de Bourghelle, Michel de Boulers, connétable (de

(1) *Recueil des historiens de Fr.*, XVIII, p. 591 A. — Jacques de Guyse, *Hist. de Hainaut*, Paris, 1832, in-8o, XIV, p. 28.

(2) *Monum. pour servir à l'hist. des prov. de Namur*, etc., Bruxelles, 1869, in-4o, II, 2e partie, p. 816.

Flandre), Gilles d'Aigremont, *Pierre de Douai*, Gérard de Relengue, Philippe d'Arnelles, Gérard de *Jace*, Guillaume l'oncle (bâtard de Bauduin IV, comte de Hainaut), Gilles de Barbançon, Gautier de Fontaines, Alard de Chimay, Gautier de *Lengne* (Ligne), Gautier de Lens, Gautier de *Hundescote*, Hugues de Rou et Gilles de Trit (1).

Quand il s'agit de mettre en liberté les seigneurs de la Flandre et du Hainaut prisonniers du roi, le fils aîné de Pierre de Douai, nommé *Jean de Douai*, mit son crédit au service de plusieurs d'entre eux. C'est ainsi qu'il s'obligo (en avril 1217), jusqu'à 50 marcs d'argent, en faveur d'Alard de Bourghelle, qui prend l'engagement de ne pas guerroyer contre le roi Philippe, tant que ce dernier voudra faire justice au comte de Flandre, dans sa cour (2). Son sceau, pendu à l'acte, représente un plein sous un chef d'hermines brisé d'un lambel (3).

Le maréchal de France Névelon (gouverneur d'Arras) informa le roi des noms des cautions (*hostagii*) du seigneur Alard de Bourghelle, jusqu'à 300 marcs d'argent, savoir : Michel de Harnes, L. m. ; *Jean de Douai*, L. m. ; Bauduin de Quinchi, L. m. ; Nicolas de *Bevreria* (Bevri), L. m., et Hugues de Miromont, C. m. Il lui fit connaître aussi les noms de ceux qui furent présents à la remise des lettres obligatoires des cautions, c'étaient : Eustache de Neuville le père, Manassé Caudrons, Alelme de Beaufort, Jean de Souchez, Jean de Maisoncelles, Vasse de Bavaincourt, Ga-

---

(1) Original scellé, aux Archives nationales. *Layettes du Trésor des chartes*, Paris, Plon, 1863, in-4o, t. I, pp. 107 et 108.

(2) *Layettes du Trésor des chartes*, I, p. 113, no 1211.

(3) Douet d'Arcq, *Collection de sceaux*, Paris, 1863, in-4o, I, no 2037.

melon de Lonwez (*de Longo Vado*) et Jean de Boisceavesne, tous chevaliers (1).

Par lettres datées de Paris, en avril 1217, le roi manda à son maréchal d'assigner jour et lieu aux cautions de Gautier de Formeseles, de recevoir leur serment et de mener avec lui plusieurs gentilshommes du pays pour en témoigner au besoin. Les cautions de Gautier de Formeseles furent : le châtelain de Saint-Omer, Jacques son frère, Hellin de Wavrin l'oncle, Hellin le neveu, sénéchal de Flandre, Hugues de Miromont, *Jean de Douai*, le comte de Guisnes, Michel de Harnes, Adam de Walaincourt et le châtelain de Lens, chacun pour 50 marcs (2). Jean de Douai scella des lettres semblables aux précédentes, et le maréchal écrivit au roi que les formalités avaient été accomplies suivant ses ordres.

De ce qui précède, il résulte que le chevalier Jean de Douai possédait des terres importantes en Artois, sous la juridiction immédiate du roi.

Nous l'avons vu intervenir en 1209 dans l'acte où son père faisait différentes déclarations au sujet du douaire de la châtelaine Agnès. (*Preuves*, n° XLVIII.) Nous le retrouvons à Douai, le 30 décembre 1216 (*Johannes de Duaco, miles*), lors de la vente de la dîme d'Estrées et d'Hamel tenue en arrière-fief du prévôt de Douai (3).

Jean de Douai mourut avant son père, en décembre 1218, ainsi que le prouvent les actes suivants.

C'est, en décembre 1218, le testament de Jean de Douai (*Johannes miles de Duaco*), par lequel il fonde (à l'imita-

---

(1) *Layettes*, I, p. 443, n° 1218.

(2) Id., n° 1218.

(3) Arch. départ., fonds de Ste-Croix de Cambrai.

tion de son père) une chapelle en l'église Saint-Amé, pour laquelle il donne cinq muids de blé à prendre sur les biens qu'il possède aux terroirs de *Berbiere* et de *Thorolt* (Tréhout, hameau de Vitry). Il donne à Notre-Dame des Prés (l'abbaye) un demi-muid, autant à Saint-Samson (hôpital à Douai), autant à l'église de *Berbiere*, plus trois rasières au curé et trois rasières pour le luminaire de l'église. Encore, un marc à Saint-Amé pour son obit (voir ci-dessous), un demi-marc à Saint-Pierre pour son obit, un demi-muid de blé pour l'entretien d'une lampe dans l'église Notre-Dame de *Eskerchin* (chapelle fort en honneur au moyen âge). Le tout annuellement. Il donne en outre un marc d'argent à l'œuvre de Saint-Géry de Cambrai, cent sols, monnaie de Douai, à sa servante (*famula*) Mence, dix livres de blanc à Gautier Malet, 40 marcs pour le paiement de ses dettes (*mei debiti*) à son fils *Pierre* (son principal héritier), un muid de froment sec à Robert, son cuisinier (*cocus*), les draps de son lit à l'église Saint-Jean devant Saint-Pierre (hospice d'enfants trouvés). Il veut que ses autres draps soient vendus au profit des pauvres, que toutes ses armures (*omnia armamenta corporis mei*) soient données à Saint-Samson, et qu'il soit rendu, par l'avis du prévôt de Saint-Pierre de Douai et de M° Jean Pikette, seize marcs « sterlins », à 13 sols 4 deniers le marc. Figurent parmi les témoins: Dodon, archidiacre de Notre-Dame de Cambrai, Pierre, prévôt de Saint-Pierre de Douai, Bauduin, trésorier de Sainte-Croix de Cambrai, etc., des chanoines de Saint-Géry et Pierre, chanoine de Saint-Pierre de Douai. Le sceau armorial du testateur montre un chef d'hermines brisé d'un lambel de huit pendants (1).

(1) Arch. départ., fonds de St-Amé. Cf. Demay, *Invent. des sceaux de la Flandre*, Paris, 1873, in-4o, I, no 792.

Le chevalier Jean de Douai était paroissien de Brebière; sa demeure était, croyons-nous, au manoir de La Brayelle, alors dépendant de la cure de Brebière. (Voir ci-dessous.)

Les formalités relatives à la fondation de la chapelle et à l'assignation du revenu furent terminées quelque temps après le décès du fondateur, ainsi qu'il résulte d'un autre titre des archives de Saint-Amé. En janvier 1219 (v. st.), R., doyen de chrétienté à Douai, déclare que Jean de Douai, à la veille de sa mort (*cum Johannes de Duaco, miles, laboraret in extremis*), institua par son testament, selon l'inspiration divine, une chapellenie en l'église Saint-Amé, et lui donna un revenu de cinq muids de blé sur tous ses biens patrimoniaux à *Torholt* et *Brebiera*. Cette fondation fut confirmée par Pierre de Douai, père du testateur, et par Fressendo (*Freessendis*), sa veuve, en présence de *Nicolas de Saint-Aubin*, devant les échevins de Brebière. Le revenu fut assigné sur les champs del Val, de Tel°, de Vaucel, etc.

L'obituaire de Saint-Amé, de la fin du XIII° siècle, conservé aux Archives départementales, mentionne les obits de Jean de Douai et de sa femme :

« *Freessendis, uxor Joannis militis de Duaco*, ob. suo, 1 m. — *ij kl. febr.* (31 janvier).

» Sour le moelin de Brebiere et sour toute se tiere qui se justice par eskievinage de Brebiere, que tiunt mesires Hellins de Le Braielle, ch⁵ʳ, et puis mesire Pieres. Ore le tient Pieres de Le Braiiele, fius audit Mᵉʳ Pieron, chᵉʳ. »

« *Johannes miles de Duaco*, ob. suo, 1 m. — *xviij kl. jan.* (15 décembre).

» Sour tout le tent de Le Braiiele, que tiunt mesire Hellins de Le Braiiele, chl', et puis mesire Pieres de Le Braiielle. Ore le tient Pieres, ses fius. »

Reprenant la suite de nos renseignements sur le chevalier Pierre de Douai, nous dirons que, le 24 avril 1216, il fut présent à la rédaction de la loi d'Oisy, avec « les chevaliers et francs hommes » de Jean de Montmirail, sire d'Oisy et châtelain de Cambrai, savoir : « Bauduin, seigneur d'Aubencheul (bailli d'Oisy), Huon Papelart, Alart de Saucy, Simon de Raucourt (? ou mieux Raycourt ; aujourd'hui Récourt), Willame, son frère, Jacques de Marquion, Pierron de Lambres, Landry d'Allues, Simon d'Oisy, Huon de Villers, Alart de Paluel, Landry de Saucy, Engueran de Hainecourt, *Pieron de Douay*, Watier de Geulesin, Guion de Ruancourt (? ou mieux Rumaucourt), Robiert de Welu », etc., etc. (1).

Nous avons dit plus haut que le chevalier Pierre de Douai était devenu seigneur en Ostrevant, au comté de Hainaut, grâce aux faveurs de son maître, Bauduin de Constantinople. En effet, vers la fin du XII° siècle, entre 1196 et 1200, Bauduin, comte de Flandre et de Hainaut, lui avait accordé en fief l'avouerie que le comte avait, comme seigneur du pays d'Ostrevant, sur le domaine de Somain, propriété de l'abbaye de Cysoing. Ce fut pour Pierre de Douai l'origine d'une importante seigneurie qu'il sut se constituer de ce côté, à savoir celle de Riculay, dont ses descendants retinrent le nom. Cela ressort des documents suivants.

En juin 1207, Raoul, évêque d'Arras, met fin à un différend existant entre l'abbaye de Cysoing et Pierre de Douai,

(1) Loi d'Oisy, traduite du latin, publiée par extrait, sans indication de provenance, p. 59 du *Recueil d'actes en langue romane wallonne* (1819), n° 1 des Documents historiques édités par la société académique de notre ville.

touchant la dîme de Somain. Le débat portait sur la dîme des lieux dits Sart des hommes de Somain et Sart de l'église ; il durait depuis quelque temps déjà, quand les parties s'en remirent amiablement à la sagesse de l'évêque. « Le seigneur Pierre de Douai demandait la moitié de la dîme du Sart des hommes et les deux tiers de la dîme du Sart de l'église, en vertu d'une convention générale faite autrefois entre les parties et qui était telle, ainsi qu'il fut reconnu par elles devant l'évêque, savoir : que de tous les biens aliénés par l'abbaye, qui reviendraient à celle-ci grâce aux diligences que ferait Pierre de Douai (*per industriam et consilium ipsius Petri*), les revenus et les charges seraient partagés également. Après avoir ouï les parties (*partibus diligenter auditis*), l'évêque, de l'avis de son chapitre, prononça que Pierre de Douai n'a point de droit à prétendre dans ces dîmes, en vertu de ladite convention générale, attendu que celle-ci ne doit s'entendre que des biens qu'un laïc peut posséder et qu'il est formellement interdit aux laïcs de posséder des dîmes » (1). A cette époque, l'église s'efforçait de rentrer dans la propriété des dîmes, établies dans l'antiquité comme impôt du culte, mais qui, après les invasions normandes, avaient en grande partie passé entre les mains des seigneurs et des gentilshommes, pour le bien et la défense du pays, disaient les usurpateurs.

A l'époque de cet arbitrage, le chevalier se disposait à partir pour Constantinople ; il était probablement en route lorsque l'évêque rendit sa sentence.

Plus tard, il défendit ses droits et ceux des religieux de

---

(1) Bibl. nation., Collection des 182 Colbert-Flandres, vol. 73, f° 133. Copie tirée des archives de l'abbaye de Cysoing.

Cysoing contre l'abbaye d'Anchin, au sujet des marais et pâturages entre Pesquencourt et Rieulay. En 1215, Ségard, abbé de Saint-Calixte de Cysoing, et Pierre de Douai (*Petrus miles de Duaco*) déclarèrent que l'accord était fait et conclu entre eux et l'abbaye d'Anchin ; il y est parlé d'un fossé pratiqué récemment dans le marais litigieux, depuis le manoir de Rieulay (*a domo de Riulai*) jusqu'à la Scarpe. Le sceau que notre chevalier appendit à cette charte montre un chef d'hermines, sans brisure (1). Pierre de Douai avait donc changé celui dont il se servait en 1205 et en 1207, avec le lambel, signe imposé aux puinés. C'est qu'à cette époque, son âge, son mérite et sa haute position l'avaient fait en quelque sorte le chef de sa maison ; seul le châtelain Wautier IV, son petit-neveu, aurait pu élever des prétentions contraires, mais c'était encore un tout jeune homme.

Dans ces temps-là, la sollicitude du vieux chevalier se portait sur son domaine de Rieulay, qu'il dota d'une chapelle à l'usage des paysans, hôtes ou sujets établis à côté de son manoir seigneurial ; car Pierre de Douai est le vrai fondateur du village de Rieulay, où il n'y avait avant lui que des bois et des marais. En avril 1217, devant l'évêque d'Arras, comparaissent Ibert, abbé de Cysoing, et messire Pierre de Douai, chevalier ; ils conviennent que la collation de la chapelle de *Riulai*, en la paroisse de *Summaing*, appartiendra à Pierre, sa vie durant, et après sa mort à l'abbaye (2).

En avril 1219, il remit à l'abbaye de Cysoing une charte, dûment scellée par lui, dans laquelle, pour éviter des con-

---

(1) Arch. départ., fonds de l'abbaye d'Anchin. Cf. Demay, *Invent. des sceaux de la Flandre*, I, no 791.

(2) Collection des 184 Colbert, vol. 73, fo 145.

testations dans l'avenir, il limite lui-même ses droits. Ce document, rédigé en latin, est connu sous le nom de loi de Somain ; il fut presqu'aussitôt traduit en langue wallonne. En voici le début : « Pour chou ke li tans (*tempora*) sunt perilleus et li jour mavais (1), et ke nous veommes le monde mis en tel point de malisse ke peu de gent estudient à garder foiauté, et li pluseur s'abeent à boisdie multeplier (*multiplicande fraudi plures inhiant*), besoins est de porvir ke les choses ki sunt faites par bonne foi, de nete pensée (*pura mente*) et de sain conseil, aient fermeté permenaule (*perpetuam firmitatem*), ne ne puissent iestre muées en leur empirement (*in sui detrimentum valeant immutari*) par boisdie (*dolo*) ne par malisse. Pour ces choses, jou Pieres de Douai fac conneute chose (*notum facio*) à tous...... » etc.

Il rappelle que Bauduin, comte de Flandre et de Hainaut, lui ayant « otrié » en fief l'avouerie que le comte avait en « la vile de Summeing » ou « Soumaing, » antique domaine de l'abbaye de Cysoing, l'abbé et les religieux, le voulant « avoir plus foial et plus aparelliet en leurs besoins (*in suis fideliorem et prumptiorem negotiis*), « otroiièrent » en fief lige, à lui et à son hoir, « l'avouerie de leur franc alues qu'il ont en bos et en marais, de le vile de Soumaing devant dite juskes en Escard » (*usque in Scardum*). La maison de Beaurepaire (le prieuré), avec les terres, *sarts* (bois défrichés) et ceux en dépendant, le « manage Foucart » (*mansio Fulcardi*), les bois de Bierche et de Longhe-Selve (*Longa Sylva*) demeurent en l'avouerie du comte.

Il énumère alors ses droits et ses devoirs dans la garde du

(1) Allusion aux malheurs de la Flandre et du Hainaut après Bouvines.

bois de l'abbaye ; il reconnaît que celle-ci lui a concédé 23 rasières de terre, où il a établi son « mauage » (*mansio*, manoir seigneurial) et ses « hôtes » (*hospites*, sujets), lesquels resteront paroissiens de la cure de Somain ; qu'il est homme lige de l'abbaye, à raison de ce fief, qui ne sera jamais divisé, et qui ne pourra être ni vendu, ni donné, ni engagé ; si ce n'est à l'abbaye elle-même. La pêche est commune entre l'abbaye et lui dans les fossés et tourbières depuis sa maison de *Rulai* (manoir seigneurial) jusques en Escard, sauf ès fossés entourant son manoir, où la pêche appartient à lui seul. Il parle encore des hôtes qu'il a établis près de la chapelle (de Rieulay) dans le bois.

Puis il énonce les droits et les coutumes ayant rapport à Somain, aux francs hôtes de l'abbaye, au maire de Somain, à l'élection des échevins, aux plaids, aux amendes etc. Il ne peut appeler aux armes et faire sortir de la ville les gens de Somain, hommes (de fief) ou hôtes de l'abbaye, si ce n'est pour la défense de la localité. Tout ceci lui provenait de l'avouerie qu'il tenait en fief du comte.

Enfin, il statue que, lors de chaque cérémonie pour l'hommage, l'abbé fera d'abord lire et expliquer la présente charte devant le nouveau possesseur et devant ses pairs (*compares sui*), comme lui vassaux de l'abbaye de Cysoing, et qu'on ne passera outre à la réception de l'hommage qu'après serment fait par le possesseur d'observer fidèlement tout le contenu ; à charge aussi de payer le droit de relief dû à l'abbaye.

L'évêque d'Arras, étant à Hasnon (en mai 1219), s'empressa de confirmer la charte de Pierre de Douai, *P. miles de Duaco* (1).

(1) *Mém. de la Société des sciences de Lille*, 1854, in-8o, p. 515, d'après les originaux reposant aux Arch. départ., fonds de Cysoing.

Cette année-là, il est appelé Pierre de Rieulay dans un acte passé dans le voisinage de sa seigneurie. A *Anice* (Aniche), en novembre 1219, un personnage qui s'intitule ainsi : *Ego Robertus, dominus de Anice*, confirme un accord entre l'abbaye de Marchiennes et un laïque, au sujet de terres à Aniche ayant donné lieu à un débat, dont avait été arbitre messire Pierre de Rieulay (*dominus Petrus de Rulai*). Sont témoins : *Pierre de Rulai, Gossuin de Deneng, Wautier de Obrecicort, Bauduin, son frère,* tous chevaliers (1). Wautier ou Wautous ou Waltold d'Auberchicourt et son frère étaient de la maison de Douai et neveux de notre chevalier.

Remarquons que le personnage qui se qualifie alors sire d'Aniche, scelle sa charte avec un sceau équestre, ce qui sent le grand seigneur ; il tient un bouclier au lion, brisé d'un lambel de quatre pendants. D'un autre côté, Aniche a dépendu du domaine du prince jusqu'au XVIIe siècle. Ce Robert nous paraît donc être un bâtard de Hainaut, à qui Aniche aura été donné en apanage, lequel sera revenu au domaine après sa **mort**. Nous le croyons fils du comte de Hainaut, Bauduin V, qui, au dire de son chancelier Gilbert, eut plusieurs bâtards de dames ou damoiselles (2) ; l'histoire s'oppose à ce qu'on puisse l'attribuer à l'époux fidèle de Marie de Champagne, l'illustre Bauduin de Constantinople.

La chapelle qu'il avait fondée à Rieulay fut l'occasion

(1) Archives départ., fonds de l'abbaye de Marchiennes.

(2) *Comes Hanoniensis...., egrotans Montibus (1195)...., pueris suis; quorum quosdam non de uxore sua, sed de mulieribus nobilibus genueral, bona quedam assignavit....* Gisleberti Chronicon Hanoniense, p. 274 de l'édition W. Arndt, Hanovre, 1869, in-8°.

d'une nouvelle charte de Pierre de Douai, en 1220 (v. st.), le 5 mars. Il rappelle qu'il a fondé, pour le salut de son âme et de ses ancêtres, une chapellenie à desservir en sa chapelle de *Riulai*, et il en assigne le revenu ainsi qu'il suit : dix livres de « blancs » sur des maisons et des terres à Douai et à Sin ; un muid de blé pendant sa vie et deux muids après son décès, sur des terres et un terrage aux Sarts, entre Rieulay et Beaurepaire. Dans le cas où le revenu ne pourrait se parfaire sur les biens susdits, Pierre y affecte sa part de l'Euwage (*aquaticum meum*) et du forage, ainsi que tout ce qu'il possédait en la ville de Douai (*infra castrum Duacense*). Furent présents à cette donation sept échevins de Douai et trois échevins de Sin. *Preuves*, n° XCVII.

L'Euwage étant une dépendance du fief du Gavène, nul doute que notre chevalier n'ait été Gavenier de Douai.

Quant au forage ou afforage (droit sur les boissons), nous verrons tout à l'heure qu'en 1247 et 1274, les héritiers de Pierre de Douai y avaient part.

Il est encore cité comme caution de son petit-neveu, le châtelain Wautier IV, dans un titre de l'an 1221 : *Plegiarunt dominus Petrus de Duaco et filius ipsius Petrus, clericus, et Henricus de Mauni et Waltoldus de Obricicort, milites*. *Preuves*, n° L.

Pierre de Douai avait donc un autre fils que le chevalier Jean de Douai, mort en 1218 ; cet autre Pierre de Douai était ecclésiastique (*clericus*).

Nous plaçons vers 1225 la mort du chevalier Pierre de Douai ; il était alors âgé d'environ 75 ans. Son obit se célébrait à Saint-Amé le 3 décembre et celui de sa femme, Juliane, décédée avant lui, le 21 novembre. Voici en effet ce qu'on lit dans l'obituaire de Saint-Amé, de la fin du XIII° siècle, reposant aux archives départementales :

« *Petrus miles de Duaco, ob. suo, j fert. iij n. decemb.*

» Sur un tenement rue de l'Aubiel (*rue Obled*), en le ruele con dist de le Paiiele (*ruelle de la Vierge-Marie*), sour le fosset de le vile » (*cours d'eau de l'ancienne enceinte*).

« *Juliana uxor Petri de Duaco, ob. suo, j fert. et xviij s. doy³ et iij doy³. — xj kl. decemb.*

» Sur des maisons dehors le porte de l'Ausnoit, ou Cardonnoit, derriere le mur Evrart de Saint-Venant. »

Dans l'obituaire d'Anchin, du XIII° siècle, parmi les personnages dits *familiares abbatie Acquicintensis*, figure *Juliana de Duaco*, pour laquelle un obit se célébrait en août. Est-ce la femme de Pierre de Douai?

Celui-ci eut pour successeur tant au Gavène de notre ville que dans la seigneurie de Rieulay, son petit-fils, Pierre de Douai ou de Rieulay, issu du chevalier Jean de Douai, mort en 1218, et de Fressende, décédée peu de temps après son époux.

Pierre de Douai ou de Rieulay était en bas âge à l'époque de la mort de ses père et mère, ainsi qu'au décès de son aïeul; il fut mis sous la tutelle de Pierre, *cutos* (2) de Saint-Géry de Cambrai, le fils cadet du brave chevalier Pierre de Douai, cité dans l'acte de 1221 ci-dessus et appelé par la loi à la tutelle du jeune Pierre de Rieulay, son neveu.

(1) Ms. no 828 de la Bibl. publique de Douai, fo 138 vo, col. 4.

(²) En wallon *coustre* ou *coûtre*. « *Custos ecclesiæ : presbyter aut clericus, cui ecclesiæ seu templi cura incumbit;* » nous dit du Cange. Ce n'était pas une fonction très-relevée, même dans une collégiale.

Le jeune Pierre était nommé, en 1218, dans le testament de Jean, son père, qui le chargeait d'acquitter ses dettes avec une somme de 40 marcs.

Dix ans après la mort de Jean de Douai, l'assignation du revenu, pour la célébration de son obit à Saint-Amé, n'était pas encore faite, puisque le tuteur du jeune Pierre fut condamné à ce sujet. En octobre 1228, *tertia feria* (mardi 24) après la fête Saint-Luc, l'official d'Arras, J. de Péronne, condamne Pierre, *custos* de l'église Saint-Géry de Cambrai, tuteur du fils de Jean de Douai et de Fressende, son épouse, à payer annuellement deux marcs à Saint-Amé, pour les obits desdits Jean et Fressende, par eux fondés à Noël et en mars (1).

L'obituaire de Saint-Amé nous a appris que les deux marcs d'argent furent assignés sur la terre de La Brayelle, possédée par Jean de Douai, de son vivant, et plus tard par le chevalier Hellin de La Brayelle, présumé fils cadet dudit Jean ; la date de célébration de ces obits était, à la fin du XIIIe siècle, fixée au 15 décembre et au 31 janvier.

Dès l'année 1237, le jeune Pierre de Douai était parvenu à la dignité de chevalier. Cette année-là, il est appelé, avec les principaux seigneurs des comtés de Flandre et de Hainaut, à garantir l'observation des traités conclus autrefois avec la France après Bouvines, car la comtesse Jeanne, veuve du vaincu Ferrand de Portugal, venait de prendre un nouveau mari, Thomas de Savoie. Ses « lettres de sécurité » sont datées de Douai, en décembre 1237 ; il s'y qualifie *Petrus de Duaco, miles* (2); son sceau armorial repré-

---

(1) Arch. départ., fonds de Saint-Amé.
(2) *Lay. du Trésor des chartes*, II, p. 359.

sente un plein sous un chef d'hermines brisé d'un lambel, avec la légende : † *Sigill : Petri : de : Dvaco* (1).

Quand la comtesse Marguerite succéda à sa sœur Jeanne, il renouvela ses « lettres de sécurité » : dans celles-ci, datées du mois de janvier 1244 (v. st.), il se qualifie *Petrus de Rulay, miles;* il se sert du même sceau qu'en 1237, avec la légende au nom de Pierre de Douay (2). Rieulay est le nom qu'il prend désormais ; toutefois ses contemporains le désignent encore de temps à autre sous le nom de Douai.

En mai 1240, *Petrus de Riulai, miles,* est témoin, comme vassal de la cour de Bouchain, chef-lieu du comté d'Ostrevant, à une vente faite par le sénéchal d'Ostrevant (3). Au mois de septembre de l'an 1242, « mon segneur Pieron de Dowai, chevalier », est témoin, comme homme du comte de Flandre, à un échange passé avec l'abbaye des Prés. *Preuves,* n° LXII 1°.

Il est désigné comme Gavenier de Douai dans les trois chartes suivantes.

L'an 1244, en juin, les comtes Thomas et Jeanne déclarent que l'abbaye des Prés-lez-Douai possédait un manoir (*monsum*) situé ès Prés de Saint-Albin, à elle donné par feu de bonne mémoire messire Nicolas de Saint-Aubin ; mais l'abbaye ayant cédé ce manoir aux comtes, ceux-ci lui abandonnent une rente de 39 rasières de blé (*triticum*), mesure de Douai, que leur devait la bonne maison des Lépreux de cette ville. Cet échange est conclu, sauf le droit de messire Pierre de Rieulay dans ladite rente dépendante de sa recette, *salvo jure domini Petri de Rulai quod in*

(1) Douët d'Arcq, *Collect. de sceaux,* I, no 2030.
(2) Lay. du Trésor des chartes, II, p. 553.
(3) Arch. départ., fonds de l'abbaye de Marchiennes.

eodem redditu quo ad receptam suam habere dinoscitur (1).

En mars 1244 (v. st.), la comtesse Marguerite, — pour accomplir les legs pieux faits par sa feue sœur Jeanne, notamment celui par lequel elle assignait aux pauvres femmes dites « béghines », récemment établies à Douai près de Saint-Albin (béguinage de Champ-Fleury, supprimé en 1477 au profit de l'abbaye des Prés), une rente de 30 muids (360 rasières) d'avoine à prendre, au jour Saint-Martin (11 novembre), sur l'Espier (ou Gavène) du comte à Douai (*triginta modios avene ad Spicarium nostrum Duacensem, annis singulis in perpetuum, in festo beati Martini*), — charge de ce paiement le chevalier Pierre de Rieulay et ses successeurs, receveurs de l'Espier ou Gaveniers de Douai. *Precipimus autem domino Petro de Rulai, militi, et omnibus successoribus ejus, qui nunc vel in futurum predicti Spicarii nostri redditus habent recipere vel habebunt.* Au mois d'août 1249, la comtesse Marguerite ordonna audit Pierre d'effectuer les paiements de cette rente : *Margareta... Dilecto suo receptori Spicarii Duacensis, salutem. Mandamus vobis..........* etc. (2).

Il est à remarquer que dès l'an 1372 la rente de 30 muids d'avoine, constituée au profit du béguinage de Champ-Fleury, ne grevait plus le fief du Gavène. *Preuves*, n° XCIX.

Dans un document de l'an 1247, conservé aux archives de la ville, *messire Pierre de Douai* est indiqué comme partageant, avec le châtelain et *la dame de Lille*, certains droits sur les vins; et avec le châtelain seul, des droits sur

---

(1) Archives départ., fonds de l'abbaye des Prés.

(2) Id., originaux parmi les titres provenant de l'ancien béguinage de Champ-Fleury.

les bières et le miel. Nous l'avons analysé en traitant de la châtellenie (chapitre premier, article I 5°), aussi ne le rappellerons-nous que brièvement.

Le châtelain et Pierre de Douai profitaient chacun de huit setiers de vin. Le châtelain et « la dame de Lille » avaient chacun un denier douisien de « coustume » dû par les marchands de vin.

Qu'est-ce que la dame de Lille ? une châtelaine de cette ville ? Nous l'ignorons. Peut-être le nom a-t-il été mal écrit dans le cartulaire ? Quoi qu'il en soit, c'est une cohéritière, peut-être une sœur de notre chevalier Pierre de Rieulay.

Sur les bières, celui-ci percevait 24 lots (1/2 ou 4/8), tandis que le châtelain n'en avait que 18 (3/8). L'impôt total sur chaque brassin était de 48 lots; les 6 lots restant (1/8) appartenaient au prévôt de la ville.

Sur les miels, il avait 6 lots et le châtelain seulement 4.

Ces droits dits d'afforage, de « franquet », etc. (*foralicum*), que le chevalier Pierre de Douai possédait en 1220, ne figurent point dans le dénombrement servi par le Gavenier en 1372; en effet, ils avaient été détachés du fief du Gavène depuis longtemps, pour être vendus au profit d'un bourgeois, qui avait obtenu de les convertir en roture, l'an 1274; mais les droits réellement seigneuriaux qui en résultaient n'en continuèrent pas moins de se percevoir au profit de particuliers, jusqu'à la Révolution. On verra, à l'Appendice du présent chapitre, des détails sur ces droits d'afforage et de « franquet », ainsi que sur leurs possesseurs.

Par acte du mois de juillet 1248, « Pierre, chevalier,

Le 22 juillet suivant (*die B. M. Magd.*), W., abbé d'Anchin, au sujet du même débat (*inter nos, ex una parte, viros religiosos B. abbatem et conventum de Cisoio, nec non et dominam de Riulay, ex altera, super limitatione cujusdam fossati et piscarie ejusdem, Scorpe similiter et aliorum quorumcunque*), ratifie le choix des arbitres (*compromissionem factam in Balduinum de Obrecicourt, juniorem, et Joannem de Mota, milites*) (1).

Le manoir seigneurial, élevé vers l'an 1200 par Pierre de Douai, dans les bois de Rieulay, sur une haute motte artificielle, entourée de larges fossés, était assez fort pour servir de poste militaire en temps de guerre, comme le prouve le document suivant : L'an 1252, le 26 octobre, la comtesse Marguerite donne « des lettres de non-préjudice » à l'abbaye de Cysoing, pour avoir mis garnison au château de Rieulay, qui était du domaine et de la seigneurie de l'abbaye : *Cum nos, in domo domine Isabelle, quondam sororis domini Petri de Riulay, militis, apud Riulay, supra allodium et feodum abbatis Cisoniensis existente, propter pericula quedam nobis, sicut credebamus, imminentia, quosdam homines, ad custodiendum dictam domum, posuerimus* (2). Le pays était alors troublé par la guerre entre la comtesse et ses fils du premier lit, les d'Avesnes.

Le Gavène de Douai, de même que le château de Rieulay, était échu à Isabeau, sœur aînée de Pierre, puisqu'elle était chargée de la recette de l'Espier, comme l'avait été son frère. Dans un titre de l'an 1255, en octobre, la comtesse s'exprime ainsi : *Margareta, Flandrie comitissa,*

---

(1) Titres de Cysoing; f° 259 du t. 73 de la Collection des 182 Colbert-Flandres, à la Bibl. nationale.

(2) Titres de Cysoing; Collection des 182 Colbert, t. 73, f° 261.

Dilecte et fideli sue Elyzabeth, domine de Rullay, et ejus successoribus receptoribus spicarii Duacensis. Salutem !
C'est un mandement de payer exactement à l'abbaye des Prés la rente de 39 rasières de blé, due très-anciennement par les lépreux de Douai au domaine du prince (*nostro spicario*) et attribuée en 1244 aux religieuses des Prés; *quas, quolibet anno, vos et antecessores vestri soletis, ex parte nostra, recipere* (1).

L'Euwage, cette autre dépendance du fief du Gavène, était, en 1258, l'objet des convoitises de « madame Agnès de Montigni », qui le disputait à sa sœur aînée Isabeau. A cet effet, elle avait prétendu que c'était un bien de nature « cotière » ou roturière, de la juridiction du tribunal échevinal. Les parties s'en étant rapportées à la sagesse des échevins, ceux-ci constatèrent le consentement des plaideuses, par acte du vendredi 5 avril 1258, où fut présent le bailli de Douai (chef de la cour féodale). « C'est li aloiance de lo dame de Riuslai et de le dame de Montegni. Me dame Isabeaus de Riuslai et me dame Agnès de Montegni se sunt aloiés devant eschievins, en le hale, par lor fois fianciés et par lor sairement, ke se li eschievin disoient ke *li hiretages del euwage* fust de leschievinage, ke eles sen tenroient au dit et au jugement des eschievins ». Et s'ils « disoient ke il, del. hiretage del ewage ne se deussent mesler, ke cascune des parties quesist sen droit là u ele seust ke bon fust ». Le 12 novembre suivant, les échevins se déclarèrent incompétents pour statuer sur l'attribution à l'une ou à l'autre partie du droit d'Euwage, vu sa nature féodale ; mais tout en réservant les droits du tribunal échevinal pour la connaissance des cas résultant de l'exercice de

(1) Arch départ., fonds de l'abbaye des Prés.

cet Euwage (1). En conséquence ce fut la dame de Rieulay qui garda l'Euwage, comme une dépendance de son fief.

La dame de Montigny, née Agnès de Douai, était veuve du chevalier Robert, sire de Montigny en Ostrevant.

Nous n'avons point trouvé d'autres renseignements sur la dame de Rieulay ; elle sera morte quelque temps après, entre 1260 et 1270.

Le souvenir de cette dame fût conservé à Douai, longtemps après qu'elle eut disparu de ce monde, à cause de certaines rentes foncières, désignées ainsi : « rentes qui furent madame de Riulay ». C'était un ensemble d'antiques rentes foncières, assises particulièrement sur des maisons et des terrains du quartier de la porte Morelle, près du manoir de Rieulay, dont nous parlerons tout à l'heure, dans l'ancienne paroisse Saint-Jacques (démembrée de Saint-Pierre en 1225). Ces rentes nous paraissent avoir dépendu d'abord du fief du Gavène, dont elles auront été démembrées ou « éclissées », pour être vendues en bloc à un particulier, probablement par la dame de Rieulay, ou par son plus prochain successeur ; lors de la vente, elles auront été mises hors fief et converties en une propriété « cotière » ou roturière, comme cela arrivait quelquefois au XIII° siècle, quand un bourgeois ne voulait pas être exposé au service militaire, à raison du bien qu'il venait d'acquérir. Sur l'ensemble de ces rentes, formant une sorte de petit domaine, étaient assises des rentes foncières, notamment une rente due au Gavène. Voici, du reste, quelques documents concernant les rentes de Rieulay.

D'après des Cœuilloirs des rentes appartenant à la bonne maison des Malades ou Lépreux de Douai, renouvelés en

---

(1) Archives de la ville, cartul. QQ, f° 39, n°ˢ 115 et 116 de la *Table*.

1324 et en 1352, cet hôpital possédait une rente : « En la grand'rue Saint-Jakeme (*comprenant les rues de Lille, Morelle et Saint-Jacques*), sur toutes les rentes qui furent madame de Riulay » (1).

La rente dont il est question au titre suivant, nous paraît se rattacher aussi à celles qu'avaient possédées, dans le quartier « Saint-Jakeme », les descendants du chevalier Pierre de Douai. L'an 1304, en décembre, devant échevins de Douai, Chollars Li Evennes, *armoyers* (*armiger*, écuyer ?), vend à Mikiel Madoul, un marc et demi de rente qu'il avait sur toutes les maisons et sur tout le « tenement » qui fut Willame de Lens, qui siet en la « Grand'rue Saint-Jakeme », vers la porte de Riulay, joignant au *touket* (coin) de la *ruielle si com* va au Temple (ruelle supprimée), d'une part, et au tenement « mon singneur Mahiu le priestre, ki fu », d'autre part. « Ei si voelt, grée et otrie, lidis Mikius, que li mars et demi d'yretaige soit *taille paians*, as us et as coustumes que li hyretaige des autres bourghoys » (2). L'acheteur consent donc à ce que sa rente, franche et exempte de taille (comme propriété féodale), y soit soumise à l'avenir comme les biens roturiers. C'est ce qui nous fait croire que le mot *armoyer*, dont est qualifié le vendeur du bien ci-devant noble, pourrait ici signifier écuyer ; du reste le mot d'écuyer n'était guère en usage chez nous, à la fin même du XIIIe siècle ; d'un autre côté, il est excessivement rare que, dans les chirographies des échevins, on énonce la profession et surtout le métier des contractants.

Revenant aux rentes de Rieulay, nous trouvons qu'elles formaient encore, en 1470, un ensemble important, quoi-

---

(1) Archives des hospices, fonds du Petit-Saint-Jacques, n°s 239 et 240 de l'*Invent.* de 1839.

(2) Id., fonds des Chartriers, n° 172 de l'invent. suppl. manuscrit.

qu'il en eût été détaché, bien certainement, quelques parties, à la suite des transmissions arrivées pendant deux siècles ; elles montaient à une somme de revenu annuel de 115 chapons et demi, 24 livres 5 deniers oboles douisiens, 8 livres 10 so's 8 deniers parisis et 2 chapons en plumes. Elles devaient une rente héritière au Gavène. Voici l'indication des lieux où étaient situés les maisons, jardins, etc., grevés de rentes dites de Rieulay : Grand'rue Saint-Jacques, au *toucquet* (coin) de la rue de Paris (qui n'existe plus), rue Jehan de Goy, rue des Boulloires (des Écoles), ès Verdes rues, rue de Cambray (supprimée), rue Fay-en-Paille (vers le Musée), à Wasiers sur le Marès, sur le Marchiet au bled (Grand'Place), sur les fossés du Canel dehors le première porte d'Esquerchin, rue des Wez, etc. Le vendeur, au 15 janvier 1470 (v. st.), était Simon de Fiérin, bourgeois de Douai, qui les tenait de M⁰ Nicolle de Fiérin, son frère, chanoine de Cambrai, et celui-ci de sa mère « demoiselle Jehenne » Caron, veuve de Jean de Fiérin (1).

Dans un « État de ce que la ville de Douai doit au Gavène de S. M. », dressé en 1676, après la mention de rentes dues pour le Nouveau-Rivage, la maison du portier de la porte d'Esquerchin, des terres « applicquées » aux fossés de la ville, l'héritage « applicqué » aux Ecoles publiques (aujourd'hui hôtel de l'École d'artillerie), nous remarquons ces articles :

« Pour les rentes abandonnées par Robert Boudet, qui furent sur le pourpris de la porte Morelle. »

« Pour les rentes abandonnées par l'office de Saint-Piat à Saint-Amé, sur les voies et chaussées de la porte Morelle. »

(1) Arch. départ., fonds de Saint-Amé.

« Pour les rentes abandonnées par le mandé de Sainte-Catherine, sur les voies de la porte Morelle (1). »

Enfin, d'après un compte de la ville, pour 1697-1698, il a été fait un paiement au Gavenier, pour la ville, « au lieu du mandet de la chapelle de Sainte-Catherine devant le Marché au poisson, pour 7 patars 6 deniers en 25 patars, qu'André Pilate avait sur les voyes de la porte Morel, et 9 patars 9 deniers, qui furent à Robert Pilate (2). »

La porte Morelle, en 1366 porte Neuve du Temple, et les rues y conduisant sont une création du commencement du XIV° siècle ; elles ont pris la place de terrains appartenant à des particuliers et frappés, selon la loi commune, d'antiques impôts fonciers devenus des rentes. C'est pourquoi l'on payait encore, au XVII° siècle, des rentes assises sur le « pourpris » de cette porte et sur le sol des rues voisines.

Le souvenir de la famille de Rieulay fut également conservé dans ce quartier par le manoir et la porte de Rieulay, qui tiraient leur nom de celui des descendants du chevalier Pierre de Douai.

Le manoir, « manage » ou hôtel de Rieulay est indiqué dans les titres du XIV° siècle et du XV°, comme situé en la Noefville, paroisse Saint-Jacques, grand'rue Saint-Jacques, outre l'*âtre* (cimetière) en allant à la porte Morelle, au rang de l'église (côté est) ; là se trouve aujourd'hui l'usine Cail, n° 32 de la rue de Lille. Ce fut la résidence du chevalier Pierre de Rieulay, puis de sa sœur la dame de Rieulay ; mais ce manoir ou hôtel ne

---

(1) Archives de la ville, lay. 224.

(2) Archives du parlem. de Fl., fonds de la gouvernance de Douai, comptes anciens des villes et communautés.

dépendait en aucune façon de leur fief du Gavène : c'était un bien roturier, « cotier », de la juridiction de l'échevinage. Dès l'an 1346, il appartenait à un bourgeois, Morel de Landast ; en 1451, à Jean du Temple l'aîné ; au XVIIe siècle et au XVIIIe, il appartenait à l'abbaye des Prés.

Assez près du manoir de Rieulay était l'hôtel ou manoir de la Motte, plus important que l'autre, appartenant à Agnès de Douai, douairière de Montigny (sœur de la dame de Rieulay), qui y fonda, en 1250, une chapelle, du consentement du chapitre de Saint-Pierre de Douai et de l'évêque d'Arras (1). A la Révolution, c'était l'abbaye de Paix. La dame de Montigny avait peut-être trouvé ce bien dans la succession de son aïeul, le chevalier Pierre de Douai, mort vers 1225, tandis que sa sœur avait eu, dans sa part, l'hôtel de Rieulay. On appelait rue de la Motte-creste la voie qui menait du cimetière Saint-Jacques à l'hôtel de la Motte (rue comprise aujourd'hui, en grande partie, dans les terrains de la Raffinerie) ; motte, « creste », ces deux mots évoquent le souvenir d'anciennes fortifications, de vieux travaux de défense, qui ont dû exister dans ces lieux.

Derrière les hôtels de la Motte et de Rieulay s'ouvrait une porte de la ville, appelée porte de Rieulay, dont il est parlé au XIIIe siècle et dans les premières années du XIVe ; elle conduisait directement à la portion du terroir de Waziers nommée encore aujourd'hui Vieux-Faubourg ; c'était la route la plus courte pour aller à Orchies et Tournai, en passant la Scarpe au bac de Lalaing. La porte de Rieulay devait son origine à l'un des agrandissements de la ville.

(1) Bibl. publique de Douai, Ms. n° 1063, II, f°s 35, 103 et 109. Preuves de l'Hist. de la collégiale de St-Pierre, écrite par le chanoine Doutart vers 1735.

On connaît très-exactement les limites du *castrum* ou ville forte du X⁰ siècle, dont les fossés d'enceinte existent encore aujourd'hui. L'un des premiers agrandissements eut pour résultat d'assurer, d'un seul coup, à Douai ses limites actuelles, mais sur la rive droite de la Scarpe seulement, dès le commencement du XIII⁰ siècle. Alors s'élèvent : la porte Olivet ou Saint-Eloy, qui enferme la vieille porte au Cerf, la porte Vacqueresse ou Notre-Dame (peut-être un peu plus ancienne que la précédente), qui enferme l'antique porte du Marché, la porte Baellon (ouvrant sur le Marais douaisien, au bout de la rue du Point-du-Jour ; fermée dès le milieu du XIII⁰ siècle), la porte de Rieulay, enfermant celle de la Neufville (au pont Saint-Jacques), et la porte de l'Eau ou du Temple, tout contre la Scarpe, qui enfermait l'antique porte des Wez. Mais l'existence de la porte de Rieulay ne dura qu'un siècle : au commencement du XIV⁰, elle fut fermée, ainsi que celle de l'Eau, sa voisine (1) ; une seule porte fut ouverte entre deux, la porte Morelle ou porte Noire, ainsi nommée à cause des terrains marécageux et tourbeux qui l'avoisinent.

Enfin le nom de Rieulay resta très-longtemps à l'un des droits féodaux attachés au fief du Gavène ; au XVI⁰ siècle, on nommait encore Euwage de Rieulay la part de l'Euwage (*aquaticum*) attribuée au Gavenier, à l'encontre du châtelain ou de son ayant-cause (la ville de Douai).

Quel a été le successeur de la dame de Rieulay ? Nous croyons que ce fut un certain JEAN DE RIEULAY, frère cadet

---

(1) Elle ne fut conservée que pour donner passage aux bateaux.

de Gossuin, seigneur de Rieulay, tous deux fils de cette dame.

En 1272, quand le prince affranchit les Trinitaires d'une rente de Gavène, ce n'était plus la dame de Rieulay qui possédait le fief du Gavène ou de l'Espier; malheureusement le nom du Gavenier, alors en exercice, ne nous a point été conservé dans les lettres de la veille de la Saint-Luc (17 octobre), par lesquelles la comtesse Marguerite dégréva le fonds sur lequel les Trinitaires construisaient leur monastère, d'une rente de deux rasières et demie d'avoine due aux « brefs de l'Espier » de Douai (*ad brevia nostri spicarii de Duaco*), et cette princesse ajoutait : *Mandamus denuo, presenti scripto, nostro predicto spicario, ut predictos fratres et locum corum... liberos et quietos in perpetuum dimittat, et dictam avenam ulterius non exigat ab eisdem* (1). Aujourd'hui cette pièce n'existe plus dans le fonds des Trinitaires, aux Archives départementales.

Aux archives de la ville (n° 162 de la *Table*), il y a une déclaration originale des échevins, du 30 novembre 1270, commençant ainsi : « Teles sont les droitures le prouvost de Douai. » Dans la même liasse, se trouvent deux copies anciennes, sur parchemin, de l'acte de 1270, au dos desquelles, et comme un intitulé de la pièce, on lit: « Chest li escris de le justice de Douai et des droitures des moelins. Et se peut le justice *le seigneur de Potes* mener tous les clains ki en se main viennent dedens les quatre bous de Douai et prendre teil wage kil veut, si com pour lui aquiter ». On sait que la justice dite de Potes dépendait du fief

---

(1) *Duaci Chronicon*, m.s. de la famille de Guerne, de Douai; ouvrage du P..Le Preux, gardien du couvent des Récollets wallons. Cf. *Souv. de la Fl. wall.*, Douai, 1863, in-8°, III, p. 162.

du Gavène. Or, si cette mention était contemporaine de l'acte échevinal de 1270, il faudrait conclure que le seigneur de Potes était déjà à cette époque Gavenier de Douai; mais, comme son nom ne figure pas dans le titre original, qu'il a été ajouté après coup, vers le commencement du XIV° siècle, sur des copies faites à une époque où ce seigneur possédait le Gavène, l'acte de 1270 ne nous apprend rien sur le Gavenier de Douai.

Enfin une charte de la comtesse Marguerite, datée de Douai, en 1274, le 1ᵉʳ août, nous donne un renseignement positif : Jehan de Rieulay, vassal de la comtesse, qui l'appelle « no foiaule », du consentement de Gossuin de Rieulay, son frère et hoir, vend à un bourgeois de Douai, les forages qu'il avait en la ville de Douai, « de vins, de miés (*miels*), de goudale, de cervoises et de toutes autres choses qui à forage appartiennent, lesquels forages il tenoit, *avec autres choses*, de nous en lief ». (*Preuves*, n° XCVIII.) On sait qu'en 1220 ces droits de forage (*foraticum*) appartenaient au chevalier Pierre de Douai, et en 1247 à son petit-fils, le chevalier Pierre de Douai *dit* de Rieulay, Gavenier de Douai. Quant aux « autres choses » qui faisaient partie du fief amoindri par l'aliénation de 1274, ce sont très-probablement les droits de Gavène, d'Euwage, de justice, etc., énumérés dans les dénombrements de 1372 et de 1512.

La dame de Rieulay, morte avant 1270, avait laissé plusieurs enfants, dont l'aîné, Gossuin, a eu la seigneurie de Rieulay; le cadet Jean n'avait droit, d'après la coutume, qu'à un quint (un cinquième) dans les fiefs délaissés par sa mère; pour le remplir de ses droits, le Gavène lui aura été attribué, probablement avec des charges, pour l'acquit desquelles il dut démembrer son fief.

En mai 1273, il était déjà gêné d'argent, car il empruntait à l'un de ces riches bourgeois et banquiers de Douai qui comptaient parmi leurs clients habituels les plus grands seigneurs du pays : « Jehans de Riulais, frère Gossuin, seigneur de Riulay, reconnoit devoir à Ricars Lalain, bourgeois de Douai, 30 livres de parisis (1). Quoique fils de chevalier, Jehan de Rieulay avait pris femme dans la bourgeoisie : ce qui du reste arrivait fréquemment, même dans les temps féodaux ; sa femme Emmelot de Fretin était une douaisienne, nièce ou petite-fille de l'opulent Ricart Du Markiet, à qui il avait vendu, en 1274, son droit de forage ; par son testament du « jor saint Brisse », 13 novembre 1282, ce riche bourgeois légua « à Emmelot de Fretin, *se niece*, dix livres de rente à prendre sur sen winage kil a à Lescluse, qui resteront aux hoirs ke elle aroit de Jehan de Rullai, sen baron » (2).

Les deux fils d'Isabeau de Rieulay avaient donc pris le nom de leur mère, qui était celui du fief principal de la famille. Il ne sont qualifiés ni l'un ni l'autre écuyer, quoiqu'assurément ils fussent gentilshommes et fils d'un chevalier. La qualification d'écuyer n'était point encore en usage chez nous.

Cette seconde famille de Rieulay, héritière des de Douai-Rieulay, s'est-elle perpétuée dans le pays ? Quelles étaient ses armes ?

On trouve bien, en 1323, un certain Jean de *Riullais*, écuyer, gentilhomme du Cambrésis ou du Hainaut, qui fit sa paix, avec la commune de Douai, contre laquelle il

---

(1) Guilmot, Extraits mss., III. p. 116, d'après un contrat en chirog. aux archives de la ville.

(2) Id., pp. 1107-1108 ; d'après un testament en chirographe.

s'était déclaré en guerre ouverte (1); en 1345, le 4 avril, au *Quesnoit*, un « honnerables escuyers et sages Jehans dis Riulais », époux de « demiselle Jehanne de Franecches », auparavant veuve de Jehan Le Cauf (2); en 1400, un Gilliart de Rieulay, qui achète un fief situé à *Kievraing* (3). Dans la seconde moitié du XVe siècle, il y avait, au comté de Hainaut, une famille noble de *Rieullay* qui portait : D'or à la croix de sable (peut-être une branche de l'antique maison de Denaing : D'or à la croix de gueules) et qui criait : *Rieullay* ! (4). Mais, comme il y eut plusieurs familles de ce nom, notamment dès le commencement du XIIIe siècle (1227, Jacques de Riulai, possesseur de fiefs à Bruille, Fenaing, etc.; 1234, Waudier de Rieulai, vassal de l'abbé d'Anchin ; 1256, Mathilde, veuve de Jacques de Riulai, Liebert et Jean, frères, fils de ladite Mathilde, qui donnent à l'abbaye d'Anchin une terre sise à Bruisle), c'est-à-dire avant même qu'une branche de la maison de Douai eût pris le nom de Rieulay, nous ne sommes pas en état de résoudre les deux questions posées plus haut.

Seulement, il est certain que la seigneurie de Rieulay ne demeura point dans cette famille, et qu'elle passa par mariage dans une autre maison, avec le Gavène dont le sort fut longtemps lié à celui de la terre de Rieulay.

ALEXANDRA DE RIEULAY (est-ce la fille de Gossuin ou sa sœur ?) hérita de la seigneurie de Rieulay et du fief du Ga-

(1) Arch. de la ville, no 685 de la *Table*.

(2) Arch. départ., fonds de l'abbaye de Saint-Aubert.

(3) Id., Chambre des comptes, carton B 1311. *Invent. som.*, I, p. 263, col. 1.

(4) *Archives hist. et littér.*, Valenciennes, 1842, in-8o, nouvelle série, IV, p. 10; d'après un vieil armorial du XVe siècle.

vène de Douai, qu'elle porta dans la famille de Potes, par son mariage avec Gérard, chevalier, seigneur dudit lieu. L'époux de la dame de Rieulay est nommé dans plusieurs actes concernant cette terre.

En 1291, le « devenres » devant l'Asencion (25 mai), « Jou Grars, cevaliers, sires de Potes, faic savoir à tous ke messire Henris, par la grace de Dieu, abbé de Cysoing, et le convens de cel misme liu me ont presté, à me requeste, un calixe et une platine pour celebrer *en me capiele*, lequel calixe et platine jou leur ai encouvent à rendre à leur volentet et dedens les quinze jours ke ils m'en semonront »; à l'acte, conservé aux archives départementales, dans le fonds de l'abbaye de Cysoing, pend un sceau armorial, burelé de dix pièces à la bande brochant sur le tout; légende : † *S' Gerart signeur de Potes, ch.* Le calice prêté au seigneur de Potes servait à la célébration de la messe en la chapelle de Rieulay.

L'an 1297, en juin, l'abbé Henri et le couvent de Cysoing, d'une part ; Grars, chevalier, sire de Potes, *Alexandre*, sa femme, dame de Potes et de Riulay, et Grars, leur fils, qui de Riulay est « ahireté », d'autre part, promettent d'entretenir la concession, faite par l'abbé Ibert, de Riulay et de ses appendances, à M^{er} Piéron de Douai et à son hoir, à tenir en fief de l'abbaye de Cysoing ; sauf certaines modifications qu'ils apportent d'un commun accord. Les époux ajoutent : « Que de quelle eure que Grars, nos fius, ara sen age, que nous li ferons toutes les coses chi devant dites greer et octroier, et li ferons mettre sen saiel, el nom de confremance et de vérité. » L'original est scellé, comme en 1291 (1).

(1) Cf. Demay, *Invent. des sceaux de la Fl.,* I, n° 1117.

La majorité étant alors fixée à 25 ans, le jeune Gérard de Potes, déjà « adherité » de la seigneurie de Rieulay, pouvait avoir une vingtaine d'années : ce qui reporte à 1275 environ l'époque du mariage d'Alexandra de Rieulay.

Le village de *Potes*, qu'on écrivit ensuite *Pottes*, de l'ancien diocèse de Cambrai, décanat de Saint-Brice de Tournai, est placé à droite de l'Escaut, au nord de Tournai. Quoique situé dans l'ancienne contrée des Nerviens, il dépendait de la châtellenie de Lille; c'était une antique usurpation du Royaume sur l'Empire. Il appartient aujourd'hui à la Belgique, province de Hainaut.

La situation de sa seigneurie rapprochait le sire de Potes beaucoup plus du comte de Hainaut que de celui de Flandre ; aussi fut-il donné satisfaction à cette tendance, pendant la lutte des comtes de Flandre contre nos rois, soutenus par les comtes de Hainaut (1).

Le chevalier Gérard de Potes n'était plus de ce monde en 1300, puisque, cette année-là, c'est sa femme qui rend compte de la recette du Gavène de Douai : «1300. *Duacum. Ratio domine Alexandre de Rulai e Spicario Duacense facta* ». Le compte est rendu au roi, alors maître de la châtellenie de Douai, ainsi que de tout le comté de Flandre (2).

---

(1) Par différentes lettres de 1297, 1299 et 1315, nos rois transportèrent aux comtes de Hainaut, à tenir en fief de la couronne, l'hommage du chevalier Gérard de Potes situé en la châtellenie de Lille. (Devillers, *Monum. pour servir à l'hist. des prov. de Namur*, etc., Bruxelles, 1874, in-4o, III, p. 160; d'après l'original aux archives de l'État à Mons. — Arch. départ., Chambre des comptes, carton B 438 ; *Invent. Som.*, I, p. 71. — Devillers, p. 55. d'après un cartulaire.)

Le canton de la châtellenie de Lille où était la seigneurie de Potes, et qu'on appelait Trans-Escaut, redevint dans la suite une mouvance directe de la Salle de Lille.

(2) Arch. départ., Ch. des comptes : carton non inventorié renfermant divers comptes des Espiers des villes du comté. Renseignement communiqué par M. Guesnon, de Lille.

Dans son *Inventaire des sceaux de la Flandre* (I, n° 1448), M. l'archiviste Demay décrit le sceau de la dame de Potes, qui y est appelée « Alixandre de Ryulai ».

Le sire et la dame de Potes paraissent avoir laissé plusieurs fils, savoir : l'aîné, prénommé Gérard, qui fut chevalier et qui eut la seigneurie de Potes, comme son père, et très-probablement aussi celle de Rieulay, dont il était déjà « adhérité » en 1291 ; et un autre fils, connu sous le nom de *Bauduin de Rieulay*, qui eut le fief du Gavène de Douai, provenant de sa mère.

En effet, dans un document de l'an 1310 environ, « Bauduins de Riulay » est indiqué comme « requelieres iretaules » du Gavène de notre ville (1). Ce gentilhomme ne semble pas avoir fait souche, puisque, dès l'an 1336 et sans doute plus tôt encore, le Gavène était revenu à l'aîné des de Potes, seigneur de Potes et de Rieulay.

Comme le prénom de Gérard est porté successivement par les sires de Potes depuis 1290 jusqu'à l'époque où ils cessent d'être Gaveniers de Douai ; comme d'un autre côté ils sont toujours demeurés étrangers à notre ville, il ne nous est guère possible de distinguer sûrement les uns des autres. Aussi nous bornerons-nous aux indications suivantes, qui semblent concerner deux Gérards : 1° le fils aîné d'Alexandra de Rieulay, mort vers 1322 ; 2° le fils de ce dernier.

DE POTES : Burelé d'argent et d'azur de dix pièces, à la bande de gueules brochant sur le tout. — D'après les sceaux décrits et le n° 223 du Miroir armorial de Guillaume Créteau, lieutenant roi d'armes (2).

(1) Arch. départ., suppl. de la Chambre des comptes, carton de l'an 1300. — Nous avons analysé ce document dans l'art. I du présent chapitre.
(2) Ms. en 2 vol. in-f°. *Mém. de la Société de Tournai*, 1859, in-8°, VI, pp. 310-311.

Néanmoins, selon un vieil armorial du XV⁰ siècle, « le sʳ de Potes », au comté de Hainaut, aurait porté : D'or à trois pots de sable, « à chacun deux oreillets »(1). Ce seraient des armes parlantes.

En 1312 (v. st.), le 2 février, Grard de Sotteghem reçut du comte de Flandre 44 livres tournois, valeur du cheval de GRARD DE POTES, par lui tué au tournoi de Foriest (2).

En ce temps-là, le chevalier Gérard, sire de Potes, vassal du comte de Hainaut, est nommé dans plusieurs chartes de ce prince.

Citons aussi, comme le concernant, un acte du 30 avril 1322, commençant ainsi : « Jou Grars, chevalier, sires de Potes et de Ryulai ». Il donne « pour Dieu, en aumosne, pour l'âme de mon seigneur mon père et medame me mere, dont Dieu ait les âmes, et pour le remission de mes peciés et de tous chiaus dont li bien me sont venu, à l'église de Cisoing, wit s. de parisis de rente, » à prendre sur « une excluse que j'ai arentée à Wautier Bacheler, tenant au manoir ledit Wautier, à Riulay, et le manage ki fu Chavelot », pour faire les obits de ses père et mère, ès églises de Cysoing et de « Belrepaire ». L'original scellé repose aux archives départementales dans le fonds de Cysoing. C'est le même sceau qu'en 1291 et 1297, l'écu droit, non timbré ; il y a de plus un contre-sceau ; celui-ci est aux armes du sceau, placées dans un petit polygone à six côtés surmonté d'une croix. Il semble, d'après cela, que le fils du sire de Potes et de la dame de Riculay ait conservé, pour son usage, le

---

(1) *Arch. hist. et litt.*, Valenciennes, 1842, in-8o, nouv. série, IV, p. 12.

(2) Gaillard, *Invent. analyt. des chartes des comtes de Flandre*, Gand, 1857, in-8°, p. 51, n° 422.

cachet de son père, en se contentant d'ajouter un contre-sceau.

En l'abbaye de Marchiennes, le 27 mai, on célébrait l'obit d'un Gérard de Potes (1).

D'après certains renseignements généalogiques, ce seigneur de Potes aurait pris femme dans l'illustre maison de Lalaing.

Le sceau d'un autre GÉRARD DE POTES existe à Lille, dans le fonds de la Chambre des comptes, à un acte de l'an 1323 ; il est aux mêmes armes que ci-dessus ; mais l'écu est penché et timbré d'un heaume cimé d'une aigrette entre deux têtes de chèvre (2). C'est celui d'un nouveau sire de Potes, très-probablement petit-fils d'Alexandre de Rieulay.

Ce seigneur, qui, dans notre travail, reçoit la désignation de Gérard II, figure dans plusieurs chartes de Hainaut, entre 1323 et 1336 ; comme son père, il était vassal et conseiller du comte.

Dans un acte passé devant échevins de Douai, le 24 février 1336 (v. st.), il est question d'une rente due au *gavene M* de Potes* (3).

Dans un compte de la bonne maison des Chartriers, de 1339-1340, on porte en dépense les rentes dues au *gavene M* de Potes* (4).

(1) Obituaire de l'abbaye de Marchiennes, recopié au XVIe siècle, f° 106 r° : *Gerardus de Potes, vj kl. jun.* Ms. 826 de la Bibl. publique de la ville de Douai.

(2) Communication due à l'obligeance de M. l'archiviste Demay, qui décrit le même sceau, d'après une charte de 1333, dans *son Invent.*, I, n° 1419.

(3) Archives des hosp., fonds des Chartriers, n° 231 de l'Invent. suppl. manuscrit.

(4) Arch. municip., n° 416 de la *Table*.

Enfin, dans le fonds de Cysoing, il y a un acte du 1er juin 1345, où «Gherars, sire de Potes, de Pestrin et de Riulay,» reconnaît que la subvention ou « aide » à lui faite par les bonnes gens demeurant en l' « advoerie de Soumeng », du consentement de l'abbaye de Cysoing, ne pourra préjudicier à celle-ci. L'original est muni du même sceau qu'en 1323. On se rappelle que le seigneur de Rieulay était en même temps avoué de Somain.

Le Gavène ne tarda point à sortir de la famille de Potes, probablement par une vente qui eut lieu vers 1350 ; le sire de Potes n'avait guère d'intérêt à conserver ce fief, le seul qu'il eût dans la châtellenie de Douai ; l'acquéreur au contraire possédait déjà un important office dans notre ville, à savoir la prévôté, dont nous avons donné l'histoire dans le précédent chapitre.

Nous abandonnons donc ici la série des descendants du chevalier Pierre de Douai. On ignore s'ils ont vendu aussi leur terre de Rieulay ; un article de la loi de Somaing, de l'an 1219, leur interdisait de le faire sans l'autorisation de l'abbé de Cisoing. Quoiqu'il en soit, Rieulay appartenait, en 1415, à la famille d'Audregnies.

On sait que le nom de Rieulay demeura attaché à l'un des droits appartenant au fief du Gavène : l'Euwage de Rieulay. Il en fut de même du nom de Potes, qui resta à la juridiction ou basse justice, dont le Gavenier profitait à Douai, dans les limites de la prévôté ; on l'appela, jusque dans les derniers temps, justice de Potes.

III.

Les Gaveniers de Douai (suite). La dame d'Antoing réunit le Gavène et la prévôté. Le connétable Charles d'Espagne, futur héritier du Gavène ; lettres patentes du roi Jean, 1353. Maison de Meleun ; procès relatif à l'Eawage. Le Gavène est de nouveau séparé de la prévôté, en 1400, au profit du chef de la maison de Montmorency ; il devient l'apanage ordinaire des cadets de cette maison; les seigneurs de Croisilles, de Bours et de Courrières. — Le comte de Lalaing achète le Gavène, vers 1547. Le comte d'Egmont, Gavenier de Douai, en 1650, par succession. Confiscation et saisie du Gavène, 1667, 1669 etc. Le dernier d'Egmont devient sujet du roi de France, 1697 ; sa mort, 1707. — Maison d'Egmont-Pignatelli; elle a sa part des scandales de la cour de Louis XV. Extinction de la seconde maison d'Egmont, après la Révolution. — Liste de receveurs du Gavène.

Le Gavène et la prévôté, deux des plus importants démembrements de l'antique châtellenie de Douai, se trouvèrent réunis dans les mêmes mains vers l'an 1350. La prévôté appartenait alors à ISABEAU, dame D'ANTOING et d'Espinoy, veuve en troisièmes noces du vicomte de Meleun. (3ᵉ chapitre, article III 10.)

De son second mariage, la vicomtesse de Meleun avait retenu un fils, le prince Charles d'Espagne, connétable de France grâce à la faveur du roi Jean; d'après la loi féodale, il était le futur héritier de la prévôté et du Gavène de Douai, ainsi que des grands biens de la maison d'Antoing, en sa qualité de fils aîné d'Isabeau d'Antoing. Aussi usa-t-il de la faveur du roi pour obtenir le dégrèvement d'une lourde charge qui pesait alors sur le fief du Gavène. Du Chesne a fait connaître les lettres patentes délivrées à cette occasion, l'an 1353, au mois de juin, en la Noble maison de Saint-Ouen, près Saint-Denis en France (siége de l'ordre de l'Etoile, fondé cette année-là par le roi) :

« Jean, par la grâce de Dieu, roi de France..... Comme notre chère et féale *cousine*, Isabeau, dame d'Anthoing, est tenue envers Nous en 816 livres 16 sols 10 deniers et une obole (*cum obolo*) parisis de rente annuelle et perpétuelle, à raison d'un fief nommé *la Gavene*, situé en la châtellenie de Douai. Nous, attendu les services gratuits (*gratuitis serviciis*) que Nous savons Nous avoir été rendus, jusqu'ici avec distinction (*laudabiliter*) par notre très-cher et féal *cousin*, Charles d'Espagne, comte d'Angoulême, connétable de France, son fils, et attendu ceux que Nous espérons qu'il Nous rendra à l'avenir. Lesdites 816 livres 16 sols 10 deniers et une obole parisis, à Nous dues à raison dudit fief, à notre dit cousin et à ses héritiers légitimes à procréer de son propre corps, de grâce spéciale et de notre certaine science, nous les donnons, laissons et concédons à perpétuité » etc., (1).

Charles d'Espagne, assassiné en 1354, par ordre du roi de Navarre, Charles le Mauvais, ne laissa pas de postérité légitime.

Après Isabeau d'Antoing, le Gavène passa successivement,

(1) *Preuves de l'Hist. des maisons de Guines*, etc., Paris, 1631, in-4o, p. 683.

ainsi que nous l'avons dit, à propos de la prévôté, à ses enfants, MARIE DE MELEUN et HUGUES DE MELEUN, chevalier, sire d'Antoing.

L'an 1372, Marie de Meleun servit au comte de Flandre le dénombrement de son fief du Gavène. *Preuves*, n° XCIX.

Son frère soutint un long procès, à la gouvernance de Douai, contre l'abbaye de Flines, à raison d'un droit de tonlieu dépendant indivisément de la châtellenie et du Gavène. Aux plaids tenus au château de Douai, par devant le lieutenant du souverain bailli de Lille, en juin 1397, il fut question de l'arrestation ordonnée sur la Scarpe, par Mgr d'Antoing et Mer Guillaume de Nelle (châtelain de Douai par sa femme), d'une nef et d'un baquet appartenant aux religieuses de Flines (1). En 1403, le jeudi 19 juillet, intervint une sentence de la gouvernance, rendue en faveur de l'abbaye par le gouverneur du souverain bailliage, dans le procès pendant pardevant lui, au Chastel, à Douai, entre l'abbaye de Flines, d'une part, « et noble et puissant seigneur monsr d'Antoing et noble dame madame Mahaut de Le Vigne, veuve de monsr le châtelain de Douai, pour le *tonnelieu* et *winaige* dus auxdits seigneur et dame » ; les religieuses se disant en droit de mener « à nef ou bacquet » leurs biens par la rivière, en la ville de Douai, sans payer l'impôt. Il y est parlé d'une commission du bailli de Lens pour ajourner le seigneur d'Antoing, au *dongnon* (donjon) de son « chastiel à Wingles », bailliage de Lens (2).

La réunion de la prévôté et du Gavène ne dura que la moitié d'un siècle ; le sire d'Antoing, en mariant sa fille

---

(1) Arch. départ., Chambre des comptes, carton B 1271; *Invent. som.* I, p. 250.

(2) Arch. départ., fonds de l'abb. de Flines. Cf. Hautcœur, *Cartul. de l'abbaye de Flines*, Lille, 1873, in-8°, II, p. 729.

Philippa de Meleun, filleule du duc Philippe le Hardi, avec le sire de Montmorency, lui assura le Gavène de Douai, ainsi qu'il résulte du contrat anténuptial, du 1er octobre 1399, de dam[le] Philippe de Meleun, fille de nobles personnes, Mgr Hue de Meleun, seigneur d'Antoing, et madame Béatrix de Beausart, sa femme, d'une part ; et de Mgr Jacques, sire de Montmorency, aux termes duquel furent bailliés à ladite dam[le] : la terre de Croisilles, venue du côté de ladite dame Béatrix, le Gavène de Douai et la terre de Courrières (1).

Le droit seigneurial du dixième denier qu'engendrait cette donation, au profit du domaine, fut remis par le parrain de l'épouse, suivant lettres du 30 janvier 1399 (v. st.), où on lit : « Philippe, fils de roi de France, duc de Bourgogne, comte de Flandres, etc. Comme au traité de mariage de notre très-cher et bien amé le sire de Montmorency, notre chambellan, et de notre *cousine* et *fillole*, sa femme, fille de notre amé et féal cousin le seigneur d'Antoing, icelui seigneur d'Antoing ait donné, pour être propre héritage de sadite fille...... le Gavesne de Douai, tenu de nous, à cause de notre chastel de Douai, qui peut valoir la somme de 200 livres tournois de rente par an, ou environ, et à le vendre, pour une fois, à compter le denier pour 15, 3 000 livres tournois, dont il nous est dû, à cause du 10e denier que nous en devons avoir pour cause du transport dessus dit, 300 livres tournois... Pour contemplation et faveur dudit mariage, et que la femme dudit seigneur de Montmorency est nostre fillole, *de nostre lignage, et porte nostre nom,* nous avons donné, de grâce spéciale ;

(1) Du Chesne, *Preuves de l'Hist. généal. de la maison de Montmorency*, p. 156.

par ces présentes, audit seigneur de Montmorency, ladite somme, etc. En nostre hostel de Conflans-lez-Paris (1). » On voit qu'en 1400, le Gavène rapportait environ 200 livres de rente, le capital étant d'une nature à devoir donner 6,66 pour cent.

Il y a aussi une procuration du 6 mars suivant, émanée de haut et puissant seigneur Mgr *Hue* de Meleun, seigneur d'Antoing, d'Espinoy, de Sottenghien, châtelain de Gand et prévôt de Douai, et de noble dame madame Béatrix de Beausart, son épouse ; d'où il appert qu'ils avaient promis, par le traité de mariage solennisé depuis, à leur dite fille, notamment le *gavle* de Douai (2).

L'époux de Philippa de Meleun fut conseiller et chambellan du roi Charles VI; il était fils aîné de Charles, sire de Montmorency, chevalier, conseiller et chambellan ordinaire des rois Philippe de Valois et Jean, capitaine général sur les frontières de Flandre, etc., grand panetier et maréchal de France, et de Perrenelle de Villers, sa troisième femme. En 1416, la dame de Montmorency, Gavenière de Douai, était veuve ; elle décéda vers 1420.

Montmorency : D'or à la croix de gueules cantonnée de seize alérions d'azur.

Les archives municipales ne renferment presque rien touchant ces Montmorency, qui restèrent étrangers à notre ville, malgré leur possession du Gavène ; aussi la plupart des renseignements qui suivent sont-ils empruntés à Du Chesne.

Philippe de Montmorency (second fils du sire de Montmorency et de Philippa de Meleun), chevalier, seigneur de

---

(1) Du Chesne, p. 156.

(2) Id., p. 157.

Croisilles, conseiller et chambellan du duc Philippe le Bon, eut le Gavène de Douai, par accord fait le 17 juin 1428, devant notaires à Paris, entre « nobles personnes Mr Philippe de Montmorency, chevalier, et Mr Jehan de Villers, chevalier, seigneur de l'Isle-Adam, comme curateur donné par justice à Denis de Montmorency, escolier étudiant en l'Université de Paris, frère dudit Mr Philippe, ledit Denis âgé de vingt ans ou environ ». Il y est exposé que « par certains traités et partages naguères faits entre Jehan, sire de Montmorency, frère aîné desdits messire Philippe et Denis, des biens meubles, conquets et héritages qui furent à feus Mr Jacques, en son vivant chevalier, sire dudit Montmorency, leur père, et à madame Philippe de Meleun, sa femme, leur mère, et à feu Pierre de Montmorency, leur frère, les chastel, maisons, terres, seigneuries et appartenances de Croisilles, de Courrières et du *gavle* de Douai appartiennent par indivis ausdits Mr Philippe et Denis (1). »

Le seigneur de Croisilles épousa : 1° Marguerite de Bours, fille de Guillaume *dit* Wiscart, chevalier, seigneur de Bours, et de Catherine de Poucques, son épouse; 2° vers 1445, Gertrude de Reymerswale; 3° en 1467, Antoinette d'Inchy, fille de Baugois, seigneur d'Inchy, châtelain de Douai, et d'Agnès, dame de Heilly et de Pas en Artois. Antoinette d'Inchy était veuve de Walerand de Hingettes, chevalier, seigneur des Obeaulx, de Lomme, etc.; le contrat de mariage fut passé, le 21 décembre 1467, entre : Noble personne Mr Philippe de Montmorency, chevalier, seigneur de Croisilles et de Wancourt, assisté de ses fils, Marc, chevalier, seigneur de Molimont, et *Hue*, chevalier,

---

(1). Du Chesne; *Preuves*, p. 317.

seigneur de Bours, d'une part; et madame Antoinette d'Inchy, dame des Obeaulx, assistée de M. Philippe d'Inchy, chevalier, seigneur dudit lieu, son frère (1). Philippe d'Inchy fut le dernier châtelain de Douai ; il avait vendu son office à la ville en 1464.

Le seigneur de Croisilles mourut vers le mois de février 1473 (v. st.). Il brisa les armes de sa maison d'un lambel d'argent. Sa troisième femme lui survécut, comme le témoigne l'acte passé en 1473 (v. st.), le 21 février, à Lille, en la paroisse Sainte-Catherine, par lequel nobles personnes : Madame Antoinette d'Inchy, veuve de Mr Philippe de Montmorency, en son vivant chevalier, seigneur de Croisilles et de Wancourt, d'une part ; Mr Marc de Montmorency, chevalier, à présent seigneur desdits lieux et de Molimont, et Hue de Montmorency, chevalier, seigneur de Bours et de Courrières, reconnurent et ratifièrent le contenu du traité de mariage de 1467.

HUGUES DE MONTMORENCY (2e fils du seigneur de Croisilles et de Marguerite de Bours), chevalier, seigneur de Bours, eut en partage les terres de Bours et de Courrières, avec le « gavre » ou Gavène de Douai.

Dans la guerre du Bien public, il fit campagne dans l'armée du comte de Charolais, Charles le Téméraire, à l'avant-garde commandée par le trop fameux comte de Saint-Pol ; son frère aîné, Marc, servait dans l'arrière-garde sous le grand bâtard de Bourgogne ; les deux frères conquirent leurs éperons de chevalier à la journée de Montlhéry, le 16 juillet 1465 (2).

---

(1) Du Chesne, p. 321 des *Preuves*.

(2) « Marc de Montmorency, sieur de Molimont, fils aîné du sieur de Croisilles ; Hue de Montmorency, sieur de Hornes (*sic* ; *lisez* : Bours), son

En 1477, quand Louis XI envahit l'Artois et les autres pays de l'héritière de Bourgogne, après la mort de Charles le Téméraire, le seigneur de Bours demeura fidèle au parti bourguignon. Il est cité parmi les nobles personnages qui, partis secrètement de Douai pour pénétrer dans Arras, déjà au pouvoir du roi, furent défaits et pris au mois d'avril (1).

Il épousa : 1° Marguerite d'Ongnies, fille de Bauduin, chevalier, seigneur d'Estrées (en la châtellenie de Douai), gouverneur de Lille, de Douai et d'Orchies, et d'Isabeau de Halluin, sa seconde femme ; 2° Jossine de Saint-Omer, fille de Josse, chevalier, seigneur de Morbecque, et de Jeanne, héritière de Hondecoutre ; elle lui survécut.

Lui-même mourut vers l'an 1500. Il brisait les armes de sa maison d'un croissant d'argent sur le milieu de la croix.

En 1485, plaidaient à la gouvernance de Douai, à cause du Gavène : « M⁰ʳ Hue de Montmorency, chevalier, seigneur de Bours et de Ghiessart, et Colart Desfossez et Jehan Lombart, receveurs fermiers du Gavène, qu'on dit le gavène de Douai, appartenant audit chevalier ; contre noble homme Jean de Longueval, seigneur d'Escoives ». Les fermiers refusaient de payer à celui-ci 9 muids 11 coupes de blé et 10 muids d' « avaine » de rente sur le Gavène, due à raison d'un fief et « noble tenement » que ledit Jean tenait de MM⁵ʳˢ, à cause de leur château de Douai (2). (Voir 6⁰ cha-

---

frère germain ». Jean de Haynin, *Les Mémoires*, Mons, 1842, in-8º, I, pp. 38-39. — Cf. p. 11 : « Messire (*sic*; cette qualité lui est donnée par erreur attendu qu'il n'était pas encore chevalier au début de la campagne) Hugues de Montmoressy, sieur de Bours » ; et p. 14 : « Marc de Montmorency. »

(1) Molinet, II, p. 25. — Cf. une lettre de Louis XI dans Brantôme, *Œuvres complètes*, Paris, 1866, in-8º, II, p. 333.

(2) Sentence du 26 août 1485. Arch. du parlem. de Fl., fonds de la gouvernance de Douai, reg. au rôle de 1485-1487.

pitre, article IV 2º.) Le seigneur de Bours avait donc affermé son fief à des particuliers.

« Hues de Montmorency, chevalier, seigneur de Bours et de Gaissart, de Courières et Gavenier de Douai », servit un dénombrement, pour son fief du Gavène, le 8 avril 1491, après Pâques (1); cette pièce n'existe plus au dépôt central à Lille.

JACQUELINE DE MONTMORENCY (2ᵉ fille du premier mariage du seigneur de Bours) épousa Jean de Marés, écuyer, seigneur de Marés en Normandie et de la Motte-lez-Oin, dont elle n'eut aucune lignée. Elle résidait en France, où elle vécut jusque vers 1535.

Etant veuve, elle servit à l'empereur et à l'archiduc d'Autriche, comte de Flandre, d'Artois, etc., le 1ᵉʳ mars 1512 (v. st.), son dénombrement du Gavène, que nous avons analysé au commencement du présent chapitre ; elle s'y qualifie « demˡᵉ Jacqueline de Montmorency, veuve de noble homme Jean de Marés, en son vivant seigneur dudit lieu de Marés et de la Motte-lez-Oin, et Gavenière de Douai ». Le dénombrement était scellé du sceau de son receveur, « par moi à lui emprunté », dit-elle.

En 1524, la confiscation « de guerre » enleva momentanément le fief à son légitime possesseur, pour en attribuer la jouissance à un individu ainsi désigné: « le seigneur de Hamel » (2). C'était aux temps de la lutte entre François 1ᵉʳ et Charles-Quint; ce dernier, souverain de Douai, confisquait, dans notre Flandre wallonne, les biens des sujets du roi de France, pour en gratifier ses serviteurs. Vers 1535, très-

(1) Arch. départ., Ch. des comptes, reg. D 31, fº 8.
(2) Id., id., compte du domaine, de 1524-1525, reg. D 111.

peu de temps avant la mort de la Gavenière, une nouvelle confiscation des biens « des Franchois » frappa le fief du Gavène (1).

Tant qu'il demeura dans l'illustre maison de Montmorency, le fief du Gavène fut un apanage des cadets; en effet, il a encore été possédé par le deuxième fils du feu seigneur de Bours (Hugues, mort vers 1500), issu du deuxième mariage et par conséquent frère consanguin de la Gavenière Jacqueline de Montmorency.

JEAN DE MONTMORENCY, seigneur de Courrières, chevalier de la Toison d'or (1555), gouverneur de Lille, de Douai et d'Orchies (1554), était un grand seigneur de la cour de Bruxelles; il jouit de la confiance de Charles-Quint et remplit des fonctions importantes jusqu'à sa mort arrivée en 1563.

En 1525, l'empereur le nomma capitaine et souverain bailli du château de la Motte-au-bois de Nieppe; en 1534, son maître d'hôtel et capitaine des archers de sa garde; en 1540, haut bailli de Cassel; en 1546, son conseiller et chambellan, haut bailli de Termonde et souverain bailli d'Alost et de Grammont, etc. En 1553, il fut envoyé pour traiter le mariage de Philippe, prince d'Espagne, avec la reine Marie d'Angleterre.

Il n'eut pas d'enfant de sa femme Philippa de Lannoy, fille et héritière de Ferry, seigneur de Fresnoy, chevalier de la Toison d'or, et de Marie de Jausse-Mastaing.

Il brisait d'une étoile de six rais d'argent au milieu de la croix.

(1) Compte des confiscations « du quartier de Douay pour le temps de gherre finie 1538 ». Arch. départ., Ch. des comptes, reg. C 520 bis.

Ce seigneur, mis en possession du Gavène de Douai vers 1536, le vendit, vers 1547, au comte de Lalaing, moyennant 1400 florins carolus, somme assurément peu importante, même pour le temps. Ces sortes de seigneuries, vestiges d'un passé glorieux, n'étaient plus guère recherchées qu'à cause des droits honorifiques qu'elles donnaient, et nullement pour les profits qu'elles procuraient. Toutefois elles ne sortaient pas encore des mains de la haute noblesse qui tenait à honneur de les conserver. A Douai, la prévôté, le Gavène, le fief de Saint-Albin, ces épaves de l'antique châtellenie, appartenaient encore, en 1789, à de grands seigneurs.

CHARLES, COMTE DE LALAING, doyen des pairs de Hainaut, sire du pays d'Escornaix, baron de Condé, de Montigny (Saint-Christophe), etc., seigneur de Bracle, de Waziers, de Saint-Albin, etc., était l'un des plus importants personnages de la cour de Bruxelles. Conseiller d'État, chef (ou ministre) des finances, chevalier de la Toison d'or (1531), grand bailli, gouverneur et capitaine général de Hainaut et de Cambrai (1549), il fut même chargé du gouvernement général des Pays-Bas en 1557. C'était tout à la fois un homme de guerre et un homme politique, et il prit, à ce double titre, une part considérable dans les grands événements de son temps. Il mourut à Bruxelles, le 21 novembre 1558, à l'âge de 52 ans.

Il était fils de Charles, comte de Lalaing, baron d'Escornaix, seigneur de Bracle, de Saint-Albin en Douai, etc., chevalier de la Toison-d'Or, gouverneur d'Audenarde, mort en 1525, et de Jacqueline de Luxembourg-Fiennes.

Il avait hérité du fief de Saint-Albin, par son père, et de Waziers, par sa mère. Aussi le Gavène, Saint-Albin et

Waziers, ainsi que le comté de Lalaing, eurent-ils longtemps les mêmes destinées.

Il épousa : 1° vers 1527, Marguerite de Croy, dame de Wavrin et d'Escaussines, décédée le 2 juillet 1550, fille de Charles de Croy, prince de Chimay, et de Louise d'Albret ; 2° vers 1550, Marie de Montmorency (sœur du comte de Hornes et du baron de Montigny, les nobles victimes de Philippe II), fille de Joseph, baron de Nivelle, et d'Anne d'Egmont. Sa seconde femme se remaria, en 1562, à Pierre-Ernest, comte de Mansfelt, chevalier de la Toison d'or, gouverneur de Luxembourg, et décéda en 1570.

LALAING : De gueules à dix losanges accolées d'argent, posées 3, 3, 3, 1.

PILIPPE, COMTE DE LALAING, doyen des pairs de Hainaut, sire du pays d'Escornaix, baron de Wavrin, seigneur de Saint-Albin en Douai, etc. (fils aîné du comte de Lalaing, issu du premier mariage), fut appelé par sa haute position et ses grandes richesses à jouer un rôle dans les troubles du pays ; mais son caractère n'étant point à la hauteur de ses prétentions, il flotta dans tous les partis auxquels il s'attacha tour à tour. Ennemi déclaré des Espagnols (1576), après s'être montré le docile instrument du duc d'Albe, il se jeta dans les bras du prince d'Orange, de l'archiduc Mathias, du duc d'Alençon, des Malcontents et finit par se réconcilier, bien malgré lui, avec les Espagnols (1579), dont il redevint le séide, dans l'espoir de se faire pardonner ses écarts passés. Le roi Philippe II, qui le détestait, ne lui accorda jamais le collier de la Toison d'or dont avaient été décorés son père et ses trois aïeux paternels. Dans les correspondances familières, on l'appelait « le petit comte », par allusion à sa petite taille et à son peu de valeur.

Cela n'empêcha point qu'il ne fût revêtu de charges importantes. En 1568, lors de l'expédition contre le prince d'Orange, le comte de Lalaing obtint du duc d'Albe le commandement de l'escadron des bandes d'ordonnances, que le duc s'était d'abord réservé. Au siége de Mons, en 1572, il commanda quelque temps le camp espagnol placé en face de la ville. En 1574, il devint gouverneur, capitaine général et grand bailli de Hainaut, emploi considérable, qu'il conserva jusqu'à sa mort. Lors du soulèvement national de 1576 contre les Espagnols, il commanda l'armée des Etats en qualité de lieutenant du duc d'Arschot, son cousin germain, assiégea et prit le château de Gand. En 1577, après la rupture entre les États généraux et don Juan, il fut créé général en chef de l'armée nouvellement levée pour résister aux Espagnols. Au commencement de l'année suivante, il eut même un instant le titre de lieutenant général de l'archiduc Mathias, le très-jeune gouverneur du pays ; mais l'émotion populaire qui surgit à Bruxelles, au bruit de cette nomination, fit accorder la charge au prince d'Orange, qui devint ainsi le véritable gouverneur des Pays-Bas.

La déroute complète subie à Gembloux (31 janvier 1578) par l'armée des États, ayant achevé de ruiner le comte de Lalaing dans l'opinion, le commandement militaire lui fut ôté. Il se retira à Mons où il ne cessa de comploter avec le duc d'Alençon, puis avec les Malcontents, enfin avec les Espagnols.

Maintenu dans son gouvernement de Hainaut par Philippe II, il obtint du roi un siège au conseil d'État (1580) pour prix de sa soumission. Il mourut jeune encore, à la suite d'un accident de cheval, le 24 mai 1582, en l'hôtel de Lalaing, à Valenciennes, rue Cardon.

Il avait épousé, en 1569, Marguerite de Ligne *dite* d'Arenberg, fille de Jean de Ligne, baron de Barbançon, chevalier de la Toison d'or, gouverneur et capitaine général de Frise et d'Overyssel, tué pour la cause espagnole, à la bataille d'Heiligerlée, en 1568, et de Marguerite de La Marck, comtesse d'Arenberg. Sa veuve lui survécut jusqu'en 1611.

FRANÇOIS, COMTE DE LALAING (fils du précédent), sire du pays d'Escornaix, baron de Wavrin; seigneur de Saint-Albin en Douai, etc., mourut à l'âge de douze ans, écolier du collége de Marchiennes en notre ville, le 11 février 1590.

Il était né en 1578, au temps des intrigues de son père avec François, fils de France, duc d'Anjou et d'Alençon, qui avait été son parrain.

Suivant pouvoir donné le 25 juin 1582 par « Marguerite d'Arenberg, comtesse douairière de Lalaing, mère de François, Marguerite, Chrestienne, Marie et Anne de Lalaing, à elle délaissés par le trépas de messire Philippe, comte de Lalaing », Jean Aparisis, bailli de Waziers, releva, en la cour féodale de Douai, le 5 juillet suivant : « la terre et seigneurie de Saint-Albin, le fief du Gavère et le vieil chastel de Waziers, dévolus au fils aîné, en bas âge » (1).

MARGUERITE, COMTESSE DE LALAING, dame (dans un document : *sira*) du pays d'Escornaix, baronne de Wavrin etc.,

---

(1) Arch. de la ville; reg. aux plaids du bailjage.

hérita des grands biens de la maison de Lalaing, par le décès de son jeune frère. Elle était majeure ou émancipée en 1591, puisque, le 1*er* janvier de cette année-là, elle servit elle-même son dénombrement de Wavrin (1).

Le 15 février 1591, les baillis et procureurs de « la demoiselle Marguerite, comtesse de Lalaing, par le trépas de François, comte de Lalaing, son frère », relevèrent les trois fiefs de Saint-Albin, du Gavène et du Vieil-Chastel de Waziers (2).

Elle épousa un grand seigneur de la cour de Bruxelles, Florent, comte de Berlaymont, baron de Hierges, etc., chevalier de la Toison d'or, gouverneur de Namur, puis d'Artois (1599), puis de Luxembourg, décédé en 1626 ; fils du fameux comte de Berlaymont (Charles), aussi chevalier de la Toison d'or, chef des finances, gouverneur de Namur, etc., le ministre impopulaire auquel on attribua le mot : *Gueux* ! qui eut tant de retentissement. Florent était veuf d'Hélène de Meleun, décédée en 1590, celle que nous avons trouvée en possession de la prévôté de Douai.

A propos de la seigneurie de Montigny en Ostrevant, nous reparlerons de Marguerite de Lalaing, fondatrice des chanoinesses de Berlaymont à Bruxelles, auxquelles elle donna pour dot principale cette seigneurie de Montigny.

Elle mourut le 21 février 1650.

Par son testament du 22 juin 1649, elle léguait au duc d'Arschot, son petit-fils (issu d'Isabelle-Claire de Berlaymont, fille cadette, morte en 1630, et de Philippe d'Aren-

---

(1) Collection des 183 Colbert-Flandres, à la Bibl. nat., vol. 57, f° 217.

(2) Reg. aux plaids du bailliage de Douai.

berg, duc d'Arschot, chevalier de la Toison d'or), la seigneurie de Saint-Albin et le fief du Gavène de Douai. Dans son codicile du 14 octobre suivant, elle institua pour son héritier universel Philippe d'Egmont, dit le prince de Gavre, son petit-fils, enfant de sa fille aînée Marie-Marguerite de Berlaymont, comtesse d'Egmont; mais comme le jeune prince était alors absent du pays, elle institua la mère du légataire pour appréhender la succession (1).

PHILIPPE, COMTE D'EGMONT, prince de Gavre et du Saint-Empire, etc., était fils de Louis, comte d'Egmont, prince de Gavre, chevalier de la Toison d'or, grand d'Espagne de première classe, qui, retiré en France depuis de longues années, mourut à Saint-Cloud près Paris, le 27 juillet 1654, et de Marie-Marguerite de Berlaymont, décédée à Bruxelles le 17 mars précédent. Philippe était l'arrière-petit-fils du célèbre Lamoral d'Egmont, la noble victime des Espagnols.

En vertu de procurations données à Bruxelles, le 7 octobre 1654, et à Douai, le 7 septembre 1658, par « Son Exc. le prince de Gavre, comte d'Egmont, héritier de feue madame la comtesse de Berlaymont, sa mère grande », ses baillis firent, les 13 février 1655 et 25 septembre 1658, les reliefs prescrits devant la cour féodale de Douai (2). Le comte d'Egmont avait retenu le Gavène, Saint-Albin, Waziers, Montigny, etc. Quant au comté de Lalaing, il échut au duc d'Arschot.

Un acte passé à Bruxelles, le 26 mai 1657, signé : « Phl. d'Egmont », nous donne les titres exacts que prenait alors

(1) Archives départ., fonds des chanoinesses de Berlaymont.
(2) Arch. municip., reg. aux plaids du bailliage.

ce prince : « Nous Ph¹ᵉ, comte d'Egmont, prince de Gavre, de Steenhuysen et du Saint-Empire, seigneur souverain du pays d'Arckel, comte de Bueren, Leerdam, Isestyn, Hornes et de Berlaymont, marquis de La Longueville, baron des deux Aubigny, Habart, Andinfer, Gaesbecque, La Hamaide, Beaurain, Montigny (en Ostrevant), Hierges, Wavrin, Haultepenne, etc., seigneur des îles d'Ammelant et Beyerlant, des villes d'Armentières, Wert, Purmerende, Lillers, etc. (1). »

Plus tard, il se qualifiait ainsi : « Nous Philippe, comte d'Egmont, *par la grâce de Dieu* né prince de Juliers et de Berg, souverain seigneur du pays d'Arkel, prince de Gavre et du Saint-Empire, etc. En notre hôtel à Bruxelles, le 17 mai 1670 ». Ces titres pompeux, dont se parèrent ses successeurs, venaient des prétentions exhumées par son père sur les duchés de Gueldre et de Juliers, comme descendant de Jeanne de Juliers et de Gueldre, vivante au XIVᵉ siècle. Le roi d'Angleterre avait même promis du secours au feu comte d'Egmont, si celui-ci pouvait engager la France dans ses intérêts, mais il était mort à Saint-Cloud durant les négociations. La république de Hollande répondit aux prétendants en s'appropriant leur comté d'Egmont (2).

Après l'annexion de Douai à la France, le comte d'Egmont, demeuré sujet de l'Espagne, subit, à différentes reprises, la confiscation de ses fiefs. De plus, le Gavène fut

---

(1) Arch. du parlement de Flandres, fonds du greffe de Malines, sac n° 129.

(2) Moreri, *Le grand Dictionn. hist.*, Amsterdam, 1740, in-f°, III, E p. 33, col. 2.

saisi, le 15 février 1669 (1), sans doute pour défaut de paiement au domaine royal des redevances annuelles.

Il avait épousé, le 24 août 1659, Marie-Ferdinande de Croy, marquise de Renty, fille de Charles-Philippe-Alexandre, duc d'Havré, marquis de Renty, gouverneur de Tournai, chef des finances, mort en 1640, et de Marie-Claire de Croy.

Voici un portrait de ce prince, tracé vers 1670, par un sujet du roi Louis XIV, qui avait dû être auparavant un familier de la cour de Bruxelles (2) :

« Le comte d'Egmont, prince de Gavre, marquis de Renty, comte de Berlaymont, baron d'Escornaix, de Sotteghem et d'Hierges, seigneur de Lens, La Hamaide, Armentières et cent autres terres, grand d'Espagne, porte en son air et en ses idées toute la grandeur passée de ses ancestres, la souveraineté de Gueldre et les biens immenses qui ont esté dans sa maison, la grandeur de sa naissance qui a quelque chose d'esclatant et qui tient du prince, la réputation et les grandes charges qu'elle a possédées autrefois, et tout cela lui donne des sentiments de gloire que les plus libres traitent de vanité. Il est brave, sans doute, quoiqu'il lui ait manqué d'occasion de le tesmoigner en public, car les emplois lui ont toujours esté déniés, hormis à la dernière guerre (3), où il a esté général d'hommes d'armes ; mais ce corps n'a été assemblé que par forme. Il

---

(1) Archives municip., reg. aux plaids du bailliage.

(2) Portraits des grands personnages des Pays-Bas espagnols. *Compte rendu des séances de la Comm. royale d'histoire*, Bruxelles, 1869, in-8°, 3° série, X, p. 335.
Nous n'hésitons pas à attribuer ces portraits au baron de Vuoerden, chevalier d'honneur au Conseil souverain de Tournai, mort en 1699.

(3) 1667-1668; conquête de la Flandre wallonne par Louis XIV.

a pourtant du penchant à la guerre et du cœur pour s'y signaler ; il en a donné des marques en Allemagne, où il a esté capitaine de chevaux-légers et fort bon carabin, et dans quelques combats particuliers qu'il a eus.

» Il a des pensées relevées et use de termes ampoulez ; a grand penchant à la générosité, que le meschant estat de ses affaires ne lui permet point souvent de pratiquer, puisqu'estant le plus puissant en terres et vassaux..., il est réduit, par les meschantes affaires de sa maison, à estre très incommodé, et il y a peu de ressource à espérer. »

Ennemi mortel du duc d'Arschot (Philippe-François d'Arenberg), son cousin germain et son co-héritier dans la succession de la maison de Berlaymont, il eut avec lui un duel qui eut beaucoup de retentissement, au siége de Rocroy en 1653 ; le comte fut blessé au bras. « Celui-ci, aussi acharné que l'autre, a souvent recherché occasion de revanche. »

Il paraît que l'Espagne finit par utiliser les hautes qualités du comte d'Egmont, qui devint chevalier de la Toison d'or, ambassadeur extraordinaire du roi d'Espagne en Angleterre et vice-roi de Sardaigne. Il mourut, le 16 mars 1682, à Cagliari, où il fut enterré.

D'EGMONT : Écartelé. Aux 1 et 4, parti, chevronné d'or et de gueules de dix pièces (*alias* douze), qui est *d'Egmont* ; et d'argent à deux fasces bretessées et contre-bretessées de gueules, qui est *d'Arkel*. Aux 2 et 3, parti, d'azur au lion contourné d'or, qui est *de Gueldre* ; et d'or au lion de sable, armé d'argent, lampassé de sable, qui est *de Juliers*. Sur le tout, écartelé ; aux 1 et 4, d'argent au lion de gueules, armé, lampassé et couronné d'or, la queue fourchée, passée en sautoir, qui est *de Luxembourg;* aux 2 et

3, de gueules à la comète de seize rais d'argent, qui est *de Baulx* (1).

Louis-Ernest, comte d'Egmont, prince de Gavre et du Saint-Empire, etc., comte de Berlaymont, etc., marquis de la Longueville, etc., grand d'Espagne (fils aîné du précédent), donna pouvoir, le 20 juillet 1685, en son hôtel à Bruxelles, de relever ses fiefs de Douai : ce qui fut effectué par son bailli, le 13 août 1686, pour Waziers-Flandres, la haute justice de Montigny et Saint-Albin (2). Il signa à Bruxelles, le 16 mai 1687, un dénombrement pour ces trois terres (3).

En 1686 et 1687, il n'était donc plus question du Gavène, pour le comte d'Egmont. D'après des pièces de procédure, il aurait été réuni momentanément au domaine du roi, à cause des sommes considérables redues pour plusieurs années d'arrérages non payés.

Ce jeune prince devint chevalier de la Toison d'or, colonel d'un régiment de cavalerie et d'un autre d'infanterie au service de Sa Majesté Catholique et général de sa cavalerie aux Pays-Bas. Il mourut sans enfant à Bruxelles, le 17 septembre 1693, dans sa vingt-huitième année. Il avait épousé, le 10 février 1687, Marie-Thérèse d'Arenberg, née en 1667, fille de Charles-Eugène, duc d'Arenberg, chevalier de la Toison d'or, grand d'Espagne, et de Marie-Thérèse de Cusance. Cette dame était veuve, depuis le 15 juin 1685, d'Othon-Henri, marquis de Caretto Sa-

(1) Laurent Le Blond, *Quart. général.*, Bruxelles, 1788, in-8o, I, pp. 18, 65 et 77.—*Suppl. au Nobiliaire des Pays-Bas*, Louvain, 1775, in-8o, p. 79.

(2) Arch. municip., reg. aux plaids du bailliage.

(3) Original en parch., aux archives de la ville, liasse de dénomb. provenant du bailliage.

vona y Grana, chevalier de la Toison d'or, gouverneur général des Pays-Bas espagnols; elle mourut en 1716.

Procope-François, comte d'Egmont, prince de Gavre, etc., grand d'Espagne,(frère cadet du précédent), hérita du Gavène, tandis que Saint-Albin et Waziers avaient passé à sa sœur Jacqueline-Philippine; seulement le droit d'Euwage fut « éclissé » du Gavène et attribué à celle-ci.

Né vers 1670, il était encore mineur en 1693, à la mort de son frère. Les devoirs féodaux furent accomplis, le 29 novembre 1695, au bailliage de Douai, pour la haute justice de Montigny en Ostrevant et pour le fief du Gavène, par André de Bassecourt, écuyer, « tuteur onéraire de très illustre prince Procope-François d'Egmont, héritier bénéficiaire du prince Louis-Ernest, son frère ». Le tuteur exhiba un acte du conseil d'Artois, daté du 16 juin 1684, constatant que ledit André de Bassecourt, écuyer, grand bailli d'Auxy-le-Château, avait été reçu à la tutelle « onéraire » de messire Procope-François d'Egmont, marquis de Renty (titre sous lequel il était désigné du vivant de son frère aîné), mineur d'ans; suivant : 1° acte de nomination, du 7 avril, par le comte d'Egmont; 2° acte d'approbation de la dam.^{le} d'Egmont et du duc d'Havré, des 8 et 12; 3° déclaration du vicomte d'Armuyden, tuteur honoraire, du 14 de ce mois (1).

Le jeune prince quitta la cour de Bruxelles pour aller s'établir en France, où il épousa Marie-Angélique de Cosnac, fille de François, marquis de Cosnac, et de Marguerite-Louise d'Esparbez de Lussan; elle était petite-nièce de

(1) Reg. aux plaids du bailliage.

l'archevêque d'Aix, Daniel de Cosnac, l'un des prélats les plus intrigants de la cour de Versailles.

Ce mariage fit grand éclat à Paris et en Flandre; les parents du comte d'Egmont le proclamèrent une mésalliance. Daniel de Cosnac, qui l'avait négocié avec un soin tout particulier, raconte complaisamment son triomphe, dans ses *Mémoires* (1).

M. le comte d'Egmont, dit-il, était devenu, par la mort de son frère, héritier de très-grandes terres et était le plus grand seigneur de Flandre, grand d'Espagne et allié à toutes les couronnes de l'Europe. L'embarras et les désordres qui étaient dans cette maison par les grandes dettes ne « rebutoient pas tant, que la grandeur de la naissance de ce prince » ne donnait de satisfaction. « La Providence me procura ce mariage, que je n'écoutai longtemps que dans une certitude de ne pas réussir, et, en effet, il y avoit tant de difficultés à vaincre qu'il y avoit de la témérité d'y songer. »

Quant à la fille, « elle n'est pas belle, mais elle est d'une assez belle taille, et n'avoit, ce me semble, rien de dégoûtant pour sa personne, ni rien de foible dans son esprit et dans sa conversation ». Sa dot était d'environ 800 000 livres, dont une bonne partie fut employée, par l'archevêque lui-même, à rétablir un peu les affaires de la maison d'Egmont.

Louis XIV approuva cette union et signa le contrat de mariage, en reconnaissant « M. d'Egmont prince », avec les qualités « telles que ses ancêtres et lui les avoient toujours prises avec toutes les puissances de l'Europe ».

(1) Edit. de la Soc. de l'hist. de France, Paris, 1852, in-8°, II, pp. 154 et ss.

Quoiqu'il en soit, ce fut en réalité Procope-François d'Egmont qui, le premier, prit hautement les titres de duc de Gueldre, de Juliers, etc. Voici un extrait du contrat, passé l'an 1697, le 25 mars : traité de mariage de « haut et puissant prince monseigneur Procope-François, comte d'Egmont, duc de Gueldres, de Juliers et de Berghes, comte de Zutphen, souverain du pays d'Arkel, prince de Gavre et du Saint-Empire, grand d'Espagne, marquis de Renty ; fils de haut et puissant prince monseigneur Philippe, comte d'Egmont, duc de Gueldres, de Juliers et de Berghes, comte de Zutphen, Mœurs et Horn, souverain du pays d'Arkel, prince de Gavre et du Saint-Empire, grand d'Espagne, chevalier de la Toison, vice-roy de Sardaigne, et de haute et puissante princesse madame Ferdinande de Croy, marquise de Renty, princesse du Saint-Empire » ; en présence du roi, du dauphin, etc. (1).

Le 26 mars « à la pointe du jour, je les épousai dans l'église de Saint-Sulpice, très-satisfait d'avoir mis ma nièce, qui étoit la dernière de ma famille, dans un beau sépulchre. J'ai eu toutes les satisfactions telles que j'avois espérées. Ma nièce avoit tous les honneurs du Louvre ; son époux étoit très-satisfait ; elle avoit raison de l'être. Ils vivoient ensemble avec une parfaite union, et ont toujours continué de même. Ce qui pouvoit un peu me donner de l'occupation et de l'embarras, c'est que les finances n'étoient pas proportionnées à leur état. Les biens du comte d'Egmont étoient à la vérité très-spécieux, mais tellement engagés par des dettes immenses qu'il paroissoit bien difficile de pouvoir satisfaire à tous les besoins d'un ménage de

---

(1) Preuves de noblesse de Daniel de Cosnac, archevêque d'Aix. P. 436 du t. II de ses *Mémoires*.

deux jeunes personnes qui vouloient faire des dépenses selon leur rang, et ne le pouvoient pas. Le premier effort qu'il fallut faire fut de payer 22 000 livres à un colonel de cavalerie, qui avoit vendu, à ce prix, son régiment au comte d'Egmont, et qu'il devoit incessamment payer, à moins que de tomber en confusion. Je fus assez heureux pour trouver à les emprunter » etc.

Le comte d'Egmont s'attacha particulièrement au service du petit-fils de Louis XIV, Philippe V, roi d'Espagne en 1700, qui le fit chevalier de la Toison d'or, général de sa cavalerie aux Pays-Bas en 1704 et lieutenant général de ses armées en 1706. Il mourut en Espagne, le 15 septembre 1707, après avoir légué à Philippe V ses prétentions sur les duchés de Gueldre, de Juliers, etc.

Saint-Simon, dans ses *Mémoires*, parle en ces termes de Procope-François d'Egmont :

« 1697. Le comte d'Egmont, dernier de cette grande et illustre maison, avoit quitté la Flandre depuis peu et pris le service en France. Il épousa Mlle de Cosnac. Le roi, par grâce, voulut bien lui donner le tabouret (1), les grands d'Espagne, dont le comte d'Egmont étoit des premiers du temps de Charles-Quint, n'ayant point de rang en France. »

« Le comte d'Egmont mourut à Fraga, en Catalogne, au mois de septembre 1707, à 38 ans, sans enfants de la nièce de l'archevêque d'Aix. Il fut le dernier de ces fameux d'Egmont, et le dernier mâle de cette grande maison. Il avoit la Toison, ainsi que ses pères, et il étoit général de la cavalerie et des dragons d'Espagne et brigadier de cavalerie en France. C'étoit un homme fort laid, de peu d'es-

---

(1) Chez la reine, pour Mad^{me} d'Egmont.

prit, de beaucoup de valeur, d'honneur, de probité, et qui s'appliquoit fort à la guerre. Son trisaïeul étoit (5) ce célèbre Lamoral, comte d'Egmont, à qui le duc d'Albe fit couper la tête. Celui-ci avoit succédé à son frère aîné, mort sans enfant d'une d'Arenberg, veuve du marquis de Grana, gouverneur des Pays-Bas.

» Il fit, peu de jours avant sa mort, un testament par lequel il légua au roi d'Espagne toutes ses prétentions et ses droits sur les duchés de Gueldres et de Juliers, sur les souverainetés de Meurs, Hornes, les seigneuries d'Alckmaer, Purmenreud, etc., et tous ses biens à sa sœur qui avoit épousé Nicolas Pignatelle, duc de Bisaccia, gouverneur des armes du royaume de Naples, retiré à Paris, dont le fils aîné a épousé la seconde fille du feu duc de Duras, fils et frère aîné des maréchaux ducs de Duras. Ce comte d'Egmont avoit une sœur, cadette de celle-là, mariée au vicomte de Trasignies; mais tous les biens, avec la grandesse, ont passé au fils de la duchesse de Bisaccia, dont je viens de parler et qui porte le nom de comte d'Egmont et les armes. »

Quant à la comtesse d'Egmont, Marie-Angélique de Cosnac, elle mourut à Paris en 1717.

PROCOPE-MARIE-FRANÇOIS D'EGMONT-PIGNATELLI, comte d'Egmont, prince de Gavre et du Saint-Empire, etc., était fils de Nicolas Pignatelli, duc de Bisaccia, général de l'artillerie de Sa Majesté Catholique aux Pays-Bas en 1704, marié en 1695 à Marie-Claire-Angélique d'Egmont; celle-ci mourut le 4 mai 1714. Le nouveau comte d'Egmont était petit-neveu du pape Innocent XII.

---

(1) « Frère de », selon Saint-Simon, qui se trompe.

Le Gavène de Douai fut appréhendé, le 12 février 1711, par le procureur du seigneur Procope-Marie-François, comte d'Egmont, neveu et héritier fidéicommissaire patrimonial de feu très-illustre prince Procope-François, comte d'Egmont, duc de Gueldre (1).

Un document du 10 janvier 1718, concernant le Gavène, mentionne don Nicolas Pignatelli, duc de Bisachia, grand-d'Espagne, chevalier de la Toison d'or, etc., père et tuteur de Procope-Marie d'Egmont-Pignatelli, comte d'Egmont, prince de Gavre et du Saint-Empire, etc., receveur héréditaire du Gavène du roi à Douai (2).

Ce prince, né à Bruxelles le 24 novembre 1703, institué héritier par testament de son oncle maternel et substitué aux nom et armes d'Egmont, fut admis aux honneurs de la grandesse en 1717. Il épousa, cette année-là, Henriette-Julie de Durfort de Duras, née le 30 octobre 1696, fille cadette de Jacques-Henri, duc de Duras, et de Louise-Magdeleine de La Marck-Eschalart. Il mourut à Naples le 22 mai 1743 (3).

La seconde maison d'Egmont eut sa part dans les désordres et les scandales de la cour de Louis XV. La comtesse d'Egmont fut ostensiblement (4), durant quinze années environ, la maîtresse du duc de Bourbon, connu sous le

---

(1) Reg. aux plaids du bailliage.

(2) Archives des hosp., fonds des Enfants trouvés, no 279 de l'*Invent.* de 1833, p. 99.

(3) *Suppl. au Nobil. des Pays-Bas*, Louvain, 1775, pet. in-8o, p. 72. — Devillers, *Notice sur le dépôt des archives de l'État*, Mons, 1871, in-8, p. 126.

(4) D'Argenson, *Journal et mémoires*, Paris, 1859, in-8o, I, p. 60, et II, p. 404. — Barbier, *Journal hist. et anecdotique*, Paris, 1849, in-8, II, p. 214.

nom de Monsieur le duc. L'origine de cette liaison tient du cynisme : « La de Prie » (maîtresse en titre du duc, qui était alors premier ministre, vers 1725) « donna à M' le duc madame d'Egmont pour amuser son pauvre corps ; le dégoût avait pris à ce prince pour celui de la de Prie, qui tombait en lambeaux, et les os lui perceaient la peau (1) ».

De tels scandales sont presque invraisemblables. Le mari de la comtesse d'Egmont était de sept ans plus jeune qu'elle. Elle-même avait plusieurs enfants et touchait à la trentaine quand le duc de Bourbon l'eut pour maîtresse. Enfin le duc, lorsqu'il mourut à Chantilly, en 1740, âgé de 48 ans, presque dans les bras de cette dame (2), qui en avait 44, était marié à une jeune princesse, de 25 ans environ, jolie à faire rêver !

Un an après la mort de son mari, la comtesse d'Egmont est encore signalée dans le camp des femmes galantes de la cour. Au commencement de juin 1744, comme la favorite allait rejoindre son royal amant, qui se trouvait à la tête de l'armée en Flandre, le départ était ainsi annoncé par les amateurs de scandale (3) : « Madame la duchesse de Châteauroux, la duchesse de Lauraguais (sa sœur), la comtesse d'Egmont et plusieurs autres dames de la cour sont parties pour se rendre à Lille. On dit que c'est pour commencer une cour de femmes à l'armée du roi. »

GUI-FÉLIX D'EGMONT-PIGNATELLI (fils aîné du précédent), par la grâce de Dieu, duc de Gueldres et de Juliers (4), duc

---

(1) D'Argenson, I, p. 60.
(2) Id. I, p. 404.
(3) *Journal* de l'avocat Barbier, II, p. 396.
(4) Le roi Philippe V ayant renoncé à ses prétentions sur les Pays-Bas, les héritiers du comte d'Egmont mort en 1707 reprirent les leurs sur les duchés de Gueldre, etc. Inutile d'ajouter que ces titres : le duc de Gueldre, de Juliers, etc., même celui de comte d'Egmont, ne furent plus désormais que de vains titres.

de Bisaccia, comte d'Egmont, prince de Gavre, etc., grand d'Espagne, mestre de camp du régiment de dragons d'Egmont en février 1744, brigadier des armées du roi le 10 mars 1747, naquit le 5 novembre 1720 et fut d'abord connu sous le titre de prince de Gavre.

Il épousa, le 5 février 1744, Amable-Angélique de Villars, petite-fille et héritière de l'illustre maréchal, née le 18 mars 1723, fille unique de Honoré-Armand, duc de Villars, et d'Amable-Gabrielle de Noailles.

Il mourut sans enfants, le 3 juillet 1753 (1).

L'anecdote suivante (2) prouve que le jeune comte d'Egmont était le digne fils de sa mère et le vrai courtisan de la cour de Louis XV. « 1748, décembre. Autre histoire. M. le comte d'Egmont, colonel de dragons, de l'ancienne maison des comtes d'Egmont, ducs de Gueldres, de Berg et de Juliers, a épousé la fille du duc de Villars. Il est jeune et bien fait, et elle est jeune aussi. Depuis son mariage, il lui a donné deux ou trois fois la v.....; ils ont même eu un fils qui en est mort. Dimanche dernier, 1er de ce mois, il voulut aller coucher avec sa femme, laquelle s'y refusa tout net, ne voulant pas s'exposer à une pareille aventure. M. le comte d'Egmont a pris la peine de mettre sa femme hors de son hôtel, à minuit. On ne blâme point celle-ci. »

On lit dans les *Mémoires* du marquis d'Argenson (VIII, pages 255 et 256) : « Avant-hier (19 mars 1754), la jeune comtesse d'Egmont se retira aux Calvairiennes pour y prendre l'habit ; elle était l'unique héritière des biens du

(1) *Suppl. au Nobil. des Pays-Bas*, p. 73.
(2) *Journal de l'avocat Barbier*, Paris, 1851, in-8o, III, p. 48.

maréchal de Villars ». Cette dame, qui avait éprouvé ce qu'étaient les vanités de ce monde, voulait sans doute expier par son humilité les éclats causés par les vices de sa belle-mère et de son époux. Elle mourut en odeur de sainteté chez les Filles-du-Calvaire, près du palais de Luxembourg à Paris.

Casimir d'Egmont-Pignatelli (frère cadet du précédent), par la grâce de Dieu duc de Gueldres et de Juliers, duc de Bisaccia, comte d'Egmont, prince de Gavre, etc., grand d'Espagne de la première classe et de la première création, était né le 6 décembre 1727.

Du vivant de son frère, on l'appelait le comte ou le marquis de Pignatelli, ou le marquis d'Egmont. Mestre de camp du régiment d'Egmont cavalerie, le 4 février 1744, et brigadier des armées du roi le 1ᵉʳ janvier 1748, il épousa, le 14 décembre 1750, Blanche-Alphonsine-Octavie-Marie-Louise-Françoise de Saint-Séverin d'Aragon, née en juillet 1736, morte le 20 janvier 1753 ; fille unique d'Alphonse-Marie-Louis, comte d'Olza, *dit* le comte de Saint-Séverin d'Aragon, chevalier des ordres du roi, ministre plénipotentiaire de France aux conférences de paix tenues à Aix-la-Chapelle en décembre 1747, membre du conseil d'Etat et de celui des dépêches, et de Marie-Louise-Françoise Fillion (1).

La nouvelle de la mort prématurée de cette dame est enregistrée en ces termes dans le *Journal* de l'avocat Barbier (III, page 442) : « Janvier 1753. La fille unique de M. le comte de Saint-Séverin d'Aragon, ministre d'Etat, épouse de M. d'Egmont, comte de Pignatelli, est morte à

(1) *Suppl. au Nobiliaire des Pays-Bas*, p. 74.

la suite d'une couche, à l'âge de 16 ans. Elle est extrêmement regrettée. Elle était petite-fille de madame de Villemur, veuve du garde du trésor royal ». Les Fillion de Villemur étaient de riches financiers, fermiers généraux, etc.

De cette union il ne resta qu'une fille, Alphonsine-Louise-Julie-Félicie d'Egmont-Pignatelli, née le 5 octobre 1751. S'étant mariée avec un seigneur espagnol, Louis-Gonzague Pignatelli de Gonzague, comte de Fuentes, elle en laissa deux fils qui héritèrent du comte d'Egmont, leur aïeul maternel, et moururent sans postérité (1).

Devenu comte d'Egmont, Casimir d'Egmont-Pignatelli épousa en deuxièmes noces, le 10 février 1756, Jeanne-Sophie-Elisabeth-Louise-Armande-Septimanie du Plessis-Richelieu-Wignerod, fille du fameux maréchal de Richelieu. Cette dame était née en février 1740, de Louis-François-Armand, duc de Richelieu, pair et maréchal de France, premier gentilhomme de la chambre du roi, gouverneur de Guyenne, et de Marie-Elisabeth-Sophie de Lorraine-Guise, sa deuxième femme (2).

Le comte d'Egmont, l'année même de son nouveau mariage, partagea les périls et la gloire de son beau-père, dans l'expédition de Port-Mahon, qui excita, comme toujours, un grand enthousiasme en France.

« 1756, avril. Le maréchal de Richelieu s'est embarqué à Toulon sur la flotte de M. de la Galissonnière, pour aller

---

(1) Delhaye, *Notice hist. sur la maison d'Egmont*, Mons, 1875, in-8, p. 16.

(2) *Suppl. au Nobil. des Pays-Bas*, p. 74.
Le portrait de cette dame, peint par Roslin et exposé au Salon de 1763, est conservé au château de Dampierre; une copie figure au Musée de Versailles, n° 4411.
Elle mourut au château de Braine, le 14 octobre 1773.

assiéger le Port-Mahon sur les Anglais. Il a, dit-on, fait embarquer avec lui le duc de Fronsac, son fils, et le comte d'Egmont de Pignatelli, son gendre ».

« 1756, juillet. Enfin mercredi 14, M. le comte d'Egmont est arrivé apportant les articles de la capitulation (du fort Saint-Philippe). L'après-midi, madame la comtesse d'Egmont était à la Comédie italienne. Un valet de chambre de M. le comte d'Egmont vint lui parler dans sa loge et lui dit qu'il avait quitté le comte à Marseille montant dans sa chaise de poste, qu'il avait pris les devants et qu'il arriverait dans la nuit. Madame la comtesse d'Egmont fut si surprise qu'elle se trouva presque mal. L'arrivée de ce valet de chambre se répandit bientôt dans le spectacle. L'on claqua longtemps des mains et à la fin les acteurs chantèrent des chansons qui étaient préparées en l'honneur du maréchal, du duc de Fronsac, du comte d'Egmont et même de la comtesse présente. Cela fit scène » (1).

Le comte devint lieutenant général des armées du roi, le 25 juillet 1762, chevalier de la Toison d'or en 1764, gouverneur de Saumur et Saumurois en 1782. Il demeurait à Paris, en son hôtel d'Egmont, rue Louis-le-Grand (2).

Nous avons trouvé une transaction relative au Gavène, passée à Douai, le 14 avril 1783, entre les administrateurs de l'hôpital général et M⁰ Charles-François-Marie Grimbert, avocat, stipulant pour « M⁰ʳ le comte d'Egmont, grand d'Espagne de la première classe, lieutenant général des armées de S. M. Très-chrétienne, receveur héréditaire du droit royal du Gavène de Douai » (3).

(1) *Journal* de Barbier, Paris, 1856, in-8°, pp. 138 et 147.
(2) Almanachs royaux.
(3) Arch. des hospices, fonds de l'hôpital général, n° 104 de l'*Invent.* de 1839, p. 360.

A l'assemblée de la noblesse du bailliage de Douai, il fut donné défaut, le 1er avril 1789, contre le comte d'Egmont, régulièrement assigné, « à cause du fief desgavennes de cette ville. »

Le comte d'Egmont, élu député de la noblesse du bailliage de Soissons, aux états généraux, le 18 mars 1789, siégea à l'assemblée nationale parmi les plus ardents défenseurs de la royauté expirante ; il quitta la France vers la fin de cette assemblée. En 1792, on vendait, au château de Braine, dans le Soissonnais, le mobilier de l' « émigré Pignatelli d'Egmont » (1).

Le dernier comte d'Egmont avait épousé, en troisièmes noces, une « dame de Serignan dans le Comtat-Venaissin », qui, en 1777, abolissait dans sa terre, « moyennant une somme une fois payée, tous les cens, toutes les taxes, tous les droits de champart et autres » auxquels ses tenanciers étaient assujétis (2). Ainsi commençaient, sans violence ni injustice, l'abolition et le rachat de redevances surannées.

Nous retrouvons, vers le mois d'octobre 1791, sur la terre d'exil, le comte et la comtesse d'Egmont ; ils résidaient alors dans les environs d'Aix-la-Chapelle (3). En octobre de l'année suivante, le comte d'Egmont, « lieutenant général des armées du roi », commandait en second l'armée des émigrés sous les ordres du prince de Bourbon. Il mourut à Brunswich le 3 décembre 1802 (4). Ni la *Biographie*

---

(1) *Bull. de la Soc. archéol. de Soissons*, 1866, in-8°, tome XX, pp. 64 et 112.

(2) *Journal politique ou gazette des gazettes*, année 1777, août, seconde quinzaine, Bouillon, in-16, p. 39.

(3) *Revue des deux mondes*, du 15 décembre 1871, p. 871 du t. VI.

(4) *Réimpression de l'ancien Moniteur*, Paris, 1840, in-4, XIV, p. 290, col. 1. — Delhaye, *Maison d'Egmont*, p. 16.

universelle de Michaud, ni la *Nouvelle biographie générale* de Didot n'a consacré d'article à la mémoire du généreux défenseur du régime déchu.

Le titre si longtemps fameux de comte d'Egmont est aujourd'hui éteint; quant à celui de duc de Bisaccia, que portaient les derniers comtes d'Egmont, il appartient à M. de La Rochefoucault, d'une branche cadette de cette illustre maison, membre de la Chambre des députés.

Comme on a pu le voir dans l'historique qui précède, les Gaveniers n'ont eu personnellement que très-peu de rapports avec notre ville ; dès le XIVᵉ siècle, aucun d'eux n'habita plus Douai, et les seigneurs de Potes s'empressèrent de vendre l'hôtel de Rieulay, situé près de la porte Morelle. Il n'y eut pas à Douai d'hôtel du Gavène, ce qui explique pourquoi le Gavenier, pour l'exercice de sa basse justice, empruntait la prison de la prévôté. Cet officier ne fut guère connu chez nous que par son receveur.

Liste de receveurs du Gavène.

Lanvin, 1187.
Voir *Preuves*, nᵒ XLI.
Jean Catel, 1339.

C'était un riche bourgeois de Douai, d'une famille patricienne de la ville (6ᵉ chapitre, article IV 2ᵒ); ce qui n'empêche pas qu'en 1356, le sire d'Antoing, frère de la Gavenière, ne l'appelle « notre varlet ».

Arnould du Quesnoy, vers 1415.

Sa veuve, damoiselle Jehenne Polliade, exerça, pendant quelque temps, l'office de receveur; en octobre 1416, elle fit renouveler, par Gillot Le Febvre, le « cartulaire » du Gavène (1).

Jean Barré, 1416, 1431.

Il était en même temps receveur du domaine à Douai. Le 13 novembre 1416, il s'oblige envers la dame de Montmorency, « de laquelle il avait pris la recette de la gavenne (2) ».

En 1431, il renouvela le « cartulaire du gavène. »

Roger de Deurewarde, receveur du Gavène et Espier, 1460, 1473.

Le 12 février 1473 (v. st.), il fournit aux gens du prince une déclaration, signée de lui et donnant le revenu du fief du Gavène appartenant au seigneur de Croisilles (3).

Colart Desfossez et *Jean Lombart*, receveurs fermiers du Gavène, 1479, 1485.

Sur le premier, voir le 6ᵉ chapitre, article II (fief des Pourchelets). Le second, procureur à la gouvernance, était bailli de Saint-Pierre en 1476 et en 1479.

Jean Lombart, 1490.

Jaspart Le Villain, 1499, 1512.

Jehan d'Ablaing, 1526, 1532.

(1) Renseignement tiré du « cartulaire du Gavène » renouvelé en 1551; reg. D 33 reposant aux arch. départ., Ch. des comptes.

(2) Dom Cafflaux, *Trésor généalog.*, Paris, 1777, in-4º, p. 590. D'après un chirogr. des arch. municip. de Douai.

(3) Arch. départ., Ch. des comptes, liasse D 78, ou invent. relatif aux fiefs mouvant de Douai, dressé à la veille de la Révolution. L'orig. sur papier de la déclaration n'existe plus aujourd'hui au dépôt central.

En 1532, il est indiqué comme ayant été « commis par la recepvresse héréditaire ou gavenière (1). »

Arnoul d'Yssche, 1533.

Il était receveur du domaine ; dans son compte de 1532-1533, il déclare qu'il a fait la recette du Gavène, cette année-là seulement, l'ayant « fait venir ens, pour ceste année seulement, ou nom de la receveresse héritière. » Ce fut un receveur intérimaire.

Bauduin Oudart, 1533, 1539.

Il est indiqué, en 1533, comme le commis de la « receveresse héritière », et en 1537, comme celui du « gavenier héritier (2).

Pierre Muret, 1541, 1551.

De 1547 à 1551, il s'occupa du renouvellement du « cartulaire du gavene », en exécution des lettres patentes du 17 juin 1547 ordonnant « que les personnes redevables rentes au gavene euissent à bailler, par declaration, la grandeur, scituation et specification de leurs heritages », afin de les transcrire sur le nouveau « terrier et registre. » Il s'y plaint de la « negligence ou non challoir » de ses prédécesseurs, « feu Jehan d'Ablaing, en son temps recepveur dudit gavene, Ernould d'Issche et Bauduin Oudart, nagueres recepveurs », par la faute desquels la perception des rentes était hérissée de difficultés. Une copie contemporaine du travail de Pierre Muret est conservée aux archives départementales ; il s'y trouve de curieux renseignements pour l'ancienne topographie douaisienne (3).

(1) Arch. dép., Ch. des comptes, compte du domaine de 1531-1533, reg. D. 112.

(2) Id., reg. D 112 et D 113.

(3) Reg. en papier, D 33 ; il fut déposé à la Chambre des comptes, en 1633, par le receveur du domaine de Douai.

Sur cet ex-receveur du domaine et de la ville, voir le 2ᵉ chapitre, article III (fief de Plachy).

Jean Aparisis (1), 1553, 1564.

Sur cette famille bourgeoise de notre ville, voir le 2ᵉ chapitre, article V (fief de Le Vacque à Roucourt).

Arnould Le Gentil, 1571, 1592.

Simon Le Gentil, 1601, 1606.

Mᵉ *Jean de Raismes*, licencié ès droits, 1607, 1627.

Mᵉ *Jean Wion*, 1627, 1633.

Charles Du Pret, 1634, 1642.

Nicolas Trachet, 1664, 1673.

Gilles Izambard, 1686.

Antoine Salé, 1690, 1697.

Charles Trachet, 1699, 1707.

Thomas Mahout, conseiller du roi, receveur en titre de ses domaines au département de Douai, et commis à la recette du droit de Gavène par les présidents et trésoriers de France, généraux des finances à Lille.

Il remplaça Trachet, le 25 mai 1708 (Plouvain, Echevinage, page 113, Ms. de la Bibliothèque de la ville) et mourut en 1720.

Mᵉ *Thomas Mahout*, 1720, 1740.

Il fut également receveur du domaine, comme son prédécesseur.

Ballenghien, 1741, 1751.

(1) Depuis cette époque jusqu'en 1707, le receveur du Gavène cumula presque toujours ses fonctions avec celles de bailli de Saint-Albin et de Waziers.

C'était un procureur. Plusieurs individus de ce nom furent procureurs soit au parlement soit à la gouvernance.

Dubrulle, chanoine de Saint-Pierre et receveur du Gavène, 1763.

C'est probablement le chanoine Philippe-Jacques Dubrulle, qui, en 1762, était prince de la confrérie des Clercs parisiens. (*Souvenirs de la Flandre wallonne*, IV, page 182.)

Estoret, préposé à la recette du droit de Gavène, 1774.

Estoret fils, commis à la recette par M⁰ Grimbert, avocat à Arras, 1789.

APPENDICE AU CHAPITRE QUATRIÈME.

DROITS SEIGNEURIAUX

SUR LE VIN ET SUR LA BIÈRE

AFFORAGE ET FRANQUET.

———≈≈≈———

Détachés en 1274 du fief du Gavène. — Singularité d'un droit seigneurial dépouillé du caractère féodal. — Ces droits ne se lèvent point en la paroisse Saint-Albin. — Donation aux lépreux, de l'an 1282. — Quotité du droit et mode de perception; le lot ou pot vineré. *— Cet antique impôt était encore payé en 1789. — Familles qui ont possédé ces droits: les Du Markiet au XIIIe siècle, les Pourchel au XIVe, les du Hem d'Auby au XVe et au XVIe, les Le Mahieu cu XVIIe. — Achat fait en 1661 par la famille Cardon.*

L'afforage ou le forage (*foraticum*) désignait en général un droit seigneurial sur les boissons; c'était un antique impôt établi au profit du prince et que celui-ci avait, dans beaucoup de localités et notamment à Douai, concédé en fief. Le châtelain ou vicomte de Douai, ayant cause du prince, jouit longtemps de l'intégralité de ce droit; il le perdit par des aliénations successives, opérées soit à la suite des démembrements de la châtellenie qui donnèrent naissance au fief de Saint-Albin, à la prévôté et au fief du Gavène, soit par des ventes faites à la ville de Douai. Au fief du Gavène, créé vers la fin du XII° siècle, fut attachée une fraction des droits d'afforage qu'avait encore le châtelain : c'est l'histoire de cette part de l'impôt des boissons, qui fait l'objet du présent article.

En 1220, le Gavenier Pierre de Douai parle de son droit d'afforage en la ville de Douai (*foraticum meum infra castrum Duacense*); en 1247, ce droit appartenait à son petit-fils, le chevalier Pierre de Douai *dit* de Rieulay, également Gavenier de Douai ; enfin en 1274, il était passé à Jean de Rieulay, frère de Gossuin, seigneur de Rieulay ; nous avons établi, au 4° chapitre, article II, que ce Jean était fils de dame Isabeau de Rieulay, neveu du chevalier Pierre qui vivait en 1247, qu'il posséda probablement le fief du Gavène de Douai et que c'est lui qui vendit la part d'afforage dont avaient joui les Gaveniers.

Par lettres datées de Douai, le 1ᵉʳ août 1274, la comtesse Marguerite autorise la vente que son vassal (*nos foiaules*, notre féal), Jean de Rieulay, du gré de Gossuin de Rieulay, son frère et hoir, fait à Richart Du Markiet, bourgeois de Douai, de « tous les forages qu'il avoit et devoit avoir en la ville de Douai, de vins, de miés (*miels*), de goudale, de cervoises et de toutes autres choses qui à forage appartiennent, lesquels forages il tenoit, avec autres choses, en fief » de la comtesse. *Preuves*, n° XCVIII.

Ce qui rend bizarre l'acte de la comtesse Marguerite, c'est qu'elle convertit en bien roturier et « rentier » un droit essentiellement seigneurial et féodal : « Nous, les forages devant dits, avons rendus quittes et delivrés de tout fief, et donné et octroyé au devant dit Richart perdurablement à tenir de nous et de nos hoirs, comtes de Flandres, pour *six deniers de dovisiens de cens* (1) perdurablement, à rendre chacun an à nos briés (*recette du domaine du prince*) de Douai, au terme de la Saint-Remy, et à juger d'ore en avant par loy des échevins, as us et as coutumes que les autres tenemens qu'on tient de nous à Douai à cens et à rente se jugent. » C'était une faveur que la comtesse faisait à un bourgeois de Douai qui, grâce à cette conversion d'un fief en roture, échappait au service militaire, alors la plus lourde charge et le premier des devoirs des vassaux ou possesseurs de fiefs.

Dans un procès de l'an 1418 (2) à propos de l'impôt sur la bière, l'ayant cause de Ricard Du Markiet rappelle que son droit « seigneurial, qu'on dist d'afforaiges et francqués, fut anchiennement à ceulx de Reullay, qui estoient grans seigneurs et le tenoient noblement en un seul fief des comtes et comtesses de Flandres à cause de leur chastel de Douai, et en 1274, un nommé Jehan de Reullay vendit ledit fief à un nommé Ricard Du Marquiet, auquel la comtesse Marguerite ottroya et acorda que, de là en avant, il et ses successeurs tenissent ledit droit quitte et délivré de tout fief. »

L'anomalie résultant de la concession faite en 1274 dura jusqu'en 1789 ; pendant plus de cinq siècles, on vit à Douai percevoir un droit étrange, seigneurial dans son essence et

---

(1) Cette rente était encore payée au domaine du prince, au XVIIe siècle. — Comptes du domaine de S. M. au quartier de Douai et Orchies, aux arch. départ., Ch. des comptes.

(2) Sentence échevinale au 1er juin, fo 28 du cartul. N, aux archives de la ville.

roturier en fait, par suite d'une de ces mille bizarreries propres au système féodal.

L'afforage, avons-nous vu, comprenait les droits sur toutes les boissons; celles-ci étaient, au XIII° siècle, au nombre de trois principales : le vin, le miel ou breuvage sucré appelé hydromel, la bière sous tous ses noms de « goudale, cervoise, hacquebart », etc., etc. L'hydromel paraît avoir été peu en faveur dans les siècles suivants; en effet, les documents de date moins ancienne ne parlent plus du tout de l'impôt sur les miels, ce qui ne peut s'expliquer que par la raison que cette boisson avait disparu de la consommation ordinaire. En 1247, la part du Gavenier dans cet impôt était de six lots de chaque brassin de « mies » brassé *Dechâ*, c'est-à-dire sur la rive droite, par opposition à la paroisse Saint-Albin sise sur la rive gauche de la Scarpe. Le châtelain percevant quatre lots, l'importance de cet antique impôt sur les boissons sucrées s'élevait donc à dix lots du brassin. Il est probable que, dans sa juridiction, le seigneur de Saint-Albin percevait seul un droit semblable de dix lots.

La consommation du vin paraît avoir été, chez nous, plus considérable, au XIII° siècle, que dans les temps qui suivirent; nos pères, assurément peu délicats, ne repoussaient pas le vin du crû; la vigne était cultivée en grand sur plusieurs côteaux des environs de Douai, comme en témoignent encore différents lieux dits *la Vigne*; il y avait, en l'an 1104, dans Douai même, un endroit nommé la Vigne, *in Vinea* (1); en 1560, l'exploitation des *vignobles* de Montigny en Ostrevant formait encore l'un des revenus de la seigneurie, mais c'était, croyons-nous, une exception par

---

(1) Titre des arch. de St-Amé, aux arch. départementales.

rapport au reste de la contrée. Les vins de France et du Rhin étaient vite devenus la boisson des gens fortunés ; mais aussi la bière avait conquis son titre de boisson nationale.

L'impôt sur le vin retint plus particulièrement le nom d'afforage ; il s'élevait à quatre lots d'une pièce de vin contenant cent lots. Le droit se divisait par moitié entre l'ayant cause du châtelain, c'est-à-dire la ville, et l'ayant cause de Ricard Du Markiet, mais ils ne le percevaient que sur la rive droite ; dans l'autre partie de la ville, c'était le seigneur de Saint-Albin seul qui levait les quatre lots. Des procès soutenus en 1583 par l'ayant cause de Ricart Du Markiet contre des taverniers de Douai permettent de bien préciser l'importance du droit proportionnel appelé forage ou afforage. Les « ayants droit de la moitié des afforaiges des vins vendus et broquetés (*débités par broque ou mesure*) en cette ville, qui est tel que de deux lots de vin à la pièce de vin, soit grande ou petite, allencontre de pareil droit appartenant à la ville », plaidèrent successivement devant le lieutenant de la gouvernance de Douai, par appel devant le conseil en Flandres à Gand, et de là au Grand conseil de Malines (1). Ils disent qu'il leur appartient « un ancien droit seigneurial et foncier nommé d'afforaige, à prendre sur les vendeurs, debiteurs (*débitants*) et broqueteurs de vin, tel que de deux lots de vin pour chacune pièce, soit petite et grande, vendue et débitée, à l'encontre de deux autres lots appartenant à la ville ; qu'ils sont fondés audit droit, sous le roi, à titre de cens et rente perpétuelle telle que de six deniers douisiens ; à profiter dudit droit alterna-

---

(1) Arch. du parlem. de Fl., greffe de Malines, sac n° 235.

tivement, à leur option, en nature ou argent, franchement et en exemption de tous impôts et maltottes ». Ils ajoutent que « de chaque pieche ou poinchon de cent lots, il convient tirer quatre lots pour ledit droit de forage, dont les deux appartiennent à la ville ».

Outre le droit proportionnel d'afforage, il existait un droit fixe de « muiage »; seuls les bourgeois de la ville pouvaient prétendre s'exempter de l'afforage en acquittant le « muiage ». Une sentence échevinale, rendue le 28 janvier 1316 (v. st.), entre l'héritier de Ricart Du Markiet et des taverniers (1), rappelle que le droit de « muiage », dû en nature et non en argent, consiste en « huit sestiers de vin en l'an, quatre entre le saint Remi et le saint Martin en hyver et quatre entre Pasches et le Penthecouste », pour la part de l'ayant cause dudit Ricart Du Markiet, la ville en prélevant autant, comme ayant cause du châtelain ; étant stipulé qu'on doit prendre « ledit muiage », c'est-à-dire faire sa déclaration, chaque année, « dedens le certain terme qui y est, c'est assavoir : huit jours devant le saint Remi et huit après ».

Une sentence échevinale du 26 septembre 1472, rendue contre un tavernier au profit de la ville et des ayants cause de Ricart Du Markiet, contient des détails circonstanciés sur le mode de perception du droit de « muyage » (2) ; après avoir constaté que le forage s'élevait à deux fois « deux lotz de vin de chacune pièce », faisant deux fois « quatre los de le queue, ponchon ou mulot », on ajoute ceci : « Et se aucun tavernier prenoit le droit de muyage en la halle, huit jours devant ou huit jours après le jour

---

(1) Arch. de la ville, cartul. N, f° 36.
(2) Id., n° 1113 de la *Table*.

saint Remy, il estoit quicte dudit droit d'afforage de tout le vin qu'il vendoit, l'année de son muyage, au meure foeur, en payant tant seullement xvj stiers de vin, qui valloient lxiiij lotz, mesure de ladite ville. Et ou cas que tel tavernier ayans prins ledit muyage venderoit, en l'année de son dit muyage, vin à divers foeurs, en quelque lieu ne par quelconques vendages que ce fust, ledit ne l'acquicteroit que du vin vendu à meure foeur et seroit, tel tavernier, tenu de payer forages de toutes les pieces de vin qu'il auroit vendu à plus hault foeur ou foeurs, tel que de quatre lotz de chacune piece ou l'argent, à tel pris qu'il auroit esté vendu, lequel que mieulx plairoit » à la ville et à l'ayant cause dudit Ricard. Il faut encore noter ceci : « Et se y avoit edit en ladite ville, que nulz taverniers ne pooient mectre en leurs cheliers vins de deux fachons, et lequel edit avoit esté mis sups pour eschiever plusieurs frauldes que les taverniers pouroient faire aux vins, quant ilz en auroient en leurs cheliers de pluiseurs fachons ». Il paraît aussi que « quiconques prenoit ledit muyage estoit tenus de avoir, en sa maison ou chelier, tousjours vj pieces de vin en point de afforer et boire », et que, durant l'année de son « muyage », il ne pouvait « clore sa taverne », qu'au contraire « il estoit, par ce, tenu avoir sa taverne ouverte plus que les aultres non muyagiers ». Dans l'espèce, le tavernier « muyagier » avait vendu, en 1470, « à taverne ouverte, vin à troix feurs », savoir : « Beaune, Rin comme Saint Jaugon, à v sols vj deniers le lot, Poitau, Paris et Pinocq, à iiij s. vj d., Rains et Laonnois, à iiij sols ». Les règlements, comme on voit, ne manquaient point alors, pas plus que de nos jours, pour assurer la perception des droits et prévenir les fraudes.

En 1698, la ville recevait 632 florins pour sa moitié dans les droits sur le vin, savoir : pour l'afforage, 502 florins, à raison de deux lots à la pièce, et pour le « muiage », 130 florins, à raison de demi-lot à la pièce (*Preuves*, n° LXXIV). L'ancien droit fixe de « muiage » était donc devenu, lui aussi, semble-t-il, un droit proportionnel.

Lors du grand procès de la ville contre le possesseur du fief de Saint-Albin, les échevins disent, dans leur Mémoire imprimé (vers 1781), que le droit d'afforage consiste « en quatre lots perceptibles sur chaque pièce de vin qui se débite dans l'échevinage de Douai », et que la ville elle-même possède la moitié d'un droit d'afforage.

Dans les comptes du domaine, au XVII° siècle, on trouve cette mention constamment répétée : « Quant aux afforaiges des vins et cervoises, qui se vendent en la ville de Douai, S. M. n'a d'afforaige, pour ce que les hoirs du Hem en possessent et ont possédé de longtemps en ladite ville et échevinage. »

Nous venons de rappeler tout à l'heure et nous avons expliqué, au premier chapitre, article I 5°, à propos du droit sur le vin levé par le châtelain jusqu'en 1284 et ensuite par la ville, que les bourgeois marchands de vin pouvaient, en accomplissant certaines formalités, s'affranchir du droit proportionnel de forage et ne payer que le droit fixe de « muiage », mais que les non bourgeois et forains devaient toujours le forage. Cette distinction est nécessaire pour comprendre le legs fait par Ricart Du Markiet à l'hôpital des lépreux de Douai en l'an 1282 (1) : il donna en

---

(1) Testam. en chirogr. aux archives de la ville. Guilmot, Extraits, t. III, pp. 1107-1108.

effet « as meseaus et as meseles, ki manans sunt en le maison de le vile, tous forages de vin ke il a à cels ki amainent vin en ceste vile, ki sunt de forain, ki n'ont point de muiage » ; la libéralité du riche bourgeois, qui avait obtenu, en 1274, la conversion en roture de ce qu'il avait acheté de Jean de Rieulay, devait donc avoir pour effet d'amoindrir presqu'aussitôt son acquisition, en en détachant les forages prélevés sur les marchands de vin étrangers à la ville. Les documents suivants prouvent que le legs de l'an 1282 fut pleinement réalisé.

Une sentence échevinale du 20 juin 1352 (1) mit fin à une contestation soulevée par l'ayant cause de Ricard Du Markiet et le commis de la ville (celle-ci ayant cause du châtelain depuis 1284), contre le « maistre et gouverneur de la bonne maison des malades saint Laddre de ledite ville », dans les circonstances suivantes : un bourgeois et un « manant » avait acheté ensemble, « ou pays de Flandres, pluisseurs tonneaux de vin de Saint Jehan » et les avaient fait vendre publiquement à Douai « par le crieur des vins de le ville qui ad ce faire est commis », mais sous le nom du bourgeois seulement, lequel du reste « point n'avoit le muiage de le ville prins » ; le maître de la maison des lépreux croyait devoir réclamer l'afforage « du main de telle quantité de vins quia le partie doudit non bourgeois en est » ; mais il fut jugé contre lui que, les vendeurs de vin étant l'un bourgeois et l'autre « manant et non mye forain », rien n'était dû « asdits malades, ou cas dessus dit » ; qu'au contraire l'afforage devait appartenir à la ville et au particulier ayant cause de Ricart Du Markiet, « est assavoir à

---

(1) Arch. de la ville, n° 495 de la *Table chronol.*, copie sur parch. du XV° siècle.

chacune desdites parties, iiij loz de vin de cascun tonneau de vin vendu à brocque et ij loz de vin de cascune keue ».

Par une autre sentence rendue le lundi 27 juin 1435 (1) contre un individu « qui n'est point bourgeois de ceste ville, mais estoit et est comme pur forain et estrange marchant », lequel avait vendu du vin « à brocque et taverne publicque en le ville et eschevinage », les échevins reconnurent qu'entre « pluiseurs biaux drois, revenues et possessions » appartenant aux « malades de la grant maladrie de saint Ladre de le ville de Douay, leur est deu droit d'afforage de chacune queue de vin vendu ou fait vendre à brocque en le ville et eschevinage de Douay, pour forain ou estrange marchant, deux los de vin de chacune queue ».

A la même époque, le receveur de la maladrerie intenta un procès à l'ayant cause de Ricart Du Markiet, qui s'avisait de contester les droits des lépreux ; il s'agissait, dans l'espèce, de l'afforage sur les vins vendus « à broque » par le « serviteur ou facteur » d'un individu « forain et demourans au dehors de ladite ville, à Assy ou ailleurs ou pays de Lannois ». Le receveur exposait ainsi ses droits : « Icelle maison saint Ladre estoit grandement et notablement fondée et douée de pluiseurs seigneurs, bourgois et aultres bonnes personnes, qui laissiet et donné y avoient de leurs biens, pour le substentation et vivre des bourgois natis de le dite ville, entechiés et malades dudit mal saint Ladre, et entre les aultres beaulx drois, avoit droit de prendre, de chacun tavernier forain et non bourgois, qui s'entremet de vendre à broque en ladite ville, de chacune keue ou ponchon de vin, pour droit de forage, deux los de vin et du tonnel,

(1) Arch. des hospices, n° 601 de l'Invent. supplé.n. ms.

quatre los, pour departir en pitance auxdits ladres, à l'encontre de autel et pareil droit que y prend la ville ». Son adversaire se contentait d'affirmer que « tous bourgeois et manans vendans vin à broque en le ville, au lieu con dist Dechà l'yaue », avaient toujours payé, à lui-même et à ses prédécesseurs, « de chacun tonnel de vin admené en ceste ville, vendu à broque en icelle, iiij los de vin et de chacune keue ou piece de vin, grande ou petite, vendue comme dessus, deux los de vin de forages, à l'encontre de tel et semblable droit qui à le ville de Douay en appartient ». Aussi le droit des lépreux fut-il de nouveau consacré par une sentence échevinale du 5 août 1437 (1).

Quoique l'expression d'afforage s'applique souvent, non-seulement à l'impôt sur le vin, mais aussi à celui sur la bière, l'on voit, par une quantité de documents, qu'un terme spécial était employé pour désigner l'impôt sur la bière : on l'appelait *francquet* (2).

En 1583 (3), toujours à l'occasion d'un procès, les ayants cause de Ricart Du Markiet disent qu'ils ont un droit de « flancquet sur chacun brassin soit de cœute, hacquebart ou aultre boir boully, brassés en ceste ville, sur les brasseurs desdits boires, ledit francquet revenant à 24 lots vineret. » Le lot « vineré » ou lot de vin était, bien entendu, plus petit que le lot à la bière.

Une sentence de la gouvernance, du 12 avril 1685, con-

---

(1) Arch. de la ville, no 875 de la *Table*.

(2) Dans une sentence échevinale du 1er juin 1448, rendue au sujet des droits sur la bière, il est question de « tonniaulx de cervoise appelez *francqués* ». (Arch. de la ville, cartul. N, fo 88.)

(3) Arch. du parlem. de Fl., fonds de la gouvern. de Douai, reg. aux Dictums, 1580-1583.

damne les brasseurs « à avertir le fermier du possesseur de ce droit de franquet, quand ils brasseront pour les débitants, de l'heure de l'entonnement, pour, par ledit commis, prendre et puiser, dans le plein flot de chacun des brassins, le droit de franquet, consistant en 24 lots de bière vinerés, mesure de Douai, ledit droit exempt de toute charge et qui se perçoit partout, excepté dans la paroisse Saint-Albin qui est au delà de l'eau (1) ».

Le 24 décembre 1705, le possesseur « du droit seigneurial d'afforage et de franquet », après avoir intenté un procès à des brasseurs de la paroisse Saint-Albin, transige avec eux au sujet de son droit sur les bières qu'ils livrent aux cabaretiers des autres paroisses de la ville (2).

Dans le *Recueil des ordonnances* relatives à notre ville (Douai, 1724, petit in-8°), ajouté ordinairement aux *Coustumes de la ville* (1720), on trouve, à la page 115, une ordonnance rendue à Douai, le 14 décembre 1712, par l'intendant de Flandres réglant le mode de perception des droits de « franquet ». Ces droits ne pourront être pris qu'en présence d'un commis des fermiers des impôts sur la bière, et transportés depuis l'heure de la cloche du beffroy le matin jusqu'à midi. Les adjudicataires desdits droits seront tenus de faire enlever les bières qui peuvent leur revenir à raison de ceux-ci, à chaque brassin, lors de l'entonnement ; défense de laisser celles qui peuvent leur être dues pour plusieurs brassins, pour les prendre en une seule fois. Les adjudicataires desdits droits de franquet ou leurs commis apporteront un « pot vineré », jaugé par les égards de la ville, pour mesurer les bières qui se trouveront leur

---

(1) Arch. de la ville. Guilmot, Invent. analyt., p. 1019.

(2) Arch. de la ville. Guilmot, Invent., p. 1171.

être dues à chaque brassin, à peine de 25 florins d'amende, etc.

Tous ces renseignements permettent de préciser ce qu'était le droit de «franquet» dû à l'ayant cause de Ricard Du Markiet : c'était un droit sur la bière, consistant en 24 « lots ou pots vinerés » pris dans chaque brassin ; il ne se levait que sur la rive droite de la Scarpe, dans l'étendue des paroisses primitives de Saint-Pierre et de Saint-Amé. La paroisse de Saint-Albin, quartier de la rive gauche, en était exempte.

Il y avait à Douai différents autres droits de « franquet» : celui du châtelain ou de la ville, celui du prévôt et celui du seigneur de Saint-Albin. Le chapitre de Saint-Amé possédait aussi le sien, puisqu'en 1343, il transige avec la ville, au sujet d'un « franquet de goudalle », que Mrs de Saint-Amé avaient perçu dans la brasserie de Saint-Venant, où les échevins prétendaient qu'on pouvait brasser sans payer « debite » ni aucune redevance (1). Le chapitre de Saint-Pierre, dans toute l'étendue de sa paroisse et des anciens dénombrements de celle-ci (Saint-Jacques ancienne, Saint-Nicolas et Notre-Dame), percevait aussi un « franquet » de six lots : *jus et facultas percipiendi a cauponibus* (taverniers, brasseurs) *sex mensuras cerevisiæ adhuc bullientis, in qualibet domo ubi cerevisia confici solet ;* ainsi s'exprime le chanoine Doutart, dans son histoire inédite de notre seconde collégiale, écrite en latin vers 1735 (Ms. 1066 de la Bibliothèque communale, I, f° 27 v°). Recherchant à ce propos la véritable signification du mot « franquet », le savant chanoine dit qu'anciennnement on appelait ainsi, à Douai, certaine mesure en usage pour le

(1) Arch. de la ville, n° 454 de la *Table*.

vin, et que ce mot a servi ensuite à désigner le droit lui-même : *vulgo* franquetum *nuncupatur, quo nomine quoddam genus vasis, ad vinum metiendum, olim in oppido usitatum intelligitur, et per nominis translationem usurpata est postmodum vox illa, ut exprimatur ac denotetur jus et facultas percipiendi a cauponibus oppidi mensuras cerevisiæ.* Il ajoute que le droit de « franquet » est assurément d'origine domaniale et indépendant des droits de patronat ; on sait en effet, dit-il, que MM. de Saint-Amé sont patrons de Saint-Albin, et cependant ils n'ont point, en cette paroisse, de droit de « franquet ».

Une maison de refuge pour les veuves, qu'on appelait l'hôpital de Deuvieul, levait aussi, sur la brasserie des Sarrasins, un droit « tel que de six lots vingneretz, pour le *flancquet*, sur chacun brassin de boire boulit » (1). L'hôpital se trouvait sur la Petite place ou place de Deuvieul, et la brasserie, dans le voisinage.

Le prévôt de Douai et le seigneur de Saint-Albin chacun dans sa juridiction, l'un sur la rive droite et l'autre sur la rive gauche, ne levaient qu'un « franquet » de 6 lots. Quant au châtelain, il percevait, sur la rive droite, 18 lots de brassin de bière, ce qu'il vendit à la ville en 1268 ; ce droit sur les « boires bouillis » rapportait 61 florins en 1697.

Les lois révolutionnaires qui abolirent les fiefs atteignirent, bien entendu, les droits d'afforage et de « franquet » que l'acte de 1274 avait mis en dehors du système féodal et avait rangés parmi les biens ordinaires ; ces droits seigneuriaux, mais non féodaux, disparurent en 1789.

(1) Arch. municip., 1er reg. aux Mémoires, f° 161, sous la date du 28 août 1510.

Voici divers renseignements sur les familles qui ont possédé l'afforage et le « franquet » depuis le XIII° siècle jusqu'à la Révolution.

Ricart Du Markiet, l'acheteur des forages en 1271, celui que la comtesse Marguerite appelait « notre cher bourgeois de Douai », était l'un des principaux personnages et des plus opulents de la ville, chef du magistrat ou maire en 1274. De même que son père, Jean, qui vivait en 1230, il était l'un des banquiers chargés de faire les emprunts auxquels avaient sans cesse recours le comte de Flandre et les princes de la contrée ; il était associé dans ce but avec d'autres riches bourgeois de Douai, les Jakeme Pourchel, les Simon Malet, les Jean Bonnebroke, les Jean De Franche, etc. (1).

On l'appelait communément « seigneur Rikart Du Markiet » ; du reste, ainsi que les seigneurs, il avait un chapelain attaché à sa personne. En 1284, dans le procès de Lille contre Douai, à l'occasion de la fête du Blanc-Rosier (2), il est parlé de « messire Jehan, capelain seigneur Rikart Dou Markiet. » La même année, assistant à une assemblée de la cour féodale, il prend rang immédiatement après les chevaliers (3).

Dans son testament de l'an 1282, « le jor saint Brisse » en novembre (le 13), il mentionne ses deux femmes, Mikiel, son fils, Gérard Du Markiet (très-souvent échevin, de 1237 à 1271), et le prévôt de Saint-Pierre (Jean du Mar-

---

(1) J. de Saint-Genois, *Inventaire analytique des chartes des comtes de Flandre*, Gand, 1843-6, in-4o, nos 134 à 295, années 1268 à 1281.

(2) Duthilloeul, *Douai et Lille au XIII° siècle*, Douai, 1830, in-4o, p. 111.

(3) Arch. de la ville, n° 186 de la *Table*.

kiet), ses frères, qui tous étaient morts alors ; il fait un legs à Emmelot de Fretin, sa « nièce » et « aux hoirs ke elle aroit de Jehan de Rullai, sen baron », ce qui prouve que ce gentilhomme, qui n'est autre que le vendeur de 1274, avait épousé une nièce ou une petite-fille de l'opulent bourgeois de Douai ; ses deux filles, Marote et Emmelot, étaient mariées: l'aînée à Jakemon Pourchel et la cadette à Robert Boinebroke, tous deux de la riche bourgeoisie de notre ville ; il fait un legs particulier à Ricardin, son « neveut » (petit-fils), enfant desdits Jakemon Pourchel et Marie Du Markiet. Nous avons mentionné plus haut sa libéralité envers les lépreux de Douai, auxquels il laissa les forages qu'il avait droit de prendre sur les marchands de vin étrangers (1). Il mourut vers 1285.

Nous reparlerons de ce personnage à propos des rentes féodales qu'il posséda sur le domaine et sur le moulin au Brai (voir au 6ᵉ chapitre, article IV, 1° et 3°). Sa fille aînée se remaria à Pierre Pouchin, d'Arras ; par acte du mois de janvier 1300 (v. st.), reçu par frère Willaume, commandeur des maisons de la chevalerie du Temple en la « baillie » d'Arras et par des « hommes » ou vassaux du Temple, « sires Pieres Pouchins et dame Maroie, se femme, ki fu fille Rykart Du Markiet, de Douay, » vendirent leur maison d' « Yrercourt » séant « dales Saint-Leurench » (2). En 1320, Ricard Pourchel reconnut, devant les échevins de notre ville, la donation que « sire Jacques Pour-

---

(1) Testam. en chirogr. aux arch. de la ville. Guilmot, Extraits, t. III, p. 1107-8.

(2) Chirogr. sur parch. à la Bibl. nation., départem. des manuscrits, collection Colbert-Flandres, vol. 193 (acquisition), titres de la commanderie de Hautavesne en Artois, pièce n° 3.

chiaux », son père, avait faite en faveur des pauvres, laquelle donation avait été reprise au contrat de mariage de « dame Marotin », sa mère, quand elle s'était remariée au « seigneur Pouchin, d'Arras » (1).

C'est donc *Ricart Pourchel*, celui que son aïeul maternel appelait Ricardin en 1284, qui fut le principal héritier de l'opulent Ricart Du Markiet. Il était échevin de notre ville, quand ses « compagnons » prononcèrent une sentence, le 28 janvier 1316 (v. st.), au sujet de ses droits de forage (2). Nous l'avons retrouvé à l'échevinage de 1327 et à celui de 1329, où il occupait le troisième rang. La famille Pourchel ou *Pourchiaus* avait fourni trois échevins durant le XIII° siècle : Jacques, de 1255 à 1260, quelquefois appelé « sengneur Jakemon Pourciel »; un autre Jacques, de 1273 à 1277, c'est le gendre de Ricart Du Markiet ; et Gossart, de 1274 à 1291. Il ne faut pas la confondre, croyons-nous, avec une autre famille échevinale, du nom de Pourchelet, connue dès l'an 1201 et qui avait trois pourceaux comme armoiries ; nous en parlerons longuement à propos du fief des Pourchelets (6° chapitre, article II).

C'est très-probablement le même Ricart Pourchel qui, à propos de son forage des vins (3), soutint contre les échevins, ses confrères, un procès jugé par sentence échevinale du 27 mars 1330 (v. st.).

Malgré la vulgarité de son nom, le bourgeois de Douai sut se faire faire place dans l'ordre équestre et parvint à la

---

(1) Dom Caffiaux, *Trésor généalog.*, p. 280, d'après le reg. K des archives de l'hôtel de ville de Douai. Ce registre ne s'y trouve plus.

(2) Arch. de la ville, cartul. N, f° 36.

(3) Id., id. f° 35 v°. Ce registre, aujourd'hui recouvert en parchemin, fut longtemps connu en la halle sous le nom de « registre aux rouges couvertures » ou de « grand papier as rouges couvertures. »

dignité de chevalier, à la même époque que son fils, dont nous avons déjà parlé (2ᵉ chapitre, article III). C'était chose rare, à cette époque, qu'un tel changement d'état ; néanmoins nous n'avons pas de donnée certaine sur la cause qui fit de notre bourgeois un chevalier ; il semble qu'il ait dû conquérir cette dignité, qui était aussi un grade militaire, par la profession des armes et grâce aussi à sa grande fortune; il est vrai que, depuis environ cinquante ans, nos rois faisai   des chevaliers « ès lois » ; mais notre bourgeois, qui   .mais n'a été qualifié « maître », ne nous paraît pas avoir eu les qualités voulues pour s'élever par ce moyen-là. Toujours est-il que « Tasse Pourchiaus, femme jadis Monnard Boinebroque », faisant son testament, en nomma ainsi les exécuteurs : « Ricart Pourciel, Jaquemon de Goy, Heuvin et Ricart, ses frères, et Ricart Pourcel, fil Ricart », sans nulle qualification nobiliaire ; et que, peu de temps après, le 29 mars 1340 (v. st.), les mêmes personnages, accomplissant leur mission, sont ainsi désignés : « messire Ricars Pourchiaus, messire Ricart, ses fiux, chevalier, Jaquemes de Goy et Heuvins, ses frères (1) ».

La situation de l'ex-bourgeois était telle, qu'il prenait rang avant un chevalier de la plus ancienne noblesse du pays, avant le sire d'Auberchicourt, de cette illustre maison célébrée par Froissart, le prince des chroniqueurs. En effet, au mois de mai 1345, « Richars Pourchiaus, chevalier, sires de le Motte, Nicolles d'Aubrechicourt, chevalier, sires de Bugnicourt, Bauduins d'Alloes (*Arleux*), Estievenes d'Alloes et Jacquemes *dit* Brongnars de Tortekesne, esquier, tout casé des casemens d'Alloes », c'est-à-

(1) Chirogr. de la seigneurie du Temple de Douai; archives nationales, carton S 5210, n° 22.

dire possesseurs de certains fiefs privilégiés d'Arleux, font un accord avec le maire féodal ou prévôt héréditaire d'Arleux et donnent procuration à « Richart Pourchiel, chevalier, sires de Fiermiecourt », pour obtenir la confirmation de ce traité par le seigneur d'Arleux, qui était alors celui qu'on a appelé depuis le roi Jean (1).

L'an 1349, « en march », « Richars Pourchiaus de Le Moté, chevalier », fit une fondation aux Trinitaires de Douai, qu'il charge de prier « pour les âmes de mi, de me femme, de men fil, de men père, de me mère, de Jaquemon le borgne, de monsieur Nicole, son fil, et de mes bienfaiteurs ». Il assigne pour cela des rentes héritières sur des biens situés en la ville de Douai (2).

C'est lui qui, en 1347, plaidait, à l'occasion de son droit de forage, contre Jean de Fiérin, « en son temps homme notable et de bonne et grand renommée, alors tavernier et muyagier », ainsi qu'il est rappelé dans la sentence échevinale du 26 septembre 1472, analysée plus haut, où il est ainsi désigné: « noble homme monsr Ricard Pourchel, chevalier, ad présent deffunct ». C'est encore au même personnage que nous rapportons le procès fait à propos des droits sur la vente « de ix tonneaux de vin d'Auchoire » et jugé par les échevins, le 20 septembre 1351 (3), à la requête de « nobles homs messire Ricars Pourchiaus, chevaliers », ainsi que la sentence du 20 juin 1352, rappelée ci-dessus.

(1) Arch. du parlem. de Fl., greffe de Malines.

(2) Arch. départ., fonds des Trinitaires de Douai; original, dont le sceau est malheureusement perdu.

(3) Archiv. de la ville, copie sur parch. du XVe siècle, n° 494 de la Table.

Le fils du chevalier Richard Pourchel de la Motte se fit connaître sous le nom de seigneur de Frémicourt, terre située dans le bailliage de Bapaume ; déjà en 1340, il était qualifié chevalier ; il servit le roi Jean, épousa Marie des Wastines, issue d'une ancienne maison du pays, et fut gouverneur, pour le roi de France, de la province de Lille, de Douai et d'Orchies, en l'an 1364. Il mourut vers l'an 1370, après une nouvelle incorporation de Douai à la Flandre.

Dans les comptes du domaine de Douai, de la fin du XIV° siècle, on trouve cette mention, parmi les recettes annuelles : « Des forages des vins appartenant à la dame de Fremicourt, vj d. douisiens », et elle est répétée sans changement dans les comptes du commencement du XV° siècle (1). La dame de Frémicourt était la veuve du gouverneur de Lille ; mais il y avait longtemps qu'elle n'était plus de ce monde, quand les receveurs du domaine continuaient à faire figurer son nom dans leurs comptes.

Le sire et la dame de Frémicourt laissèrent un fils et plusieurs filles ; l'une d'elles épousa le chevalier Gossuin de Saint-Aubin, sire du Fresnoy, en la châtellenie de Lille, dont elle était veuve en 1379 ; sa postérité retint longtemps encore le fief de Saint-Albin en Douai (voir 5° chapitre, article 11) ; Catherine *dite* demoiselle de Frémicourt fut mariée, par contrat du 17 juin 1375, à Colard de Courcelles, bourgeois de Douai (voir 2° chapitre, article VI) ; Béatrix *Pourchielle* était, en 1375, « nonnain à Estruen » (2).

Amoury Pourchel, fils du sire de Frémicourt, figure

---

(1) Arch. départ., Chambre des comptes, comptes du domaine de Douai et Orchies, de 1399 à 1420.

(2) Guilmot, Extraits, t. III, pages 1071, 1189, 1191, etc.

dans quantité d'actes, depuis 1375 jusqu'en 1382, année de sa mort, avec la qualité de « noble homme » ou d'écuyer, seigneur de Frémicourt ; les ventes réitérées et les emprunts qu'il fit prouvent que son père ne s'était pas enrichi au service du roi, pas plus qu'il ne le fit lui-même en servant le comte de Flandre (1). Il prit femme dans une illustre maison, en s'alliant à Catherine, fille du seigneur de Waziers, issu des Wavrin ; il en eut deux filles, Jeanne et Marguerite, qui étaient fort jeunes lorsqu'il mourut. Le traité conclu en 1382, le 18 avril (2), pour régler le douaire de sa mère, qui vivait encore, énumère les biens qui lui avaient appartenu ; outre sa seigneurie de Frémicourt, s'étendant aussi à « Buignastre et Baiencourt », outre des maisons et des rentes, notamment la maison de la Motte, résidence de ses ancêtres, il possédait quantité de fiefs à Douai et aux environs, tenus tant du Chastel que du châtelain, du prévôt, du seigneur d'Estrées, etc.; nous les mentionnerons chacun en leur lieu, suivant l'ordre de division de notre travail ; il y figure aussi un article ainsi conçu : « Item. Les afforages en Douay sour vin, goudalle, cervoise et sur tous buvrages boullis, à goir après le decheps de ladite dame ». Quelques jours après, le 23 avril 1382 (3), une transaction fut conclue entre les tuteurs des enfants d'Amoury Pourchel et la veuve de celui-ci au sujet de son douaire, qui devait être de 400 francs « royaulx » ; cette dernière y fut représentée par « haulx et poissans seigneurs mons^r de Wasiers et de

---

(1) Voir les lettres patentes du 10 juin 1381, au 6e chap., art. IV.

(2) Contr. en chirogr. aux arch. de la ville. Cf. Guilmot, Extraits, t. III, p. 1217.

(3) Id., Guilmot, p. 1217-8.

Heudincourt, père de ledite demiselle et taion desdits enfans, monss' de Villers et de Hulluch et monsr Collart de Le Clite, seigneur de Commines, oncles desdis enfans ».

La veuve d'Amoury Pourchel ne tarda guère à quitter notre ville, puisque, le 19 mai 1382 (1), elle loua « se maison, gardin, fossés et yauwes, com dist le maison de le Motte, réservé le tour pour faire cambre et une estaulle à quevaux de lez le porte et une cambre à mettre fain » ; dans l'acte de bail, elle est ainsi désignée : « Demiselle Catherine de Wasiers, vesve de feu Amorry Pourchel, escuier, d^{lle} de Fremicourt et de le Noefville en Porguonval. L'hôtel de la Motte appartenait, en 1250, à Agnès de Douai, douairière de Montigny, ainsi que nous l'avons constaté à l'article II du présent chapitre ; il passa des Pourchel aux Picquette et aux de Goy ; en 1487, Charles de Goy, écuyer, seigneur d'Auby, le vendit à Méliador, bâtard de Lalaing (2) ; c'est là que fut établie l'abbaye de Paix en 1604.

Bientôt cette *demoiselle* devint *dame* en épousant le chevalier Watier de Vertaing, seigneur d'Aubigny, dont elle était veuve en 1407 ; il n'y eut pas de postérité de cette seconde union ; étant revenue se fixer en notre ville, elle y mourut vers la fin d'octobre 1428 (3).

Des deux filles d'Amoury Pourchel et de Catherine de Wasiers, l'aînée semble être morte jeune, tandis que la cadette, *Marguerite Pourchel*, dame de Frémicourt, est citée dans une foule de documents. C'est ainsi qu'un acte de

---

(1) Contr. en chirogr. aux arch. de la ville. Guilmot, p. 1218.

(2) Id., Guilmot, p. 1398.

(3) Contrats en chirog. aux arch. de Douai. Guilmot, Extraits, t. II, pages 1253 et 1274. — Reg. aux testam., 1412-1423, fo 286.

23 juillet 1401 nous apprend qu'elle était alors mariée au chevalier Willaume, seigneur de Wargny-le-Grand. (1). Par contrat du 31 janvier 1402 (v. st), passé devant auditeurs royaux (2), elle épousa, en deuxièmes noces, Jean Picquette, fils de Jean, cinq fois chef des échevins ou maire, de 1380 à 1393 ; ce nouvel époux finit par s'élever jusqu'à l'ordre équestre, puisqu'à la date du 11 mars 1408 (v. st.) il est qualifié : « noble homme M⁰ʳ Jehan Picquette, chevalier », et que, le 21 février 1409 (v. st.), « noble dame madame Marguerite Pourchel, dame de Fremicourt, veuve de noble homme messire Jehan Picquette, chevalier », contracte un emprunt (3). Enfin elle prit pour troisième mari, vers 1410, Jean du Hem, écuyer, seigneur d'Auby en partie, d'une famille ancienne et noble qui semble devoir être rattachée à la maison de Douai ; le 19 juin 1409, il fut inscrit ainsi sur le registre aux bourgeois : « Jehan du Hem dit Jennins, clers, nez de le ville d'Auby, non marié. » Le 15 juin 1411, « Jean du Hem » agit déjà comme « bail et mari de noble dame madame Marguerite Pourchel, dame de Fremicourt (4) ». Cinq fois

---

(1) Contr. en chirogr.. Guilmot, p. 1202.

(2) Rappelé dans un acte du 22 novembre 1452. (Arch. des hosp., no 420 de l'Invent. suppl.)

(3) Contr. en chirogr.. Guilmot, pages 1277 et 1279.

(4) Contr. en chirogr.. Guilmot, p. 1283.
A propos de cet acte et de plusieurs autres de la même époque, nous ferons remarquer que la veuve d'un chevalier ne perdait pas sa qualité de *dame* en se remariant avec un écuyer ni même avec un non noble. Ainsi, Marguerite Pourchel, devenue *dame* par son mariage avec messire Willaume, sire de Wargny, continue à être qualifiée de « noble dame », lorsqu'elle est remariée avec Jean Picquette et avant même que son nouvel époux ne fût ni écuyer ni chevalier. Épouse en troisièmes noces d'un écuyer, elle fut appelée *madame* jusqu'à sa mort.

Nous ignorons si cet usage ne s'est pas modifié dans des temps plus modernes.

il fut le premier magistrat de notre cité, depuis 1420 jusqu'en 1437.

A propos du droit de forage, il souleva, contre les lépreux de Douai, une difficulté qui fut tranchée dans le sens contraire à ses prétentions, par la sentence échevinale du 5 août 1437, analysée plus haut. Il testa plusieurs fois, notamment le 13 août 1417 (1) et le 10 novembre 1434 (2), attribuant toujours à son fils aîné « les afforages et francqués que le testateur a à luy appartenant en le ville et eschevinage de Douay, à cause de noble dame ma dame Marguerite Pourchel, sa femme ». Il semble avoir tenu beaucoup à cette assignation de part, d'autant plus que sa femme avait trois fils de son précédent mariage.

La dame de Frémicourt survécut à ses trois époux et mourut elle-même vers le commencement de mars 1441 (v. st.); elle avait testé, le 19 février (3), étant alors malade, en sa maison, au cimetière Saint-Pierre, voulant être enterrée « en le cappelle Notre-Dame en l'église Saint-Pierre, entre l'autel et le grand sarcus »; elle ordonne qu'à son service il soit mis, sur son corps, « un blancq drap et une croix vermeille sur ledit drap. Et si ait (ajoute-t-elle) quatre hommes vestis de blancquet qui tenront ung flambel et ara chacun ung escuchon des armes (4) de ladite dame à sa poitrine ». Elle dispose en faveur d'Antoine Picquette, son fils aîné, de tous les meubles qu'elle

---

(1) Guilmot, p. 1103.

(2) Vidimus du 22 janvier 1438 (v. st.), aux arch. nation., carton S 5211, pièce n° 35. — Guilmot, p. 1121.

(3) Arch. de la ville, reg. aux testam., 1438-1451, fo 112 vo.

(4) Les Pourchel de Frémicourt paraissent avoir porté : De.... au chef de.... chargé d'un lion issant de...... (voir au 3e chap., art. V 3e).

laissa en la maison de la Motte, « quant elle s'en party », et veut « que tous les aournemens que elle a, pour faire dire messe, demeurent toujours à la cappelle de le Mote ». Antoine, Jacques et Jean Picquette, les fils de sa seconde union, et « Mr Grard du Hem, son fil, chevalier de l'ordene Saint-Jehan », reçoivent d'elle divers cadeaux ; elle passe sous silence le fils atué de Jean du Hem, son troisième époux.

Evrard du Hem, écuyer, seigneur d'Auby en partie, né à Douai vers 1412, succéda à sa mère, Marguerite Pourchel, dans la possession des forages et des « franquets », au sujet desquels il obtint, le 1er juin 1448, une sentence échevinale mentionnée plus haut, exposant « qu'il estoit gentil homme yssu de noble génération, vivant noblement, fils de feu Jehan du Hem, ayant de son patrimoine plusieurs belles terres, droits, rentes et possessions ». Il fut troisième échevin de notre ville en 1445 et deuxième échevin en 1450, 1453, 1456 et 1460. Quoiqu'il jouît de tous les priviléges de la bourgeoisie, qu'il eût fait résidence à Douai « tout son temps et que comme tel et non autrement avoit esté appellé et esleu en pluiseurs offices et estas honnourables, qu'il avoit exersés, si comme d'eschevinaige et six hommes et autres », il s'avisa de se prétendre exempt du droit d' « assis » ou octroi sur les vins, impôt qui existait en vertu de « lettres d'ottroy » du duc Jean Sans-Peur, du 14 juin 1406, qui frappait les vins « admenez de dehors » et non les vins « de gardin et creuz en icelle ville », et dont « estoient tant seulement francqs et exemps les prélats, gens d'église, chevaliers et chevaleresses. » Pour essayer de justifier sa prétention, il avançait que « selon l'universelle congracation des xpiens (*chrétiens*) et vraix filz de sainte église », comme il y avait trois « estats », l'église, la noblesse et « l'estat de labeur, marchandise et autres œuvres et oppérations serviles et mécanicques, desquelx troix estas l'opération et vocation estoit différente, comme aussi devoient estre les meurs, conversations et maniere de vivre des hommes et suppotz esquelz lesdits estas estoient réputés », il était impossible de ne pas observer cette distinction fondamentale, et que, par conséquent, l'expression de chevalier employée dans l' « ottroy » de 1406 devait désigner toute la noblesse, en la distinguant ainsi de l'église et de la « négociation ». Puis il parlait de lui-même en ces termes :

« Pour chose manifeste, ledit deffendeur estoi* noble, yssu de noble sang, generation et hostel, et il estoit tenus et reputez pour tel, et avec ce, avoit pluiseurs ses seigneurs parens et amis, qui pareillement estoient nobles, vivans noblement, comme et ainsi que faisoit icellui deffendeur, sans opperation ou aultre exercite de marchandise ou euvre servile. Laquelle sa generation et genealogie, et pour justiffier aussi sa noblesse et aussi qu'il avoit vesqui et vivoit noblement, apparoit par les services et voiages par lui fais pour la tuition et deffense des choses publicques, pour les armées qui s'estoient faittes et mises subz pour le roy notre sire, notre très redoubté signeur et prince monss^r le duc de Bourg^{ne} et autres seigneurs du sang roial, lesquelz voiages icellui deffendeur se depportoit baptisier, pour raison de ce que par lesdits demandeurs judiciairement lui avoit esté confessé.

» Pour entretenir son estat sans exercer aucune operation ou œuvre servile, lui competoit, tant de la succession de ses predicesseurs comme de son acqueste, pluiseurs seignouries et entre les autres heritaiges à lui appartenant, lui competoit ung camp et piece de terre, contenant ung journel et demy, seans ou terroir et vingnoble de Foutaines lès Mondidier, duquel journel et demy en y avoit iij quartiers pour vignies. De laquelle vingne et pièce de terre pour vingnie, ensemble des roisins y croissans, icellui avoit tousjours joy, les fait coeller, fouller et encuver et iceux convertir en vin, fait admener à ses despens en sa maison audit lieu de Douay, en beu et dispensé en sondit hostel, sans les vendre ou adenjerer ».

Dans son procès, Evrard du Hem avait pour adversaires, non-seulement les fermiers de l' « assis » du vin vendu en 1454, mais aussi le receveur du domaine de Douai et d'Orchies, à cause de la part de l' « assis » revenant au prince, et encore le procureur général de la ville. A propos de ses services dans les armées du duc, ses adversaires lui faisaient observer que « ès derraines armées de Flandres (1), il ne s'est armé et n'a point servi, ne vingt ans par avant, et se n'est que ung josne homme de 43 ans ou environ », et d'ailleurs « supposé qu'il soit gentilhomme, *ce n'est pas chose répugnant d'estre bourgeois et gentilhomme.* » Les idées en fait de gentilhommerie ont bien changé depuis lors.

Une cause dans laquelle la ville était si intéressée ne semblerait plus pouvoir être jugée par les échevins, défenseurs nés des intérêts de la cité ; aussi Evrard du Hem voulait-il avoir un autre juge : mais, chose qui froissera encore nos idées modernes, c'est en vain qu'il chercha à plaider ailleurs ; le prévôt de Beauquesne du ressort du bailliage d'Amiens, qui était demeuré le juge royal de la Flandre wallonne, malgré l'incorporation au comté de Flandre de cette province française, le renvoya devant les échevins de

---

(1) Il s'agit de la guerre du duc Philippe le Bon contre les Gantois, ses sujets rebelles.

Douai : « Et combien que ladite cause ne touchast en riens aulx eschevins, et que, par l'issue d'icelle, ilz ne peussent avoir quelque singulier prouffit, et que ledit deffendeur n'eust cause de les reccuser et suspecter ne de évocquier la cause pardevant autre juge, neantmains icellui, par vertu de certaines lettres roiaulx par lui obtenues, avoit fait evocquier ladicte cause pardevant le prevost de Beauquesne, auquel siege icelle avoit esté renvoyée pardevant nosdis predicesseurs ». Ainsi s'expriment les échevins, dans leur sentence du 13 décembre 1460, par laquelle ils condamnent Evrard du Hem, leur confrère en échevinage, à payer l' « assis » du vin ; ce dernier résolut tout d'abord d'en appeler, mais il se décida bientôt à s'incliner devant la décision de ses confrères, devant lesquels il comparut, le 28 janvier 1460 (v. st.), pour renoncer « à certaine appellacion par lui nagaires de nous faite » (1).

C'est sa veuve, demoiselle Jacque Le Chièvre, qui obtint, en 1463, le mardi 6 septembre, une sentence au sujet du droit d'afforage (2). Elle avait plaidé, non devant les échevins, mais devant un juge spécial, qu'on appelait « juge des exempts » et qui était commis par le roi pour connaître des causes dans lesquelles étaient parties ceux qui, ayant interjeté appel des échevins de Douai, ne pouvaient être jugés par ceux-ci, tant qu'il n'avait pas été statué sur l'appel. C'est qu'autrefois le juge considérait comme une sorte d'injure personnelle un appel de sa sentence et que, dans le procès d'appel, lui-même figurait parmi les intimés.

Demoiselle Jacque Le Chièvre était fille de Jean, écuyer,

---

(1) Arch. de la ville, n° 1035 de la *Table*. — Guilmot, Invent. analyt., pp. 1221-1222.

(2) Copie du XVIe siècle, aux arch. de la ville, lay. 51, liasse 3e.

et de Péronne de Hellin ; le 19 mars 1461 (v. st.), son mari et elle avaient transigé au sujet des successions de ses père et mère (1).

Le 26 septembre 1472, ladite demoiselle Jacque et Jehan de *Le Hamedde* (La Hamayde), écuyer, mari et « bail » de demoiselle Magdelaine du Hem, obtinrent, contre un tavernier, la sentence qui est analysée plus haut ; il y est dit qu'il leur « competoit ung bel, anchien et notable droit seigneurial et foncier, ayant cours en ladite ville, que l'on nommait droit de forage, c'est assavoir : à ladite ville, la moitié dudit droit, à ladite demoiselle, les deux pars de l'autre moitié et à icellui Jehan, à cause de ladite demoiselle Magdelaine, le tierch d'icelle moictié, duquel tierch icelle demoiselle Jacque avoit le collecte ». Magdelaine du Hem, à qui appartenait, en 1472, le tiers de l'afforage, était bien certainement l'un des enfants d'Evrard du Hem.

Robert du Hem, écuyer (fils d'Evrard), seigneur d'Auby en partie, trois fois chef du magistrat de Douai, en 1501, 1504 et 1507, époux de Catherine Hanette *dit* de Bercus, fille de Quentin, chevalier, seigneur de Bercus, et d'Annestace de Landas (2), assigna, par son testament du 22 juin 1522, à *Jennet*, son fils aîné, outre sa terre d'Auby, sans charge de quint : « son droit d'afforaiges des vins et francquets des boires bouillis qu'il a et prent en la ville et eschevinage de Douay. La maison que ledit testateur a et où il demeure, au Four des eaux (3). La maison où Simon

---

(1) Contr. en chirogr. aux arch. de la ville. Guilmot, Extraits, t. III, p. 1369.

(2) Arch. de la ville, reg. aux testaments, 1516-21, f° 27 v°.

(3) Rue du Grand bail.

Le Gay (1) distribue les francquetz, tenant le salle de sadite maison », etc. Il mourut au mois de septembre 1529 (2).

Jean du Hem, écuyer (fils aîné de Robert), seigneur d'Auby en partie, plaida à la gouvernance, contre un tavernier, au sujet de l'afforage, suivant sentence du 1ᵉʳ juin 1537 (3). D'après la généalogie de sa famille (4) il épousa Antoinette de Haussy, fille de Maurand, écuyer, seigneur de Remerchicourt, chef des échevins en 1548, 1552 et 1557, et de Jeanne de Lalaing, et il mourut le 27 mai 1538, gisant, avec sa femme, décédée le 4 octobre 1556, en l'église Saint-Nicolas, vis-à-vis du chœur, sous une belle sépulture.

Les héritiers de Jean du Hem soutinrent plusieurs procès tant à la gouvernance de Douai, qu'au conseil de Flandres et au Grand conseil de Malines, à propos de leurs droits d'afforage et de «franquet»; en 1576, 1583 et 1585 (5), ils se qualifient ainsi : « *Hercules du Hem*, escuier, seigneur d'Auby en partie, et Jehan de La Fosse, aussy escuier, seigneur d'Ayette, mari et bail de damoiselle *Jacqueline du Hem*, lesdits Hercules et Jacqueline, frère et sœur, enfans et héritiers de feu Jehan du Hem, escuier, seigneur dudit Auby en partie, et ad ceste cause, maintenans avoir le droict de la moictié des afforages des vins vendus et brocquetez

---

(1) Probablement son commis à la perception des droits de *franquet*.

(2) Arch. de la ville, reg. aux testam., 1522-37, f° 116.

(3) Copie de la fin du XVIᵉ siècle, aux arch. de la ville, lay. 51, liasse 3ᵉ.

(4) Recueil généalog. de Malotau, vol. 9 H, f° 241; Ms. 891 de la Bibl. publique de Douai.

(5) Arch. de la ville, lay. 51, liasse 3ᵉ. — Arch. du parlem. de Fl., fonds de la gouvern. de Douai, reg. aux Dictums, 1580-3. — Id., greffe de Malines, sac n° 235.

en ceste ville, à l'encontre de pareil droit appartenant à ladite ville » ; ils se disent aussi possesseurs indivis d'un « francquet entier, revenant à 24 lots vinerés sur chacun brassin ».

En 1610, d'après le compte du domaine (1), le droit sur les vins et cervoises était indivis entre les hoirs d'Hercules du Hem et Louis de Hennin-Liétard, baron de Fosseux : celui-ci était l'époux de *Françoise de La Fosse*, dame d'Ayette et de Courcelles-lez-Lens, fille de Jacqueline du Hem. Hercules du Hem, gentilhomme de la maison de l'archiduc Albert, mourut vers 1600; il avait épousé Catherine de Landas ; leur fille, Antoinette du Hem, se maria avec Antoine Le Mahieu, écuyer, seigneur du Bosqueau, d'où vint Louis Le Mahieu, écuyer, seigneur du Bosqueau, qui, dès l'année 1610, était en possession de la seigneurie d'Auby en partie et d'autres biens héréditaires de la famille du Hem (2).

Anne-Françoise de Wasiers, dame douairière de Feignies, La Hutte, Bosqueau, etc., résidant à Binche en Hainaut, veuve de Louis Le Mahieu, chevalier, seigneur du Bosqueau, Feignies, La Hutte, Blairon, Ressay, etc., plaidait, en 1642 et en 1644, dans l'intérêt de Charles-Louis, François et Ferdinand Le Mahieu, ses fils mineurs, au sujet d'une vente faite, le 7 novembre 1639, au bois du Tilloel, dépendant de ladite seigneurie du Bosqueau (3).

(1) Arch. du parlem. de Fl., fonds de la gouvernance de Douai, série de registres de comptes.

(2) Collection généalog. de Malotau, citée plus haut.—Arch. des hospices, fonds Carnin, n° 724 de l'*Invent.* de 1839.

(3) Arch. du parlem., greffe de Malines, sac n° 505.
La seigneurie du Bosqueau était située à Quévy-le-Petit; celle de La Hutte, près de Binche, etc. (Devillers, *Notice sur le dépôt des archives de l'État, à Mons*, Mons, 1871, in-8°, pp. 119, 137, 163 et 187.)

Les trois frères Le Mahieu furent les derniers possesseurs des droits d'afforage et de « franquet », qui purent se glorifier de descendre des vieilles familles douaisiennes du Hem, Pourchel et Du Markiet. En 1660, Michel Becquet, bourgeois marchand à Douai, créancier de *Charles-Louis, François* et *Ferdinand Le Mahieu*, écuyers, enfants et héritiers de feu Louis, se portait contre eux, au tribunal de la gouvernance, « demandeur sur décret et subhastation de justice des droits d'afforage et de franquet appartenant aux défendeurs » (1).

La vente n'eut lieu que le 9 décembre 1661 ; elle se fit au siége échevinal et l'acquéreur fut *Morand Cardon*, bourgeois marchand à Douai (2). Ses prédécesseurs lui laissaient un procès sur les bras : car, le 15 décembre, même après l'adjudication, « noble homme Ferdinand Le Mahieu, fils et héritier, avec ses frères, de feu noble homme Louis Le Mahieu, vivant s^r du Bosqueau, Feignies, La Hutte, etc. », se porta demandeur « en cas de complaincte de novelité (*nouveauté*) contre des bourgeois de Douai requérant congé de cour par dénégation du trouble pour ce que touche le paiement du droit de francquet, et quant à ce qui est de l'évocation dudit s^r demandeur, ses commis ou fermiers, par avant entonner, pour y percevoir ledit droit » (3).

Morand Cardon fut loin de s'en tenir à un seul procès pour assurer la perception de ses droits ; en 1674, il plaidait au sujet de l'afforage et obligeait son adversaire « à renseigner, par expurgation de serment, les vins par lui

---

(1) Archiv. du parlement., gouvern. de Douai, minutes de sentences des 11 février et 13 mai 1660.

(2) Arch. de la ville. Guilmot. Invent. analyt., p. 1019.

(3) Arch. du parlem., gouvern. de Douai, minutes des sentences.

débités pendant le terme en question et de payer les droits d'afforage en deubz » ; il forçait un autre marchand à faire la même déclaration pour « tous les brassins qu'il a faits depuis son entrée à la cantine à la bière, jusqu'à sa sortie, pour acquitter le droit de francquet sur chaque brassin de bière qu'il a fait dans la cantine » (1).

En 1675, il intentait, devant le tribunal échevinal, contre Thomas de Warenghien et tous les autres brasseurs de la ville, au sujet des formalités à observer pour lui permettre de lever son droit sur chaque brassin, un procès qui ne fut terminé, en sa faveur, que dix ans après, par une sentence rendue à la gouvernance, le 12 avril 1685 (2).

Un procès bien plus long encore fut celui qui commença en 1675 contre le « pincerne » de la cave de l'Université, au sujet de l'afforage du vin ; M^{rs} de l'Université prirent, bien entendu, fait et cause pour leur suppôt. L'affaire, qui avait débuté au tribunal échevinal, était encore pendante au parlement de Flandres en 1713 (3). Pour soutenir ses droits, Morand Cardon produisit notamment une copie de la charte de la comtesse Marguerite, de l'an 1274 ; ses prédécesseurs avaient donc conservé précieusement leurs archives.

Morand Cardon, qui fut plusieurs fois échevin de notre ville, avait pour successeur, au siècle suivant, un sien neveu qu'on appelait à Douai : « Monsieur Cardon ». A une distribution du prix de biens vendus, réglée au siége de la

---

(1) Id., avis d'avocats.
(2) Arch. de la ville. Guilmot, Invent. analyt., p. 1019.
(3) Guilmot, p. 1017.

gouvernance (1), en 1709, « M⁰ Caudron, receveur du droit de franquet dû à Mʳ Cardon, prétendait la somme de....., pour les brassins qu'on a fait brasser sur la paroisse Saint-Albin ». Lors d'un procès entre la ville et le possesseur du fief de Saint-Albin en 1730 (2), les échevins, en répondant à leur adversaire, disaient : « Pour le droit de franquet appartenant au seigneur de Saint-Albin dans sa juridiction, cela ne prouve rien quant aux droits seigneuriaux prétendus par lui, puisque Mʳ Cardon a bien le droit de franquet (sur la rive droite) et ne se dit pas pourtant seigneur de Douai. » Il s'agit ici de *Pierre-Bauduin Priez* dit *Cardon*, fils de Bauduin, né à Douai vers 1657, décédé le 12 juin 1746 et inhumé à Saint-Amé, qui, comme tant d'autres riches bourgeois, s'était anobli en achetant une de ces nombreuses charges vénales, si utiles, selon les idées du temps, puisqu'elles avaient la puissance de faire d'un roturier un noble. Cet écuyer, conseiller secrétaire du roi, maison et couronne de France et de ses finances, en la chancellerie établie près le parlement de Paris, avait encore ajouté à ses qualités celle de « seigneur de Rollencourt », par suite de l'acquisition qu'il avait faite d'un petit fief de ce nom, situé à Flers (3). Il avait épousé, à Lille, vers 1685, Marie-Françoise Breckvelt, fille d'Ignace, seigneur de La Haye, intendant du mont-de-piété de cette ville, et de Barbe De le Becque.

Après sa mort, l'afforage et le « franquet », dont le sort avait été le même depuis un temps immémorial, furent

---

(1) Arch. du parlem., gouvern. de Douai, distributions, nᵒ 684.

(2) Guilmot, t. II, p. 696.

(3) Voir nos *Recherches histor. sur Flers-en-Escrebieu*, Douai, 1873, in-8ᵒ, p. 42.

possédés séparément par ses héritiers qui les portèrent dans des familles différentes. C'est ce que nous apprend le Mémoire imprimé (à Douai vers 1781) des échevins contre la dame de Saint-Albin : « On fait consister le droit d'afforage en quatre lots perceptibles sur chaque pièce de vin qui se débite dans l'échevinage de Douai ; M. le comte de Chanteraine jouit, par moitié avec les échevins, d'un droit d'afforage. M. le président de Vernimmen jouit d'un droit de franquet dans cette ville. »

Pierre-Bauduin Priez *dit* Cardon de Rollencourt avait eu deux fils. L'aîné, *Jean-Louis*, mort en 1762 dans l'exercice de ses fonctions de chef du magistrat de Douai, avait eu de sa femme, Marie-Anne-Antoinette de La Bauvette de Varnicamps, une fille *Marie-Françoise Priez* dit *Cardon de Rollencourt*, mariée à François-Emmanuel, comte de Quellerie de Chanteraine, chevalier d'honneur au parlement de Flandres depuis 1764 jusqu'à sa mort, en 1783, à l'âge de 72 ans. Ainsi le fils aîné avait eu dans sa part le droit d'afforage.

La veuve du comte de Quellerie de Chanteraine mourut le 21 janvier 1804, âgée de 88 ans. Ses deux filles s'étaient mariées dans les familles de Villers-au-Tertre et de Calonne, où a dû passer la majeure partie des biens des opulents Cardon (1).

Ignace Priez dit *Cardon d'Ouvrin* (le fils cadet de Pierre-Bauduin), conseiller au parlement de Flandres, mort à 49 ans, en 1740, laissa, de son mariage avec Marie-Antoinette Odemaer, notamment une fille, *Marie-Françoise*, qui mourut en 1764, après avoir été mariée à Paul-Bon-Martin

(1) Plouvain, *Parlement de Flandres*, Douai, 1809, in-4º, p. 73.

Vernimmen, président à mortier au parlement, décédé à Douai en 1797, âgé de 79 ans (1). Donc c'était la branche cadette des Cardon qui avait reçu dans sa portion héréditaire le droit de « franquet ».

A la Révolution, l'antique impôt sur les brasseurs appartenait probablement au fils du président Vernimmen, Ernest-François-Auguste, conseiller au parlement; c'est entre ses mains qu'il a dû périr.

(1) Plouvain, *Parlement*, pp. 72 et 86.

CHAPITRE CINQUIÈME.

FIEF DE SAINT-ALBIN EN DOUAI

Dans les chapitres précédents nous avons retracé en détail l'histoire de l'antique office féodal du châtelain ou vicomte de la ville de Douai et celle de deux de ses grands démembrements ; il nous reste encore à parler du plus ancien et du plus important « éclissement » que, sous le nom de fief de Saint-Albin, ait subi la châtellenie ou vicomté de Douai. Comme préliminaire à cette étude, il convient d'expliquer la situation particulière qu'avait la paroisse Saint-Albin vis-à-vis du surplus de la ville de Douai.

D'une grande étendue, puisqu'elle comprenait aussi Wagnonville, Dorignies et Escarpel ; limitée à l'est par la Scarpe (rive gauche), à l'ouest et au nord par le ruisseau dit l'Escrebieu (rive droite), elle était située, comme la ville de Douai proprement dite, — rive droite, ou paroisse Saint-Pierre primitive et paroisse Saint-Amé (1), — dans le diocèse d'Arras qui correspondait à l'ancienne et fameuse contrée des Atrébates, dans le *pagus*, pays ou archidiaconé

---

(1) Pour l'intelligence de ces renseignements topographiques, il faut savoir que le bras principal de la Scarpe, avant la canalisation du XVIIe siècle, était celui qui passe derrière les maisons du rang est des rues d'Arras et de Saint-Samson, et le long de celles du rang sud des rues de la Cloche et de la Massue ; de sorte que l'îlot Saint-Amé était autrefois situé sur la rive droite de la grande rivière, tandis qu'il se trouve maintenant sur la rive gauche de la Scarpe canalisée.

d'Ostrevant, et dans le doyenné, *pagus minor* ou *pagellus* de Douai ou de l'Ostrevant proprement dit.

Néanmois, au point de vue politique, Saint-Albin paraît avoir été détaché de Douai et annexé au district de Lens en Artois, depuis une époque très-reculée et antérieure, croyons-nous, aux invasions normandes de la fin du IX⁰ siècle, jusque vers l'année 1150. C'est ce qui ressort de l'étude attentive de plusieurs documents.

Dans le fonds de la Chambre des comptes à Lille, on conserve un cartulaire du XIII⁰ siècle, dit Premier cartulaire d'Artois (1) dont la pièce c iiij^{xx}xv donne un fragment d'une très-curieuse enquête sur l'étendue de la châtellenie ou juridiction de Lens ; l'enquête n'est pas datée, mais plusieurs passages permettent d'affirmer qu'elle est de l'an 1200 environ, très-peu de temps après que les châtellenies d'Arras et de Lens eurent été détachées du comté de Flandre, et avant qu'il existât un comte d'Artois. Les commissaires à l'enquête, évidemment ordonnée par le roi, nouveau possesseur du domaine de Lens, constatent qu'autrefois la juridiction du château de Lens s'étendait dans Douai jusqu'au pont à le Laigne : *In Duaco erat justicia et districtum de Lens usque ad pontem lignorum, apud obacum* (sic ; *abacum ?*) *ubi ligna venduntur*. C'est du moins ce que les commissaires ont entendu rapporter par des vieillards ; quant à eux-mêmes, ils n'ont jamais connu d'exploit de justice : *Sicut ab antiquis audivimus dici, sed nunquam vidimus*. Ils expliquent même comment Lens a perdu sa juridiction en cet endroit ; le comte de Flandre, qui possédait les deux châteaux de Lens et de Douai, étant maître de changer le ressort de l'un et de

(1) *Invent. som.*, II, p. 102, col. 2.

l'autre, aura attribué à Douai la justice sur cette partie de la ville : *Quia utrumque castellum erat comitis et justiciam suam faciebat venire ubi potius volebat eam fieri.* *Comes* s'entend, dans l'enquête, du comte Philippe, le dernier comte de Flandre qui ait possédé l'Artois à titre de membre de son comté ; d'où l'on peut conclure qu'en 1150, sous le comte Thierry, père et prédécesseur du comte Philippe, la partie de Douai, désignée sous l'appellation de « Delà l'eau », ou paroisse Saint-Albin, ou Douai rive gauche, dépendait encore de Lens.

Singulière situation que celle de notre ville au moyen âge : la rive gauche est réputée, en l'an 1200, par le souverain d'Arras et de Lens, être une dépendance de l'Artois, dont la limite extrême aurait été au pont à le Laigne, tandis qu'au XVe siècle, le comte de Hainaut, en sa qualité de souverain de l'ancien comté d'Ostrevant, considérait la rive droite comme faisant partie de l'Ostrevant, jusqu'au même pont à le Laigne, où des bornes de cuivre, purement imaginaires, auraient marqué la séparation de l'Empire et du Royaume (1).

L'ordonnance des comtes Ferrand et Jeanne, de l'an 1228 en septembre, rendue pour accorder aux Douaisiens un échevinage renouvelable de treize en treize mois, stipule que, sur les seize échevins, douze seront pris en la ville de Douai proprement dite, rive droite, dans les quatre « escroetes » ou quartiers : *in villa de Duaco, in quatuor escrowetis*, et quatre en la paroisse Saint-Albin, rive gauche, au lieu dit Deuyeul ou Douai-vieux : *ultra aquam, in Duaculo*. D'où nous concluons qu'il y avait

---

(1) Voir no 1264 de la *Table chronol.* des archives de la ville. — Cf. Plouvain, *Souvenirs*, p. 100, 4o.

ou deux échevinages distincts : celui de Douai et celui de Saint-Albin. Il est à remarquer que la même ordonnance défend aux échevins de continuer d'aller « à enquête » à Arras : *et deportare se debent scabini Duacenses... de inquisitione vel inquesta apud Attrebatum facienda ;* or, on sait que, dans les cas difficiles, les juges féodaux ou « cotiers » demandaient conseil à ceux du chef-lieu de la province ; on appelait cela « aller à enquête ». C'est donc une nouvelle preuve que Douai dépendait bien de la contrée des Atrébates et que son chef-lieu primitif fut Arras.

L'obligation de choisir un certain nombre d'échevins qui résidassent sur la paroisse Saint-Albin, conformément à une pratique dont l'origine remontait au delà du XIIIe siècle, fut très-longtemps observée malgré les nombreux changements que subit la constitution de l'échevinage de Douai ; mais cette stipulation était du genre de celles que le XVIIIe siècle ne respectait guère, surtout quand on se contentait, pour sa défense, de prouver qu'elle était antique ou surannée. Toujours est-il qu'au renouvellement de la « loy », c'est-à-dire des membres de l'échevinage, opéré le 6 mai 1716, les électeurs n'ayant choisi qu'un seul échevin qui demeurât en cette paroisse, le possesseur du fief de Saint-Albin leur fit un procès à la gouvernance, en exposant ainsi le fait : « Entre autres droits honorifiques et possessions de la seigneurie de Saint-Albin, il doit, au renouvellement de la loy de la ville de Douai, être élu trois échevins demeurant en la terre et seigneurie dudit Saint-Albin, *depuis que ladite terre a été réunie à cette ville de Douai* » ; il conclut à ce que les électeurs eussent à élire deux autres échevins, paroissiens de Saint-Albin, et à ce qu'ils fussent condamnés à l'amende (1).

Ainsi, il restait encore, au XVIII° siècle, un vague souvenir d'une séparation antérieure du territoire de Saint-Albin d'avec le territoire douaisien, séparation qu'on aurait eu toutefois beaucoup de peine alors à prouver juridiquement.

Quant à l'existence de deux échevinages, elle n'a rien d'anormal, puisque le même fait se retrouve ailleurs ; à Arras, il y avait l'échevinage de la ville et celui de Cité-lez-Arras, qui ne furent réunis que peu d'années avant la Révolution.

Aux considérations précédentes, qui militent en faveur de l'indépendance de la paroisse Saint-Albin, dans les temps reculés, nous pouvons ajouter une preuve tirée d'un compte du domaine de Douai de l'an 1187 ; à cette époque, la justice de Deuyeul ou la mairie de Saint-Albin était encore entièrement distincte de celle de Douai ; le revenu de la justice de Douai s'élevait à vingt livres, que le comte abandonnait au bailli ou gouverneur de la ville : *Ex justicia Duaci, xx libras. Datum Petro in feodo, ad custodiendum novam turrim*, et celui de la justice de Deuyeul ou de Saint-Albin ne montait qu'à neuf livres, dont profitait le domaine : *Ex justicia Duaculi, ix libras*. Il y avait en outre un « gavène » spécial pour Saint-Albin : *Ex gabalo Duaculi, xvj s.*, dont le domaine ne profitait plus déjà alors. Enfin un article spécial de la recette était consacré aux rentes levées sur le lieu dit les Prés Saint-Albin :

---

(1) Arch. du parlement de Flandres, fonds de la gouvernance de Douai, sacs aux procès.

Ex pratis sancti Albini, iiij libras et cappones lxxx.
Preuves, n° XLI.

Le développement du système féodal, qui hérissa notre pays de villes fortes ou châteaux (*castra, castella*), modifia considérablement l'aspect du territoire de Saint-Albin. En effet, la première enceinte fortifiée de Douai, élevée comme tant d'autres vers la fin du IX° siècle, à la suite des invasions normandes, se continuait sur les deux rives de la Scarpe, de sorte qu'une fraction de la paroisse de Saint-Albin fut enclavée dans la ville forte. L'enceinte avait, de ce côté, plusieurs ouvertures, trois portes et une poterne, savoir : la porte d'Arras (ancienne, à la hauteur des n°° 5 et 4 D de la rue d'Arras), la porte d'Esquerchin (ancienne, à la hauteur du n° 30 de la rue d'Esquerchin), la poterne du pont de pierres (à la hauteur des n°° 7 et 20 de la rue du Pont de pierres) et la porte à l'Estanque (à la hauteur des numéros 23 et 46 de la rue Saint-Julien). La portion enclavée de Saint-Albin ne comprenait donc guère que la Petite-place et les rues avoisinantes, quartier qui a été très-longtemps appelé Denyeul ou Douai-vieux ; c'était en effet un endroit de la ville où les rues s'enchevêtraient petites, étroites, tortueuses, comme on les rencontre dans les anciennes cités (1). Avaient été laissés en dehors, non-seulement les hameaux de Wagnon-

(1) Si l'on jette un coup d'œil sur nos vieux plans, notamment sur celui de 1620, édité par Blaew en 1648, on s'apercevra de suite de la différence sensible qui existait entre ce quartier de la vieille enceinte et ceux de l'autre rive, où de larges rues furent pour la plupart percées en ligne droite. Les rues modernes de la Croix-d'Or, du Pont-du-Rivage, etc., ne furent élargies qu'au XVIIIe siècle; le nouveau Rivage établi au XVIe, etc. Le terrain y était aussi sensiblement plus bas que sur la rive droite; on peut encore en juger par la porte ogivale du n° 4, rang est, de la rue de Fransus, qui est enterrée de plusieurs mètres; par l'entrée en contre-bas de l'hôtel du Chevalier bleu, n° 17, rang sud, de la Petite-place, etc.

ville de Dorignies et d'Escarpel, mais aussi (en se rapprochant davantage de Douai) un lieu dit la Couture (*cultura*, quartier de la rue Jean de Bologne), un autre dit Oscre (porte et rue d'Oscre actuelles) et enfin l'église paroissiale elle-même, qui s'élevait à l'angle des rues Saint-Vaast et du Champ-Fleuri, de manière que les paroissiens de Saint-Albin, qui résidaient dans le quartier de la Petite-place, devaient sortir de la ville pour se rendre à leur église (1). Aussi un acte de l'an 1097 disait-il de cette église, qu'elle était située dans un faubourg de Douai : *altare S^{ti} Alvini, in extremo prenominati castri, quasi suburbio, situm*. Preuves, n° XXIII.

Le sort de chacun des trois hameaux laissés en dehors de l'enceinte fut tout différent l'un de l'autre : si Dorignies continua à suivre les destinées de la ville de Douai, Wagnonville et Escarpel s'en séparèrent. Au point de vue féodal, Wagnonville et son château, antique domaine de la maison de Saint-Aubin, dont un des membres lui avait apparemment donné son nom (*Wagonis villa*, le domaine de Wagon), relevèrent de Lens en Artois ; il est vrai que la commune de Douai ne voulut jamais passer condamnation là-dessus et qu'elle protesta jusqu'à la fin contre cette désunion qui remontait au moins au XIIIe siècle ; la question n'était point encore définitivement résolue, lorsque la Révolution vint la trancher. Quant à Escarpel et à son château fort, ils constituèrent une seigneurie vicomtière, tenue du

---

(1) Il fut remédié en partie à cet inconvénient par l'érection, avant le XIIIe siècle, de la chapelle Sainte-Marguerite, située rue Saint-Julien, rang ouest, sur la partie nord de la maison no 7 dite hôtel des Quatre coins.

La nouvelle enceinte de 1310 environ, fort semblable à celle actuelle, renferma l'église paroissiale, tout en laissant subsister la poterne du pont de pierres, la porte à l'Estanque et les autres portes, qui ne disparurent qu'au XVIe siècle.

sire d'Oisy, et une dépendance de la province d'Artois ; plusieurs maisons de la rue d'Oscre étaient chargées de rentes foncières envers le seigneur d'Escarpel. (Voir l'appendice à la suite du présent chapitre.)

Enfin nous devons mentionner dès à présent, comme existant aussi en dehors de l'enceinte du IX° siècle, le manoir seigneurial ou château de Saint-Albin, qui s'élevait tout à côté de l'église, dans une situation privilégiée, d'après la coutume féodale de Douai, puisque celle-ci, en tel cas, présumait que le seigneur était fondateur de la paroisse, et qu'elle lui attribuait les prérogatives et les honneurs à ce réservés (1). C'était là le chef-lieu du fief dont nous allons retracer l'histoire.

I.

Fief de la justice des clains et respeux de Saint-Albin. — Manoir, donjon ou château, contigu à l'église et à la Scarpe ; vendu en 1612 à l'abbaye de Saint-Vaast d'Arras. — Garde des prisonniers pour dettes, vieilles redevances, droit d'épave, afforage au droit sur le vin. — Hommages, dîme, rentes foncières, four. — Droits honorifiques dans l'église paroissiale. — Revendication de la justice vicomtière contre la ville. — Il y a eu, avant le XIII° siècle, une seigneurie de Saint-Albin. — Le justice ou sergent. — Le

---

(1) « Un haut justicier ou vicontier, ayant tous les heritages ou la plupart d'iceux habordans au chimentière de l'église paroissiale, estans en son gros du fief, est tenu et réputé s' et fondateur temporel de ladite église, s'il n'appert du contraire,... » Art. 12 de la coutume de la gouvernance de Douai.

bailli. — Tentatives réitérées de la ville pour acquérir ce fief.

Lorsque nous avons eu à faire connaître la consistance de l'office du châtelain, nous avons pu nous guider sur un dénombrement servi en l'an 1369 ; pour l'histoire des offices du prévôt et du Gavenier, nous en avions un, de 1372 ; et voilà que pour le fief de Saint-Albin, qui consistait aussi en une foule de droits et de redevances antiques, nous sommes obligé de nous laisser guider par des documents du XVII° siècle ou du XVIII°, où les vieux mots wallons sont d'ordinaire si maltraités ! Et cependant nous connaissions l'existence d'un dénombrement servi le 10 mars 1502 et qui fut produit lors du grand procès de 1776 entre la ville de Douai et le seigneur de Saint-Albin. Nous avions nourri l'espoir de trouver cette pièce intéressante, ainsi que d'autres plus anciennes peut-être, dans les archives de la maison d'Arenberg à Bruxelles, attendu que c'était le duc d'Arenberg qui possédait le fief en 1789 ; mais là encore nous avons été déçu dans notre attente : les titres de Saint-Albin n'ont point été conservés, paraît-il.

Toutefois une considération nous autorise à regretter moins l'absence d'un ancien dénombrement : c'est qu'il y avait identité presque complète entre les redevances perçues sur la rive droite par le prévôt et celles que levait sur la rive gauche le seigneur de Saint-Albin, du moins pour tout ce qui concernait la justice des « clains » et « respeux » ou le salaire des exploits et autres actes extrajudiciaires accomplis dans les limites de la juridiction du tribunal échevinal ; et encore pour tous ces droits anciens dûs par les détaillants et que nous avons énumérés déjà d'après de très-anciens et très-précieux documents. La ressemblance était telle entre les deux offices féodaux, qu'elle a fait quelquefois donner le nom de *prévôté de Saint-Albin* au fief de « la justice des clains et respeux delà l'eau », par opposition à l'autre fief, dont le véritable nom était bien *prévôté de la ville* ; quant à ces expressions : *prévôt de Saint-Albin, prévôté de Saint-Albin, les deux prévôts de Douai*, elles se rencontrent quelquefois, mais c'est toujours dans des documents modernes ou émanés de personnes un peu étrangères aux usages douaisiens ; c'est ainsi qu'on les trouve dans le Mémoire de l'intendant de Flandre, rédigé en 1698 (1).

Le véritable titre de l'office féodal qui nous occupe était celui de « fief de la justice des clains et respeux de Saint-Albin », désignation sous laquelle il fut vendu par décret en parlement de Flandres l'an 1783, après que de longs procès eurent donné gain de cause à la ville qui s'était efforcée de réduire les grandes prétentions du possesseur de cet antique office. En 1370, ce dernier se disait : « ayant la souveraine basse justice en clains et en respeux, en la ville et échevinage de Douai, au lieu qu'on dit Delà l'eau, oultre le pont à le laigne, laquelle, avec plusieurs autres choses, je tiens noblement en fief du comte de Flandre, de son chastel de Douai ». Il fut jugé à maintes reprises que c'était à tort et abusivement qu'on avait glissé dans des dénombrements, notamment dans celui de 1502, les expressions de « terre, justice et seigneurie de Saint-Albin, en la ville et échevinage de Douai et pays à l'environ ». De même que la ville avait réussi à empêcher le possesseur de l'office de la prévôté de se qualifier *seigneur prévôt*, elle eut également gain de cause contre l'autre

(1) *Bull. de la Comm. hist. du départ. du Nord*, X, p. 175, Lille, 1868, in-8°.

officier, qui fut dans l'impossibilité de justifier ses prétentions au titre de *seigneur de Saint-Albin*.

Néanmoins, dans le présent travail, nous emploierons souvent les mots de seigneur et de seigneurie de Saint-Albin, d'abord parce que toute autre expression serait trop longue ; parce que l'usage des mots de seigneur et de seigneurie de Saint-Albin a prévalu, malgré les sentences et les arrêts ; que cela ne saurait plus porter préjudice à une prétention pas plus qu'à la vérité ; enfin à cause de certaines considérations que nous ferons valoir après avoir exposé en détail les prérogatives de cet office féodal, d'après les dénombrements.

1° *Gros ou chef-lieu du fief.* — C'était un vaste hôtel, manoir seigneurial, *mansus*, qu'on appelait le donjon ou château de Saint-Albin. Voici comment il était désigné dans le dénombrement de 1502, d'après un extrait transcrit à la page 29 du mémoire judiciaire imprimé à Douai vers 1781 (1) : « Une maison, motte, prés, bois, chaingle, eau, fontaine, fossés, jardin et tenement, qu'on dit de Saint-Albin, séant en la ville de Douai, paroisse de Saint-Albin, joignant d'une part à la chimentière de l'église dudit Saint-Albin et à la rue qui va de la Basse-rue dudit Saint-Albin à l'église, tout au long du fossé, depuis ladite chimentière jusqu'à la grande rivière ; d'autre part, depuis ladite chimentière, tout au long de la rue jusqu'au fossé et tenant jusqu'au lieu qu'on dit le pont des Béguines ; et par derrière aboutant le long de la grande rivière. »

L'existence de ce manoir seigneurial remontait, sans aucun doute, à une haute antiquité. D'après les idées qui,

---

(1) Et non en 1776 comme le dit l'auteur de la *Bibliogr. douaisienne*, n° 1077.

en 1609, avaient cours dans notre ville, touchant les origines douaisiennes, et dont Gramaye s'est fait l'écho dans ses *Antiquitates belgicæ*, « la motte de S. Aulbin » aurait été quelqu'ancien château dont les châtelains de Douai firent leur maison de campagne : *Castellani Duacenses...., amœno in pratis pascuis loco, prætorium vetus restituerunt ibique diversantes a S. Albino dici cœperunt.* Au XIIe siècle et au XIIIe, il était possédé par la famille de Saint-Aubin, que nous appelons aujourd'hui Saint-Albin et que nous rattachons sans hésiter à la maison de Douai.

« Le manoir Mer Gossuin de Saint-Aubin » (*mansus domini Gossuini*) est cité dans la charte de la comtesse Marguerite, donnée en décembre 1245, pour la délimitation d'une paroisse nouvelle, détachée de celle de Saint-Albin et instituée pour les béguines de Champfleuri; elle aura pour limites : le pont des Béguines, qu'on venait de construire sur la Scarpe, entre le béguinage et le manoir de Mer Gossuin; la ruelle dite Mer Gossuin, qui va dudit pont à la rue d'Oscre, etc. *A loco ubi beghine morantur usque ad pontem super rivariam nuper factum, quod est inter domos earum et mansum domini Gossuini, et ab illo ponte veniendo per ruellam, que vocatur ruella domini Gossuini, usque ad viam et keminum de Oscra superius ascendendo, et exinde usque ad Turellam*(1). *It. De Turella usque ad monasterium de Pratis, exinde etiam usque ad rivariam, et de rivaria usque ad pontem predictum, versus villam Duaci revertendo* (2).

---

(1) Lieu dit : « A le Turelle », paroisse St-Albin. En mai 1239, le chevalier Gossuin de Saint-Aubin vend à l'abbaye des Prés une terre sise audit lieu.

(2) Arch. départ., fonds de l'abbaye des Prés, dans lequel se trouvent les titres de l'ancien béguinage de Champfleuri.

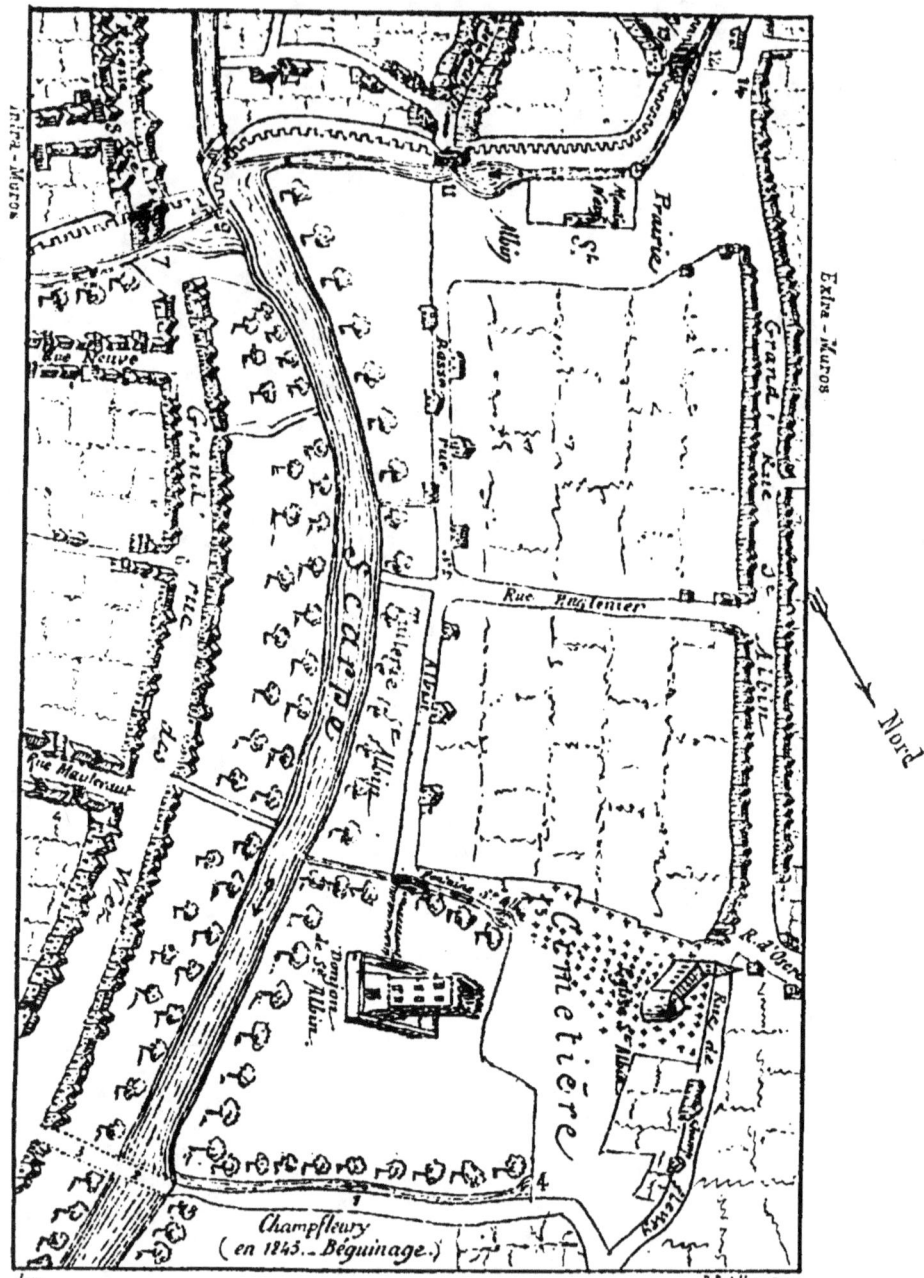

Hôtel St Albin et ses abords au XIIe siècle

Légende.

1. Ruelle, dite Mgr Gossuin, 1245; plus tard, des Béguines.
2 & 3. Pont construit vers 1245 et dit des Béguines. Rue ouverte à la même époque et dite du Pont des Béguines.
4. Fontaine dite de l'Infirmerie, 1684.
5. Croix de pierre, dite de St Albin; elle est figurée sur le plan de Blaeu de 1620.
6. Rue dite Paskendale en 1290; de Beaurepaire en 1310; en 1400 et aujourd'hui rue des Bonnets.
7. Porte des Wez.
8. Rue d'Ainfroi au XIIIe siècle; ensuite, du Béguinage.
9. Moulin des Wez.
10. Porte aux Arcs (arches) ou pont fortifié.
11. Porte à l'Estanque.
12 & 13. Poterne, dite au XIVe siècle, du Pont de pierres. Rue du Pont de pierres, au XIVe siècle et aujourd'hui.
14. Rue du Bleu.

Echelle 1/3.000

Les limites du manoir de Saint-Albin, au XIII° siècle, correspondaient exactement à celles qui ont été tracées en 1502. On fait ici observer, pour l'intelligence de ces détails topographiques : 1° que le pont des Béguines, construit en pierres vers 1245, pour mettre en communication les quartiers de Champfleuri et de Saint-Albin avec la rive droite, par la rue des Wez, a disparu au XVIII° siècle; 2° que la ruelle, appelée en 1245 ruelle M^{er} Gossuin et plus tard rue des Béguines, a été réunie, vers la fin du XVII° siècle, au terrain de l'abbaye des Prés, monastère qui, en 1477, avait pris la place de l'ancien béguinage; 3° que le pont Saint-Vaast n'a été construit que vers la fin du XVI° siècle; 4° enfin que des modifications tellement considérables ont été apportées dans ce quartier, d'abord par la disparition de l'église, après la Révolution, et dernièrement par la création du quartier neuf, qu'il est indispensable de se reporter au plan ci-joint.

D'anciens titres font souvent mention de la fontaine de Saint-Aubin, située dans le voisinage de l' « attre » ou cimetière. Du côté de la rue des Béguines, il y avait une autre fontaine qu'on appelait, en 1684, fontaine de l'Infirmerie (1). C'étaient très-probablement ces deux fontaines qui, avant de se déverser dans la Scarpe, fournissaient de l'eau aux fossés de l'hôtel Saint-Albin, du côté du midi et du côté du nord.

Ainsi l'on peut, grâce à ces renseignements, reconstituer, au moins dans son ensemble, l'antique manoir. On y arrivait, en venant de Douai, par la Basse rue Saint-Albin, aujourd'hui rue des Potiers, qui lui servait d'allée; au-delà du fossé, du pont et de la porte d'entrée, devait se

---

(1) N° 2152 de la *Table chronol.* des arch. de la ville.

trouver une vaste cour, donnant accès à la motte, au donjon de forme carrée et aux autres édifices ; l'un des petits côtés du donjon regardait l'église ; de l'autre côté coulait la Scarpe ; le surplus du terrain était occupé par de vastes jardins, des prairies, etc.

Au XIIIe siècle, les possesseurs de l'hôtel avaient, comme annexe, une grande partie du terrain appelé aujourd'hui Rivage ou place Saint-Vaast, le long de la Scarpe ; c'est ce qu'on appela longtemps la « tuilerie Saint-Aubin ». Le fonds, au lieu d'être de nature féodale comme le manoir, était au contraire une « coterie » soumise aux lois de l'échevinage ; il était grevé d'antiques rentes foncières comme les autres fonds cotiers ou roturiers. Dans le « cœuilloir » des rentes appartenant à Jehan De Franche, formé en octobre 1291 (1), nous relevons cette mention : « Dehuers le porte dou pont à l'estanke ; en le basse rue des Navieurs. Sour le *tieulerie* mon segneur Gossuin de Saint-Aubin, ki siet entre le tenement Jehan Joveniel et le tenement mon segneur Gossuin de Saint-Aubin. » Longtemps après qu'il eût été aliéné par les Saint-Aubin, ce terrain retint son ancien nom ; un document du mois de juillet 1461 cite, en la Basse rue Saint-Aubin « le thieullerye qu'on dist de Saint-Aubin, qui est à présent une pottrye ». (Terrier du fief des Pourchelets.)

Diverses maisons particulières s'élevèrent en cet endroit, le long de l'ancienne Basse-rue, dite aussi des Navieurs et puis des Potiers ; elles tenaient par derrière à la Scarpe ; ayant été acquises par l'abbaye de Saint-Vaast, après que celle-ci eût établi un collége à la place de l'antique manoir, elles furent démolies pour la création d'une promenade

---

(1) Arch. des hospices, n° 180 de l'*Invent.* de 1839, p. 55.

dite l'Allée des Soupirs, située tout près du vieux et du nouveau collège de Saint-Vaast. Enfin la ville l'acheta à l'abbaye en 1771 et en forma un nouveau rivage. (*Souvenirs* de Plouvain, pages 591 et 592.)

L'hôtel, déserté depuis très-longtemps par ses nobles propriétaires, qui le louaient à des particuliers, sous la réserve de « la motte de terre étant au jardin, qui demeureroit pour le lieu à plaidoyer, ensemble une voie pour y aller et venir », fut vendu, en 1612, à l'abbaye de Saint-Vaast d'Arras qui y établit ce qu'on appelait le nouveau collège. On sait que le vieux collège se trouvait de l'autre côté de la rue, à l'endroit où est à présent la prison ; un passage bâti au-dessus de la rue, reliait les deux édifices. Dans l'acte de vente, il fut stipulé que l'abbaye livrerait aux officiers de Saint-Albin « un lieu et place pour plaids » ; et en effet, jusqu'à la Révolution, les plaids du fief de Saint-Albin, ainsi que ceux du fief des Pourchelets (ancien démembrement de Saint-Albin), se tinrent dans une salle du nouveau collège (1).

2° *Basse justice de Saint-Albin.* — Elle consistait dans les émoluments, profits et redevances énumérés dans les dénombrements, et qui étaient presqu'identiques à ceux que levait le prévôt de la ville, sur la rive droite :

« Justice en fait de clains, saisines et respeux, depuis le pont à le laigne jusqu'au pont d'Escarpel, si avant que la ville et échevinage de Douai se comprend et étend. Dudit pont d'Escarpel jusqu'à Dorignies et Wagnonville, de

(1) Dans la collection de dessins de notre société académique, on remarque un plan du Neuf-collège, dressé vers 1805, au moment où l'on venait d'y établir une filature de coton ; des indications rappellent l'emplacement des galeries couvertes pour les écoliers, des salles de philosophie et de théologie, des classes, etc.

Wagnonville jusqu'au pont des Planques, et de là jusqu'à la ville de Douai, par toute la paroisse de Saint-Albin, jusqu'au Neuf-pont, jusqu'aux ventelles du Bail et jusqu'au lieu dit le Richot (*ruchot ? ruisseau*), hors la porte d'Arras. » La désignation de ces limites, qui correspondaient exactement à celles de l'échevinage ou banlieue de Douai, sont empruntées au dénombrement de 1502 (pages 30 et 31 du mémoire judiciaire précité). Le pont d'Escarpel était placé en face du château fort de ce nom (aujourd'hui le fort de Scarpe), sur un bras de l'Escrebieu (remplacé par le canal de la Deule) qui se déversait dans la Scarpe ; le pont des Planques, c'est celui du village de Lauwin-Planques, sur l'Escrebieu ; le Neuf-pont à Douai, c'est le pont du Rivage construit vers 1468 ; les ventelles du Bail, l'entrée du grand bras de la rivière, aujourd'hui la branche de gauche.

« Es lieux dessus dits, au lieu qu'on dit Delà l'eau, justice de clains et respeux d'actions réelles, civiles et personnelles ; la détention des prisonniers qui pris et arrêtés y sont par actions personnelles, civiles, pécuniaires, pour cause de dettes, desquels prisonniers lui (le possesseur du fief), son commis ou justice est tenu rendre compte au créditeur, ou l'argent pour lequel le clain aura été fait, à la fin de sept jours et sept nuits, par ordonnance de la ville. »

Notons ici une différence entre ce qui se passait Delà l'eau et Deçà l'eau : sur la rive droite, il y avait concurrence entre le prévôt et le Gavenier pour les exploits des « arrêts, clains et saisines », sauf que la garde des individus arrêtés pour dettes appartenait au prévôt seul ; sur la rive gauche, nulle concurrence n'était faite à la justice de Saint-Albin par celle du Gavène.

En 1631 et 1639, « l'estat et office de la justice » de Saint-Albin était loué moyennant 18 livres par an; la justice de Potes ne rapportait alors que 6 livres (1).

« Il lève, sur chacun étal où on vend pain, au jour Saint-Remy, 4 sols 6 deniers douisiens ; sur chacun étal de mercier, 7 deniers douisiens par an, et sur chacun étal, où l'on vend poivre, sieu (*suif*), oing, 7 deniers douisiens; l'étalage dû par les estaulx qui sont hors des maisons. Sur chacun troncq de foulon, 2 deniers douisiens, et le maître troncq, 5 deniers douisiens. Sur chacune cambe brassant cervoise, tatebault, goudale, 12 deniers douisiens, à la Saint-Remy, pour l'eau qu'on y prend. »

Au sujet de ces vieilles redevances, les anciens comptes des revenus du fief constatent qu'en 1568 il y avait déjà longtemps qu'elles étaient tombées en désuétude (page 36 du mémoire cité). En effet, par suite de la dépréciation des monnaies, la somme à percevoir était tellement minime, que ce dût être le cas d'appliquer le proverbe populaire : Le jeu n'en vaut pas la chandelle !

« Lui compète tous avoirs estrayers, épaves, trouvés audit lieu, et de faux argent et fausse monnaie, un tiers, et des faux poids et fausses balances, quand on en fait justice à l'ordonnance de la Loy, le tiers part du fourfait et le denier douisien qui est deseure. Si aucun arbre chéoit ou qu'on le coppe, lui compétoit. »

Tout cela tomba également en oubli dans la pratique de la juridiction échevinale.

Les dénombrements de la prévôté relatent exactement les mêmes droits sur les étalages, les épaves, etc.

(1) Arch. municip., 3e reg. aux Mémoires, f°s 283 v° et 301 v°.

Ce qui suit est relatif aux salaires qui étaient dus pour exploits et interventions, dans des cas déterminés :

« Si aucun faisoit fouir ès flots, flégards, chemins ou wareschaix, sans congié de la Loy, il estoit à 10 livres au profit du roy, et à lui à l'amende de 60 sols un denier douisiens. Si aucun fait ou fait faire embouchure de chelier (*cave*), bretèque (*balcon*), saillies, fondations et étanquement quelconque, sans congé des échevins de cette ville, lui ou son commis ou justice à ce appelé, il est à 60 sols un denier douisiens, à son profit, et se doivent lesdits échevins, à la grâce donner, l'appeler ou son *justice*.

» Les dessevreurs et cherquemaneurs (*arpenteurs*) de ladite ville, aux dessoivres et cerquemanages (*bornages*) qu'ils font contre les héritages ou wareschaix, l'y doivent appeler ou son commis, et quelques appointemens qu'ils fassent, ils doivent toujours l'être, sauf ses droits, avant que l'on puisse fouir, haver ne emprendre en quelque manière que ce soit. »

Quoique ces articles ne soient point inscrits dans les dénombrements de la prévôté, nul doute que les usages ne fussent les mêmes sur la rive droite ou Deçà l'eau.

« On doit à sa justice, de chacun clain qui se fait par devant échevins, 4 sols, de chacun arrêt et chacune saisine, 8 sols. On ne peut gager pour rente ni hostaige, puis que par Loy on veut poursuivre, sans ladite justice, et il convient que lui ou son commis soit à lever les biens et prendre le nantissement ou gage qui pourroit se faire ou bailler ».

Les dénombrements de la prévôté constatent que les salaires dus dans les mêmes cas, au lieu dit Deçà l'eau, étaient moindres que ceux perçus Delà l'eau; c'est ce qui résulte aussi d'un « Tarif des droits compétens aux justices de la prévôté de Saint-Albin », où, dans plusieurs cas, le salaire était double pour le commis du seigneur de Saint-Albin. (*Preuves*, n° LXXXVII D.) Quant à la raison de cette différence, les échevins croient pouvoir l'expliquer ainsi dans leur mémoire rédigé à l'occasion du grand procès de 1776 (pages 77 et 78 du mémoire imprimé) : « Si les rétributions attachées à quelques vacations et à quelques devoirs, qui s'exercent au-delà de l'eau, sont plus fortes que celles qu'on perçoit dans le reste de la ville, ce n'est que par le motif qu'anciennement il fallait sortir de la ville pour remplir ces devoirs, et que les rétributions ont été continuées depuis son aggrandissement. »

« Sur chacune cambe brassant cervoise, tatebault, goudale ou autre breuvage bouilli, un franquet de six lots vinerets pour chacun brassin, et pour tourillage, un setier de braie d'avoine, chacun an, au jour Saint-Remy ».

Le possesseur du fief de Saint-Albin paraît avoir laissé perdre aussi ce droit, puisqu'on lisait dans les comptes de de 1667, 1680, etc., que « passé longues années, M^{rs} du magistrat de la ville ayant pris et retiré à eux ledit droit », le receveur n'en a rien pu toucher. (Page 42 du mémoire cité.)

Pareille redevance appartenait au prévôt et elle fut conservée par lui, sur la rive droite.

« De chacune pièce de vin, d'où elle vienne ou en quelque lieu que ce soit, puis qu'on la mettoit en vente audit lieu Delà l'eau et qu'on la vendoit ; quatre lots de vin. »

C'était le droit d'afforage. Il est à remarquer que le prévôt ne jouissait pas d'un droit semblable sur la rive droite ou Deçà l'eau ; ici les quatre lots de vin étaient partagés entre le châtelain et le Gavenier ou leurs ayants cause.

Un article, exprimé dans un sens général et destiné à résumer l'ensemble de la basse justice, ajoute que : « Au lieu dit Delà l'eau, le possesseur du fief a tous tels droits, franchise et seigneurie qu'a le prévôt de la ville par toute sa prévôté, au lieu dit Deçà l'eau. » Cela ne peut se rapporter évidemment qu'à la basse justice, puisque le prévôt jouissait, tant sur la rive gauche que sur la rive droite, de plusieurs attributions absolument étrangères au fief de Saint-Albin ; c'est du reste ce que font ressortir les échevins, dans leur mémoire (page 65), où ils rappellent que le prévôt avait la garde de la vieille enceinte sur les deux rives, la garde de la rivière et des canaux, la propriété totale ou partielle des moulins à eau, le droit de banalité sur les grains braisés, qui s'exerçait indistinctement Delà l'eau et Deçà l'eau, etc., « droits spéciaux dont le propriétaire du fief de la justice de Saint-Albin n'a jamais joui et n'a dans aucun temps prétendu profiter. »

3° *Hommages.*—Du fief de Saint-Albin mouvait un assez grand nombre d'arrière-fiefs, dont les possesseurs, vassaux ou *hommes*, devaient le relief et le droit de mutation, les cas échéant. Il en sera question en détail dans l'article IV du présent chapitre. Qu'il nous suffise maintenant d'énoncer que les vassaux de Saint-Albin étaient bien plus nombreux que ceux de la prévôté : ce qui, pour nous, concourt à la preuve du fait que nous avons souvent avancé, à savoir que le fief de Saint-Albin est un plus ancien démembrement de la châtellenie que la prévôté de la ville de Douai ; que ces arrière-fiefs étaient en général peu importants et que presque tous consistaient seulement en quelques parcelles de terre situées à Dorignies, Cantin, Gœulzin, etc.

4° *Dîme de Saint-Albin.* — Les dénombrements ne contiennent plus d'article à ce sujet, parce qu'il y avait longtemps que les seigneurs de Saint-Albin avaient aliéné leurs droits. Lorsque le chapitre de Saint-Amé obtint de l'évêque d'Arras, en 1097, à la demande du seigneur de Saint-Albin, le droit de patronat sur cette paroisse, il n'eut pas la dîme, attendu qu'elle appartenait alors au seigneur, lequel avait été en même temps châtelain ou vicomte de Douai ; plus tard il s'occupa à joindre le droit de dîme à celui de patronat. Les acquisitions qu'il réussit à faire, au XIII° siècle et plus tard au XVI°, nous apprennent que la dîme avait été fractionnée. En 1210, il en possédait déjà une partie. (*Preuves* n° CIV.) En 1213, un cadet de la famille de Saint-Aubin lui cède sa part ; l'acte ne dit pas de qui il la tenait en fief. (*Preuves*, n° CV.) En 1220, c'est le chef de cette famille, qui cède la sienne, à savoir un tiers, et ce tiers, il le tenait en fief du prévôt de Douai. Quant au dernier tiers, c'était également un arrière-fief de la prévôté. (Voir 3° chapitre, article V, 1° et 2°.)

Selon nous, après que Saint-Albin eût été séparé de la châtellenie, il aura été convenu que le seigneur serait vassal du châtelain de Douai, pour la dîme dudit lieu, et cet hommage fut attribué au prévôt lors de la formation de la prévôté aux dépens de la châtellenie. Enfin la dîme aura été fractionnée dans la famille de Saint-Aubin.

5° *Rentes foncières.* — Elles consistaient en une somme de « sols parisis et douisiens à la prisée, chapons en plumes, oies, œufs, bled et avoine », dont étaient chargés des terrains ou des champs situés partie dans le voisinage de l'hôtel de Saint-Albin, partie à Cantin. Parmi les premiers, nous remarquons: des parcelles de terrain avoisinant la fontaine de Paradis et appartenant à l'abbaye des Prés ; une pièce de terre nommée le Camp au millier d'œufs, tenant au chemin de la porte d'Oscre à la Motte Julien, propriété passée du béguinage de Champfleuri à l'abbaye des Prés(1), et qui devait, chaque année, le vendredi saint, 500 œufs ; la maison occupée quelques années (1626-1630) par les Oratoriens, à l'angle des rues d'Oscre et du Champfleury, devant le clocher de Saint-Albin, qui devait 300 œufs.

Ajoutez à cela un demi-terrage à lever sur six coupes de terre, « dont on rend, quand elles portent bled, une rasière de bled, et quand elles sont *à mars* une rasière d'avoine, ou bien du cent de jarbes (*gerbes*) trois jarbes, dont il a le choix et l'option ».

« Sur tous lesquels héritages lui devant rente ou terrage, toutes fois qu'ils vont de main à autre par vente, transport ou autrement, il a entrée et issue, c'est à savoir : Quatre lots de vin à celui qui prend, et quatre lots de celui qui vend. »

En la paroisse Saint-Albin, existait un fief en l'air, consistant en rentes que levait son possesseur, avec les mêmes droits d'*entrée* et d'*issue*, ainsi qu'il vient d'être dit, avec le droit de tenir ses plaids dans une salle de l'hôtel Saint-Albin ; ce fief, dit des Pourchelets à partir du XVe siècle, était évidemment un ancien « éclissement » de celui de Saint-Albin. (Voir 6e chapitre, article II.)

---

(1) Une rasière de terre, nommée « le camp as oex, hors la porte d'Ocre, haboutant sur le grand chemin allant à le Motte Jullyen ». 1441. — Arch. départ., fonds de l'abbaye des Prés.

En 1187, le prince levait encore à son profit, au lieu dit les Prés Saint-Albin (*ex pratis sancti Albini*), un revenu de quatre livres et de 80 chapons (*Preuves*, n° XLI). Cette somme de rentes ne tarda guère à augmenter le fief de Saint-Albin, sauf à s'amoindrir ensuite par des aliénations partielles. Ce fut ainsi qu'une vente faite à la ville, en 1324, diminua les rentes dues au fief de Saint-Albin, dont le possesseur aliéna les droits qu'il percevait au lieu dit Ou Preit (*in Prato*), quartier de la paroisse Saint-Albin, qui correspond à la partie nord du quartier neuf, et qu'on a souvent confondu avec la place de la Prairie, dite autrefois Prairie Saint-Albin (1). Pour l'exercice de la justice foncière qu'ils avaient achetée, les échevins conservèrent longtemps un commis appelé « justice du Pret », qui notamment en 1469 exploitait pour mettre et asseoir « saisine » et arrêt sur un jardin séant au Pret (2).

Dans la première moitié du XIII° siècle, le fief avait perdu une autre quantité de rentes foncières grevant des biens situés aux Prés Saint-Albin (*in Pratis sancti Albini*), ainsi que dans le voisinage, aux lieux dits : le Rit, le Tranloy, etc.; les dégrèvements s'étaient opérés au profit de l'abbaye qui venait d'être fondée aux Prés Saint-Albin, dans le manoir (*mansus*), sorte de maison de campagne qui avait appartenu à Wérin Mulet, bourgeois de Douai ; ce lieu fut affranchi en 1217.

(1) Dans l'*Invent. som.* des arch. départ., fonds de la Ch. des comptes, I, p. 146, col. 2, est mentionné un rôle du droit de « la petite franchise, deue à la Saint-Remi, cuillie par le receveur en l'an xlix, c'est assavoir en la *rue des Prez*, dont chacun feu doit v s., dont les parties s'ensevent ». En recourant à la pièce originale, nous nous sommes assuré que les inventaires ont fait erreur en l'attribuant à la ville de Douai.

(2) Arch. des hospices, n° 22 de l'*Invent. suppl.* ms.

6o. *Four Saint-Albin.* — « Lui compète un four devant l'attre Saint-Albin, lequel est tenu de fourner et cuire tous les pains et autres choses pour l'hôtel de Saint-Albin. »

Il était situé sur le rang sud de la rue actuelle de Saint-Vaast, dans le terrain de la prison, en face du cimetière Saint-Albin. Voici un renseignement tiré de l'obituaire de Saint-Amé, de la fin du XIII° siècle, reposant aux archives départementales : Pierre, prévôt de Saint-Pierre de Douai, avait donné, pour son obit, un demi-marc de rente sur cinq *heudes*, « en le grant rue Saint-Aubin, dacosté *le four qui fu Mgr Gossuin, chl'*, devant le crois de piere ». En voici un autre, pris dans un acte du 3 février 1402 (v. st.) : « Une maison, gardin et tenement, à l'opposite de l'attre Saint-Aubin, joignant au *four*, et un gardin et tenement seans à l'opposite de le croix de Saint-Aubin, joignant au tenement devant dit et audit four » (1).

On rappelle ici pour mémoire qu'au moyen âge le four du seigneur vicomtier jouissait du privilége de banalité, c'est-à-dire que les habitants, « hôtes » ou « sujets », comme on disait, étaient tenus d'aller cuire leurs pains, gâteaux, etc., au four de leur seigneur. A la vérité, les dénombrements de Saint-Albin ne font aucune mention d'un tel privilége ; néanmoins nous considérons ce four comme un témoin des âges passés et un souvenir d'une époque antérieure où la situation du possesseur du fief avait pu être celle d'un véritable seigneur. Cette idée, nous la développerons un peu plus loin.

7° *Droits honorifiques en l'église.* — « Le pasteur de ladite église est tenu, chacun an, au jour de la Chandeleur,

---

(1) Archives des hospices, n° 768 de l'Invent. suppl. ms.

de bailler et délivrer au seigneur et à la dame de Saint-Albin, un chiron pesant trois quarterons, et doit délivrer, aux dits seigneur et dame, chaque jour d'ataux (*les jours nataux*), un denier parisis pour aller à l'offrande. Et au cas que lesdits seigneur et dame ne y fussent, doit ledit curé ou son vicaire délivrer lesdits chiron et offrande à celui qui exerce la justice dudit lieu, qui en doit faire offrande à ladite église, auxdits nataux et jours solennels, comme si lesdits seigneur et dame y fussent en personne. »

Ce droit honorifique de patronage, remontant à une époque très-ancienne, figurait parmi les principaux arguments qu'invoquaient les propriétaires du fief pour justifier leurs prétentions seigneuriales contre la ville de Douai. Dans leur réponse (page 46 du mémoire cité), les échevins présument qu'il devait son origine à des libéralités faites en faveur de l'église Saint-Albin ; cette présomption est justifiée par deux actes que nous avons retrouvés. Le 1er mai 1181, le chevalier Gossuin de Saint-Aubin, alors possesseur du fief, en renonçant à certains droits qu'il avait sur le presbytère, se réserve, à lui et à ses successeurs, une redevance de quatre deniers, payable à Noël, Pâques, Pentecôte et Toussaint, pour leurs oblations à faire ces jours-là. L'an 1210, au mois de juin, un cadet de la famille fonde une chapelle, qui fut connue sous le titre de « Chapelle vicairesse de Notre-Dame à Saint-Albin », à la condition que le chapelain sera tenu de livrer, chaque année, pour l'usage de ladite chapelle, à la Purification Notre-Dame, deux cierges d'une livre et demie de cire, que « l'hoir Mer Gossuin de Saint-Aubin et sa femme », s'ils sont présents, porteront, s'ils le veulent, à la procession et à la messe de ce jour-là, et qu'ils offriront au prêtre pour l'usage et le service de la chapelle. *Preuves*, nos CI et CIV.

Quoique les dénombrements soient muets à cet égard, le mémoire des échevins (page 47) mentionne l'existence d'un autre droit honorifique dans l'église, où l'on posait une litre funèbre et où l'on sonnait les cloches à la mort du seigneur de Saint-Albin. Celui-ci se chargeait de l'entretien de la grande fenêtre du clocher, ainsi qu'il résulte des comptes du fief (1), et le titre qu'on voyait encore, en 1789, à l'exterieur de l'église, était aux armes du marquis de Trasegnies (2), l'un des derniers possesseurs de Saint-Albin.

Signalons enfin pour mémoire des articles qui ont été ajoutés dans les dénombrements, pour tâcher de justifier certaines prétentions qui ont toujours été jugées non recevables.

« Item. Lui appartient les wareschaix, si avant que ladite paroisse s'étend. » Cet article se rencontre déjà dans le dénombrement de 1502 (page 47 du mémoire imprimé) ; il est reproduit dans les autres, qui ne se contentent plus de dire : « paroisse de Saint-Albin », mais qui l'appellent : « paroisse et seigneurie. » Les chemins et «flégards » appartenaient, on le sait, au seigneur vicomtier, et à plus forte raison au seigneur haut justicier ; aussi le droit de la ville, qui exerçait dans tout l'echevinage, Deçà l'eau et Delà l'eau, rive droite et rive gauche, la justice pleine et entière, haute, moyenne et basse, ne fut-il pas sérieusement contesté.

« Item. Lui compète tous les étalages qui sont au de-

---

(1) Renseignement dû à l'obligeance de M. le comte d'Esclaibes, de Douai, tiré des archives de la maison d'Arenberg, à Bruxelles.

(2) Plouvain, Echevinage, page 108 (du ms. reposant à la Bibl. de la ville.

hors des maisons, en ladite paroisse et seigneurie, et que nul ne peut faire mettre étaques, devignes (*sic*), banlx ni étaux saillans sur les rues, en ladite paroisse, sans prendre congé ou celui de son commis ou justice. » Cet article n'est qu'une extension maladroite du droit d'étalage, énoncé plus haut, sur le pain, le poivre, etc. (1).

« Finalement lui appartient droit de plantis, chasse, pêche, le tout conformément à la coutume de la gouvernance de Douai ». Ce dernier article ne se trouve ni dans le dénombrement de 1502, ni même dans celui de 1662 ; s'il a été glissé, pour la première fois, dans le dénombrement présenté en 1709 (page 55 du mémoire), c'est que l'on conçoit l'avantage qu'aurait eu le possesseur du fief à laisser croire qu'il jouissait du droit de planter et de chasser, dont l'exercice se faisait avec une publicité, une fréquence et un éclat tels que la coutume l'avait avec raison classé parmi les attributs essentiels et incontestés de la seigneurie vicomtière. Mais il était « *inouï* que les propriétaires du fief de Saint-Albin eussent chassé ou pêché dans l'échevinage de Douai, ou qu'ils aient planté dans les chemins publics de cette paroisse ».

Il résulte de tout ce qui précède que les droits du fief de Saint-Albin n'ont pas été établis, vis-à-vis de ceux de la ville, par des ordonnances anciennes et détaillées comme celles que nous avons trouvées pour la châtellenie et la prévôté ; de là des incertitudes, des conflits et des procès qui commencent au XVIe siècle et qui éclatent avec la plus vive ardeur au XVIIIe ; ce n'est rien moins que la seigneurie vicomtière qui est revendiquée sur la ville de

---

(1) Cf. p. 37 du mémoire cité, et les dénombrements de la prévôté.

Douai ; et qu'on ne croie pas qu'il s'agît alors de vaines prérogatives, de droits honorifiques ; au contraire, l'objet en litige était considérable : c'était la propriété d'une notable partie des territoires de Dorignies et de Wagnonville ; ainsi dans le procès de 1776, la ville était menacée de se voir enlever les vastes terrains appelés autrefois Marais de Dorignies, de Wagnonville, des Partiaux et de la Michonière.

Pourquoi de telles prétentions ont-elles, pour ainsi dire, sommeillé pendant si longtemps, puisque les premières contestations ne portaient guère que sur la propriété d'un arbre, d'un « flégard » de quelques pieds, et n'ont-elles éclaté qu'à la veille de la Révolution ? La raison, la voici. Les vastes terrains qu'on a longtemps appelés chez nous « marais », étaient, dès le XIIe siècle, de véritables pâturages dits « communes pâtures », où les habitants envoyaient paître leurs bestiaux ; dans notre pays, pas de village qui n'eût son marais. Cet état de choses dura jusqu'à la réunion définitive à la France, événement heureux entre tous qui, avec la sécurité, amena le progrès et l'abondance ; c'est à dater de cette époque seulement que notre agriculture commença à prendre son essor et à s'élever si haut et si vite dans la voie de la perfection des cultures ; bientôt la charrue réclama une partie ou la totalité des anciens marais ; mais comment régler les droits indivis qu'avaient le seigneur et la commune sur ces vastes terrains ? La jurisprudence vint au secours de l'agriculture, elle imagina le droit de « triage », en vertu duquel un tiers était attribué au seigneur vicomtier et le reste à la commune.

De cet exposé des attributs du fief de Saint-Albin, que nous venons de faire d'après les dénombrements et les décisions judiciaires, il résulte à l'évidence qu'il n'y avait pas là de seigneurie proprement dite, ayant l'exercice de la justice vicomtière, mais seulement certains priviléges pour la poursuite de rentes foncières et de vieilles redevances. Tout ce qui est parvenu jusqu'à nous, en fait de monuments écrits, concorde pour donner à ce fait les caractères de la certitude. Mais en avait-il toujours été ainsi ? Le fief n'avait-il pas eu anciennement une juridiction plus étendue et possédé la justice vicomtière ? Cette question mérite d'être examinée.

Tout au moins, il restait le souvenir d'une importance plus grande qu'aurait eue le fief, et les prétentions affirmées à maintes reprises par son possesseur avaient sans doute leur source dans ces souvenirs, devenus très-vagues par l'action du temps. Ainsi, au XVIII° siècle, on croyait à l'existence, dans des âges reculés, d'une seigneurie de Saint-Albin, ayant les attributs de la haute, moyenne et basse justice dans toute l'étendue de cette paroisse ; à son indépendance par rapport à la seigneurie et au château de Douai, situés sur l'autre rive ; à l'incorporation de cette terre dans l'échevinage de Douai, effectuée à une époque qu'on ne pouvait préciser. Au point de vue juridique, de telles allégations, surtout quand on ne les appuyait sur aucune preuve écrite, n'avaient guère de valeur, et les échevins étaient autorisés à les traiter de chimères et de rêveries (page 28 du mémoire cité) ; mais au point de vue historique et pour essayer de pénétrer les ténèbres du passé sans craindre de préjudicier à des droits et à des intérêts, de tels souvenirs ne sont pas absolument à dédaigner.

Nous ajouterons qu'ils concordent parfaitement : 1° avec l'enquête de 1200 qui constate que, vers 1150, Saint-Albin était encore sous la juridiction de Lens, comme Planques, Flers, Auby et les autres villages voisins ; 2° avec le compte du domaine de l'an 1187, qui mentionne une mairie de Douai et une mairie de Douayeul ; 3° avec la charte des comtes Ferrand et Jeanne, de l'an 1228, d'où il résulte qu'il y avait eu autrefois un échevinage de Saint-Albin distinct de celui de Douai ; 4° avec le fait qu'au XV° siècle, Douai rive droite passait pour avoir dépendu de l'ancien comté d'Ostrevant et de l'Empire, tandis que Saint-Albin fut toujours réputé appartenir au Royaume ; 5° avec cet autre fait que, sur la rive gauche, les fortifications de la vieille enceinte dépendaient de la juridiction échevinale, tandis que celles de la rive droite dépendaient du fief de la prévôté ; 6° avec la situation du manoir, contigu à l'église paroissiale, situation privilégiée, que les échevins sont obligés eux-mêmes de reconnaître (page 46 du mémoire) ; 7° avec certains vestiges, vieux témoins d'une grandeur passée : la dîme, le four, le patronage, l'afforage ; 8° enfin, et ceci nous semble décisif, avec le fait que l'autel de Saint-Albin fut accordé au chapitre de Saint-Amé par l'évêque d'Arras, en 1097, à la prière du seigneur de Saint-Albin.

Selon nous, celui-ci tint autrefois du comte de Lens une seigneurie qui comprenait toute la paroisse, et par conséquent Waguouville et Escarpel ; dans le même temps, il possédait Flers, Planques et Auby, que l'on retrouve encore plus tard dans la famille de Saint-Aubin ; quant à Escarpel, nous avons déjà dit quel fut son sort ; Flers, Planques et Auby formèrent des seigneuries distinctes, mais continuant à dépendre du château de Lens. Par l'effet de la construction de la ville forte de Douai, une portion du territoire de Saint-Albin, appelée Deuyeul, y avait été englobée, du consentement du seigneur, lequel n'était autre alors que le châtelain de Douai. Plus tard, la seigneurie de Saint-Albin fut attribuée à une branche cadette de la maison de Douai ; c'est alors, croyons-nous, que la ville, pour éviter des conflits, aura traité avec le seigneur de Saint-Albin, au sujet de la justice ; la convention est certainement antérieure au XIII° siècle, puisque nos archives municipales, si complètes et si bien conservées, ne datent que de cette époque ; au XII° siècle et même au XI°, la commune de Douai a dû posséder des chartes, comme le chapitre de Saint-Amé qui en a gardé une de 1024, et le chapitre de Saint-Pierre, qui en avait du commencement du XII° siècle ; comme la petite ville d'Orchies qui conservait encore à la Révolution l'original de sa charte communale de l'an 1188 (1) ; nos titres municipaux, antérieurs à 1200, ont péri, soit lors de l'incendie de 1170, soit par l'incurie de ceux qui auraient dû veiller à leur conservation. Dans notre hypothèse, la ville aurait acheté, au XII° siècle, la justice vicomtière de Saint-Albin, dont l'exercice par un seigneur particulier devait être souverainement gênant pour l'autorité échevinale ; de même qu'au XIII°, elle a acquis bon nombre des droits dus au châtelain, et au XV°, ce qui restait de l'antique châtellenie ; elle s'est débarrassée ainsi peu à peu de ce qui était gênant pour elle, en commençant par les fardeaux les plus lourds. La justice vicomtière, achetée par la ville, s'étendait-elle aussi à Wagnonville? C'est ce qui n'a jamais pu être décidé, le titre d'achat étant perdu.

(1) Dom Queinsert l'a copiée en 1776; Collection Moreau, vol. 60, f° 124, à la Bibl. nationale.

Les titres municipaux d'Orchies sont aujourd'hui perdus ; mais on en conserve les copies authentiques prises par dom Queinsert et rangées à leur date dans la grande collection Moreau. On formerait un petit cartulaire intéressant pour l'histoire locale, en réunissant ces copies.

Quant au seigneur de Saint-Albin, qui avait commencé par être vassal du château de Lens, il devint, vers la même époque, vassal de celui de Douai, pour son fief de Saint-Albin ainsi réduit ; comme le dit l'enquête de 1200, ces changements de mouvance ne présentaient pas alors de difficulté, puisque c'était le même prince qui possédait Douai et Lens. Quant à la mouvance de Wagnonville, quoiqu'elle paraisse avoir été conservée au château de Lens, la question resta indécise, comme pour la justice vicomtière.

Enfin quoique dans le procès de 1776, il soit quelquefois parlé de la haute justice, attribution réservée d'ordinaire chez nous au comte ou prince du pays, ce n'est pas sérieusement qu'elle était contestée à la ville ; s'il y a eu, comme nous le croyons, un seigneur vicomtier de Saint-Albin, qu'il fût vassal de Lens ou de Douai, la haute justice appartint au souverain de l'une ou de l'autre de ces villes, conformément aux coutumes de Lens, de Douai, d'Arras, de Lille et généralement de l'ancien comté de Flandre, où, sauf quelques exceptions, le prince avait conservé son droit de haute justice, à la différence du comté de Hainaut où chaque seigneur particulier s'était fait haut justicier. On sait qu'à Douai et dans tout l'échevinage, c'étaient les échevins qui exerçaient la haute justice du prince.

Quoiqu'il en soit et pour les considérations qui viennent d'être déduites, nous croyons à l'existence d'une *seigneurie de Saint-Albin*, antérieure au simple *fief de Saint-Albin*, tel qu'il se révèle à nous par les dénombrements et par tous les autres documents qui nous ont été conservés.

Pour faire les exploits et actes extrajudiciaires afférant à son office, le possesseur du fief de Saint-Albin avait à Douai, comme le prévôt de la ville et le Gavenier, un commis qu'on appelait « *justice* de Saint-Albin », sorte de sergent ou d'huissier, qui n'était admis à « l'exercice de la justice » qu'après avoir justifié aux échevins de son « idonéité » et prêté, entre leurs mains, le serment « au cas pertinent » ; on trouve, en 1638, un maître chirurgien, Guillaume De la Rue, commis audit « exercice » (1).

Il avait en outre, pour la recette de ses revenus, la direction de ses affaires, la tenue des plaids féodaux et cotiers, un fondé de pouvoirs auquel l'usage attribua la qualité de bailli de Saint-Albin.

Dans le rôle de 1694 des fiefs relevant du château de Douai et divisés en cinq classes d'après leur valeur, « la prevosté et seigneurie de Saint-Albin » n'est rangée que dans la troisième, avec le fief de la châtellenie et celui de l'Eculier-le-Comte (voir 6e chapitre, article I), avec le fief de Le Vacque à Roucourt (2e chapitre, article V), avec la seigneurie de Cantin, celle de Sin, celle de Waziers-Flandres, etc. (2).

Moins heureux que pour l'office de châtelain qu'il avait réussi à éteindre, le magistrat échoua dans ses tentatives réitérées pour en finir avec l'office de Saint-Albin, comme il avait échoué vis-à-vis de l'office de prévôt.

Les premiers pourparlers eurent lieu au cours d'un procès que les échevins soutenaient énergiquement contre le comte de Lalaing, qui venait d'acheter le fief de Saint-Albin et qui, presque aussitôt, revendiqua la justice vicomtière ; après avoir montré, pendant plusieurs années, quel terrible adversaire il pourrait être, ayant à son service

(1) Arch. municip., 2e reg. aux Mémoires, fo 350 vo, sous la date du 22 septembre 1601 ; 3e reg., fos 281 et 298, sous les dates des 27 février 1637 et 12 décembre 1638.

(2) Arch. municip., reg. aux plaids du bailliage. 1683-1694, fo 71 et suivants.

les officiers de la gouvernance, ceux-là mêmes dont les échevins étaient justiciables, il fit proposer de céder à la ville le fief de Saint-Albin, « en prenant ung pod de vin, oultre et par dessus les deniers principaulx qu'il avoit desboursé pour l'achapt », ajoutant que déjà il était en marché pour l'aliéner au profit « de quelque aultre grand maistre », lequel serait donc un plaideur non moins redoutable pour la ville ; c'était le lieutenant de la gouvernance, Guy du Paiaige, le juge même des échevins, qui s'offrait pour mener à bien l'affaire. Dans les assemblées du 11 et du 27 octobre 1524, le « conseil » de la ville accueillit ces ouvertures avec empressement et résolut d'offrir au comte un « pod de vin » de « cent escus d'or au soleil », avec « quelque gracieu courtau » pour le sieur du Paiaige, qui devait en informer aussitôt le chapelain du comte, venu en ville à ce sujet (1). Mais l'affaire en resta là ; du reste le comte décéda dans le courant de l'année suivante.

En 1622, on apprit que le comte de Berlaymont avait envoyé « son agent pour exposer en vente la seigneurie de de Saint-Albin, appendences et dépendances » ; aussi fut-il résolu, dans l'assemblée du 20 octobre (2), d'acheter ce fief « au profict de ceste ville, au plus bas pris que faire se pourra, et pour y parvenir, s'eslargir au plus jusquez au denier cincquante du revenu ».

Lorsqu'à la suite du grand procès de 1776, le fief fut exposé en vente devant le parlement de Flandres, la ville le fit acheter par un particulier, le 10 janvier 1783, moyennant 6000 florins ; mais heureusement pour elle, le retrait lignager fut opéré l'année suivante, de sorte qu'à la Révolution, c'est entre les mains d'un grand seigneur belge que périt l'antique fief de Saint-Albin.

(1) Arch. municip., 1ᵉʳ reg. aux Consaux, fᵒˢ 166 à 168.
(2) Id., 5ᵉ reg., fo xv.

II.

*Liste des possesseurs du fief de Saint-Albin. — Les premiers châtelains de Douai ; l'ex-châtelain Wautier I*er* obtient pour Saint-Amé l'autel de Saint-Albin, 1097. — Famille de Saint-Aubin ; son antique blason connu dès 1198. — Hugues I*er* possède Wagnonville, Flers, Planques, etc., 1150 ; un autre Saint-Aubin tient Auby. — Gossuin I*er* bienfaiteur de Saint-Amé, 1181. — Gossuin II, bienfaiteur de l'abbaye des Prés, cède à Saint-Amé sa part de la dîme de Saint-Albin, 1270. — Gossuin III, 1278. — Gossuin IV embrasse avec ardeur le parti du comte Guy de Dampierre contre la France, 1296 ; il se rallie à la domination française, 1300. — Hugues II, seigneur du Fresnoy, vend à la ville sa justice du Pret, 1324. — Guillaume de Saint-Aubin, 1348. — Hugues III, seigneur de Wagnonville, 1358 ; Wagnonville et Flers passent à sa descendance féminine, et Saint-Albin est gardé par des collatéraux. — Le chevalier Gossuin V de Saint-Aubin loué par Froissart, 1385. — Gossuin VI prend femme dans la bourgeoisie douaisienne, 1412. — Jean de Saint-Aubin plaide contre la ville, contre le châtelain, etc., 1427, 1452. — Philippe de Saint-Aubin, dernier possesseur du fief de ses ancêtres, se retire en Artois, 1477 ; confiscation de ses biens de Flandre ; aliénation de la seigneurie.*

En tête de la liste des seigneurs de Saint-Albin, nous plaçons, conformément à ce que nous avons établi précédemment, les plus anciens châtelains de Douai et notamment le fameux Wautier Ier, généreux bienfaiteur de la collégiale de Saint-Amé. Wautier s'était démis de son office et avait pris l'habit de clerc, lorsqu'étant à Arras, le 8 juillet 1097, il obtint de l'évêque Lambert le don de l'autel de Saint-Albin-lez-Douai au profit du chapitre de Saint-Amé. (*Preuves*, n° XXIII.) Nous avons déjà déduit les raisons pour lesquelles on a conclu de là que Wautier était resté seigneur de Saint-Albin après avoir cessé d'être châtelain de Douai ; la séparation de cette seigneurie d'avec la châtellenie remonterait donc à l'an 1085 environ.

Après Wautier Ier, Saint-Albin dut passer à un cadet de la maison de Douai, chef à son tour d'une ancienne famille qui se fit honorablement connaître dans le nord du Royaume sous le nom de Saint-Aubin et qui adopta, vers la fin du XIIe siècle, des armoiries qu'elle conserva fidèlement jusqu'à son extinction arrivée loin de notre ville, dans les dernières années du XVIe siècle.

SAINT-AUBIN : D'or au chef de gueules.

On remarquera que c'est *un chef* qui se trouve sur le blason de cette famille, comme sur celui de la maison de Douai ; mais les couleurs, émaux, etc., ne sont plus les mêmes.

Notons aussi en passant que les châtelains de Lille portaient les armoiries de Saint-Aubin retournées, à savoir : De gueules au chef d'or ; mais il faut se garder d'en tirer aucune conclusion quant à la parenté, car les châtelains de Lille ne commencèrent à adopter ce blason que vers 1267, alors que les Saint-Aubin avaient le leur depuis près d'un siècle.

Vers 1150, vivait à Douai un chevalier nommé HUGUES DE SAINT-AUBIN, qui avait des possessions à Douai, à Flers, à Sailly en Ostrevant, etc.; dans le même temps vivait le chevalier Guy de Saint-Aubin *dit* d'Auby, qui était seigneur d'Auby, hameau du village de Flers, et dont les deux fils, Wautier et Hugues d'Auby, sont souvent nommés dans les chartes de cette époque.

En effet, sous l'abbé de Saint-Vincent de Senlis, Bauduin III, Hugues de Saint-Aubin (*Hugo de Ste Albino*) conféra à l'abbaye le tiers des dîmes de l'église de Flers en Escrebieu, *tertiam decimarum ecclesie de Flers partem contulit*; donation qui fut confirmée par *Gotescalcus*, évêque d'Arras, au synode de l'an 1159 (1). D'où nous concluons que ce chevalier était seigneur de Flers, village séparé de Wagnonville et de la paroisse Saint-Albin par le ruisseau dit l'Escrebieu.

En janvier 1161 (v. st.), le chevalier Hugues de Saint-Aubin (*Hugo de Ste Albino*) figure parmi les parents et vassaux du seigneur d'Oppy et de Bois-Bernard, nommé Bauduin Le Bret, qui jurent, devant l'évêque d'Arras, de faire observer les coutumes de ces villages; si le seigneur les enfreint, ils lui refuseront l'ost et la chevanchée, *exercitus* et *equitatura*; sont désignés comme *plegii* : Pierre de Bailleul et ses frères Wifroid et Willaume, Thibaut de Willerval, *Olivier de Keri* (Quiéry) et ses frères Enguerran et Gérard, Guy d'Auby (*Wido de Albi*) et ses fils Wautier et Hugues, Hugues de Saint-Aubin, Bauduin de Brebière, etc. (*Preuves*, n° C.) Parmi ces chevaliers, on remarquera aussi Olivier de Kiéri et ses frères, qui étaient de la maison de Douai.

En 1162, à Douai, dans le cloître Saint-Amé, le même (*Hugo de Ste Albino*) renonce, au profit de l'abbaye de Mar-

(1) *Gallia christ.*, X, col. 1195 et 1496.

chiennes, à son droit de *gavle*, *gave* ou *gavène* (*gavlum*), qu'il percevait à *Sali* ou Sailly en Ostrevant, village de sainte Rictrude ; c'était une possession patrimoniale qu'il tenait en fief de Wautier d'Auby (*Walterus de Albi*) et celui-ci du comte de Flandre ; la cérémonie de l'affranchissement et de la mise hors fief du « gavène » de Sailly s'accomplit, sur les instances d'Hugues de Saint-Aubin, par les soins du comte Thierry, en présence de ses fils, Philippe, le futur comte de Flandre, et Mathieu, comte de Boulogne, de Simon, sire d'Oisy et châtelain de Cambrai, de Gérard Ier, prévôt de Douai, de Michel, châtelain de Douai, de Wautier, châtelain de Rache, d'Hugues d'Aubi, frère du susdit Wautier (*Hugo, frater Walteri de Albi*, alias *Hugo de Albi*) et d'autres seigneurs du comté de Flandre. L'année suivante, le 11 novembre, fête de saint Martin, comme l'évêque d'Arras *Godescalcus* était au monastère d'Anchin, le donateur obtint la confirmation, par le prélat, de ce qui avait été fait devant l'autorité laïque, et sur ses instances, l'évêque menaça des foudres de l'église ceux qui voudraient attaquer l'acte de 1162. *Preuves*, n° XXXIV.

Quant au chevalier Guy de Saint-Aubin, seigneur d'Auby, comme son parent (son frère peut-être) Hugues de Saint-Aubin, il favorisa l'abbaye de Saint-Vincent de Senlis, et sous le même abbé Bauduin III il fonda à Auby la chapelle de Notre-Dame, comme succursale de l'église de Flers ; ce qui fut réglé en 1161, au synode d'Arras (1). En 1157, ses deux fils (*Walterus et Hugo de Aubi*), en leur qualité de parents d'Amand de Donen, avaient approuvé une cession de terres sises à *Masten*, que fit ledit Amand à l'abbaye de

---

(1) *Gallia christ.*, X, col. 1196.

Marchiennes, aux termes d'une charte de Bauduin, comte de Hainaut (1). Le nom de Wautier d'Auby sera rappelé en 1172 avec ceux d'autres vassaux du château de Douai. En 1181, le même (*Wallerus de Albi*) est témoin, avec d'autres gentilshommes du comté d'Ostrevant, à une charte de Bauduin, comte de Hainaut, constatant la vente faite à l'abbaye d'Anchin par le chevalier Arnoul d'Escaillon d'une rente à *Obercicurt* (2).

Notre chevalier Hugues de Saint-Aubin était vassal de son parent Guy de Saint-Aubin *dit* d'Auby, et ensuite de Wautier d'Auby, non-seulement à cause du « gavène » de Sailly cédé à l'abbaye de Marchiennes en 1162, mais aussi à cause de la terre des Planques (*de Plancis*) qui relevait d'Auby. Mais il est probable, d'après les arrangements qui se faisaient d'ordinaire entre les membres d'une famille, pour le partage des fiefs, que le même Hugues de Saint-Aubin était à son tour le seigneur de ses parents d'Auby, à raison d'autres terres, d'autant plus que, possesseur de Saint-Albin et de Wagnonville, il devait être l'aîné.

En 1168, il (*Hugo de S*ᵗᵒ *Albino*) est témoin à une charte du comte de Flandre constatant un échange entre l'abbaye d'Anchin et le seigneur de Montigny (3).

En 1172, il figure, avec le châtelain de Douai, au nombre des principaux vassaux du comte de Flandre, hommes de fief du château de Douai, lorsque l'abbé d'Anchin acheta à Sobier de Douai (*Sigerus de Duaco*) *alias* de *Golesin* (Gœulzin) le droit que celui-ci avait dans le tonlieu de

---

(1) Arch. départ., fonds de l'abb. de Marchiennes.
(2) Id., fonds d'Anchin.
(3) Idem.

notre ville (1). Témoins : Wautier d'Arras, Michel, châtelain de Douai, Hugues de Saint-Aubin (*Hugo de S^{to} Albino*), Robert de *Quincy* (Cuincy), Franque de Flers (*Franco de Flers*), Wautier d'Auby (*Walterus de Albi*), Landry de Gœulzin (*Landricus de Golesin*). Tous ces personnages, souvent cités dans les chartes du temps, étaient de l'ordre équestre. Robert et Franque, qui avaient pris le nom du village où se trouvait leur principal fief, étaient probablement des Saint-Aubin, comme Wautier d'Auby lui-même ; il est à remarquer aussi que notre chevalier Hugues a ici le pas sur son parent, quoiqu'il fût son vassal à raison de certaines terres. La charte de 1172 ajoute aux noms précédents ceux d'Azon de *Wasiers*, de Bernard de *Hellennies* (Hellignies, à Coutiche), de Jean *Ravinels*, qu'un titre de Marchiennes, de l'an 1181, appelle le chevalier Jean de Hali *dit* Ravinel (2). Enfin viennent plusieurs autres feudataires du château de Douai, mais d'un ordre inférieur, tels que Fulbert de *Raissa* (Rache), Willaume *Caniuns* (fief Cagnon, à Rache), Wagon Du Markiet (*de Foro*), riche bourgeois de Douai, et Baudo de Deuyeul ou de Douai (*Bonavita de Duaco*), le dernier nommé. Avant celui-ci apparaît Gossuin de Saint-Aubin (*Gozuinus de S^{to} Albino*), que nous croyons fils aîné du chevalier Hugues ; n'étant point encore parvenu aux grades militaires de chevalier ou d'écuyer (car ces qualités n'étaient pas dans ce temps-là un vain titre nobiliaire, et le fils d'un chevalier devait, comme tout autre, les conquérir), il est rangé ici parmi les simples hommes de fief.

(1) Arch. départ., fonds d'Anchin.

(2) Fief Ravinel, à Casselet, terroir de Flines, tenu de l'abbé de Marchiennes. Hali, lieu dit à Flines, près Casselet.

C'est le dernier acte que nous ayons rencontré touchant le chevalier Hugues I*er* de Saint-Aubin, qui sortit de ce monde avant 1180. Il fut seigneur de Saint-Albin, Wagnonville, Flers, Planques ; cette dernière terre, tenue du seigneur d'Auby, échut à l'un de ses fils, le chevalier Werin de Saint-Aubin *dit* des Planques, cité plus loin ; Saint-Albin et Wagnonville demeurèrent à l'aîné de la famille.

On voit dans la *Gallia Christiana*, X, Appendix, colonne 437, que vers 1180, dame Ermentarde de Douai (1), sœur d'Hugues II, abbé de Saint-Vincent de Senlis (*domina Ermentardis de Duaco, soror nostra*), avait fondé une lampe en l'église Notre-Dame de Senlis, pour le salut de l'âme de son mari (*viri sui*) et de la sienne, et qu'elle avait assigné un revenu, en chargeant les abbés de Saint-Vincent d'entretenir cette fondation à perpétuité.

Peut-être ce renseignement expliquera-t-il la cause des bienfaits de la famille de Saint-Aubin envers l'abbaye de Saint-Vincent. Ermentarde, sœur de l'abbé Hugues II, se sera retirée à Senlis, probablement sa ville natale, après la mort du chevalier, son époux, issu de la maison de Douai, et il y a quelqu'apparence que celui-ci fût Hugues I*er* de Saint-Aubin en Douai, qu'à Senlis on pouvait appeler *de Duaco*, au lieu de *de S*to *Albino*. Voilà des relations de parenté qui ont valu peut-être, à l'abbaye de Senlis, les donations de 1159 et de 1161.

En 1181, apparaît le chevalier *Gossuin de Saint-Aubin*, fils et principal héritier du précédent ; le 1*er* mai de cette année-là, il se rend en plein chapitre de Saint-Amé pour

---

(1) C'est-à-dire Ermentarde, veuve du chevalier N..... de Douai.

faire une donation au profit du curé de Saint-Albin, sous la réserve d'une rente perpétuelle qui correspondait alors à la valeur de ses oblations aux quatre grandes fêtes de l'année, à savoir un denier à chaque fête. (*Preuves*, n° CI.) Dans les temps modernes, il restait encore trace de la fondation du XII° siècle, ainsi que nous l'avons déjà expliqué en l article I°' 7° du présent chapitre.

En 1189, il était de la suite du comte de Flandre Philippe, lorsque ce prince alla à Cambrai pour régler, avec les églises du comté de Cambrésis, le droit de *gavle* ou *gavène* qu'il levait en qualité d'avoué du Cambrai ; les derniers nommés sont : Willaume d'Arras, chevalier, Pierre de Douai, Gossuin de Saint-Aubin (*Gossuinus de S.-Albino*) et Wautier de Lespaet (1).

L'an 1190, au mois de juillet, comme Philippe, comte de Flandre et de Vermandois, à la prière des religieux de Vicogne et de Drogon de Tupenni, approuve une transaction conclue entre eux, devant le doyen et le chapitre de Noyon, Gossuin de Saint-Aubin est au nombre des témoins de la charte du comte : *S (ignum) G. prepositi Insulensis. S. J. de Athies. S. R. de Faiel. S. η. de Rumaucurt. S. G. de S^{ce} Albino* (2).

En 1195, il accompagne à Pontoise la veuve du comte Philippe, dite la reine Mahaut, qui allait conclure un pacte secret avec le roi Philippe-Auguste pour essayer de livrer

---

(1) Le Mire et Foppens, *Opera diplom.*, Bruxelles, 1723, in-f°, II, p. 1192; d'après les archives de l'archevêché.

(2) Cartulaire de l'abbaye de Vicogne, en parchemin, XIII° siècle, contenant 96 feuillets renfermant 156 copies; f° 68, n° cix; trouvé au dépôt des archives de l'abbaye, par dom Queinsert, le 21 décembre 1771. Il s'agit, dans la transaction, d'Hategnies en Vermandois. — Collection Moreau, vol. 93, f° 46, à la Bibl. nationale.

Douai à ce dernier, le cas échéant ; la suite de la comtesse Mathilde était composée du châtelain de Lille, de Pierre du Maisnil, de Jehan de Biez, d'Eustache de Canteleu, de Gossuin de Saint-Aubin (*Gochuinus de S^{co} Albino*) et de R. d'Ipres, qui jurèrent complaisamment tout ce qu'une haine momentanée suggérait à leur dame. Nous avons déjà dit que le châtelain de Douai et le chevalier Pierre de Douai, son oncle, eurent une attitude plus digne et que, sujets plus intelligents et non moins fidèles, ils résistèrent courageusement à ce qu'ils croyaient être une mauvaise action ; la comtesse douairière ne tarda pas du reste à se brouiller avec le roi, de sorte que le pacte de Pontoise n'eut aucun effet.

En 1198, du consentement de sa femme, de ses enfants et de ses frères, en présence de l'évêque d'Arras, du chapitre de Saint-Amé et des échevins de Douai, Gossuin de Saint-Aubin fonde la chapelle de Waguonville, dépendant de la paroisse de Saint-Albin ; il assigne de nombreuses rentes sur des terres qu'il désigne : la terre hors la ville, celles des infirmes, malades ou lépreux, celle de Tranloi, celle d'Oschre, etc. Il se servait déjà d'un sceau armorial représentant un chef, avec la légende circulaire : † *Sigillvm Gosvini de Sco Albino*, et d'un contre-sceau à un oiseau non héraldique. (*Preuves*, n° CII.) Il sera souvent question de ce sceau et de ce contre-sceau dans la suite de cet article (1).

Vers 1200, lorsque le châtelain Wautier IV constitua le douaire de sa femme Agnès de Beaumez, devant le chevalier Pierre de Douai, comme bailli, et les hommes de

---

(1) Cf. Douët d'Arcq, *Collection de sceaux*, Paris, 1867, in-4°, II, n° 3504, et Demay, *Invent. des sceaux de la Fl.*, Paris, 1873, in-4°, I, n° 1533.

fief du château de Douai, Gossuin de Saint-Aubin figura parmi ceux-ci, avec son parent le chevalier Bauduin de Douai *dit* de Marquette. *Preuves*, n° XLVIII.

A Douai (*apud Duacum*), en 1201, le même *Gosuinus de S*co *Albino*) est témoin d'une charte de l'illustre Bauduin de Constantinople, comte de Flandre et de Hainaut, confirmant un traité entre l'abbaye d'Anchin et Nicolas, seigneur de Lalaing (1). Il figure parmi des gentilshommes du comté de Hainaut, ce qui prouve qu'il possédait également des fiefs dans ce pays.

En 1202, c'est avec des gentilshommes du comté de Flandre qu'il est témoin d'une charte de la reine Mahaut, comtesse douairière, passée dans le pays flamand (*apud Greveninghes*), en faveur de l'abbaye de Watten (2).

Au mois de juillet 1204, en la cour du comte de Flandre à Cassel, aux plaids tenus par la reine Mahaut et par Philippe, comte de Namur, frère de Bauduin de Constantinople, il juge avec ses pairs un procès entre l'abbaye et l'avoué de Marchiennes. Prononcé (*secundum dictum curie*) par : Gilbert, châtelain de Lille ; Wautier, châtelain de Douai ; Pierre *del* Maisnil, Gossuin de Saint-Aubin (*Gossuinus de S*co *Albino*), Gérard de Gauge, etc. (3).

C'est la dernière charte que nous ayons trouvée où figure le chevalier Gossuin I*er* de Saint-Aubin, qui fut seigneur de Wagnonville, comme l'avait été son père Hugues.

L'an 1206, en novembre, GOSSUIN DE SAINT-AUBIN dé-

---

(1) Cartul. d'Anchin, XIII° siècle, f° 9. Collection Moreau, vol. 103, f° 18.

(2) Cart. de l'abbaye de Watten, à la Bibliothèque de Saint-Omer. *Annales du Comité flamand*, t. V. p. 305 ; Dunkerque, 1860, in-8o.

(3) Arch. départ., fonds de l'abbaye de Marchiennes.

clare que, pardevant lui et ses vassaux : *Nicolas de Saint-Aubin* (chevalier, son oncle), Colin d'Amerin, Sohier Morel (1) et Aelme de Gaverele, Huard d'Hennin, son *homme*, engagea le droit de dîme à Brebières, qu'il tenait en fief dudit Gossuin, pour 180 livres parisis que prêtèrent l'évêque d'Arras, Raoul, et le chapitre de l'église Notre-Dame d'Arras. Témoins : Bauduin, abbé, et Hugues, prieur d'Hennin, *Hugues de Flers* (probablement un Saint-Aubin et un oncle dudit Gossuin), *Wérin* (de Saint-Aubin, chevalier, seigneur) *des Planques* (oncle de Gossuin), Bauduin de Noyelle, etc. Gossuin, n'ayant pas encore de sceau à lui, se sert de celui de feu son père Gossuin. (*Preuves*, n° CIII.) C'est le sceau décrit plus haut, avec le contre-sceau à l'oiseau non héraldique. La découverte de cette charte nous a tiré d'un grand embarras relativement à l'attribution des titres qui vont suivre et qui tous, jusqu'en 1243, sont munis du même sceau, très-reconnaissable; c'est celui dont se servait Gossuin Ier en 1198. Nous avons eu déjà l'occasion de faire remarquer le profit que l'on peut tirer de l'étude et de la comparaison des sceaux, pour distinguer le père, le fils, le petit-fils, qui très-souvent ont porté le même prénom. (Voir 3e chapitre, article III.) Mais le moyen, comme on voit, n'est pas infaillible, et sans la charte de 1206, nous aurions été tenté d'attribuer au Gossuin de 1198 toutes les chartes revêtues de son sceau jusqu'en 1243, attendu que, si Gossuin II prend soin, au commencement, de déclarer qu'il se sert du sceau de son père, c'est une contrainte dont il s'affranchit bientôt ; dix

(1) *Sigerus Moriaus*, échevin de Douai en 1217, vassal du prévôt de Douai en 1220, comme Gossuin de Saint-Aubin lui-même.

ans plus tard, il n'hésite pas à qualifier de son propre sceau (*sigillum meum*) celui de son père, qu'il s'était ainsi approprié.

Gossuin II nous semble avoir agi, dans cet acte, en qualité de seigneur de Gaverelle, terre qu'il donna en mariage à son fils, l'an 1243. *Preuves*, n° CXI.

D'après Gramaye, « G. de Saint-Aubin, châtelain de Douai », aurait figuré comme témoin d'une charte du roi Philippe-Auguste en 1207 ; nous avons dit, au 1ᵉʳ chapitre, article III, combien ce témoignage nous est suspect.

En juin 1210, lorsque le chevalier Wagon de Saint-Aubin, du consentement des chevaliers Wérin des Planques et Nicolas de Saint-Aubin, ses frères, fonde la chapelle « vicairesse » de Notre-Dame à Saint-Albin, il stipule qu'à la Chandeleur, le chapelain présentera deux cierges à l'hoir de Mˢʳ Gossuin de Saint-Aubin et à son épouse, qui les porteront à la procession de ce jour-là. (*Preuves*, n° CIV.) L'hoir de Mˢʳ Gossuin n'était autre que Gossuin II de Saint-Aubin, neveu du fondateur, et ce droit honorifique appartint désormais au possesseur du fief de Saint-Albin en Douai.

Le 23 mars (*decimo kl. aprilis*) 1215, (vieux style), le chevalier Gossuin de Saint-Aubin (*ego Gossuinus miles de Sᶜᵒ Albino*) approuve, comme sire, l'abandon que son vassal, le chevalier Nicolas Cretins (1), avait fait, au profit du chapitre de Saint-Amé, d'une dîme à Féchaing, qu'il tenait de lui en fief. Présents les hommes dudit Gossuin : Julien Le Riche (*Dives*), Pierre Le Petit (*Parvus*), Jacques de Deuyeul (*de Duaculo*). La charte est scellée du sceau et du

---

(1) Nommé Nicolas Cretin de Obrechicort, chevalier, vassal du comte de Hainaut, dans un titre de Marchiennes de l'an 1212.

contre-sceau de 1198, 1206, etc. Au mois de janvier 1216 (v. st.), l'évêque d'Arras confirma la cession qu'avait faite le chevalier Nicolas Cretins, de sa dîme de Féchain, *quam se, in territorio de Fechaign, de domino suo Gossuino de S*^{co} *Albino, milite, in feodum tenere dicebat* (1). Nous avions constaté, sous l'année 1201, que Gossuin Ier était vassal du comte de Hainaut ; il en était de même de Gossuin II, son fils, et c'était pour des biens situés dans l'ancien comté d'Ostrevant.

Un acte intéressant parmi ceux de Gossuin II, c'est celui du mois de juin 1217, par lequel, de concert avec sa femme Agnès, il affranchit le lieu où fut alors fondée la première abbaye des Prés ; c'était un manoir (*mansus*), situé dans les Prés Saint-Albin, qui avait appartenu à Wérin Mulet, bourgeois de Douai, et qu'habitaient trois sœurs, Sainte, *Fulcheldis* et Roscela, avec leur compagne Marie Le Franche. La donation fut faite en présence de plusieurs ecclésiastiques du pays : M° Jean Pikete, Michel, curé de Saint-Albin, Bauduin, curé de Saint-Pierre, etc. ; présents : le chevalier Nicolas de Saint-Aubin, Sohier Moriaus, Wérin Mulet, Gérard Bruniaus, Nicolas, frère de Marie Coillon (2), celle-ci et ses filles ; ces individus paraissent être des vassaux de Gossuin ; étaient encore présentes Helvide, épouse dudit chevalier Nicolas, et la fille de celui-ci ; enfin ce fut fait devant plusieurs autres personnes qualifiées *hospites de Prato*, c'est-à-dire hôtes du Pret ; c'étaient les propriétaires ou habitants des maisons de ce quartier, qui étaient grevées de rentes au profit du seigneur de Saint-Albin, et à raison desquelles ils étaient *hôtes, rentiers, cotiers* ou sujets de

(1) Arch. départ., fonds de Saint-Amé.

(2) Vassale du prévôt de Douai en 1220 et « pair » de Gossuin de Saint-Aubin.

ce, seigneur. Le sceau pendu à l'acte et que Gossuin II appelle cette fois *sigillum meum*, est le même qu'en 1198, 1206, 1215, etc. *Preuves*, n° CVI.

Il est à remarquer qu'à cette époque le quartier du Pret renfermait un assez grand nombre d'habitations particulières ; celles-ci furent acquises, vers 1240, par la comtesse Jeanne, en vue d'y fonder le béguinage de Champfleuri, fondation qui fut accomplie, en 1245, par sa sœur la comtesse Marguerite ; en 1244, on citait, au nombre des maisons qui avaient existé en ce lieu, le manoir (*mansus*) de feu M^{er} Nicolas de Saint-Aubin (1).

L'acte du mois de juin 1217 fut confirmé, en juillet suivant, par les douze échevins de la ville de Douai ; il le fut aussi par le chevalier Pierre de Lambres, parce qu'une partie du manoir dépendait du fief que Gossuin tenait de lui, en la paroisse Saint-Albin (2).

Gossuin II continua à se montrer favorable à l'abbaye qu'il venait en quelque sorte de fonder, et il lui facilita les moyens de se former peu à peu un domaine important dans les territoires de Dorignies et de Wagnonville. C'est ainsi qu'en novembre 1219, il s'empressa d'affranchir de toute charge féodale un fief de vingt-six rasières de terre que son vassal (*Jacobus Bouceaus, ligius homo meus*) avait donné à l'abbaye ; passé en présence des pairs dudit Jacques Boucel, savoir : Sohier Morel, Julien de Deuyeul (*de Duaculo*) et Pierre Le Petit (*Parvus*). Les terres sont ainsi désignées : *juxta placam ad crucem* ; *ad longum campum* ; *versus Eskarpel* ; *ad vicum* (chemin) *de Doreigni* ; *ad vicum* (rue) *Wakerece*, etc. La charte est munie du sceau armorial au

---

(1) Arch. départ., fonds de l'abb. des Prés.
(2) Id. Voir aussi l'appendice du présent chapitre.

chef, avec le contre-sceau à l'oiseau non héraldique. L'évêque d'Arras Raoùl, en confirmant, au mois de décembre suivant, l'acte qui précède, qualifie son auteur : *vir nobilis Gossuinus de S^{co} Albino, miles* (1).

Encore en l'an 1227, au mois de mai, il fait une vente importante au profit de l'abbaye : *Ego Gossoinus de S^{co} Albino, miles, et Agnes, uxor mea*. Il aliène : 1° une rente de dix rasières de blé (*bladii*) et de sept chapons (*capones*) qu'il levait sur une terre qui fut à Hieselin De la Porte (*Hieselinus de Porta*), près *del Ri;* 2° une terre de cinq rasières et demie, sise devant la Motte Julien (*Mota Juliani*), tenant à *le Rit* et à la terre de Mgr Barthélemy d'Aubi ; ces lieux dits sont sur le terroir de Wagnonville ; 3° des rentes qu'il percevait sur des jardins et des terres que l'abbaye avait acquis, notamment: sur le courtil des Fontaines (*de curtilio de Fontiliniis, quod fuit Roberti de Fonte*), sur celui qui fut à Oda Porcelet, sur celui qui fut à dame Eiliain situé dans les Prés (*in Pratis*), sur la terre qui fut à Bauduin Porcelet sise au Tranloit ; sur le courtil séant près de la bergerie (*berkeria*) qui fut à Huelot, etc.; ces lieux dits dépendent du terroir de Dorignies. En garantie de la vente, il assigne notamment tout son héritage (*hereditagium*), terre ou pré, allant depuis la maison de Robert de Fontaine jusqu'à l'église des Prés. Furent présents trois échevins de Douai. Sceau et contre-sceau connus (2).

En mai 1239, nouvelle vente, conclue entre les mêmes parties, de vingt-sept rasières de terre sises en la paroisse Saint-Albin, lieu dit à le Turele; la charte, scellée comme les précédentes, débute ainsi : *Ego Gossuinus de S^{to} Al-*

---

(1) Arch. de l'abb. des Prés.
(2) Id.

bino, miles, de consensu et mera voluntate Agnetis, uxoris mee, et filiorum meorum scilicet : Gossuini et Petri. L'acte est passé devant le maître de la milice du Temple de Douai et ses *hôtes* (*cotiers, rentiers* ou *sujets*), et aussi devant les échevins de cette ville. Enfin le vendeur assigna en garantie vingt-neuf rasières situées près de *Doregni*, au lieu dit *as Hawis*, du consentement du chevalier Pierre de Lambres, de qui il tenait ces terres en fief; étant présents, comme hommes du seigneur de Lambres, pairs dudit Gossuin, savoir : Etienne Potin, Hugues de Belonne et Jacques Fauchet (1).

Il est à remarquer que les vingt-sept rasières, objet de cette vente, situées dans la banlieue de notre ville, étaient grevées de rentes *cotières* envers la maison du Temple de Douai, et que les vingt-neuf rasières, assignées en garantie, étaient tenues en fief du seigneur de Lambres. Au XVIIe siècle, le seigneur de Wagnonville était encore vassal, pour le camp des Hauwis, du seigneur de Courchelette, ayant cause de celui de Lambres.

Nous citerons enfin une charte du mois de septembre 1243, scellée comme ci-dessus, et par laquelle il affranchit, comme sire, douze rasières de terre, mesure douaisienne, en plusieurs pièces sises ; entre la porte de l'abbaye des Prés et une terre que celle-ci y avait ; derrière le jardin de Thibaut Le Franc; *as Matounières*, tenant à la voie d'*Escarpiel*, etc.; le tout vendu à l'abbaye par son vassal (*homo meus*), Nicolas Li Cokés. Agnès, sa femme, et Gossuin, son fils, sont nommés dans l'acte (2).

Longtemps auparavant, il avait favorisé une autre maison religieuse, celle du Temple de Douai : car, de concert avec

(1 et 2) Arch. de l'abbaye des Prés.

le chevalier Pierre de Lambres, dont il était ici vassal, il avait affranchi de toute charge féodale une terre de vingt-six rasières, sise au lieu dit la Croix de la Turele ; les cérémonies, alors usitées pour la tradition de la chose cédée, se firent au *moutier* Saint-Amé, sur l'autel de la paroisse, le *tiers* jour de Noël (27 décembre) 1219. (*Preuves*, n° CVII.) Nous avons parlé plusieurs fois du lieu dit la Turele ; il se trouvait près du chemin qui menait à la première abbaye des Prés, terroir de Dorignies.

En 1229, au mois d'avril, le chevalier *Gossoin* de Saint-Aubin et Agnès, sa femme, affranchirent encore au profit du Temple une terre située à Coutiches, au lieu dit la Fosse Escumont ; ils la tenaient en fief du prévôt de Douai qui autorisa l'amortissement ; la terre, mise par le Temple aux mains d'un tiers, fut désormais chargée d'une rente annuelle au profit de cette maison religieuse. *Preuves*, n° CIX.

Gossuin II se montra non moins favorable envers le chapitre Saint-Amé. Comme beaucoup de laïques, il se trouvait en possession d'un droit qui, d'après les traditions chrétiennes, devait appartenir à l'église, à savoir d'une part dans la dîme de Saint-Albin, dont l'autel était du patronat de Saint-Amé depuis 1097 ; ce tiers de dîme, il le tenait en fief du prévôt de la ville de Douai. Il en opéra la cession au profit des chanoines, l'an 1220 (vieux style), en février, et les cérémonies s'accomplirent au cloître Saint-Amé. Sa charte scellée porte que cet abandon a été fait du consentement de son oncle, le chevalier Nicolas de Saint-Aubin, de leurs épouses, de Nicolas, clerc, fils dudit Nicolas, et du chevalier Hugues, aussi son oncle. Le prévôt de Douai, comme sire, confirma la cession et mit hors fief ce tiers de dîme. (Voir 3ᵉ chapitre, article V 1º.) L'évêque d'Arras Raoul donna aussi son approbation le 10 mars suivant (1).

Il est à remarquer que, pour obtenir l'assentiment du prévôt, dont Gossuin cessait d'être vassal, celui-ci dut lui rendre un autre homme de fief, et en effet il lui remit (*restauravit*) l'hommage du fils du chevalier Wautier de *Gœulesin*. Nous verrons plus loin (article IV 8ᵉ et 9ᵉ) que, malgré cet abandon, le seigneur de Saint-Albin avait encore, dans les temps modernes, des hommages à Gœulzin.

En avril 1232, du consentement de sa femme Agnès et de son fils Gossuin, il abandonne au chapitre la rente et la justice qu'il avait sur une maison voisine de l'*âtre* Saint-Albin ; étaient présents à la vente deux échevins de Douai. C'était en quelque sorte le complément de la cession de l'an 1220, puisque la maison ainsi affranchie était la cense de la dîme de Saint-Albin. *Preuves*, nº CX.

En l'année 1217, au mois de novembre, il assistait, comme vassal du chevalier Pierre, seigneur de Lambres, à une convention entre celui-ci et la maison du Temple (*militia Templi Salomonis de Duaco*), au sujet d'une terre à Noyelle (*Noiella*), dépendant du fief de Courchelette (*feodum de Corcella*) qui appartenait audit Pierre ; présents les *hommes* de celui-ci : *Gossuinns de Sᶜᵒ Albino, Guillelmus de Placi, milites. Petrus Potin, Stephanus Potin, Johannes de Guysia et Thomas Borgegnon de Ferin* (2).

Par une charte scellée de son sceau, en mai 1236, le chevalier Gossuin de Saint-Aubin, du consentement d'Agnès, sa femme, et de Gossuin, son fils, fit une convention avec

---

(1) Arch. départ., fonds de Saint-Amé, et *Preuves*, nº CVIII.

(2) Arch. de la ville, nº 29 de la *Table*.

un bourgeois de Douai, Jean d'Estrées, à propos de neuf rasières de terre qu'il avait « entre Oscre et Doregni, au camp Hesselin » ; des gens de Dorigny, Guifrois Caines, Robert Germain et Pierre Blareaus furent ses *pleges* ou cautions (1).

Lorsque la comtesse Jeanne, en se remariant avec le prince Thomas de Savoie, dut renouveler ses engagements envers la couronne et fournir la garantie de ses principaux sujets du comté de Flandre, Gossuin II fut l'un de ceux-ci, qui juraient de servir le roi contre le comte, dans le cas de rébellion de la part de ce dernier. Ses « lettres de sécurité, » datées de Douai, en décembre 1237, munies du sceau et du contre-sceau souvent décrits, et dans lesquelles il est nommé *Gossuinus de Sancto Albino, miles*, sont conservées aux archives nationales. (Douët d'Arcq, *Collection de sceaux*, n° 3504.) En 1244, lorsque la comtesse Marguerite, en succédant à sa sœur, jura à son tour d'être fidèle au roi, son seigneur, Gossuin II renouvela aussi ses engagements.

A propos de la charte par laquelle notre Gossuin cautionne la comtesse Jeanne envers la couronne, Carpentier, dans son *Histoire de Cambray* (II, page 710), dit qu'il épousa Ermengarde d'Ittre, fille de Renier, seigneur d'Ittre, chevalier en 1200, et de Huette de Haussi. Or, nous avons vu qu'en 1217, 1232, etc., sa femme s'appelait Agnès. Un exemple entre cent de la facilité avec laquelle le généalogiste cambrésien distribuait des maris et des femmes aux membres des familles dont il avait la prétention de refaire l'histoire.

(1) Contrats en chirogr. aux arch. de la ville. Guilmot, Extraits, t. III, p. 1176-7. — Cette convention donna lieu à des difficultés qui furent tranchées par un acte échevinal du mois de juin 1256, dans lequel est insérée la *carte* de 1236, ainsi qu'elle « parole, seelée del seel mon segneur Gossuin ».

Pour ne rien omettre, nous rappellerons qu'en décembre 1241, il était présent, comme homme de fief du comte de Flandre de son château de Douai, lorsque le fils aîné du châtelain remit un fief entre les mains du bailli de Douai, en vue d'une convention à intervenir entre le châtelain et l'abbaye d'Anchin ; qu'en septembre 1242, il recevait, comme homme de fief du château de Douai, un acte d'échange entre le chevalier Aléaume d'Auby et l'abbaye des Prés ; présents, comme hommes du comte de Flandre : « *Mgr Gossuin de Saint-Aubin* et Mgr Piéron de Douai, chevaliers » ; et qu'en février 1243 (v. st.), les comtes Thomas et Jeanne approuvaient l'acte ci-dessus, en présence de leurs « hommes » : Wautier, châtelain de Douai, et *Gossuin de Saint-Aubin*, chevaliers. *Preuves*, n°ˢ LVI 3° et LVII.

Le 21 mars 1243 (v. st.), en mariant son fils aîné, nommé comme lui Gossuin, il lui donna sa terre de Gaverelle, qu'il tenait, avec Wagnonville, en un seul fief lige du comte d'Artois ; étant convenu qu'après son décès, les deux fiefs n'en feront qu'un, comme auparavant. *Preuves*, n° CXI.

Enfin nous rappelons qu'en décembre 1245, lors de la délimitation de la nouvelle paroisse de Sainte-Isabelle de Champfleuri, détachée de celle de Saint-Albin, il est parlé du manoir de Mgr Gossuin (l'hôtel de Saint-Albin) et de la ruelle de Mgr Gossuin, située derrière ledit manoir, dite ensuite ruelle des Béguines. (Voir au présent chapitre, article I 1°.) C'est, croyons-nous, le dernier renseignement applicable à Gossuin II, qui fut seigneur de Saint-Albin, Wagnonville, Gaverelle, Flers, etc.

« Medame Agnès, ki fu femme mon segneur Gossuin de

Saint-Aubin », est encore citée comme vivante, dans des actes d'octobre 1254 et de décembre 1256 (1).

Sur Gossuin III de Saint-Aubin, fils aîné de Gossuin II, et sur ses successeurs, les données deviennent infiniment moins précises, car les riches archives de Saint-Amé et des Prés sont muettes quant à leurs faits et gestes. Aussi les difficultés deviennent-elles plus grandes, pour distinguer les personnages qui ont alors tenu le fief de Saint-Albin, d'autant plus que, comme il arrive fréquemment, le prénom de Gossuin semble devenir héréditaire dans cette famille. Sauf révélation ultérieure, nous nous sommes arrêté au classement suivant.

A Gossuin III, né vers 1220, marié en 1243, nous attribuons une indication fournie par le *Traité de la noblesse*, de La Roque (2); le roi Philippe III ayant appelé aux armes la noblesse du royaume, en l'année 1272, le chevalier Gossuin de Saint-Aubin (*Gossuinus de sancto Albino, miles*) fut convoqué avec les feudataires du bailliage de Vermandois. Feu M. Guilmot (3) dit l'avoir trouvé nommé dans un titre du Béguinage de l'an 1275. Nous ajoutons une autre indication constatant qu'un Gossuin de Saint-Aubin était du nombre des gentilshommes du comté de Flandre, qui, en 1278, donnèrent leurs « lettres de sécurité », à l'occasion du serment de fidélité prêté par le comte Guy de Dampierre au roi de France.

Voici un renseignement plus précis. Dans son testament, passé devant échevins de Douai, en avril 1279, le

---

(1) Contr. en chirogr. aux arch. de la ville. Guilmot, Extraits, t. III, p. 1161-1162.

(2) Rouen, 1733, in-4o, p. 84 du Traité du ban et arrière-ban.

(3) Notices sur Douai, ms. no 1080 de la Bibliothèque publique, fo 118 vo.

chevalier Pierre de Saint-Aubin parle de son frère M*gr* *Gossuin*. Il s'agit bien ici de Gossuin III, puisque nous avons vu qu'en 1239 Gossuin II avait deux fils, Gossuin et Pierre. Le testateur lègue à son fils Gossuin : sa maison « dou Pret qui fu Biernart Tarekin », dont sa femme Izabiaus jouira sa vie durant ; vingt rasières de terre en l'échevinage de Douai, vers « Doregny, entre le Rit et les fossés Croisiés », entre la « Maladerie des Plankes et la Bare d'Eskirchin », etc. Parmi les exécuteurs testamentaires figurent : M*gr* Jehan de Bailloeul, M*e* Renier Malet, chantre de Saint-Amé, Sohier Le Petit, Simon Malet et Pieron de Le Braiele (1).

C'est peut-être encore à Gossuin III qu'on doit rapporter les mentions suivantes. Le jour de Sainte-Luce (13) en décembre 1282, *M*gr* Gossuin de Saint-Aubin* est présent à un accord conclu entre le chapitre de Saint-Quentin, l'abbaye de Vaucelles et M*gr* Thierry, seigneur de Bevre, avec madame Agnès, sa femme (2). En mai 1283, à « Waignonville », fut passé un acte curieux (3), au point de vue de la question litigieuse de la juridiction de ce lieu, qui a été de tout temps disputée au seigneur par les échevins de Douai. Hauwis de Marke donne au béguinage ou « à l'hospital de Campflorit » quatre rasières deux coupes de terre, « ki furent Cholars Le Retourneur de Waignonville, con tient de *M*gr* Gossuin de Saint-Aubin, chevalier*, à rente » ; ces terres étaient situées en divers lieux : au Marlich, entre

---

(1) Arch. de la ville, testament en chirographe. Guilmot, Extraits mss., III, p. 1107.

(2) Cartul. rouge du chap. de Saint-Quentin, p. 181. Dom Caffiaux, *Trésor généalog.*, p. 353.

(3) Arch. départ., fonds de l'abbaye des Prés. Une copie de l'acte fut produite lors de l'enquête de 1614-1615 sur la question de Wagnonville ; arch. de la ville, lay. 27, liasse 2e.

«, Waignonville et le Pire des Plankes », etc., et, parmi elles, il y avait cinq coupes « ke preit ke masiel », un autre « masiel » de six coupes, etc.; passé « devant ledit seigneur et les jugeurs, sauve le justiche de nos signeurs et le justiche mon signeur Gossuin et les us et les coustumes de Waignonville. Fu comme sires, mesires Gossuin de Saint-Aubin, chevalier, et Mikieus de Le Deule, baillieus de Douai. » C'est un acte en chirographe au dos duquel est cette mention : « L'une partie warde Gossuin de Saint-Aubin, et l'autre wardent si homme de Waignonville comme jugeur et hoste. » Il nous semble résulter des formules ci-dessus que déjà au XIII° siècle, la justice de Wagnonville était litigieuse.

C'est à GOSSUIN IV DE SAINT-AUBIN, présumé fils de Gossuin III, que nous appliquerons les renseignements suivants.

Etant encore jeune chevalier, « baceler », il prit part, vers 1280, au tournoi de Hem-sur-Somme (1).

« La tieulerie *M*^{gr} *Gossuin de Saint-Aubin*, en la basse rue des Navieurs, contre le tenement mondit s^{er} », c'est-à-dire tenant à l'hôtel de Saint-Albin, est citée dans le « cœuilloir » des rentes du riche bourgeois, Jehan De Franche, écrit en octobre 1291. (Voir ci-dessus, article I 1°.)

En l'année 1293, le bailli d'Amiens, constitué juge royal pour tout le nord du royaume, *exploita* « dans la maison du seigneur de Saint-Aubin, située au comté de Flandre » ; sur la plainte du comte Guy de Dampierre, le roi Philippe

---

(1) Sarrazin, *Le Roman de Hem*; p. 314 de *l'Hist. des ducs de Normandie*, publiée en 1840 pour la Société de l'histoire de France; Paris, in-8°.

le Bel annula la saisie pratiquée par son bailli (1). Il s'agit évidemment ici de l'hôtel de Saint-Albin en Douai.

Quand éclata la guerre entre le roi et son vassal, le comte de Flandre, en janvier 1297, le chevalier Gossuin de Saint-Aubin embrassa le parti de ce dernier, de même que son parent le châtelain de Douai ; et cependant Gossuin était homme lige, pour ses terres de Wagnonville, de Flers, etc., du plus fougueux défenseur de la cause royale, Robert II, comte d'Artois. A la veille de la rupture, au mois de décembre 1296, Gossuin s'était compromis au point d'injurier et de frapper Nicolas Boinebroque, notable bourgeois de Douai et partisan du roi, durant une conférence tenue en l'église des Frères Prêcheurs de cette ville, entre le bailli d'Amiens et les gens du roi, d'une part, le comte et ses gens, de l'autre. Arrêté immédiatement par le bailli d'Amiens, Gossuin s'échappa des mains des sergents et retourna auprès du comte Guy ; celui-ci, sommé par le bailli d'avoir à rendre le prisonnier du roi, s'y refusa. *Preuves*, n° CXII.

Cet enthousiasme pour la cause flamande, qui était d'ailleurs en opposition avec les véritables intérêts des pays wallons, fut d'assez courte durée, attendu que nous trouvons le nom de Gossuin IV (*dominus Gossuinus de Sancto Albino*) sur le rôle des chevaliers de la Flandre au service du roi, qui avaient reçu leurs gages pour le terme de l'Ascension 1303 (2) ; sa conduite avait du reste été en tout point semblable à celle de la noblesse wallonne et en particulier de son parent, le châtelain de Douai, qui, lui aussi,

---

(1) J. de Saint-Genois, *Invent. des chartes des comtes de Fl.*, Gand, 1846, in-4°, n° 698.

(2) *Recueil des hist. des Gaules et de la Fr.*, t. 22e, Paris, 1865, in-fo, p. 766.

s'était montré, au début, ardent partisan du comte Guy de Dampierre ; il se rallia donc sans arrière-pensée à la domination française et lui demeura fidèle malgré le désastre de Courtrai ; aussi rentra-t-il en possession de ses fiefs de l'Artois, Wagnonville, Flers, etc., que ses successeurs possédaient encore au XIV° siècle, avec celui de Saint-Albin en Douai.

Hugues II de Saint-Aubin, présumé fils de Gossuin IV, vendit, en 1324, à la ville de Douai, ses rentes et sa justice du Pret, qui furent « éclissées » de son fief de Saint-Albin. A cet effet, il comparut devant le bailli de Douai et les hommes de fief « le roy mon seigneur, de son castiel » de Douai, qui constatèrent que « Hues de Saint-Aubin, sire dou Fresnoy, escuyers, du consentement de medame Ysabiel de Saint-Aubin, dame de Longhastre, se sereur et sen droit hoir adonc apparant, et de Mgr Jehan dou Bos *dit* Bosket (1), chevalier, mari à ledite dame », avait aliéné aux échevins ses rentes, sa justice et sa seigneurie du lieu dit *Ou Preit* (*in Prato*), qu'il tenait en fief et en hommage « du roy mon seigneur, de son castiel » de Douai. Conformément aux lettres du roi Charles le Bel, en date du mois de novembre 1324, données *apud Baync.*, et transcrites dans l'acte de vente, ces rentes furent « mises hors fief » et amorties au profit de la ville (2).

Malgré la réalisation de cette vente, les parties se trouvaient, paraît-il, l'année suivante, en procès au sujet de la justice du Pret. Le 23 novembre 1325, le parlement de

---

(1) En 1310, « Boskes Doubois » figurait au tournoi de Mons parmi les chevaliers de Flandre et de Hainaut. (*Compte rendu des séances de la Com. roy. d'hist.*, 3e série, t. V, Brux., 1863, in-8o, p. 255.)

(2) Arch. de la ville ; no 396 de la *Table*.

Paris déclara bonne l'enquête qui avait été faite, de par le roi et les échevins de Douai, audit lieu nommé « Ou Pret »; la cause avait été intentée par le procureur du roi et les échevins contre Hugues de Saint-Aubin (*Huetus de Sancto Albino*), lequel alléguait tenir en fief du roi ledit lieu du Pret, être homme du roi à cause du château de Douai, avoir des pairs jugeant dans ledit château, et faire décider par eux le différend (1).

Plus tard, devenu chevalier, il continua à se qualifier seigneur du Fresnoy. Dans son *Trésor généalogique*, page 353, dom Caffiaux a extrait d'un registre de l'hôtel de ville de Douai, coté K, page 77 (2), une mention relative à « Hue de Saint-Aubin, chevalier, s⁵ du Fresnoy », qui obtint, le 1ᵉʳ mars 1336 (v. st.), une sentence échevinale contre d^elle Agnès Espinekoque.

La seigneurie vicomtière du Fresnoy était située à Willem, Baisieu, etc., en la châtellenie de Lille; elle consistait en un manoir seigneurial avec motte, « bassecourt », jardin, bosquet, « chaingles » et fossés, d'une étendue de trois bonniers; en terres, prés, bois, marais et pâturages; en rentes, corvées, terrage, etc., avec dix hommages. Elle était tenue en fief du baron de Cysoing (3). Près de là, à Lers, existait déjà au XIVᵉ siècle un fief « en l'air », appelé *de Saint-Aubin*, consistant en rentes, terrage, etc., avec justice vicomtière, le tout mouvant aussi de Cysoing (4);

---

(1) Boutaric, *Actes du Parlement de Paris*, 1ʳᵉ série, 1254-1328, t. 2ᵉ, Paris, 1867, in-4°; n° 7725, p. 603.

(2) Il n'a pas été retrouvé aux archives (août 1873).

(3) En 1455, elle appartenait à Guillebert de Lannoy, chevalier, seigneur de Willerval. (Ch. des comptes; f° 93 v° du registre de 1447 des fiefs de Lille, ancien L 106.) Il descendait des St-Aubin, par les femmes.

(4) Il appartenait en 1393 à Jean de Quartes, fils d'Huart. (Id. f° 42 v°.)

c'était probablement un « éclissement » de la seigneurie du Fresnoy, possédée par nos Saint-Aubin.

D'après le mémoire judiciaire des échevins de Douai pour leur grand procès de 1776 contre le seigneur de Saint-Albin (page 41), une sentence échevinale serait intervenue, le 17 octobre 1348, au sujet d'un droit de « franquet » demandé par messire Guillaume de Saint-Aubin, chevalier, contre Lambert A le potente, brasseur. Si le prénom est exact (ce que nous n'avons pu vérifier), il s'agirait d'un fils d'Hugues II, né après 1324, puisqu'à cette époque ce dernier n'avait pour héritier apparent que sa sœur, et mort sans postérité laissant plusieurs frères, et parmi eux Hugues et Gossuin, dont il va être parlé.

Hugues III de Saint-Aubin a dû naître aussi fort peu de temps après 1324, attendu que déjà en 1385 son petit-fils, issu de sa fille, contractait mariage.

Dans le cartulaire de Cambrai reposant à la Bibliothèque nationale, au f° 156, il y a un acte du 8 mars 1358 (v. st.), commençant ainsi : « Nous, Hues, sires de Saint-Aubin, chl'^{rs} », par lequel il vend au chapitre de Notre-Dame de Cambrai une terre sise au terroir de Flers.

Le 5 septembre 1364, comme le chapitre de Saint-Amé et l'écuyer Jehan d'Estourmel s'accordaient ensemble au sujet de ce que leur devait la succession de M° Martin de Souchez, doyen de Saint-Amé, furent témoins de l'arrangement : « Honnerables et sages Mr Hue de Saint-Aubin, chl^r, et Robert du Paiage, escuyer », personnages qui, dans l'acte en latin, sont appelés : *D^{us} Hugo de S^{to} Albino, miles, et Robertus du Paiage, armiger* (1).

---

(1) Arch. départ., fonds de Saint-Amé.

« Hues de Saint-Aulbin, chev", sires de Waignonville »,
intervint en personne dans le traité du 31 octobre 1370,
par lequel les échevins réglèrent les détails relatifs aux exploits des « clains et respeux », de concert avec ledit Hugues
de Saint-Aubin et le procureur de Marie de Meleun, qui
possédait alors la prévôté et le Gavène. Le sceau d'Hugues III
est pendu à la charte; sur un petit écusson penché, on voit
« le chef », antique emblème de cette famille; l'écu est
timbré d'un casque grillé; cimier : tête et col de licorne;
légende du sceau : *S' Hue de Saint Aubin, chevalier* (1).
Dans sa procuration du 1ᵉʳ octobre, Marie de Meleun, fille
du vicomte de Meleun et d'Isabelle d'Antoing, cite : « noble
homme no chier et amé cousin monsʳ de Saint-Aubin ».
Le traité du 31 octobre 1370 fut approuvé à Gand, le 23 février 1371 (v. st.), par le comte de Flandre, à la demande
de « messire Hue de Saint-Aubin, chevalier, et demizelle
Marie de Meleun, prévoste de la ville de Douai ».

Le 5 janvier 1372 (v. st.), « Hues de Saint-Aubin, sire
de Wagnonville, chevalier », reçoit, comme sire, l'acte de
vente de la Motte Julien, entre Douai et Wagnonville,
d'une contenance de six coupes de terre, *parmi* les fossés.
Une autre vente de la même terre fut faite devant lui, le 29
décembre 1377 (2).

Hugues III mourut vers 1378; comme ses ancêtres, il
tint les fiefs de Saint-Albin, Wagnonville, Gaverelle,

---

(1) Nᵒˢ 562-564 de la *Table chronol.* des archives de la ville. Guilmot (Invent. analyt., III, p. 893) a mal vu le blason, dont le chef, dit-il, est chargé
de trois objets qu'on ne peut distinguer. C'est bien un chef plein.

(2) Arch. de la ville, nᵒˢ 565 et 293 de la *Table chronol.*. Copies trouvées
parmi les pièces de l'enquête de 1614 du procès concernant Wagnonville.
La cense de la Motte Julien fut acquise, au XVIIᵉ siècle, par l'abbaye des
Prés. Ce n'est plus aujourd'hui qu'une terre en labour.

Flers, etc.; mais après lui, Saint-Albin et Wagnonville, qui étaient, depuis un temps immémorial, unis par le fait d'une seule et même possession, furent définitivement séparés; il résulte en effet des renseignements donnés ci-après, que Wagnonville et Flers demeurèrent dans la descendance d'Hugues, mais pour passer à une famille étrangère, et que Saint-Albin fut acquis par des collatéraux.

Dans nos *Recherches historiques sur Flers en Escrebieu* (Douai, 1873, in-8°, page 21), nous avons établi que le chevalier Louis, sire de Willerval, petit-fils d'Hugues III de Saint-Aubin, hérita vers 1380 de Wagnonville et de Flers, et qu'il se maria vers 1385 avec Marguerite de Meleun, fille d'Hugues, sire d'Antoing, Espinoy, etc., prévôt et Gavenier de Douai. (Voir 3e chapitre, article III 12.)

Nous avons vu qu'Hugues II de Saint-Aubin portait, en 1324, le titre de sire du Fresnoy, et qu'Hugues III, son fils, avait celui de sire de Wagnonville ; c'est que la seigneurie du Fresnoy était échue à un frère cadet d'Hugues III, à savoir au chevalier Gossuin de Saint-Aubin, décédé avant 1379, laissant plusieurs enfants d'une d^{elle} Pourchel, sœur d'Amouri, écuyer, seigneur de Frémicourt, et fille du chevalier Ricard Pourchel, seigneur dudit lieu de Frémicourt, gouverneur de la Flandre wallonne en 1364 (1). La veuve de ce Gossuin, Madame du Fresnoy, et ses fils sont mentionnés dans le testament dudit Amouri Pourchel, passé devant échevins à Douai le 28 juillet 1379 (2) ; si la fille du testateur meurt sans enfant, les biens reviendront « à l'aisnet fil de le dame du Fresnoit, qu'elle eut de défunt

---

(1) Sur la famille Pourchel qui, de la bourgeoisie douaisienne, s'était élevée jusqu'à l'ordre équestre, voir l'appendice du 4e chapitre.

(2) Archives de la ville, testaments en chirographe. Guilmot, Extraits, t. III, p. 1071.

noble homme M*r* Gossuin de Saint-Aubin, son mari » ; plus loin sont cités : « les fieulx de ladite dame » et nommément « Ricardin, se nieps, fieulx à ladite dame du Fresnoit. » Le 13 juillet 1380, « nobles hons Amourys Pourchiaux, escuyers », reçoit de l'abbaye des Prés les termes arriérés de Noël 1378 et 1379, de rentes dues « à me dame dou Fresnoy, sereur doudit Amoury, à cause du fief de Saint-Aubin (1).

Il résulte de tous ces renseignements que le fils aîné du chevalier Gossuin de Saint-Aubin, sire du Fresnoy, réussit à conserver dans sa famille le fief de Saint-Albin, qui allait en sortir par suite du décès d'Hugues III, mort sans laisser d'enfant mâle.

Gossuin V de Saint-Aubin, chevalier, seigneur du Fresnoy, nous est fort peu connu comme possesseur du fief de Saint-Albin en Douai ; mais en revanche son nom se trouve dans Froissart. L'inimitable chroniqueur raconte qu'en 1385 « messire Gossiaux de Saint-Aubin », *alias* « le sire de Saint-Aubin », étant en garnison à Audenarde, durant une révolte des Gantois contre le duc de Bourgogne, sauva la ville d'une surprise dirigée par l'ennemi. Gossuin V mourut vers 1390.

Après lui, survient la décadence pour la famille de Saint-Aubin, comme pour tant d'autres maisons chevaleresques de notre pays, dont le nom était honorablement connu depuis le XII° siècle : c'était le favoritisme, introduit chez nous par les ducs de Bourgogne, qui gaspillait la fortune publique pour bouleverser le livre d'or de la noblesse wallonne, soit en faisant monter jusqu'à un rang princier quel-

---

(1) Contr. en chirogr. aux archives de la ville. Guilmot, p. 1210.

ques anciennes familles, comme celle de Croy par exemple, soit en rendant opulentes des familles récemment anoblies.

Gossuin VI de Saint-Aubin, seigneur du Fresnoy, qui était fort jeune quand il succéda à son père, n'occupa plus qu'un rang inférieur dans l'ordre de la noblesse et prit femme chez de riches bourgeois ; ni lui ni les siens ne parvinrent à la dignité de chevalier, que leurs prédécesseurs avaient eue, tous sans exception, durant les siècles antérieurs.

« Gossuins, sires de Saint-Aubin et du Fresnoit », est cité dans le dénombrement de Cysoing, du 20 mars 1392 (v. st.), comme possesseur de la terre « du Fresnoit à Willem », mouvant de la baronnie de Cysoing (1).

Exploit de « saisine » d'une maison dite des Sarasins, « à l'opposite de la plache à Deuwoieul », est effectué, en juin 1393, par le « justice des hoirs de défunt noble homme Mr de Saint-Aubin, au lez com dist Dellà l'eauwe » (2).

Le 29 mai 1403, devant échevins de Douai, noble homme Jehan de Saint-Aubin, écuyer (3), et Bauduin de Froide-

---

(1) Arch. départ., Ch. des comptes; fo 46 du registre de 1389 des fiefs de Lille, ancien L 105.

(2) Arch. des hospices; Invent. supplém. ms., n° 320.

(3) Il y avait, à cette époque, à la cour des ducs de Bourgogne, un personnage qualifié de « messire Jean de Saint-Aubin, chevalier, conseiller et chambellan » du duc Philippe le Hardi et ensuite du duc Jean sans Peur; il figure, en ces qualités, pour 400 francs d'or de pension, dans le compte de 1407. (Lefèvre de la Barre, *Mém. pour servir à l'histoire de France et de Bourgogne*. Paris, 1729, II, pages 42 et 120.)

Nous croyons qu'il appartenait à une autre famille de Saint-Aubin, à laquelle on pourrait rattacher Jean de Saint-Aubin, mentionné en 1302 dans le dénombrement de la terre de Picquigny, servi à l'évêque d'Amiens. (Dom Cafflaux, *Trésor généalog.*, p. 353.) En 1397, Jean de Saint-Aubin, chevalier, est témoin du testament du sire de Coucy (Id.) ; c'est peut-être le chambellan des ducs de Bourgogne.

court, comme tuteurs de « Gossuin de Saint-Aubin, fils meneur d'ans de feu Mgr de Saint-Aubin, jadis chevalier », afferment pour trois ans à Pierre Boinebroque et Ernoulx du Quesnoy, bourgeois de Douai, les droits « d'afforage des vins, cervoises, cherises et autres boires boulis des huisines et cambes qui sont en la basse justice de Saint-Aubin, qu'on dit Delà l'eau », moyennant vingt livres par an (1). L'écuyer Jean de Saint-Aubin était oncle du jeune Gossuin.

Par contrat passé devant échevins de Douai en 1412, le chef de la maison de Saint-Aubin épousa Jeanne Bel, fille d'Henry, bourgeois de Douai, sept fois échevin de 1375 à 1395, et de Marie Waude. Le 10 juin 1419, « noble homme Gossewin, seigneur de Saint-Aubin et du Fresnoy, escuier, et d^{lle} Jehane Bel, sa femme », vendent à Wuillaume Waude, bourgeois de Douai, le quart qu'avait ladite d^{lle} dans une maison sise en cette ville. Gossuin mourut sans enfant vers 1425 ; sa veuve se remaria bientôt à Bauduin du Bos *dit* le Besgue, écuyer, cinq fois chef des échevins ou maire de Douai, de 1432 à 1445 (2).

JEAN DE SAINT-AUBIN, écuyer, seigneur du Fresnoy, fut le successeur de Gossuin VI, dont il était, suivant toute apparence, le frère cadet. C'est le premier qui apparaisse dans les généalogies, fort incomplètes du reste, de la famille de Saint-Aubin ; d'après elles, il aurait épousé Jeanne de Saveuse, veuve de N..... de Mailly, seigneur de Montrecourt (3). Les procès qu'il eut contre la ville et contre le châtelain, ainsi que divers actes concernant sa justice de

(1) Arch. de la ville, n° 705 de la *Table*. Guilmot, Invent. analyt., I, p. 19.

(2) Id. Guilmot, Extr. ms., I, p. 59 et IV, p. 1449.

(3) Dumort, *Généalogies de quelques familles des Pays-Bas*, Amsterdam, 1774, in-8°, p. 317.

Saint-Albin, nous le montrent en possession de ce fief depuis 1427 jusques après 1452.

Le 21 août 1430, comparait en halle, devant échevins, sire Jehan Du Sart, prêtre, vice-gérant de la cure de Saint-Albin, procureur de Jean, seigneur de Saint-Aubin et de Frennoy, écuyer, suivant procuration du 8 février 1427 (v. st.), au sujet d'une contestation entre la ville et le seigneur de Saint-Albin, pour la propriété d'un arbre tombé sur le *pire*, « emprès le chimentière Saint-Aubin, au bout de la rue de Glatigny (1). »

Une sentence échevinale du 6 novembre 1434 fait connaître que « Jehan, seigneur de Saint-Aubin, escuyer », à ce autorisé par autre sentence du 6 mai, avait fait saisir, par « Jehan Villain, exerçant le fait de la basse justice, pour ledit seigneur de Saint-Aubin, au lieu que on dist Delà l'eau », les biens qui se trouvaient en une maison à l'enseigne de la Coupe d'Or, « outre la place à Deuyeul » et qui appartenaient à Gillot Morel, *cuvelier*, avant qu'il se rendît fugitif, afin de se faire payer du reliquat de la dette dudit Gillot, « pour cense des forages et francqués appartenans audit seigneur de Saint-Aubin, à prendre sur les vins et bruvages bouillis, vendus et brocquetés en la paroisse de Saint-Aubin, Delà l'eau, lesquels forages et francqués ledit Gillot avoit tenus à cense, pour le prix de 18 livres parisis, chacun an, à payer moitié au jour Saint-Remy et l'autre moitié au jour de Pasques communiaulx (2). »

De 1435 à 1437, « noble homme Jehan, seigneur de

(1) Arch. de la ville, cartul. 00, fo 103.
(3) Arch. de la ville, reg. aux sentences, 1434-1435, fo 67, vo. Guilmot, Extraits, t. III, p. 1411.

Saint-Aubin et de Fresnoy, écuier », par son procureur, Jehan Du Pont, soutint un procès en halle contre le châtelain de Douai, au sujet de leurs juridictions respectives ; l'endroit litigieux était un *warescais* ou chemin, situé près d'Escarpel et de la Scarpe, derrière la première abbaye des Prés, en la paroisse Saint-Albin. (Voir 1er chapitre, article IV 14.)

Le 23 décembre 1438, devant échevins, Jean, seigneur de Saint-Aubin, écuyer, seigneur de la basse justice de Saint-Aubin que l'on dit Delà l'eau, afferme celle-ci à Jehan Villain, pour six ans, en rendant par an dix-neuf livres (1). Jehan Villain, « exerçant le fait de la basse justice au lieu qu'on dist Delà l'eau, pour le seigneur de Saint-Aubin, Jehan, seigneur dudit lieu de Saint-Aubin et de Fresnoy, escuier », étant mort insolvable, le seigneur et les autres créanciers font vendre, en août 1443, une maison dépendant de cette succession. A ce propos, à la page 1031 de son Inventaire analytique, Guilmot dit de Jehan de Saint-Aubin qu'il était « l'un des derniers descendants en ligne directe des premiers et fameux châtelains de Douai » : nous sommes donc parfaitement d'accord avec l'infatigable explorateur de nos archives, pour rattacher la famille de Saint-Aubin à la maison de Douai (2).

Dans un registre aux contrats passés devant échevins (coté 1443-5, fo 108 vo), on voit, à la date du 18 mars 1445 (v. st.), que « comme Jehan Lestievart eust exercé le fait de

---

(1) Arch. de la ville, no 883 de la *Table chronol.* — Guilmot, Invent. analyt., pages 587 et 1143.

(2) Il est rappelé ici que nous réservons pour un travail généalogique sur cette antique maison et sur plusieurs familles qui en sont issues, une foule de renseignements que nous avons recueillis, concernant les cadets des seigneurs de Saint-Albin.

la basse justice de Saint-Aubin, par certaines années et jusques au 18 février passé », Jehan, seigneur de Saint-Aubin, le révoque et reprend sa justice. (Guilmot, Premiers Extraits, page 186.) Dans le registre de 1445, f° 18, sous la date du 20 mars 1445 (v. st.), est transcrit le contrat par lequel Jehan de Saint-Aubin, écuyer, seigneur de Saint-Aubin et du Fresnoy, « a baillé en léale censse à Jehan Lestievart se justice de Saint-Aubin en Douai, à tenir tant que vora chaque partie », moyennant douze livres par an ; signé : « Jehan, singneur de Saint-Aubin » ; et le 15 décembre 1446, ledit Jehan Lestievart y « renoncha, à le personne dudit Jehan de Saint-Aubin. » (Guilmot, Premiers Extraits, page 145.)

Enfin nous pouvons encore citer un récépissé, délivré le 13 janvier 1452 (v. st.), par « Jehan, signeur de Saint-Aubin », d'un dénombrement à lui servi, le 18 octobre 1452, pour trois fiefs sis à Dorignies et mouvant de sa seigneurie de Saint-Albin ; son sceau manque (1).

PHILIPPE DE SAINT-AUBIN, qui est indiqué, dans la généalogie de sa famille, comme fils dudit Jean et comme époux de Marguerite de Mailly, dame de Wavrans (village dépendant du bailliage de Saint-Omer), fut le dernier de son antique race qui ait possédé le fief de Saint-Albin.

Consulté par la ville en sa qualité de « seignerur fonssier en la juridiction de Saint-Aubin, que on dist Delà l'eau, en la ville de Douai », Philippe, seigneur de Saint-Aubin, donna son consentément pour l'établissement d'un moulin à la garance « en un lieu, placé et pièce de terre wide et waghe, scitué au lieu que on dist à la Prarie Saint-Aubin, oultre le porte à l'Estancque, entre la fontaine v

---

(1) Arch. de la ville ; n° 958 de la *Table*.

estant et la grant rivière »; en conséquence les échevins autorisèrent, le 2 novembre 1457, à édifier le moulin (1).

« Noble homme Philippe, seigneur de Saint-Aubin », avait affermé, le 29 janvier 1455 (v. st.), à Jehan Lestievart, sa basse justice, pour trois, six ou neuf ans, moyennant douze livres par an; ce bail fut ensuite transporté à Philippart de Gand (2).

Il faisait sa résidence à Douai, en son hôtel de Saint-Albin, ainsi qu'il résulte des délibérations suivantes prises à son sujet par le Conseil de la ville :

1470 (v. st.), 12 mars. On délibère de répondre à « Philippe, sʳ de Saint-Aubin, qui requéroit estre lieutenant de Mʳ de La Roche, de la cappitainerie de Douay : Qu'il n'est nul besoing ancoires avoir capitaine, ne consequemment lieutenant. Et s'il estoit besoing, et que anemis entrassent au pays, il y conviendroit avoir garnison, pour laquelle avoir, et aussi ung capitaine d'icelle garnison, non point de la ville », on s'adresserait au duc (3). Le capitaine de la ville était le commandant militaire; jusqu'à Charles le Téméraire, cet office fut essentiellement temporaire ; le prince n'envoyait de capitaine qu'en cas de siége imminent, et les fonctions cessaient une fois le danger passé. L'état de guerre perpétuelle où se trouva le pays sous le duc Charles et sous ses successeurs, rendit permanentes les fonctions de capitaine des villes de la Flandre wallonne.

1472, 9 novembre. Le seigneur de Saint-Aubin ayant demandé de pouvoir brasser, sans payer l'*assis*, « jusques

---

(1) Arch. des hospices, n° 17 de l'Invent. suppl. ms.

(2) Arch. de la ville, n° 975 de la *Table chronol.* Guilmot, Invent. analyt., pp. 10 et 1142. — Contrats en chirogr., Guilmot, Extraits, t. III, p. 1366-7.

(3) 1ᵉʳ Registre aux Consaux, commençant en 1452, f° 33.

à 60 tonnes de cervoise », on délibère qu'il « fera brasser, et après l'on advisera de lui faire courtoisie »(1). Cette exemption d'impôt signale la bonne intelligence qui régnait entre les échevins et Philippe de Saint-Aubin.

Pendant la campagne de Lorraine de l'an 1476, où périt Charles le Téméraire, « Mgr de Saint-Aubin », l'un des nobles « fiefvés » des châtellenies de Lille, de Douai et d'Orchies, fut signalé comme ne faisant « quelque service à Monseigneur » (2).

En 1476, « messire Philippe de Saint-Aubin, seigneur de Saint-Aubin », perdit un procès, devant les échevins, contre le possesseur du fief des Pourchelets, ancien démembrement de celui de Saint-Albin (6e chapitre, article II), au sujet d'un droit de forage indûment perçu à son profit sur des pièces de vin vendues à « brocque » en une maison Ou Pret, qui fut reconnue dépendre de la justice du fief des Pourchelets (3).

La qualité de « messire » ou de « monseigneur », qui lui est attribuée, prouve qu'il était parvenu à la dignité de chevalier, probablement durant les guerres entreprises par son seigneur le duc Charles le Téméraire.

La ruine et la mort de ce prince, l'entrée des troupes françaises en Artois, l'empressement de plusieurs capitaines du feu duc à se soumettre au roi Louis XI, tous ces évènements amenèrent une crise violente dans les provinces wallonnes ; la situation était surtout grave à Douai, qui se trouvait être une place frontière, par suite de la conquête

---

(1) Id., fo 37.

(2) Arch. départ., Ch. des comptes, cahier en papier coté L 918, fo 8.

(3) Terrier du fief des Pourchelets, 1461 ; petit reg. en parchemin, dans les papiers de la famille Becquet de Mégille, à Douai. — Le reg. aux sentences civiles de cette époque ne paraît plus exister aux arch. de la ville.

de l'Artois, province qui limitait la banlieue de notre ville au midi, à l'ouest et au nord ; le mariage de Mlle de Bourgogne avec un germain, un futur empereur d'Allemagne, vint aggraver encore le mal, puisque c'était, pour les esprits sérieux et réfléchis, le prélude d'une séparation complète d'avec la France, la mère patrie, et peut-être même d'une annexion future à l'Empire.

Dans ces circonstances, Philippe de Saint-Aubin, qui d'ailleurs possédait, par sa femme et par sa mère, des fiefs en Artois, se sépara des Douaisiens, qui étaient décidés à rester *bourguignons*, sans souci de l'avenir, et il se rendit *français*. Nous en trouvons la preuve dans un testament passé à Douai, le 14 juin 1480, par « demoiselle Emmelot de Maroeul, damoiselle de Meuricourt », d'où il résulte que le seigneur et la dame de Saint-Aubin avaient encouru la confiscation de leurs biens : « Je confesse que j'ay rechut, par le mains de madame de Saint-Aubin, environ iiij^{xx} frans, tant en or comme en aultres bagues, lesquels, durant la guerre et par nécessité, je les ay despensé, non pourtant je les ay prins par récompense de prince, à cause que ladite dame et seigneur de Saint-Aubin tenoient partie contraire, et aussi se je ne les eusse prins, unz aultre les eût prins par pooir de prinche et mis hor de ma main » (1).

C'est alors que le fief de Saint-Albin sortit de l'antique maison de Douai ; son possesseur l'aliéna vers 1483, pour remédier à une situation précaire, sans se douter que bientôt, en 1492, l'Artois, où il s'était retiré, serait encore une fois ravi à la France, et que par suite des coups de main habilement dirigés par les Germains contre Arras et Saint-Omer, lui ou les siens redeviendraient bourguignons.

---

(1) Arch. de la ville, reg. aux testam., 1471-1495, f° 62 v°.

III.

Liste des possesseurs (suite). — *Jacques et Pierre Daoust, 1484-1520 ; le souvenir de la possession de Saint-Albin était conservé, au XVIII° siècle, comme un titre d'honneur, par les d'Aoust de Jumelles, collatéraux des d'Aoust de Saint-Albin.* — *Comment l'histoire est traitée par les hérauts d'armes.* — *Maisons de Lalaing, d'Egmont et de Trasegnies.* — *Procès contre la ville au XVIII° siècle ; revendication de la justice vicomtière.* — *Vente par décret, en parlement, du fief de Saint-Albin, au profit de la ville, 1783 ; le duc d'Arenberg exerce le retrait lignager comme descendant des d'Egmont.* — *L'hôtel de Saint-Albin longtemps habité par ses possesseurs ; converti en collège au XVII° siècle.* — *Liste de baillis de Saint-Albin.*

L'acquéreur de l'antique seigneurie de Saint-Albin était un gentilhomme picard, qui s'était établi à Douai depuis très-peu de temps, à cause de son mariage avec une douaisienne : Jacques Daoust, écuyer, fils aîné de Jacques, bailli d'Abbeville, et de Marguerite Cornu *dit* de Beaucamp, avait épousé, vers 1482, Catherine Audefroy, fille de Jean, chef des échevins ou maire de Douai en 1463, décédé vers 1466, et de Catherine de Conty. Quelques années auparavant, en 1476, son frère cadet, Eustache Daoust, écuyer, avait épousé Magdeleine Audefroy, sœur aînée de Catherine. Les Audefroy appartiennent à la plus vieille bourgeoisie douaisienne et figurent à l'échevinage dès l'année 1217. Les deux sœurs, qui sont les dernières de cette famille, furent élevées à Amiens, chez les parents de leur mère,

« Jacques Daoust, escuier, seigneur de Saint-Albin, clerc, (1) natif d'Abbeville, époux de d^lle Catherine de Douay *dite* Audeffroy, dont il avait Pierre Daoust, âgé de deux ans », fut admis à la bourgeoisie de notre ville le 23 décembre 1485. Le 20 mars 1483 (v. st.), devant échevins, « Jacques Daoust, escuier, seigneur de Saint-Aubin », avait commis et institué un individu comme sergent ou « justice dudit lieu de Saint-Aubin ». (Registre aux contrats, 1483-1485, f° 39.)

Le 22 mars 1484 (v. st.), une délibération fut prise à son sujet par le Conseil de la ville : « Monsr de Saint-Aubin maintient que luy estant sur sa seigneurie de Saint-Aubin et à cause d'icelle, il n'est tenus de faire ghet (2) aux portes, offrant par luy, se mestier est, quant eschevins veilleront en halle, de y veiller en personne, et en cas d'effroy, aller où bon semblera aux eschevins. Se a esté conclud que, considéré qu'il est seigneur de la seigneurie de Saint-Aubin et résident sur le lieu, et que il a instamment requis et prié de estre exempté dudit ghet des portes, que il en sera depporté, et en cas d'effroy, ou quant eschevins veilleront, il sera tenus de furnir ses offres. » Il demandait aussi qu'en vertu du testament d'un membre de la famille Audefroy, la ville se chargeât de faire célébrer une messe par semaine. On s'en chargera, « se la ville ne y a intérest » (3).

---

(1) C'est-à-dire pouvant exciper des priviléges de « clergis », comme ayant étudié dans une université. Lors de l'entrée à la bourgeoisie, cette mention était soigneusement faite sur le registre.
Goethals, dans son *Onomasticon du Dictionnaire héraldique*, Bruxelles, 1861, in-4°, p. 37, à l'article d'*Aoust*, s'abuse étrangement, lorsqu'il dit que le seigneur de Saint-Albin s'établit à Douai « comme procureur ou clerc ».

(2) C'est probablement à cause de la délibération de 1485, qu'on a inséré, dans les dénombrements du fief de Saint-Albin, cet article : « Le seigneur ne doit à Douai nulle garde ne aucun guet. »

(3) Arch. municip., 1er reg. aux Consaux, f° 10.

D'après ces renseignements, il semble que Jacques Daoust ait acquis, vers l'an 1483, l'antique seigneurie de Saint-Albin.

Le 6 mai 1490, comparurent devant les échevins : « Eustasse » et Jacques Daoust, écuyers, frères, qui firent une donation à la ville, au nom de leurs femmes, filles de feu « Jehan de Douay dit Audeffroy », en exécution du testament de celui-ci, daté du 12 mars 1465 (v. st.) ; à la charge de services religieux à célébrer chaque année dans la chapelle de la halle, pour les âmes du défunt et de « dlles Pollain de Bulecourt et Katherine de Conty, qui furent ses femmes »(1).

Eustache Daoust ne résidait pas à Douai ; il devint bailli d'Abbeville après son père. C'est de lui que descendent les d'Aoust de Jumelles.

Daoust : De sable à trois gerbes d'or liées de gueules.

Jacques Daoust, l'acquéreur du fief de Saint-Albin, servit, le 10 mars 1502 (v. st.), ce dénombrement de la « terre, justice et seigneurie de Saint-Albin en la ville et échevinage de Douai et pays environ », dont il est tant parlé dans le mémoire judiciaire des échevins pour le grand procès de 1776. N'ayant peut-être pas à sa disposition les anciens titres de la famille de Saint-Aubin, il n'épargna point « le faste des grands mots », comme disaient les échevins (page 29 du mémoire), dans l'énumération qu'il fit de ses droits et de ses priviléges, et la crainte d'en omettre un seul le conduisit à en exagérer plusieurs. C'est l'acte qui servit de modèle pour tous les dénombre-

---

(1) Arch. municip., n° 1203 de la Table. Guilmot, Invent. analyt. ms., III, pp. 932-933.

ments postérieurs, dans lesquels il fut encore renchéri sur les exagérations précédentes ; c'est la source des grands procès qui incombèrent à la ville au XVIII° siècle (1).

« Jacques Daoust, escuier, seigneur de Saint-Albin », testa à Douai, devant le vice-curé de sa paroisse, le 9 juin 1516 ; il élut sépulture en l'église « de mondit seigneur saint Albin, mon patron ». Voici quelques extraits concernant les legs : « A Thomin Daoust, filz ilegitisme de Pierre Daoust, mon filz, vingt livres, chacun an, sa vie durant seulement, que lui sera tenue paier Katherine de Douay *dit* Audeffroy, ma femme, tant et sy louguement qu'il aura prins estat de mariaige, religion ou autre honnorable, affin qu'il soit entretenu aux escolles. Et après le trespas de madite femme, je charge desdits xx livres par an mondit fils Pierre Daoust. Toutesvoies se ledit Thonin estoit homme d'église et que, par le moien de mondit filz, il fust pourveu d'aucune cure ou benefice vaillable du mains lesdits xx livres par an, en ce cas mondit filz sera quictié et deschargié de paier audit Thonin, sa vie durant, lesdits xx livres. — A Ogier Du Val, mon serviteur, ma bonne robbe de drap noir fourré de noirs aigniaulx, pour icelle luy servir le jour de sa première messe. — Don par moy jà pieçà fait à l'église de madame sainte Katherine en la ville d'Abbeville, sur certaine terre séant ou teroir des Parquette lez ledit Abbeville, et que mon parrin Colart Le Counebre, que Dieu pardoinst, me donna par son testament. — J'élis

---

(1) Les récépissés ont été refusés, disent les échevins (p. 49 de leur mémoire) aux dénombrements de 1501, 4 février 1601, 10 novembre 1662, 1603, qui étaient inexacts. En effet, il n'existe aux arch. d. part., ni dans le fonds de la Chambre des comptes, ni dans celui du Bureau des finances, aucun dénombrement du fief de Saint-Albin ; dans les anciens inventaires ou relevés, aucune mention n'en est faite non plus.

pour mes executeurs, mes chiers et bons amis : Jehan de Villers *dit* du Sauchoy, escuier, Pierre Daoust, mondit fils, Jacques Le Roy et Judes d'Ablaing, mon bailly de Saint-Albin. »

Il décéda vers la fin du mois de décembre 1516, puisque l' « emprise » de son testament fut faite en halle, le 5 janvier 1516 (v. st.), par Jehan de Villers *dit* du Sauchoy, écuyer, Jacques Le Roy et Judes d'Ablaing, bourgeois de Douai. « Pierre Daoust, escuier », déclara aux échevins « que, pour certaines causes à ce le mouvans, il ne voloit emprendre l'execution du testament de sondit feu père ». La veuve comparut aussi en halle, le même jour (1).

« Katherinne de Douay, veuve de Jacques Daoust, escuier, seigneur de Saint-Albin en Douay », s'était retirée à Abbeville, où elle testa le 8 juillet 1517, laissant son « corps à la terre, ou chimentière de M^r saint Wolfran en Abbevylle » ; plus loin elle cite : « l'eglise de madame sainte Katherine, dont à present suis paroissienne ». Sont nommés dans son testament : « Charles, fils de Jacque Lerme, mary de Marie Daoust, ma fille, quand ledit enfant Charles aura quinze ans », et « Pierre Daoust, mon fils et heritier ». Seront exécuteurs testamentaires : « Jehan de Villers *dit* du Sauchoy, Jacques Daoust, bailly d'Abbeville, et mondit fils Pierre ». Elle survécut encore quelque temps, puisque l' « emprise » n'eut lieu à Douai que le « penultieme » jour de mars 1518 (30 mars 1519, nouveau style), par « Pierre Daoust, escuier, seigneur de Saint-Albin, et Jehan de Villers *dit* du Sauchoy, escuier ». Ledit Pierre

(1) Registre aux testaments, 1516-1521, f° 56 v°.

élut domicile en la maison et chef-lieu de ladite seigneurie de Saint-Albin (1).

Le 13 janvier 1517 (v. st.), un contrat avait été passé à Douai par « noble homme Pierre Daoust, seigneur de Saint-Aubin et de Baillelet, et d^{lle} Katherine de Douay *dite* Audeffroy, veuve de Jacques Daoust, escuier, seigneur dudit Saint-Albin, sa mère » (2).

Il ressort de toutes ces citations que Pierre Daoust abandonna son donjon de Saint-Albin pour retourner vers le berceau de ses ancêtres. Aussi aliéna-t-il sa seigneurie vers l'an 1520. Il ne paraît pas s'être marié ; en janvier 1523 (v. st.), il est cité comme résidant en Picardie (3).

Quoique la famille d'Aoust n'ait possédé Saint-Albin que pendant une quarantaine d'années à peine, elle conserva précieusement, comme un titre d'honneur, le souvenir de son court séjour dans l'antique donjon de nos premiers châtelains, à tel point qu'en 1718 un d'Aoust de Jumelles, un simple collatéral des d'Aoust de Saint-Albin, s'en faisait gloire pour justifier ses prétentions à l'obtention du titre de marquis ; seulement il s'exagérait outre mesure l'importance du seigneur de Saint-Albin, puisque celui-ci n'aurait pas été, selon lui, un vassal, mais quasi un égal du souverain de Douai. En effet, il exposait au roi que sa famille, « l'une des plus anciennes et nobles maisons de Flandre », aurait possédé des terres considérables, « et entr'autres *partagé avec le comte de Flandre la seigneurie de Douay*, séparée par la rivière de la Scarpe du domaine

---

(1) Registre aux testaments, 1516-1521, f° 110.

(2) Arch. de la ville ; chirographes. Guilmot, Extraits, I, p. 41.

(3) Goethals, *Onomasticon du Dictionnaire héraldique*, p. 40, article *d'Aoust*.

du comte, nommée aujourd'hui Saint-Albin et anciennement le Vieux Douay, que les comtes de Lalaing et d'Egmont ont possédée depuis » (1). Rien de moins sérieux du reste que ces documents héraldiques, qui ne peuvent guère servir qu'à constater l'exagération des prétentions nobiliaires, ainsi que la complaisance et l'ignorance des hérauts d'armes de tous les pays ; quel travestissement a été préparé, pour l'histoire, par ces menteurs officiels, accrédités auprès des rois!

Le fief de Saint-Albin fut donc acheté, vers 1520, par un grand seigneur de la cour de Bruxelles, dont la maison était originaire d'un petit village près de Douai : CHARLES DE LALAING, chevalier de la Toison d'or, se qualifiait à cette époque baron de Lalaing ; il fut créé comte en 1522. Né à Lille, vers 1466, de Josse de Lalaing, chevalier de la Toison d'or, gouverneur de Hollande, l'un des bons et fidèles capitaines de Maximilien d'Autriche, tué devant Utrecht en 1483, et de Bonne de La Viefville, Charles de Lalaing épousa Jacqueline de Luxembourg, fille de Jacques, seigneur de Fiennes, chevalier de la Toison d'or, capitaine de Lille et de Douai, et de Marie de Berlaymont-Ville ; il fut, comme son père, conseiller et chambellan du souverain du pays, et il eut le gouvernement d'Audenarde, où il mourut le 17 juillet 1525. Moins brillant seigneur que son père, mais « homme d'esprit, bien entendu, fort actif et de grant poursieulte », selon le témoignage de Molinet, le premier comte de Lalaing s'occupa beaucoup des affaires de sa maison, et il lui laissa de quoi soutenir un haut rang à la cour de Bruxelles sous Charles-Quint et sous Philippe II.

(1) Lettres d'érection du marquisat de Sin. Registre aux mémoires et placards de la gouvernance, commençant en 1718, f° 61 v° ; archives du parlement de Flandres, au greffe de la Cour d'appel.

Il paraît avoir attaché une grande importance à la possession de Saint-Albin, et le désir d'augmenter ses prérogatives le lança, en 1521, dans un procès avec la ville, durant lequel il se montra intraitable, malgré les preuves de modération que donnèrent les échevins à raison « des benefices et services que avoit faict mons' de Lalaing à la ville, estoit apparant que encorres feroit, et pour captiver sa benivolence », ainsi que le firent valoir l'abbé d'Hennin-Liétard et le lieutenant de la gouvernance Guy du Paiage (1). Tandis que le magistrat était disposé à accorder à ce « grand personnaige » toutes les autorisations possibles, sous la simple réserve du droit incontestable de la ville à la justice haute, moyenne et basse, aussi bien dans le quartier Saint-Albin que dans les autres, l'assurant que toujours « il trouveroit les bourgois et manans en icelle ville apparilliez à luy faire honneur et service », son adversaire s'adressait au tribunal de la gouvernance, soutenait avoir « toutte justice viscontiere, sans rien reserver, ès mectes dudict Sainct-Albin », et abusait de son influence, jusqu'à faire « fabricquier » ses écritures « par messieurs de la gouvernance » oublieux de leur serment; ce qui contraignit le magistrat à défendre, « par tous moyens, le droit et seignourye de ladite ville, le « Conseil » étant d'avis que « pour riens l'on ne submettroit »; il dut donc rappeler au comte de Lalaing que sa « seignourye » consistait « soeullement de avoir l'auctorité de constituer une justice de posté pour mettre à execucion tous clains et respeux avec les sentences civyles desdis eschevins et non aultrement », et que, de tous temps, la ville avait eu juridiction pleine

(1) Délibérations du 10 juillet et du 5 août 1521; f°⁵ 149 et 150 du 1ᵉʳ reg. aux Consaux. — Cf. *Précis pour Mrs les échevins*, Douai, Willerval (vers 1781), in-4°, pp. 13 et 14.

et entière « sur tous et quelconcques les maisons et manans dudict Saint-Albin, meismes où dongon d'icelluy s', sur tous les seigneurs y demourans et leurs concherges(1) ».

Ce fut au cours de ce procès que le comte fit faire à la ville la proposition de vente dont nous avons parlé ailleurs (article I, *in fine*) ; n'était-ce pas là une ruse de plaideur ? Avait-il réellement l'intention de se défaire d'une posession à laquelle il semble avoir attaché la plus grande importance ? En effet, quoiqu'il eût un grand nombre de terres d'un revenu infiniment supérieur, il ajoutait de préférence la qualité de seigneur de Saint-Albin à ses titres principaux, et il se qualifiait d'ordinaire : « comte de Lalaing, baron d'Escornaix, seigneur de Saint-Albin en Douai, de Bracle et doyen des pairs de Hainaut, chevalier de la Toison d'or ». Il voulut reposer dans le voisinage de son antique donjon de Saint-Albin, à l'abbaye des Prés, où il lui fut élevé un riche monument qui est aujourd'hui conservé dans notre Musée. Cette préférence marquée par un tel seigneur ne peut s'expliquer que par les souvenirs historiques et honorifiques qu'évoquait alors le manoir de Saint-Albin.

Charles II, comte de Lalaing, succéda à son père ; nous avons parlé de lui au 4e chapitre, article III, en traitant du Gavène de Douai, qu'il acheta vers 1547. Comme le Gavène et Saint-Albin furent réunis dans les mêmes mains pendant près d'un siècle et demi, nous pouvons abréger ici et nous contenter de mentionner les faits relatifs au fief de Saint-Albin, arrivés sous ses nobles possesseurs.

Philippe, comte de Lalaing, etc. (1558-1582), fils aîné du précédent, eut un instant l'idée d'utiliser le vieux donjon

---

(1) Délibérations du 10 et du 14 juin 1524, fos 162 vo et 163 vo du 1er reg. aux Consaux. — Cf. *Précis*, pp. 14 et 15.

de Saint-Albin, alors complètement délaissé, pour le convertir en un collége de la nouvelle université de Douai. Le Conseil de la ville délibéra à ce sujet, le 2 avril 1564 (v. st): « Monseigneur Philippe, comte de Lalaing, baron de Wavrin, etc., s' de Saint-Aubin en ceste ville...., auroit faict entendre à Messieurs..... qu'il estoit délibéré de donner et accorder à icelle ville, en pur don, la maison, place, gardin, terres et heritaige de son lieu seigneurial dudit Saint-Aubin, seant contigue la cimitiere de l'eglise dudit Saint-Aubin, pour y faire bastir ledit second college; pourveu que icelluy soit nommé, attiltré et intitulé le college de Lalaing, tant pour la memoire de ses predecesseurs, de luy que ses successeurs. » Il fut résolu qu'on devait accepter « au plus tost et voluntairement..... et aller mercier ledit seigneur comte de son bon voloir, luy qui de ses estudes a rapporté honnete science et bonne erudition. ... Auquel lieu l'on s'est de tant plus inclinez, que icelluy est abordant par derriere à la grand riviere navigable et à aucuns fontenieus ; n'estant trop élongé des Sales publicqz (1), prendant issue et chemin vers icelles par derriere et vers le pont des Beguines. Ou plus tost, pour approcher lesdites Sales, l'on porroit acheter, en la rue des Wez, maison et heritage, de l'aultre costé et bord de la riviere, et ès heritaige et maison à metre, faire bastir ung pont (2), pour faire l'entrée et porte du costé de ladite rue des Wez. Ce faisant l'on auroit le regard et aspect ausdites Sales et rue d'icelle, et oultre l'on donneroit occasion de faire habiter les paroiches de Saint-Jacques et Saint-Aubin, plus qu'elles ne sont,

---

(1) L'hôtel de l'Université était alors au coin sud des rues des Ecoles et des Malvaux; c'est aujourd'hui l'Ecole d'artillerie.

(2) Le pont Saint-Vaast et la rue qui y mène de la rue des Wez ne furent établis qu'à la fin du XVIe siècle.

comme elles en ont bien de necessité, pour estre denuées de personnes suffisans, tant en cas d'effroy que aux guetz. » (2ᵉ registre aux Consaux, 1532-1571, fº 172.) Le projet du comte n'eut pas de suites, sans doute à cause des troubles.

Le comte Philippe eut beaucoup de procès à la gouvernance contre des habitants de Saint-Albin, au sujet notamment de son droit de *forage* sur le vin. C'est ainsi que, le 25 août 1570, « haultz et puissans seigneurs, Pierre-Ernest, conte de Mansfelt (1), gouverneur du pays et ducé de Luxembourg et conté de Chiny, et Phᵉˢ, conte de Lalaing, baron de Wavrin, sʳ de Saint-Albin », poursuivent « l'hôte de l'hostelerie et taverne du Chevalier Rouge (2), sʳⁱᵉ de Saint-Albin », en paiement d'un droit de « foraige tel et à l'advenant de quatre lotz de vin de chacune pièce de vin ». Le lot de vin était alors estimé tantôt six patards, ou dix gros, etc. (3).

François, conte de Lalaing, etc. (1582-1590), fils du précédent.

Marguerite, contesse de Lalaing, etc. (1590-1650), sœur du précédent, épousa Florent, comte de Berlaymont, chevalier de la Toison d'or. Ce furent ces époux qui aliénèrent le donjon de Saint-Albin au profit de l'abbaye de Saint-Vaast d'Arras.

Le 5 mars 1612, comparut devant le lieutenant-bailli et les hommes de fief du château de Douai, messire Philippe

---

(1) Second mari de la belle-mère du comte Philippe. Elle décéda avant le 11 décembre 1570, puisqu'à cette date le comte Philippe agit seul contre ses tenanciers de Saint-Albin.

(2) L'hôtel du Chevalier Rouge existe encore sur la Petite-Place, rang nord, nº 2.

(3) Arch. du parlement de Fl., fonds de la gouvern. de Douai, reg. aux Dictums, 1567-1571.

du Chastel, chevalier, sieur de Beauvolers, bailli de Wavrin, comme procureur, suivant pouvoir, délivré en la ville de Luxembourg le 7 janvier, de « haut et puissant seigneur messire Florent, comte de Berlaymont et de Lalaing, chevalier de l'Ordre, gouverneur de Luxembourg, capitaine de la garde allemande de Sa Majesté Catholique, et de haute et puissante dame Madame Marguerite de Lalaing, sa femme ». Il exposa que ses mandants étant propriétaires de la maison, « bove, chaingles, fontaines, eaux, jardins, faisant le chef-lieu de la seigneurie de Saint-Albin, que tient en louage Nicolas de le Dœul, et dont ils tirent seulement 168 livres par an ; leur profit était de bailler le tout, à tenir d'eux en fief, à cause de leur dite seigneurie, à 60 sols parisis de relief et le tiers cambellage, et à charge de leur livrer et à leurs officiers un lieu et place pour plaids » ; et qu'en conséquence ils avaient, le 7 janvier 1612, moyennant une somme de 3100 florins, cédé leur hôtel de Saint-Albin à l'abbé de Saint-Vaast, pour le tenir d'eux « en fief et noble tenement vicomtier », moyennant le relief sus indiqué échéant à chaque mutation d'abbé. L'acquéreur fut mis en possession par la cour féodale, après justification du paiement du droit seigneurial dû au prince (1).

Ainsi les seigneurs de Saint-Albin s'arrogeaient le droit de créer, de leur propre autorité, un fief vicomtier, prérogative qui n'appartenait qu'au prince ; mais il est probable que ce n'était là qu'une tentative pour éviter le droit de mutation qu'aurait pu réclamer la ville ; toutefois celle-ci ne s'y laissa pas prendre, puisqu'en 1624 elle reçut 800 livres, somme convenue, pour les droits seigneuriaux qui

(1) Arch. municip., reg. aux plaids du bailliage.

lui étaient dus pour cause de cette aliénation. (Page 21 du mémoire des échevins.)

PHILIPPE, COMTE D'EGMONT, prince de Gavre, etc., chevalier de la Toison d'or, vice-roi de Sardaigne, etc. (1650-1682), petit-fils de la précédente, servit un dénombrement du fief de Saint-Albin, le 20 novembre 1662 ; signé : « le c^{te} d'Egmont (1). » L'une de ses filles, Marie-Claire-Angélique d'Egmont, épousa Nicolas Pignatelli, duc de Bisaccia, et donna naissance à Marie-Françoise Pignatelli, dont le petit-fils, duc d'Arenberg, opéra, en 1784, le retrait lignager de Saint-Albin, après que ce fief se fût écarté, en 1725, de la descendance des comtes d'Egmont, ainsi qu'il sera expliqué ci-après.

LOUIS-ERNEST, COMTE D'EGMONT, prince de Gavre, etc., chevalier de la Toison d'or, etc., mort sans enfant en 1693, fils aîné du précédent, posséda quelque temps Saint-Albin, dont il servit un dénombrement en 1687. En septembre 1689, le fief de Saint-Albin était « confisqué au profit du roy sur monseig^r le comte d'Egmont, demeurant à Bruxelles (2) ».

JACQUELINE-PHILIPPINE D'EGMONT, princesse du Saint-Empire, dame de Saint-Albin et de Waziers, sœur du précédent, séjournait à Douai, en l'abbaye des Prés, quand elle donna pouvoir à son bailli, le 12 décembre 1695, de relever les fiefs de Waziers-Flandres et de Saint-Albin. « à nous assignés en partage par feu notre très-cher et honoré seigneur et père Philippe, comte d'Egmont (3) ».

Le 22 juin 1696, sommation fut faite aux échevins, de la part de Damoiselle Jacqueline-Philippine de Gavre d'Eg-

(1) Copie aux arch. de la ville, n° 2046 de la *Table*.
(2) Id., reg. aux Mémoires, 1677-1692, f° 299 v°.
(3) Id., reg. aux plaids du bailliage.

mont, dame de Saint-Albin en cette ville », de ne plus passer en adjudication « son tiers du droit d'euwage à elle appartenant à cause de sa terre et seigneurie de Saint-Albin » (1). Au 4ᵉ chapitre, article I, il a été expliqué que c'était là la part qu'eut le Gavenier dans l'Euwage de Douai et que cette part fut « éclissée » du fief du Gavène. Néanmoins, elle n'a jamais été officiellement incorporée au domaine de Saint-Albin : c'est ce que démontre l'étude que nous avons faite des dénombrements modernes de ce fief.

Ce fut cette dame qui manifesta l'intention de ressusciter des prétentions depuis longtemps abandonnées : vers 1690, elle commença, disent les échevins (page 49 et 59 de leur mémoire), « à ambitionner la haute, moyenne et basse justice, et à vouloir démembrer la paroisse de Saint-Albin de la seigneurie de Douai ». Ces tentatives marquent le début du grand procès entre la ville et le seigneur de Saint-Albin, contestation qui occupa nos hommes de loi pendant tout un siècle, et qui apparemment n'aurait jamais eu de solution définitive, si la Révolution n'était venue mettre les parties d'accord.

Mlle d'Egmont, qualifiée aussi, dans le mémoire précité, de vicomtesse d'Armuyden (en Zélande), avait épousé un seigneur de la maison de Trazegnies, officier supérieur au service du roi de France. Par son testament passé à Saint-Omer, où elle demeurait, le 15 septembre 1708, elle voulut être enterrée en l'église Saint-Albin, où reposait déjà l'un de ses enfants, et où elle fit de pieuses fondations. Voici quelques passages de l'acte testamentaire :

« Haute, puissante et très-illustre dame Jacqueline-Philippine d'Egmont, dame de Saint-Albin en Douai et de

(1) Arch. municip., n° 2174 de la *Table*.

Waziers, epouse séparée, quant aux biens, de haut, puissant et très-illustre seigneur messire Albert de Trazegnies, vicomte d'Armuyden, seigneur de Bomy (en Artois), etc., et comte de Fléchin, alors absent, au service des deux Couronnes, dans l'armée commandée par Son Altesse Electorale de Bavière, en Allemagne, et pour ce, ladite dame, attendu sa maladie dangereuse, autorisée à tester par le magistrat de Saint-Omer..... Laisse son corps à la terre, pour être inhumé dans l'église dudit Saint-Albin en Douai, auprès de feu son fils...... Voulant et ordonnant que les 9000 livres que ledit s^r vicomte d'Armuyden, son mari, lui doibt de rente de la pension qui lui est adjugée par le Conseil d'Artois, soient employées, par son exécuteur, en fondation de messes annuelles en ladite église de Saint-Albin, et qu'elles se diront ailleurs à l'heure et par tels prêtres que sondit exécuteur choisira, jusqu'à ce que son héritier, ci-après nommé, soit parvenu à l'âge de majorité, que pour lors il pourra faire le choix desdits prêtres et de l'heure que se diront et deschargeront lesdites messes, et après lui ses successeurs, seigneurs dudit Saint-Albin...... Elle donne son habit d'argent et son habit blanc pour faire des ornements en ladite église..... Elle institue pour son héritier universel Albert-Charles-Emmanuel de Trazegnies, marquis de Bomy, son fils.... Et à l'égard de son collier de perles, son estuy d'or et sa petite montre d'or, qui devront appartenir, après son trespas, audit seigneur marquis de Bomy, son fils, ladite dame testatrice veut et entend que ces trois parties soient mises ès mains de la dame de Mastain, par forme de dépôt, pour être délivrées à sondit fils, lorsqu'il prendra estat honorable ou qu'il sera parvenu à l'âge de majorité » (1).

(1) Archives du Bureau de bienfaisance de Douai, fonds de la Table du St-Esprit ou des pauvres de la paroisse Saint-Albin.

Albert-Charles-Emmanuel-Joseph de Trazegnies, *dit* d'abord le marquis de Bomy, et ensuite (après la mort de son père) le comte d'Armuyden, étant mineur au décès de sa mère, son père et tuteur messire Louis-Albert de Trazegnies, vicomte d'Armuyden, servit un dénombrement du fief de Saint-Albin, en date, à Saint-Omer, du 12 novembre 1709; le fief y est qualifié de « noble tenement et seigneurie vicomtière » (1).

En 1716, le jeune seigneur était sous la tutelle de son oncle, le comte de Fléchin, quand il y eut procès à la gouvernance, intenté au nom du seigneur de Saint-Albin contre les « électeurs au renouvellement de la loy de Douai », qui, en leur assemblée du 6 mai, n'avaient choisi pour échevin qu'un seul paroissien de Saint-Albin, Philippe de Warenghien, et cela contrairement à la coutume qui attribuait trois échevins à ce quartier de la ville. (Voir l'introduction au présent chapitre.)

Le jeune comte d'Armuyden décéda à Bomy, le 29 septembre 1725, laissant pour héritier et légataire universel son oncle paternel. En conséquence, le relief de Saint-Albin et de Waziers-Flandres fut opéré, en la cour féodale de Douai, le 3 mars 1727, par le porteur d'une procuration donnée au château de Bomy, le 15 février, par « messire Ferdinand-Octave-Joseph de Trazegnies, comte de Fléchin, mestre de camp de cavalerie au service du roy, seigneur de Bomy, Fléchin, Cohem, Boncourt, La Cousture, Waziers, Saint-Albin et autres lieux ». Quelques années après, ce seigneur prenait le titre de marquis de Trazegnies, comme il se voit dans sa procuration du 24 septembre 1734, donnée à son bailli pour « desservir » sa

(1) Arch. de la ville, reg. aux dénombrements du bailliage, 1709-1718, fo 34.

seigneurie *vicomtière* de Saint-Albin, en la cour féodale de Douai, et où il ajoute les qualités suivantes : « Prince des francqs fiefs de Rognon, comte de Fléchin et de Villemont, baron de Silly, vicomte d'Armuyde et de Billistin, sénéchal héréditaire du pays de Liége, marquis de Bomy, seigneur de Waziers et Saint-Albin en Douai, Norrent, Cohem, Boncourt et autres lieux. *Signé* : marquis de Trazegnies (1) ».

Le 6 avril 1728, le comte de Fléchin avait signé un dénombrement de son fief de Saint-Albin, préparé par les soins du procureur Trachet, son bailli, dont rien ne pouvait arrêter les *intriques* (page 55 du mémoire des échevins), et dans lequel on attribuait à ce fief le titre et les prérogatives de la justice vicomtière.

Pendant toute sa vie, il plaida contre les échevins de Douai. Il mourut vers 1747, ayant épousé Marie-Thérèse d'Aigremont (2).

TRAZEGNIES : Bandé d'or et d'azur de six pièces, à l'ombre de lion brochant sur le tout, à la bordure engrêlée de gueules. — Ce sont les armes de l'antique bannière de Silly, pairie de Hainaut. — Ces Trazegnies étaient de la maison de Hamal, au pays de Liége ; mais ils en avaient abandonné le nom et les armes.

ANNE-FRANÇOISE-AMÉLIE-JOSEPH DE TRAZEGNIES, fille du précédent, eut Saint-Albin dans sa part de l'héritage paternel. Elle avait épousé, en 1736, François-Guillaume de Croy, *dit* le marquis de Croy, seigneur de Molembais et d'Erain, fils de Balthazard-Charles-Joseph de Croy, *dit* le

(1) Archives de la ville, reg. aux plaids du bailliage.
(2) *Supplément au Nobiliaire des Pays-Bas*, Louvain, 1775, in-8°, p. 172.

marquis de Molembais, et de Marie-Philippine-Anne de Créquy (1) ; dans les pièces du grand procès de 1776, les échevins lui attribuent les titres de : prince de Croy et du Saint-Empire Romain, marquis de Molembaix, baron d'Hénin (*sic ;* lisez : Erain). En 1761, le 6 novembre, ce seigneur, dans sa procuration pour la revendication des marais de Dorignies, donnait à sa femme la qualité, aussi nouvelle qu'inexacte, de « dame de la prévôté de Saint-Albin en la ville de Douai ». (Page 67 du mémoire des échevins.) Quelle singulière époque que ce XVIIIe siècle pour l'histoire de la noblesse française, et combien il est difficile de rester exact au milieu de tant d'incertitudes ; les gentilshommes, — et encore ne parlons-nous ici que de ceux qui étaient de ce qu'on a appelé la haute noblesse, — se sont attribués, *par honneur,* tant de titres qui ne leur appartenaient pas, qu'il y a, à chaque pas, un travail rectificatif à faire : c'est à décourager le plus patient.

Nous avons déjà dit que madame de Croy perdit son procès contre la ville, d'abord à la gouvernance, par sentence du 2 avril 1776, et ensuite au parlement, par arrêt du 19 mars 1781 (2) : le titre de seigneurie et la justice vicomtière furent déniés au fief de Saint-Albin. Sa défaite la décida probablement à se débarrasser de cette propriété litigieuse, et son intention d'en finir par une vente peut seule expliquer la saisie qui fut opérée, le 31 janvier 1782, du « fief de la justice des clains et repeux dit de Saint-Albin », — pour payer à MM. les échevins de la ville de Douai : 1° 2027 florins 17 patards 15 deniers, 2° 217 florins

---

(1) *Supplément au Nobiliaire des Pays-Bas*, Louvain, 1775, in-3, p. 177.

(2) Cf. les pièces citées sous le n° 1077 de la *Bibliogr. douaisienne* ; elles ne se trouvent point à notre bibliothèque publique.

9 patards 2 deniers, 3° 2076 florins 3 patards 9 deniers, — et l'adjudication qui fut opérée en conséquence, à l'audience de la cour, du 10 janvier 1783, au profit du dernier enchérisseur, Bonaventure-François-Benoit de Rasière, écuyer, sieur des Enclosses, pour le prix de 6000 florins (1), qui achetait pour le compte de la ville (2). Mais une propriété qui avait appartenu à de si grands seigneurs et qui conservait, en dépit des sentences et des arrêts, une sorte de majesté, ne devait pas déchoir de son rang : par ordre de « messire Louis-Englebert, duc d'Arenberg, d'Arschot et de Croy, grand d'Espagne, chevalier de la Toison d'or, seigneur de Lalaing et autres lieux », le retrait lignager de Saint-Albin fut opéré, le 30 janvier 1784, devant les échevins de Douai, et « saisine » en fut donnée par la cour féodale le 14 octobre suivant (3).

Le duc d'Arenberg, né à Bruxelles le 3 août 1750, était fils de Charles-Marie-Raymond, duc d'Arenberg, etc., chevalier de la Toison d'or, grand d'Espagne, etc., mort en 1778, et de Louise-Marguerite de La Mark ; et petit-fils du duc Léopold-Philippe-Charles-Joseph, chevalier de la Toison d'or, général distingué au service de l'Autriche, et de Marie-Françoise Pignatelli, laquelle était fille de Nicolas, duc de Bisaccia, et de Marie-Claire-Angélique d'Egmont. Le duc d'Arenberg descendait donc, au quatrième degré, de Philippe, comte d'Egmont, qui posséda Saint-Albin de 1650 à 1682.

(1) Archives du parlement de Fl., registre aux décrets, 1771-1790.

(2) Archives municip., muniments des comptes, cc 591 ; visa du procureur syndic, du 11 septembre 1783, au sujet des frais dus au procureur au parlement Dubois le jeune, à cause de l'achat du fief de Saint-Albin.

(3) Archives de la ville, registre aux saisines du bailliage, 1762-1789, f° 61 v°.

Un aussi grand seigneur menaçait d'être un adversaire terrible pour la ville de Douai ; déjà il s'était pourvu en révision de l'arrêt de 1781 et le grand procès avait recommencé, lorsqu'éclata la Révolution.

D'ARENBERG : De gueules à trois fleurs de néflier de cinq feuilles d'or. — Les d'Arenberg sont des cadets de la maison de Ligne, dont ils ont abandonné le nom et les armes.

Le sceau de la seigneurie de Saint-Albin a été gravé aux armes du duc d'Arenberg; la matrice originale fait partie de la remarquable collection sigillographique de M. A. Preux, de Douai, qui tient cette matrice de sceau d'un descendant du dernier bailli de Saint-Albin.

Quoique seigneur étranger, le duc fut convoqué à l'assemblée de la noblesse du bailliage de Douai, à cause de son fief de Saint-Albin, et l'assignation fut remise à son bailli par un sergent royal, le 18 mars 1789 (1) ; il n'y comparut ni en personne ni par procureur.

Le duc d'Arenberg, qui avait épousé, le 19 janvier 1773, Pauline de Brancas de Lauraguais, fille du duc de Brancas, fut sénateur et comte de l'empire français et mourut à Bruxelles le 7 mars 1820 ; il avait eu le malheur de perdre la vue par un accident de chasse, à l'âge de vingt-quatre ans. Le duché d'Arenberg moderne, qui a remplacé l'ancien duché souverain anéanti pendant la Révolution, se compose du comté de Recklinghausen et du bailliage de Meppen, placés aujourd'hui sous la souveraineté de la Prusse ; la population de ces deux pays est d'environ 70 000 âmes (2). L'aîné de la maison d'Arenberg, qui, aux

---

(1) Bibl. publ. de Douai, manuscrit de Plouvain, intitulé : Elections 1789, tome Ier, fo 9.

(2) *Biogr. nat. de Belgique*, I, 431 ; Bruxelles, 1866, in-8o.

termes des traités de 1815, a rang de prince médiatisé, est titré duc et altesse sérénissime ; ses autres membres ont le titre de prince ou de princesse.

Comme nous l'avons fait pour nos châtelains, nos prévôts et nos Gaveniers, nous rappellerons, avant de terminer cet article, les séjours que les familles seigneuriales ont pu faire dans leur manoir de Saint-Albin.

Les premiers châtelains de Douai l'ont habité comme maison de campagne au XI⁰ siècle : c'est du moins une tradition qui existait à Douai vers l'an 1600. Au XII⁰ siècle et au XIII⁰, ce fut la résidence ordinaire du chef de la famille de Saint-Aubin, qui allait en villégiature à son château de Wagnonville ; ce fut encore la même chose au XIV⁰, sauf que vers l'année 1380 Wagnonville sortit de la famille de Saint-Aubin. Au XV⁰ siècle, le manoir voit moins souvent ses nobles propriétaires, qui résident ailleurs, soit dans leur terre du Fresnoy, sise à Willem, en la châtellenie de Lille, soit dans quelque domaine de l'Artois, qui leur arriva par alliance.

Il retrouva un hôte fidèle dans la personne de Jacques Daoust, depuis l'an 1484 jusqu'en 1516 ; mais à partir de ce moment, il ne sera plus une demeure seigneuriale. Quoique le comte Charles I⁰ʳ de Lalaing ait fait grand cas de sa seigneurie de Saint-Albin, rien ne permet de croire qu'il ait mis l'antique manoir en état de recevoir un familier de la cour de Bruxelles.

Dès que l'université de Douai eût été fondée, il dut naturellement venir à la pensée de chacun d'utiliser un aussi vaste hôtel, complètement délaissé, pour y établir l'un des nombreux collèges en voie de formation. Si l'offre que fit à la ville, en 1564, le comte Philippe de Lalaing, d'abandonner sa maison de Saint-Albin à l'usage d'un collége, qui s'appellerait collége de Lalaing, si cette offre n'eut pas d'effet alors, l'idée fut reprise plus tard par d'autres, sous un gouvernement régulier et après les calamités passées. L'abbé de Saint-Vaast d'Arras, dom de Caverel, avait déjà acquis de vastes terrains dans ce quartier, jusqu'alors pauvre et deshérité ; déjà il y avait établi les Bénédictins anglais, lorsqu'en 1612 le comte de Berlaymont lui vendit son hôtel de Saint-Albin, et en 1619 le collége de Saint-Vaast était fondé, pour durer jusqu'à la Révolution.

Liste de Baillis de Saint-Albin.

Mahieu Bracquet, 1457.
Judes d'Ablaing, 1516.
Jean Aparisis, 1571 (1).
Arnould Le Gentil, 1583, 1591.
Simon Le Gentil, 1601.
Me Jean Wion, 1630, 1631.
Charles du Pret, 1635, 1639.
Nicolas Trachet, 1664, 1672.
Charles Trachet, 1695, 1727, mort en exercice vers 1733.
Pierre-Ignace Blondel, 1733, 1734.
Jacques-François-Joseph Estoret, 1768.
Estoret, 1782.
Defroom, 1789.

(1) Cf. notre liste de receveurs du Gavène, 4e chapitre, art. III.

IV.

Arrière-fiefs de Saint-Albin, au nombre de dix. — Parcelles de terres, rentes foncières et terrage à Dorignies, Wagnonville, Cantin et Gœulzin. — Reliefs différents; le liege *et le* demi-liege. *— Les blanches miches. — Renseignements sur différentes familles douaisiennes.*

Comme le châtelain et le prévôt, le seigneur de Saint-Albin avait ses vassaux ou hommes de fief, dont le nombre, dans les temps modernes, s'élevait à dix ; le prévôt n'en avait que deux en 1375 et à la Révolution ; quant au châtelain, il en avait neuf en 1369.

Les arrière-fiefs de Saint-Albin étaient de fort peu d'importance, aucun d'eux n'avait de justice vicomtière : c'étaient de simples parcelles de terres avec ou sans rentes foncières, pour la perception desquelles il y avait certains priviléges auxquels on donnait improprement la qualité de seigneurie ; la plupart étaient situés à Dorignies, Wagnonville, etc., dans la paroisse Saint-Albin ; il y avait aussi à Cantin un terrage, quelques pièces de terre et des rentes à Cantin et Gœulzin. Le relief ordinaire dû à Saint-Albin était de dix livres, comme pour les fiefs mouvant directement du château de Douai ; c'étaient les arrière-fiefs liges ; un autre, « à demi-lige », devait cent sols, un autre 60 sols, d'autres seulement 7 sols 6 deniers ; le tiers de chacun de ces reliefs était dû en sus, pour droit de *cambellage,* ou réception d'hommage dans la *chambre* de Saint-Albin. En cas de vente ou donation de l'arrière-fief, il était dû, pour impôt de mutation ou droit seigneurial, le dixième denier du prix ou de la valeur.

Vû le peu d'importance de ces arrière-fiefs, nous abrégerons pour ne donner qu'une simple nomenclature.

1° *Fief Toupet.* — Onze rasières environ de terre, hors de la porte d'Esquerchin, à droite en sortant, au lieu dit la Haye Toupette. Près de là, se trouvaient quelques parcelles de terre qui constituaient un fief mouvant directement du château de Douai. (Voir 6ᵉ chapitre, article V 1°.) Les rentes foncières qui en dépendaient, à percevoir en la ville et en l'échevinage, étaient chiffrées ainsi : 18 livres 6 sols 7 deniers douisiens et 14 chapons. Relief dû à Saint-Albin : 10 livres. Voici quelques noms des possesseurs de cet arrière-fief :

Jean Le Carlier dit *Ramage*, chef du magistrat de Douai en 1466, rappelle, dans son testament du 8 décembre 1474, qu'il a donné « le fief Touppet, tenu du seigneur de Saint-Aubin », à sa fille Jacqueline, qu'il avait eue de feu demoiselle Marguerite de Douay *dit* Audefroy, sa femme (1). *Jacqueline Le Carlier* dit *de Remy*, fille du précédent, épousa Jean de Wingles, écuyer, 1485 (2).

Ernoul de Saigny, écuyer, l'un des principaux héritiers de la famille douaisienne de Fiérin, épousa Marie du Bos et mourut en 1518.

Dᵉˡˡᵉ *Anthoine de Saigny*, fille du précédent, épousa, par contrat du 8 février 1530 (v. st.), Jean de La Rachie,

---

(1) Contr. en chirogr. aux arch. de la ville. Guilmot, Extraits, t. III, p. 1383.

(2) Cf. Goethals, *Maison de Wavrin*, pp. 67 et 173.

écuyer, licencié ès lois (1). Elle mourut sans enfant en 1559.

M⁰ *Ernould d'Allemaigne*, comme « plus prochain » héritier de la précédente, fit le relief, le 27 février 1571 (v. st.), par son procureur et gendre, Jacques de Marillach, mari et « bail » de dam¹ᵉ Marguerite d'Allemaigne; présents : le bailli de Saint-Albin, et comme hommes de fief, Jehan Le Maire et Mᵉ Jehan Foucquier, licencié ès lois (2). En 1559, il était qualifié « honorable homme Arnoul d'Allemaingne, marchand apoticaire et espicier, bourgeois de Paris (3).

Ferry de Carondelet, chevalier, « sʳ du Ploych », 1610. *George de Carondelet*, chevalier, baron de Noyelle, vendit au suivant. Possédé quelque temps par cette famille, il est appelé parfois le fief Carondelet.

Jaspar Hériguer, bourgeois de Douai, servit, le 2 juillet 1622, le dénombrement de l'arrière-fief qu'il avait acheté au précédent (4). *Melchior Hériguer*, 1662. — *Anne-Marguerite Hériguer*, fille de François et de Marie Laude, épousa, en 1668, Mᵉ André-Michel Becquet, greffier de la gouvernance, mort en 1692. (Voir 6ᵉ chapitre, article II.)

Mᵉ *Maurant-Joseph Becquet*, prêtre, licencié ès lois, chanoine et chantre de la collégiale de Saint-Pierre en cette ville, et Mᵉ *Pierre-Michel Becquet* du Pourchelet, avocat en parlement et greffier de la ville de Douai, servirent un

---

(1) N⁰ 1371 de la *Table* des arch. de la ville.

(2) Arch. du parlem., fonds du greffe de Malines.

(3) Arch. des hospices, n⁰ 664 de l'Invent. suppl. ms. Cf. nos *Rech. hist. sur Flers en Escrebieu*, Douai, 1873, in-8⁰, p. 46.

(4) Arch. de la famille Becquet de Mégille, à Douai.

dénombrement à la dame de Saint-Albin, le 4 mars 1768, pour un tiers de l'arrière-fief (1).

2 *Fief des Blanches-miches, à Dorignies*. — Neuf rasières environ de terres en deux pièces, hors de la porte d'Ocre, en l'échevinage de Douai, l'une sur le *vert quemin*, derrière la première abbaye des Prés, au lez de la rivière, et l'autre pièce, au lieu dit Es Hauys, vers les Moussonnières. Somme des rentes dues sur des maisons du quartier Saint-Albin, sur des terres, etc. : 13 sols 4 deniers douisiens, 3 sols artisiens et 3 deniers flandres, 20 chapons et un tiers de demi-chapon, 13 rasières une coupe d'avoine, à la mesure et à la « priserie » de Douai, trois *courouwées* (corvées) de 12 deniers parisis chaque et deux « courouwées » de 5 deniers, enfin 6 *ouwlées*, *oublez* ou *oublis* de trois parts ou coupes de pur froment blanc. Ces « ouwlées », sortes de gateaux appelés aussi *miches*, ont donné leur nom à l'arrière-fief.

Le 6 mars 1379 (v. st.), *Wibert Picquette*, fils de feu Andrieu, expose en pleine halle, qu'ayant fait, avec l'hôpital des Wez (le Béguinage), un échange de rentes foncières, il avait cédé une rente de deux « capons » sur des maisons appartenant à l'hôpital, « dedens le porte dou pont à l'Estauque, joignans à chelli porte, d'une part et d'autre part au tenement de le Kièse » ; mais s'étant aperçu « ladite rente estre de sen fief qu'il tenoit dou seigneur de Saint-Aubin, si doubtoit que s'il venoit à le cognoissance de sen seigneur, que d'icelle rente ne peust boinnement goyr sour ledit lieu. » En conséquence une autre rente fut abandonnée par lui à l'hôpital des Wez (2).

(1) Arch. de la famille Becquet.
(2) Contr. en chirogr. aux arch. de la ville. Guilmot, Extraits, t. III, p. 1207.

Par son testament du 20 janvier 1390 (v. st.), la veuve de Wibert Picquette, d^{elle} Marie Lamant, assigne à son fils aîné, *Andrieu Picquette*, le fief « séant au terroir et eschevinage de Douay, emprès Dorgny, tenu de Monsr de Saint-Aubin, contenant noefs rasières de terre ahanables...... et rentes héritières deuwez, chascun an, sur plusieurs maisons, tenemens, terres et hiretages, que tiennent plusieurs personnes, avoeucqz le justice des clains, saissines et arrés appartenans audit fief ». Le même Andrieu Picquette légua, le 10 novembre 1414, à Wibert Caron, son neveu, le revenu de trois ans de ces terres et de ces rentes, qu'il tenait « en arrière-fief du seigneur de Saint-Aubin » (1).

Depuis le milieu du XVe siècle jusqu'à la Révolution les possesseurs de cet arrière-fief ont été les mêmes que ceux de la Damoisellerie de Dorignies. (Voir 6e chapitre, article III.)

En 1678, il était vendu 2300 florins, et 2660 en 1686. Au XVIIIe siècle, on l'appelait, par corruption, « fief de Blanchemise ».

3° *Terres et terrage à Dorignies*. — Trente-six rasières une coupe deux « quarantaines » et quinze verges de terre « ahènnable », en plusieurs pièces, séant en la paroisse Saint-Albin, tant à Douai qu'à Dorignies, aux lieux dits : chemin de la porte d'Erquerchin à Planques (*alias* vers le bois Rivois contre le chemin qui mène de la chaussée de Planques à Cuincy); vers la Motte Julyen ; au marais de Bourghignoury, près de ladite Motte; au chemin des Treslois (par corruption : de Traunoy) ; au marais des Parqueaux (*alias* des Partiaux). Plus un terrage, dans le même,

---

(1) Testam. en chirog. Guilmot, pages 1081 et 1098.

quartier, aux lieux dits : « selon le voye Vacqueresche au devant des murs de l'abbaye des Prés ; as Moussonnyères et à le sente qui vient d'Ecarpel à Dorgny ». Ces désignations datent de 1452.

Amant Bonnebroque, fils de Ricard, neveu de la suivante, à laquelle il vendit les trois fiefs qu'il tenait du seigneur de Saint-Albin, est cité comme mort, à la date de 1391.

D^{lle} *Isabeau Bonnebroque*, fille de Waghon, par son testament du 15 octobre 1391, « empris » le 13 septembre 1393, légua à son neveu *Ricard Bonnebroque* dit *le vicomte*, fils de Simon et époux de Jeanne Boffelin, ainsi qu'à la fille de ces derniers, d^{lle} *Guille Bonnebroque*, femme de Martin de Goy, les trois fiefs contenant « certaines terres ahanaules, rentes et terrages, séans entre Douay et Dorgny » (1).

En traitant le mariage de leur fils, *Jean de Goy*, avec Catherine Picquette, le 17 juin 1408, Martin de Goy et sa femme lui donnèrent, en avancement d'hoirie, les trois arrière-fiefs de Saint-Albin, dont ladite Catherine conserva le douaire, après que son mari fût allé se perdre dans le désastre d'Azincourt en 1415 (2).

Waghe Bonnebroque, fils de Ricard, fut l'héritier de la veuve de Martin de Goy, décédée en 1436 ; dans son testament du 16 mars 1444, où il s'intitule « visconte de le

---

(1) Testam. en chirogr. aux archives de la ville. Guilmot, Extraits, t. III, p. 1084.

(2) Contr. en chirogr. Guilmot, p. 1295-6. Une vieille inscription funéraire de l'église St-Pierre rappelait qu'il succomba à « Ruisseauville » étant alors « escuier d'escurie du roy notre sire et de monsieur le duc » de Bourgogne.

Hargerye », il parle de ses trois fiefs de *Dorgny* tenus du seigneur de Saint-Albin (1). C'était l'oncle de la suivante.

Ghille de Carnin, fille de Louis et d^lle Jacque Bonnebroque, épouse de Gille Gossuin, six fois échevin de Douai, de 1434 à 1465 ; celui-ci servit son dénombrement le 18 octobre 1452 ; l'original du récépissé qui lui fut délivré par le seigneur de Saint-Albin, le 13 janvier 1452 (v. st.), est conservé aux archives de la ville, n° 958 de la *Table*.

Robert du Bos, écuyer (1485), est souvent qualifié *vicomte* de La Hargerie, à cause d'une petite seigneurie, appelée la vicomté de La Hargerie, qu'il possédait à Bersée, mouvant du château de Douai, et qui, avant lui, avait également appartenu à Waghe Bonnebroque et à d^lle Ghille de Carnin.

A la fin du XVII° siècle, cet arrière-fief appartenait par moitié aux Jésuites et à divers particuliers. Le 26 août 1761, les Jésuites, qui possédaient à Dorignies le fief des Blanches-miches, tenu aussi de Saint-Albin, conclurent une transaction avec le seigneur, pour l'extinction de tous les droits de relief, d'indemnité et de vassalité auxquels ces fiefs pourraient être soumis. (Page 61 du mémoire des échevins.)

4° *Terres à Dorignies près d'Escarpel*. — Neuf rasières deux coupes une « quarantaine » et 110 verges, en plusieurs pièces : « Assez près du pont d'Escarpel ; deçà Escarpel au lieu dit au Canel. » Cette désignation remonte à l'an 1452. Le fief ne consistait donc qu'en quelques parcelles de terres, sans rentes foncières ni terrage. Il est re-

---

(1) Testam., Guilmot, p. 1125-6.

pris dans le dénombrement précité du 18 octobre 1452. Voici des indications sur ses possesseurs, après qu'il eut suivi un sort différent de l'arrière-fief qui précède.

Louis de Landas, écuyer, seigneur d'Escarpel, vers 1630. — *Eustache de Landas*, chanoine de Saint-Omer et seigneur d'Escarpel, fait un relief, le 11 mai 1637, après le trépas de son père, en payant dix livres, sans préjudice à ce qu'il « doibt payer droit de *coussin* (1), bailler homme servant et servir dénombrement » (2).

Antoine-Maximilien Baudain de Mauville, chevalier, seigneur de Wagnonville, 1662.

Les filles de Sainte-Agnès à Douai, par achat des hoirs du précédent, 1728.

5° *Terres et rentes à Dorignies*. — Quatre rasières deux coupes deux *quarantaines*, deçà la Motte Julyen vers Douai, tenant à la rue du Bos (par corruption : du Bout). Rentes en chapons, avoine et sols douisiens, dont deux chapons sur « le grande maison Andrieu Picquette à Dorgny », en 1452. Le relief dû à Saint-Albin, pour ce fief « à demy liege », était de cent sols.

Mêmes possesseurs que les deux arrière-fiefs qui précèdent, jusqu'au XVe siècle.

Me *Jean Foucquier*, par acquisition. Dans son testament du 1er avril 1594, il lègue son fief à son fils Gérard ; l'acte testamentaire fut « empris » par sa veuve, dam^le Catherine Lallart, le 7 février 1604 (3). Son fils aîné, Michel Fouc-

---

(1) Probablement ce qu'on appelle d'ordinaire : droit de chambellage.

(2) Arch. municipales, cc 163, fo 6 vo ; cahier intitulé : « Recepte en deniers du Gavène de Douay et seigneurie de Saint-Albin », 1631-1633.

(3) Arch. de la ville, reg. aux testam., 1599-1609, fo 162.

quier, qui s'intitulait seigneur de Boielles en partie, fut second lieutenant de la gouvernance en 1599, 1617, etc. — *Marie Foucquier*, épouse de Philibert de Sucre, écuyer, pour lequel un relief fut effectué par Jean de Rombies, le 31 août 1635, en payant dix livres (1). — *Jean-Baptiste de Sucre*, écuyer, fils et héritier de la précédente, 1662.

Les Chartreux, par achat de ce dernier. Aux plaids de Saint-Albin, du 10 août 1696, récépissé fut délivré du dénombrement servi par les Chartreux pour le fief qu'ils avaient acquis en 1676, consistant en une partie de terre sise sur l'échevinage de Douai.

6° *Terre au Mont de Douai*. — Sept à huit rasières de terre, hors de la porte d'Arras, à droite en sortant. Relief : sept sols six deniers. L'un des deux arrière-fiefs de la prévôté était situé au même endroit. (3° chapitre, article V.)

Martin de Goy, tavernier, vers 1370 ; étant marié avec Isabelle Daghenet, il acquit « six rasières de terre ahanaule, au Mont de Douay, tenues de M⁵ de Saint-Aubin, chevalier, à sept sols six deniers de relief ».

Martin de Goy, fils aîné du précédent et de Jeanne De le Court ; le 13 octobre 1388, il achète les droits qu'avait sur cet arrière-fief ladite Isabelle Daghenet, alors remariée à Willaume Boinebroque (2). C'est le chef des échevins en 1417 et 1421 et l'oncle d'Ernoul de Goy, bailli de Douai.

Bertoul Hanicot, 1533 ; par son testament du 19 janvier 1533 (v. st.), *empris* le 6 février, il lègue à sa fille Françoise, femme de Martin Bellegambe, « sept rasières de terre

---

(1) Arch. municip., cc 163, f° 2.

(2) Contrats en chirogr. aux arch. de la ville. Guilmot, Extraits, t. III, pp. 1238-1239.

sups le Mont de Douay, tenues en fief de Mons' de Sainct-Albin » (1).

Jacques Du Miny, 1662.—Les héritiers de d^{elle} *Marie-Anne Le Sellier*, veuve de Mathieu Remy, 1728 ; ces époux avaient acquis, en 1721, la terre de Cantin ; ils laissaient cinq enfans, trois fils et deux filles.

7° *Terrage à Cantin*. — Il se levait sur treize muids cinq rasières de terres (72 h 80 a 42 c). Vers 1475, son possesseur donnait au bailli de Douai les renseignements suivants sur la valeur de cet arrière-fief : « Un droit de terrage en la ville de Cantin, dont on rend à cense, par an, trois muids de blé, estimé valoir douze gros la rasière ; somme : 21 livres 12 gros monnaie de Flandres, dont faut déduire les gaiges du terrageur (2). »

Lambinet Noiret, 1475.

Au XVII° siècle, la famille de Hennin, à propos de laquelle nous renvoyons à la Damoisellerie de Dorignies (6° chapitre, article III.)

Le 12 juillet 1646, « messire *Claude de Hennin*, chevalier, s^r de Warlaing, Bodimont, etc. », présente au lieutenant de la gouvernance, un individu pour prêter serment comme *terrageur* à Cantin (3).

8° *Terres à Gœulzin et Cantin*. — Sept à huit rasières de terre, en plusieurs pièces, au Sentron de Dechy tenant aux terres « du s^r de Gœulzin »,près du Camp à brayes, au

---

(1) Testam. en chirogr. aux arch. de la ville. Cf. Guilmot, Extraits, t. III, pp. 1158-1159. Martin Bellegambe est l'un des fils de notre grand peintre douaisien.

(2) Arch. départ., Ch. des comp., portef, D 387.

(3) Arch. du parlem., fonds de la gouvern. de Douai, reg. aux placards, 1633-1659, f° 135.

Fleuquéry près de Couppetinie, etc.; dont une parcelle de deux coupes à Cantin, près de Gœulzin, chargée, envers le le seigneur de Saint-Albin, d'un terrage « tel que trois bottes, jarbes en warats de chacun cent crû sur icelle. »

Jean d'Aubermont, de Tournay, 1490. Plusieurs membres des familles patriciennes de Tournai, les d'Aubermont et les Saint-Genois, résidèrent dans notre ville au XVᵉ siècle.

D^{elle} *Anne Baillon*, veuve de Charles Briet, bourgeois marchand de Douai, 1662. — D^{elle} N...... *Briet*, épouse de N...... Petit, 1728.

9° *Terre à Gœulzin.* — Deux rasières trois coupes. Relief : sept sols six deniers flandres.

A propos de ces arrière-fiefs situés à Gœulzin, il y a lieu de rappeler qu'en 1220 le seigneur de Saint-Albin cédait au prévôt de Douai l'hommage du fils du seigneur de Gœulzin. *Preuves*, n° CVIII.

10° *Terre à Cantin.* — Une parcelle d'une coupe (11 ares 30 centiares), tenant au coin du cimetière. Relief : 60 sols parisis.

APPENDICE DU CHAPITRE CINQUIÈME.

Enclaves, en la paroisse Saint-Albin, de la baronnie de Wavrin, de la seigneurie de Courchelette-lez-Lambres et de la seigneurie d'Escarpel.

Pour compléter l'histoire féodale de Saint-Albin, nous ne devrons pas seulement rappeler certains faits, que nous avons rencontrés ou que nous rencontrerons dans la monographie des fiefs mouvant du château de Douai ; il faudra aussi mentionner certaines enclaves de seigneuries étrangères.

En ce qui touche les fiefs tenus directement ou indirectement de Douai, nous avons vu qu'en 1220 le prévôt de Douai était seigneur dominant de la dîme de Saint-Albin, pour deux tiers au moins, lesquels constituaient deux arrière-fiefs de la prévôté; un autre arrière-fief consistait en une terre, au Mont de Douai, hors la porte d'Arras (3⁰ chapitre, article V). Nous verrons dans le chapitre suivant (articles II et III), que le fief des Pourchelets et la Damoisellerie de Dorignies s'étendaient en la paroisse Saint-Albin ; ce sont, suivant toute apparence, des démembrements anciens du grand fief dont nous venons de faire l'histoire. Il y avait aussi, hors la porte d'Esquerchin, des parcelles de terre mouvant directement du château de Douai. (Chapitre sixième, article V 1⁰.) Quant aux enclaves, elles dépendaient de la baronnie de Wavrin, en la châtellenie de Lille, de la seigneurie de Courchelette, en la châtellenie d'Oisy, et de la seigneurie d'Escarpel qui, quoique située en la paroisse Saint-Albin, mouvait aussi d'Oisy.

1⁰ *Enclave de la baronnie de Wavrin.* — Son existence est constatée dès le commencement du XIII⁰ siècle. Le 16 mars 1222 (v. st.), le chevalier Hellin de Wavrin *dit* l'oncle, seigneur de Heudincourt, en qualité de mandataire de noble dame Sibille de Flandre, dame de Lillers, veuve de Robert, sire de Wavrin, sénéchal de Flandres, et d'Isabeau, veuve du sénéchal Hellin, fils de ladite Sibille, approuve, comme sire, la vente que fait à l'abbaye des Prés Gérard d'Iwir, du consentement de sa mère et de ses frères, de deux muids de terre, à la mesure de Douai, au terroir de Saint-Albin, ainsi que des rentes en dépendant ; lesquels biens « descendent du fief de Wavrin » ; le fief ainsi vendu est amorti au profit de l'abbaye (1). Dans un état des biens de cette abbaye, dressé en 1681, on mentionne, parmi les terres situées vers la porte d'Ocre, deux muids « relevant du seigneur de Wavrin de Heudincourt (2). »

Dans son contrat de mariage du 29 décembre 1409, Jehan d'Arras, bourgeois de Douai, fils de Jacques (chef des échevins en 1401, 1404, 1408, 1411 et 1414) et de Marguerite Joie, en s'unissant à Catherine de Bailleul, apporte « la moitié de cinq rasières de terre, en l'échevinage, auprès de Dorignies, dont l'autre moitié appartient à Bernars Tange, fils de feu Collars, tenues de M{sr} de Wavrin » (3).

En 1436, Jean Audefroy, bourgeois de Douai, possède, au lieu et place de Collart Tange : « dix coupes de terre, entre la porte d'Oscre et la porte d'Esquerchin, joignant à dix coupes appartenant à Gillot Caoursin, par acat de Jean d'Arras, fils de feu Jacques, les deux parties des dix coupes, tenues de M{sr} de Wavrin, à deux deniers parisis de rente, chaque rasière, à la Saint-Remy (4).

Outre les terres cotières, les dénombrements de la baronnie de Wavrin constatent aussi l'existence d'un arrière-fief de dix-huit rasières de terres « abannables », « emprez

---

(1) Arch. départ., fonds de l'abbaye des Prés.
(2) Archives de la ville, n° 2139 de la *Table*. Guilmot, Inventaire, p. 535.
(3) Arch. de la ville. Guilmot, Invent. analyt., p. 1119.
(4) Cartulaire de Jean Audefroy, 1436, f° 36, aux arch. du parlement.

l'abbaye des Prés lez la ville de Douai », en plusieurs pièces, au chemin d'Escarpel, aux Chasse-marées (1).

Nous ne multiplierons pas davantage les citations concernant l'enclave de la baronnie de Wavrin dans la paroisse Saint-Albin ; mais nous n'omettrons pas de rappeler le long procès que la ville soutint contre le sire de Wavrin, pendant tout un siècle (1333-1436), au sujet de la justice sur le moulin dit d'Arondel ou de Le Pierre, l'un des deux moulins de la rue des Moudreurs, celui de gauche, situé sur la paroisse Saint-Albin, celui qui n'existe plus aujourd'hui. (Plouvain, *Souvenirs*, page 675.) Le sire de Wavrin et les hommes de fief prétendaient pouvoir « exploiter » sur ce moulin, attendu que c'était, disaient-ils, un arrière-fief de la baronnie de Wavrin ; ce droit de justice leur était dénié par les échevins et par les propriétaires du moulin de Le Pierre, qui gagnèrent devant le bailli d'Amiens et finalement au parlement de Paris (2). Les échevins triomphèrent dans ce cas, comme dans tous les autres analogues, où des seigneurs, soit le châtelain, soit le prévôt, soit le seigneur de Saint-Albin, prétendirent toucher au droit de haute, moyenne et basse justice qu'avait la ville dans tout l'échevinage, aussi bien sur les fiefs y enclavés que sur les biens cotiers.

Encore à propos de l'enclave de Wavrin, il n'est pas inutile de faire remarquer qu'en 1220, lorsque déjà est constatée son existence en la paroisse Saint-Albin, dans le

---

(1) Bibl. nationale, collection des 183 Colbert-Flandres, vol. 57, fo 283 vo. — Les registres originaux des dénombrements de Lille sont à la Chambre des comptes.

(2) Arch. de la ville, nos 413, 596, 806, 854 et 852 de la *Table*.

voisinage de la première abbaye des Prés, un gentilhomme qui portait l'écu en abîme de Wavrin, brisé seulement d'un bâton posé en bande, tenait du souverain de Douai un fief consistant surtout en rentes foncières et s'étendant de ce côté : c'était le chevalier Barthélemy d'Auby, dont l'affinité avec la maison de Wavrin ressort péremptoirement de cette double circonstance (6e chapitre, article II).

Comment le fief de Wavrin à Saint-Albin est-il devenu l'annexe de la baronnie relevant de la Salle de Lille ? Cette anomalie, qui n'est pas sans exemples analogues, peut être expliquée ainsi : quand un fief, mouvant de tel château, passait entre les mains d'un grand seigneur, feudataire d'un autre château, et que cette possession se continuait assez longtemps, il arrivait quelquefois que la mouvance primitive était modifiée, sans doute à cause de la négligence de ce seigneur à accomplir les devoirs de vassalité pour son petit fief, et insensiblement ce dernier finissait par être considéré comme une dépendance du grand ; mais ces changements de mouvance ne sont certainement pas postérieurs au XIIIe siècle, et ils n'ont pu avoir lieu que quand les circonscriptions féodales, châtellenies ou dépendances d'un château, n'étaient pas encore solidement constituées.

2° *Enclave de la seigneurie de Courchelette-lez-Lambres.* — Au commencement du XIIIe siècle, le seigneur de Saint-Albin était vassal du chevalier Pierre de Lambres, pour certaines parties de biens situées sur la paroisse de Saint-Albin. C'est ainsi que le chevalier Gossuin de Saint-Aubin ayant affranchi, pour la fondation de l'abbaye des Prés, le manoir où s'étaient établies les religieuses, lequel avait appartenu à Wérin Mulet, situé dans les Prés Saint-Albin, Pierre, seigneur de Lambres, intervient, en juillet

1217, et attendu qu'une partie de ce manoir dépendait du fief que Gossuin tenait de lui, *quedam pars illius mansi esset de feodo meo*, il achève de débarrasser le manoir des Prés de toute entrave féodale. En mai 1239, Pierre, seigneur de Lambres, autorise son vassal, Gossuin de Saint-Aubin, à donner en garantie à l'abbaye vingt-neuf rasières situées près de Dorignies, au lieu dit *As Hawis*, ce qui fut fait en présence des vassaux dudit Pierre, pairs dudit Gossuin (1).

Au XVIIIe siècle, le champ des Hawis, comprenant 28 à 29 rasières, appartenait encore au seigneur de Wagnonville (ayant cause du chevalier Gossuin de Saint-Aubin), qui le tenait en fief du seigneur de Courchelette (successeur du chevalier Pierre de Lambres) : car celui-ci avait possédé Lambres et Courchelette ; en 1227 il parle de sa seigneurie de Courchelette (*feodum de Corcella*) ; preuve surabondante d'ailleurs des affinités multiples qui ont existé entre les seigneuries de Saint-Albin et de Wagnonville, puisqu'au XIIIe siècle leur possesseur était vassal d'un seul et même seigneur pour des biens situés tant sur Dorignies que sur Wagnonville.

3° *Enclave de la seigneurie d'Escarpel.* — Les dénombrements de cette seigneurie, servis au sire d'Oisy, constatent que le seigneur d'Escarpel levait des rentes en l'échevinage de Douai et jusque dans l'intérieur de la ville ; en effet, la Chartreuse (aujourd'hui magasin de l'artillerie), une maison du rang sud de la rue d'Ocre, tenant à la Chartreuse, et la maison du portier de la porte d'Ocre, étaient grevées de redevances à son profit, consistant en mesures d'avoine à payer à la Saint-Remy ; des terres à Dorignies lui devaient rente ou terrage, etc.

(1) Arch. départ., fonds de l'abbaye des Prés.

Une observation qui s'applique à ces enclaves comme à tous les fiefs ou dépendances de fief situés dans l'échevinage de Douai, c'est que les seigneurss n'y avaient d'autre droit que celui d'exercer le privilége féodal qui leur était attribué pour la perception de leurs rentes; les échevins de Douai ayant seuls, là comme ailleurs, dans la ville et la banlieue, le droit de justice au civil et au criminel.

CHAPITRE SIXIÈME.

PETITS FIEFS ENCLAVÉS

dans la ville et la banlieue de Douai.

Les chapitres précédents ont été consacrés à l'histoire de l'office féodal du châtelain ou vicomte et de ses plus importants « éclissements » : la prévôté, le Gavène et le fief de Saint-Albin ; pour achever notre étude sur les fiefs enclavés dans la ville et la banlieue, il ne nous reste plus qu'à parler de quelques petits fiefs tenus, comme les grands, du souverain du château de Douai.

Parmi eux, nous trouvons encore un office féodal, mais d'un caractère subalterne : c'est le fief de l'Eculier-le-comte, de l'officier dont le devoir était d'approvisionner d'écuelles et de sel la table de son seigneur, quand celui-ci tenait à Douai sa cour ordinaire, « sans ost et chevauchée » ; l'Eculier n'étant redevable que vis-à-vis du sire et de ses courtisans, et ne devant rien pour les gens de guerre.

Un fief consistant en rentes foncières et en un droit de basse justice dans le quartier Saint-Albin, et un autre, situé à Dorignies, comprenant un manoir avec quelques rentes, semblent être d'anciens « éclissements » du grand fief de Saint-Albin.

Des rentes sur le domaine, le Gavène et le moulin au Brai formèrent aussi plusieurs fiefs ; celles qui avaient été stipulées payables en nature, soit en blé, soit en avoine, constituaient encore un revenu et une valeur assez importants, quand la Révolution vint les anéantir.

Enfin nous n'avons omis ni les fiefs de quelques parties de terre hors de la porte d'Esquerchin et à Frais-Marais ; ni ceux de quelques parcelles de terrain détachées de l'ancien château de Douai ; n'ayant cru devoir négliger que les offices de sergent et d'huissier dont le domaine avait fait aussi quatre à cinq fiefs relevant du roi à cause de son château de Douai.

I.

FIEF DE L'ECULIER-LE-COMTE [1]

L'Éculier (scutellarius) *fournit le sel et les écuelles pour la table du souverain, au château de Douai.* — *Biens, rentes et droits inféodés à cet office.* — *Possesseurs : familles bourgeoises des Bonnebroque, Cordouan, de Lannoy, Becquet et Remy.*

L'invasion du régime féodal s'était étendue sur toute espèce de biens et avait atteint la propriété dans toutes ses formes. La féodalité dominait exclusivement dans les campagnes ; elle avait pénétré, avec les châtelains ou vicomtes, dans les villes fortes et dans les communes les plus privilégiées ; l'église elle-même subit cette influence dominante et bon nombre de bénéfices ecclésiastiques devinrent des fiefs.

[1] Voir, dans les *Souv. de la Fl. wall.*, Douai, 1868, in-8°, VIII, p. 180, la notice que nous avons publiée sur ce petit fief.

Non contente de s'appesantir sur le sol tout entier, au moyen de la maxime : « Nulle terre sans seigneur », la féodalité créait des rentes en numéraire, des pensions auxquelles elle imposait le caractère féodal, l'obligation de l'hommage et tous les devoirs de la vassalité. Les offices, même les plus modestes, furent souvent érigés en fief: c'est à cette catégorie qu'appartenait celui de l'Eculier-le-Comte (*scutellarius comitis*), mouvant directement du château de Douai.

Cet officier, que les titres douaisiens du commencement du XIIIe siècle appellent l'*escuelier le seigneur de le terre*, c'est-à-dire l' « éculier » du souverain de Douai (à cause des changements politiques qui s'étaient opérés de 1213 à 1240, Douai appartenant tantôt au comte de Flandre, tantôt au roi de France), est tenu de livrer à son souverain seigneur, toutes fois qu'il vient à Douai sans ost et chevauchée, preucq qu'il soit lassus au chastel, *sel et escuelles*, donnés pour son hostel, tant longuement qu'il plaira à sondit seigneur y être et demeurer ; et parmi ce, l'ayant cause dudit fief doit avoir provende (*prébende, gages*) aussi suffisante qu'un chevalier à sondit seigneur ». Ainsi s'exprime le dénombrement servi pour ce fief en 1585 (1), à une époque où le sens des vieux mots wallons commençait à être moins bien compris ; néanmoins le texte de ce document est infiniment meilleur que celui du dénombrement de 1780 (2), lequel est tellement défectueux qu'il est devenu incompréhensible.

En échange des obligations imposées à son « éculier », le souverain de Douai lui avait abandonné par inféodation les biens, rentes et droits dont l'énumération suivra.

(1) Arch. départ., Ch. des comptes, reg. coté D 10, fo 478.
(2) Arch. de la ville, reg. aux dénombr. du bailliage de 1780, fo 47 vo.

Cet office féodal était chargé envers celui du Gavenier d'une rente de chapons, qui, au XVIe siècle et antérieurement sans doute, était fixée à 33 chapons. Or, on trouve, dans le précieux compte du domaine de 1187 (*Preuves*, n° XLI), que le souverain de Douai levait une rente de 38 chapons sur la cuisine (*ex coquina*) de Douai (1). Ne serait-ce pas la même rente, amoindrie de 5 chapons dans l'intervalle? L'Éculier de Douai, tel qu'il nous apparaît au XIIIe siècle, pourvoyait encore d'objets de première nécessité (de sel et de vaisselle) la table du prince, lors des rares visites que celui-ci faisait au château ou au palais de la Bassecourt; n'est-il pas très-probable qu'antérieurement, quand les séjours étaient plus fréquents et plus prolongés, le même officier approvisionnât complètement la table de son maître?

Donc, selon toute apparence, le fief de l'Éculier n'est qu'une transformation de l'office du cuisinier de Douai ; le *coquus* aura précédé le *scutellarius comitis*.

« Le *gros* ou chef-lieu du *noble tenement* et fief de l'éculier, situé en la ville de Douai, consistait en huit maisons manables (réduites à sept, vers 1620, lors des travaux pour la navigation de la Scarpe; celle démolie pour la commodité du Rivage d'Arras, étant devenue un petit flégard), tenant ensemble, avec un jardin, à l'opposite de la vieille tour et au devant de la fontaine Saint-Morand, haboutant à froncq sur la rue qui maisne du pont de ladite viese tour ou du chastelain à ladite fontaine, et par derrière à la grande rivière, et commenchant et tenant d'un bout

---

(1) Cette année-là, la rente fut attribuée à la recette du domaine d'Orchies, mais pour être bientôt restituée à celle de Douai.

audit pont et d'autre à l'heritage des veuve et hoirs de M⁰ Jean d'Ablaing (1). Doit au Gavène de Douai une rente de 33 chapons. »

La construction du quai Saint-Maurand, en 1821, a bien modifié l'aspect de ces lieux ; mais si l'on veut consulter le plan de Jean Blaew (vers 1620), on y retrouvera les sept ou huit masures de l'Eculier, ainsi que la rue, le pont du Châtelain (démoli en 1821 et qui reliait le Marché au poisson à la rue de la Fontaine-Saint-Maurand), la vieille tour du châtelain, devenue la maison des Orphelins, etc.

« Item. Conste et appartient audit fief 32 chapons, 59 sols 4 deniers douisiens et *la moitié d'un œuf* de rente héritière, chacun an au Noël, sur plusieurs héritages à Douai.» Suit, dans le dénombrement, la désignation, article par article, des maisons chargées de rente envers l'Eculier; elles sont disséminées dans presque tous les quartiers de la ville, rue Notre-Dame, rue de Bellain, rue de la Saunerie (du Palais), à Douai-vieux (Petite-Place), au Marché au poisson, Rique-rue (rue du Vieux gouvernement), rue au Cerf, etc. L'église Saint-Pierre elle-même était grevée d'une rente de quatre deniers. Cette mention est la dernière : « Sur le tenement et porte de derrière de la maison de la Haute Bourgogne, rue Saint-Pierre. Un demi-œuf ». En cas de vente d'une de ces maisons, l'Eculier percevait le droit seigneurial, appelé « issue et entrée, » tel que la coutume de la ville le porte, savoir : Quatre lots de vin d' « entrée » et autant d' « issue », le lot compté pour huit sols.

Il est facile de reconnaître à ces rentes une origine domaniale : c'étaient des vestiges d'un antique impôt, qui avait été établi au profit du souverain de Douai.

---

(1) En 1780, l'héritage des hoirs du s⁰ de Beaumarais.

Vient ensuite l'énumération des droits que l'Eculier exerçait sur les vendeurs de « banaps de madre et de fust, escueles, teles, platiaus, » etc., etc. Si nous n'avions eu, pour nous guider, que le dénombrement de 1780, nous renoncerions à expliquer quels pouvaient être les droits de l'Eculier, tant y sont dénaturés les vieux mots wallons, depuis longtemps tombés en désuétude, et dont les scribes du XVIIIe siècle ignoraient la signification. Mais indépendamment du dénombrement de 1585, les titres municipaux du XIIIe siècle sont pour nous un guide sûr ; ce sont : d'abord un vieil écrit, communiqué par les échevins au châtelain, en juin 1247 ; la charte du mois de décembre 1263, par laquelle le châtelain vend à la ville les droits qu'il percevait, par égale moitié à l'encontre de l'Eculier, lesdits droits qualifiés dans l'acte *menus tonlius, fors de l'yauwe* (menus tonlieux, excepté ceux levés par le châtelain sur la Scarpe). *Preuves*, n° LXIV.

« Item. A droit l'éculier, à cause de son dit fief, sur toutes maistresses nefs (*grands bateaux*), chaque fois qu'elles amènent sel à Douai, une coupe et demi de sel, à la mesure de Douai. » Le châtelain en percevait autant.

De toutes futailles (expression générale qui remplace les mots : « hanas de fust, escueles, teles, platiaus, aubes, paluis, corbes, peles, » etc., employés dans les écrits du XIIIe siècle) que *gens de forain* (étrangers à la ville) amènent à Douai, à car, *carette* ou brouette, ou autre « quelque condition » que ce soit, il a droit à une pièce, *ni la pire ni la meilleure*, à partager par moitié avec l'ayant cause du châtelain (c'est-à-dire la ville, depuis qu'elle avait acheté les menus tonlieux de la châtellenie).

De toutes *querques de ramons* (charges de fagots) apportées ou amenées en ville, en quelque voiture que ce soit : une pièce, après la meilleure de chaque voiture, à partager comme ci-dessus.

Sur chaque « étal » où l'on vend « faucilles » à Douai, « il a droit de deux faucilles par an », après les deux meilleures, à *partir* (partager) par moitié, comme ci-dessus.

Sur tous bourgeois et manants de ladite ville, vendant « futailles » : deux pièces de chaque espèce de « futailles », trois fois l'an, à Noël, à Pâques et à Pentecôte ; à partager de la même manière.

Tout « mercier » tenant « étal » en cette ville, doit par an, « à la Saint-Pierre entrant août », trois deniers douisiens, à « partir » comme dessus.

Toutes les fois que « gens de forain » amènent en ville *retines* (petits rets, filets), pour les vendre, ils en doivent une. Les vendeurs, bourgeois de la ville, en doivent trois par an. Des petits *panerons* et *corbisons*, ceaus (les bourgeois) ne doivent « nient ».

De tout homme « de forain » qui apporte *hanas de madre* (1) en cette ville, pour vendre, l'Éculier a droit à un « hanap », à « partir » comme dessus.

Le fournil de pots de terre doit un pot, à « departir » comme ci-dessus.

La charretée de pots de terre, qu'on amène du dehors, doit aussi un pot.

Et des *pots de merbre* (marbre) ou pots de pierre qui sont amenés à Douai, en quelque voiture que ce soit : une pièce de chaque voiture, à « partir » comme dessus. Cet

---

(1) Madre ou *mazer* ; certaine essence de bois très-prisée au moyen âge.

article des dénombrements de 1585 et de 1780 ne se trouve pas dans les écrits analogues du XIII° siècle.

Ces droits étaient encore dus, en 1789, à la ville, en sa qualité d'ayant cause du châtelain, et au possesseur du fief de l'Eculier (1); mais comment s'y prenait-on pour les percevoir? Comment pouvait-on reconnaître quels étaient les objets assujétis à l'impôt? Comment osait-on arguer de titres comme l'aveu de 1780, où l'on écrit : *ouefs* pour *nefs*, *col* au lieu de *car* (char, voiture), *retenu* et *retiné* pour *retine*, *hanal* pour *hanap*, *estinuelle* pour *escuelle*, etc. ? Quant à l'office que devait remplir l'Eculier, lorsque le souverain résidait en son château de Douai, depuis bien des siècles il n'était plus exercé, et il est très-probable que personne n'aurait songé à le faire revivre ; qu'auraient dit le roi et la cour de Versailles, à la vue des écuelles et de la provision de sel qu'était tenu de fournir l'Eculier ? Ces objets vulgaires avaient pu être accueillis favorablement par les seigneurs et les gentilshommes du XII° siècle et du XIII°, mais avec quel suprême dédain et quel sourire railleur, ils auraient été repoussés par les petits-maîtres de la cour de Louis XV !

Le fief de l'Eculier-le-Comte était tenu du souverain de Douai, à cause de son château de cette ville; il était soumis aux charges ordinaires imposées par la coutume du bailliage, savoir : dix livres parisis de relief, à la mort du possesseur, droit qui se payait aux chevaliers du Temple ou à leurs ayants cause ; et en cas de vente, don

---

(1) Le 28 octobre 1789, la ville afferma, pour la dernière fois, moyennant 28 florins, les « droitures des futailles, qui est de la moitié à prendre du droit, à l'encontre des hoirs Guy Cordouan ». Arch. municip., reg. des fermes de 1787, cc 793, f° 57.

ou échange, le 10ᵉ denier du prix ou de la valeur, droit qui était perçu au profit du domaine du prince.

Sur le rôle de 1694 des fiefs relevant du château de Douai, « le fief de l'Eculière » est rangé dans la troisième classe, avec la châtellenie et Saint-Albin (1).

Nous ne pouvons faire remonter au delà du XVᵉ siècle la série des possesseurs du fief de l'Eculier ; il semble avoir toujours appartenu à des bourgeois notables de notre ville.

Vers 1400, il était à *Willame Boinebroque* dit *le Grand-Quarré*, cité comme défunt dans un titre du 17 juin 1427. Puis il entra dans la famille Cordouan, où il demeura jusqu'au XVIIIᵉ siècle.

CORDOUAN : D'or à la croix patée et alézée d'azur. — Par suite de l'alliance de David Cordouan, vivant en 1527, 1537, etc., avec dᵉˡˡᵉ Jacque Cuvillon, d'extraction noble, leur descendance écartela de *Cuvillon*, qui est : De gueules à une autruche d'argent, tenant en son bec un fer à cheval du même, percé de sable.

Famille de la bourgeoisie de Douai, qui ne perça qu'à la fin du XVIᵉ siècle et qui s'éteignit au XVIIIᵉ.—*Cordewan, cordouan*, adjectif qui signifie *de Cordoue ;* on en a fait un substantif pour désigner le cuir de Cordoue, et par extension toute espèce de cuir. De *cordewanier, cordovanier*, est venu, par corruption, le mot moderne de *cordonnier*.— En 1401, un Jean Cordewar était « justice » ou sergent de la prévôté.

Le titre de 1427 nous apprend que *Jehan Cordewan*, « à cause de son fief, qui jadis fut » feu ledit Willamme

---

(1) Arch. municip., registre aux plaids du bailliage, 1683-1694, fᵒ 73 vᵒ.

Bonnebroque, percevait une rente sur la maison de l'Angle (*angèle*, ange), rue de Bellain, entre celles de la Couronne et des Trois-Rois (1). Dix ans après, nous trouvons une sentence, rendue le lundi 22 avril après Pâques 1437, au profit de la ville (comme étant au lieu et place du châtelain) et de « Jehan Cordewan, à cause de son fief qu'il tient du chastel de Douay, que on dist le fief l'Esculier le conte de Flandres », ou « à cause de son fief nommé l'Esculier le seigneur de le terre » ; demandeurs, contre des « fustailliers, lanterniers, mandeliers » et potiers de terre, défendeurs ; en vertu de laquelle, ceux-ci sont condamnés à payer aux demandeurs un certain nombre de pièces des objets qu'ils vendaient (2).

Dans son testament du 30 juin 1440, « empris » le 11 mai 1441, « Jehan Cordewan, bourgeois de Douay », lègue à son fils Collart « toutes ses armures » et s'arrange pour que la part des cadets n'amoindrisse pas son fief relevant du château de Douai. Dans le cimetière Saint-Pierre gisaient déjà sa femme, Jeanne De le Motte et seize de ses enfants, auprès desquels il voulut être enterré (3). C'est probablement le même individu que « Jehan Cordouan, sergent du roi en la prévôté de Beauquesne », qui exploitait à Douai, le 20 juin 1416 ; son sceau était déjà *à la croix* (4).

Collard Cordewan, fils de feu Jehan, servit, en 1468, un dénombrement de son fief de l'*esculerie*. Le 18 mai

---

(1) Arch. des hospices, n° 384 de l'Invent. supplémentaire.

(2) Arch. de la ville, cartulaire R, f° xxvij, XVe siècle.

(3) Testam. en chirog. aux arch. de la ville. Guilmot, Extraits, III, p. 1134.

(4) Arch. dép., fonds de l'abbaye d'Anchin.

1490, *Jehan Cordewan*, « seigneur de la terre qu'on dit le fief de l'esculier », dénombra à son tour (1). Dans un tableau de fiefs tenus de l'archiduc, à cause de son château de Douai, dressé vers 1490, ce « Jehan Cordewan » est repris, sans la mention : « noble », indiquée en marge de la plupart des noms, pour un fief consistant en plusieurs rentes et maisons en la ville de Douai (2). Il s'agit bien là du fief de l'Éculier.

Le 19 septembre 1494, « Jehan Cordewan, bourgeois de Douai » et époux de « demiselle Anthoine Martin », disposa, par testament, de son fief de l'Esculier, au profit de son fils aîné *David*, ses trois autres enfants : « Caisin, Jacquet et Mariette », devant renoncer à leur droit de quint (3).

Vers 1545, le fief de « l'Esculier dict le seigneur », situé à Douai, était entre les mains de *Philippe Cordouan*, fils de David, qui abandonna sa ville natale pour aller s'établir à Venise, où il vivait encore en 1585. Il vendit son fief à un nommé Jehan Ghenart, sur lequel *Guy Cordouan*, frère cadet dudit Philippe, s'empressa de le « reprendre à tiltre de ratraicte et proximité », c'est-à-dire en exerçant le retrait lignager, autorisé par la coutume du bailliage. Le premier juillet 1585, Guy Cordouan, bourgeois de Douai, servit un dénombrement du fief qu'il avait réussi à conserver dans sa famille (4). Né vers 1521, il fut nommé greffier criminel de la ville, le 6 octobre 1559, puis greffier ci-

---

(1) Chambre des comptes, reg. D 31, fo 5. Les originaux en parchemin de ces dénombr. existaient encore à la veille de la Révolution. (Invent. liasse D 73.) Ils sont perdus aujourd'hui.

(2) Reg. D 31, fo 18 vo.

(3) Test. en chirog. aux arch. de la ville. Guilmot, Extraits, III p. 1143.

(4) Arch. départ., Ch. des comptes, reg. D 10, fo 478.

vil le 24 février suivant; il mourut en fonctions vers la fin de décembre 1606.

Le fils de Guy s'intitulait en 1602 : M° *Jacques Cordouan*, receveur de Gœulzin et de Bellonne (1) ; il mourut vers 1609, laissant plusieurs enfants en bas âge, de sa femme Anne Lallart (2). Michelle Landrieu, veuve de Guy, s'étant éteinte à son tour, en 1614, « le fief de l'esculier, comprenant huit maisons, rue Fontaine-Saint-Morant », fut relevé au nom du mineur *Jacques Cordouan*, petit-fils de la défunte et fils cadet de feu M° Jacques (3).

M° Jacques Cordouan, licencié ès droits, devint un personnage notable de notre ville, échevin en 1638, deuxième conseiller pensionnaire le 3 décembre 1640, premier conseiller le 22 janvier 1642, anobli par le roi Louis XIV, en septembre 1670, peu de temps avant sa mort. Sous les années 1652 et 1653, le P. Petit, dans son ouvrage sur les Dominicains, l'appelle : « Jacques Corduan, licentié ès loix, *seigneur de Lesculier-le-Comte* », etc., titre bizarre autant qu'inexact, dont le conseiller de la ville se para, jusqu'au moment où la mort de son frère aîné (vers 1662), lui eut donné le fief *dit* la Vicomté de La Hargerie (situé à Bersées et mouvant du château de Douai) qui, depuis un siècle environ, était dans la famille Cordouan ; il prit alors la qualité de seigneur de La Hargerie. De sa femme, Marie Villain, veuve en 1672, 1691, etc., il avait eu neuf enfants.

Le fief de l'Eculier échut à l'une de ses filles, *Marie-Jeanne Cordouan*, qui, en 1672 et 1691, était mariée à Antoine-Daniel de Lannoy (portant comme les seigneurs de ce

---

(1) Arch. du parlem. de Fl., greffe de Malines, sac n° 468.

(2 et 3) Arch. de la ville, reg. aux plaids du bailliage.

nom : D'argent à trois lions de sinople), bourgeois rentier et plusieurs fois échevin de cette ville, mort vers 1708.

Le 15 juin 1708, Gilles-Laurent de Lannoy, fils de feu Antoine-Daniel et de Marie-Jeanne Cordouan, fut admis comme « homme desservant » pour le fief de l'Eculier, à la place de son père. Le 14 mai 1710, M° Jacques-Philippe-François Becquet, écuyer, avocat au parlement, gendre et fondé de pouvoirs de dem¹ᵉ Marie-Jeanne Cordouan, veuve d'Antoine-Daniel de Lannoy et tutrice de son fils Jacques-Ignace de Lannoy, « sʳ de Rassonchamp », fit certains devoirs requis à l'occasion de ce fief. Enfin le 19 avril 1721, le même, comme époux de *Marie-Jacqueline de Lannoy*, fille et héritière de Marie-Jeanne Cordouan, releva le fief de l'Eculier (1).

Marie-Jacqueline de Lannoy suivit de près sa mère dans la tombe, puisque son mari, alors échevin de Douai, fit le relief du fief, le 20 janvier 1727, et en servit le dénombrement, le 18 avril 1728, au nom de sa fille mineure, *Marie-Thérèse-Françoise Becquet* (2). Celle-ci se maria avec Mᵉ Marc-Antoine-Joseph Remy, avocat en parlement (anobli ensuite par une charge de secrétaire du roi), seigneur de Cantin, mort en 1768. Mʳ Remy de Cantin ajoutait à ses nombreuses qualités celle de « seigneur de Lescuyer » (*sic*), à cause du fief de l'Eculier-le-comte qui appartenait à sa femme.

Madame Remy de Cantin étant morte en 1773, le fief resta indivis entre ses trois filles : *Jacqueline Remy*, qui épousa le conseiller au parlement Denis-Séraphin-Hyacin-

---

(1) Arch. de la ville, reg. aux plaids du bailliage.
(2) Id., Id.; et reg. aux dénombr., 1753-1777, fo 115 v°.

the-Joseph Vanrode ; *Thérèse Remy* de Cantin et *Félicité Remy* de Rassoncamp, qui servirent le dernier dénombrement pour le fief de l'Eculier-le-comte, le 17 juillet 1780 (1).

Le conseiller et sa femme ayant fait un emprunt par la voie, usitée alors, d'une constitution de rente, sous la caution des deux d^{elles} Remy, résidant à Douay, ces quatre personnes comparurent le 3 novembre 1786, devant bailli et hommes de fief du bailliage de Douai, et affectèrent en garantie leur fief indivis (2). C'est le dernier acte que nous ayons trouvé concernant l'antique et curieux office de l'Eculier.

Ses possesseurs ne furent point convoqués en 1789 à l'assemblée de la noblesse du bailliage : car ce n'était qu'un simple fief consistant en rentes foncières et privé des attributions de la justice vicomtière, qu'il fallait posséder pour se dire véritablement seigneur.

La Révolution anéantit, bien entendu, les menues rentes d'un demi-œuf, d'un denier douisien, etc., ainsi que les redevances surannées imposées aux boisseliers, merciers et autres boutiquiers ; il ne resta aux possesseurs de l'office féodal de l'Eculier-le-Comte, que les quelques masures de la rue Saint-Maurand, démolies vers 1820.

(1) Arch. de la ville, reg. aux dénombr. du bailliage, coté 1780, f° 47 r°.
(2) Id., reg. aux saisines du bailliage, f° 75.

II.

FIEF DES POURCHELETS [1]

Rentes foncières dans le quartier Saint-Albin; justice de clains et respeux; droit sur le vin ; entrées et issues ou droit seigneurial en cas de vente des biens grevés ; le tout constituant une justice foncière ou basse justice. — Les plaids se tenaient en l'hôtel Saint-Albin. — C'est un démembrement du fief de Saint-Albin. — Liste des possesseurs. — Gossuin d'Arras, en 1307. — Famille Pourchelet; elle figure à l'échevinage dès l'an 1201. — Familles Payen, Le Thelier, Desfossez; familles nobles de Manchicourt, de Meleun, de Hornes, de Le Val et Blondel. — Un brasseur achète le fief en 1639. — Famille Becquet, depuis 1671 jusqu'à la Révolution.— « Le seigneur du Pourchelet. »

Au siècle dernier, une famille notable de notre ville s'affublait du titre bizarre de « seigneur du Pourchelet »; dans nos archives municipales de cette époque, il est sans cesse question d'un « Monsieur du Pourchelet ». Il ne faut pas en conclure qu'il y ait eu chez nous une « seigneurie du Pourchelet »; la vérité est qu'il existait, de haute antiquité, des rentes foncières et féodales grevant diverses maisons du quartier Saint-Albin et que l'ensemble de ces rentes formait un fief dit « des Pourchelets ». Or on trouve, au XIIIe siècle et plus tard, une famille Pourchelet appar-

---

(1) Voir p. 147 du tome III (1863) des *Souv. de la Fl. wall.*, la notice publiée d'après les archives de la famille Becquet de Mégille.

tenant à la plus vieille bourgeoisie de notre ville ; divers indices autorisent à croire que ce fut elle qui, à la suite d'une assez longue possession, donna son nom à ce petit fief jusqu'alors innommé, comme tant d'autres.

Le fief des Pourchelets, *Pourcellés* ou *Pouchelés*, nous disent les dénombrements anciens et modernes, est « un noble tenement » mouvant directement du château de Douai et consistant en plusieurs rentes foncières d'avoine, chapons, sols et deniers douisiens, *corowés* ou corvées et autrement, qui se cueillent et reçoivent annuellement sur des héritages sis en la ville de Douai. En outre, appartient audit fief « justice de clains et respeux » ; et « si aucun de ceux demeurant ès heritages tenus dudit fief, est pris et arrêté par autre justice, renvoi en doit être fait à la justice dudit fief ». Droit d'afforage, quand on vend vin ou autre «boire»èsdits héritages. Aussi, quand on vend aucun desdits héritages, ou qu'ils vont de main à autre par mort, don, transport, échange ou autrement, il y a «droit d'entrée et d'issue», tel que de quatre lots de vin pour chaque entrée (prise de possession), et autant pour chaque issue (abandon de possession); et quand lesdits héritages se vendent par exécution de justice, il est dû à la justice dudit fief droit seigneurial tel que de 32 sols parisis, avec lesdits droits d'entrée et d'issue. Et doit la possession desdits héritages être baillée par ladite justice. Et si celle-ci vend biens meubles d'aucun demeurant èsdits héritages, elle doit avoir son droit de quatre deniers de la « levée ». « Et si églises, hôpitaux ou autres personnes aient rentes héritières ou viagères ou autres hypothèques sur lesdits héritages, et qu'ils en veuillent faire poursuite par saisine ou autrement, elles se doivent faire par ladite justice. »

L'ensemble de ces droits formait ce que l'on appelait une « justice foncière ou basse justice », dont l'action se réduisait à assurer une sorte de privilège pour la perception des rentes et autres redevances dues au possesseur du fief. Bien entendu que les bourgeois et manants de Douai, qui demeuraient dans les maisons grevées de ces rentes, n'en dépendaient pas moins du pouvoir échevinal pour tout ce qui était en dehors du service des redevances, et notamment pour les cas appartenant à la moyenne et à la haute justice (1).

Pour faire les saisies, levées, significations et autres actes nécessaires afin d'assurer l'exercice de sa juridiction, le possesseur du fief commettait un sergent, qu'on nommait anciennement « le justice ». Il pouvait avoir aussi un bailli et un procureur d'office ; le bailli, tenant le lieu et place du possesseur du fief, présidait les hommes cotiers ou tenanciers, pris parmi les propriétaires d'héritages grevés desdites rentes ; c'est ainsi qu'était formée cette espèce de tribunal en miniature, chargé d'exercer les droits dépendant de ce fief. Les plaids ou audiences se tenaient en la « salle plaidoyable » de l'hôtel Saint-Albin.

Il est curieux de voir comment fonctionnait ce petit tribunal : « 1700, 27 octobre. Saisie par faculté seigneuriale, à la requête du seigneur du fief et seigneurie des Pourchelets, poursuite et diligence du sr Laurent Fremeneur, son procureur pour office ; par faute de rentes non payées ; d'une maison appartenant à Samuel de Warenghien, sise en la grande rue Saint-Albin, où pendait ci-devant pour enseigne la Pomme d'Or ; laquelle a été, par les baillif et hommes cotiers de ladite seigneurie, saisie et mise sous la

---

(1) Arch. de la ville, n° 1523 de la *Table*.

main de justice. Laquelle saisie ordonnons à Jean de Cambray, sergent de ladite seigneurie, de signifier, et aussi d'assigner à comparoir à certain jour de plaid qui se tiendra par devant nous, en la salle plaidoiable à Saint-Vaast. Par M⁰ Benoist-François d'Escaillon, baillif, Mᵉ Pierre Isambard, Nicolas Plancq et Nicolas-François Trachet, hommes de fief du bailliage de Douai, hommes cotiers pris par emprunt pour cette fois (1). » Ainsi les formalités judiciaires étaient accomplies devant cette humble juridiction, absolument comme devant un vrai tribunal. On voit aussi qu'au XVIIIᵉ siècle, il y avait tendance à ne plus déranger, pour le service des plaids, les possesseurs d'héritages grevés ; on faisait jouer le rôle d' « hommes cotiers » à quelques-uns de ces gens de loi qu'on rencontre alors partout, au bailliage, à l'échevinage, à la gouvernance. Quant à Saint-Vaast, c'était l'ancien hôtel de Saint-Albin, vendu en 1612 à l'abbé de Saint-Vaast d'Arras, qui y avait établi son collége ; aux termes de l'acte de vente, le seigneur de Saint-Albin s'y était réservé une salle de plaids.

Les biens grevés de rentes envers le fief des Pourchelets étaient situés dans la paroisse Saint-Albin ; il y en avait dans la rue Pied d'argent (en 1461, rue de l'Abyette), dans la rue Saint-Julien, dans la Basse-rue Saint-Albin, qu'on dit aujourd'hui des Potiers, dans la grand'rue Saint-Albin, dans la Coûture (*cultura*) Saint-Albin, où se sont formées les rues des Chartreux, des Flageolets, Jean de Bologne, de l'Arbre sec, etc.; en dehors des remparts, à peu de distance de la porte d'Esquerchin. Etait également grevé de rente le lieu où fut la première abbaye des Prés, démolie

---

(1) Arch. de la ville, lay. 299.

en 1477 (1). Il n'y avait qu'un seul héritage grevé, qui ne fût pas dans la paroisse Saint-Albin : c'était une maison située au cimetière Saint-Amé, à l'entrée de la ruelle du Four.

Quant au revenu fixe et annuel que produisait l'ensemble de ces rentes, il s'élevait à 14 rasières 3 coupes 2 quareaux d'avoine, 26 chapons et demi, 9 livres 18 sols 6 deniers douisiens, et 2 sols 6 deniers parisis pour les cinq corvées. Tout cela ne faisait en définitive qu'une bien petite somme. A la vérité les sols douisiens et parisis avaient représenté, au XIII° siècle par exemple, une certaine valeur ; mais celle-ci s'en alla diminuant sans cesse, par l'effet très-connu de la dépréciation de l'argent ; de sorte que, dès le XVI° siècle, le sol douisien, autrefois monnaie d'argent, n'eut plus que la valeur d'une monnaie de billon. De là une dépréciation qui atteignait fatalement les anciennes rentes foncières, dues en argent, et qui les réduisait presque à zéro ; les frais de perception auraient été plus élevés que la valeur de la recette.

Ces redevances féodales, qu'on payait en argent ou en nature, comme de simples rentes foncières, étaient depuis très-longtemps affranchies de tout caractère de vassalité ou d'infériorité quant aux personnes. Il n'en pouvait être autrement, puisque, par l'effet de transmissions ou de ventes multiples, soit du fief lui-même, soit des biens grevés, un marchand brasseur aurait pu, au XVII° siècle, compter parmi ses tenanciers un Montmorency.

(1) Dans le dénombrement de 1709, cet emplacement est ainsi désigné : « la place où autrefois a esté l'abbaye des Prez, hors la porte d'Ocre, tenant le long du fossé de la ville et de la rivière qui entre dans le canal de Lille ».

Enfin le fief des Pourchelets était tenu de Sa Majesté, comme les autres fiefs mouvant du château de Douai, en hommage, à dix livres parisis de relief, à la mort de l'héritier ou possesseur, ce relief dû aux chevaliers de Saint-Jean de Jérusalem, à cause du Temple de Douai ; au 10ᵉ denier pour droit seigneurial, en cas de vente, don ou transport ; au service de plaids et aux redevances, us et coutumes du bailliage.

C'était, comme on voit, un de ces fiefs dits « en l'air », c'est-à-dire consistant uniquement en rentes et droits féodaux, sans comprendre ni une maison ni un pouce de terre formant ordinairement le « gros » ou chef-lieu d'un fief.

Sur le rôle de 1694 des fiefs mouvant de Douai, celui des Pourchelets est rangé dans la quatrième et avant-dernière classe, avec la Damoisellerie de Dorignies (voir l'article suivant), avec « le fief Romanian » ou maison devant le château (article VI 4°), avec le fief de Plachy (2ᵉ chapitre, article III), etc. (1).

Il nous paraît tirer son origine d'un très-ancien démembrement du fief de Saint-Albin (2), qui avait été formé lui-même au moyen d'un « éclissement » de l'office féodal du châtelain ou vicomte de Douai. Le seigneur de Saint-Albin aura eu, dans sa part, les rentes foncières assises dans le quartier où s'exerçait sa juridiction ; en effet, les dénom-

---

(1) Arch. municip., reg. aux plaids du bailliage. 1683-1694, f° 73.

(2) C'était aussi l'opinion de feu M. Guilmot, exprimée dans son « Inventaire analytique des archives de la ville », page 529 : « Par des titres anciens rappelés dans mes Premiers Extraits, il conste que le fief des Pourchelets est un démembrement de celui de Saint-Albin, et qu'il appartint aux seigneurs d'Aubi, de la maison de Douai. » Malheureusement cette partie des travaux de M. Guilmot ne se retrouve plus dans ce qui reste des « Premiers Extraits » aux archives municipales.

brements de ce fief constatent l'existence d'un certain nombre de ces rentes, entraînant, en cas de vente de l'héritage grevé, le droit d'entrée et d'issue, savoir : quatre lots de vin, à la charge de l'acheteur, et quatre lots, à la charge du vendeur ; d'après ce que nous avons vu plus haut, le droit était absolument le même pour le possesseur du fief des Pourchelets que pour le seigneur de Saint-Albin ; donc, une assez notable partie des rentes de Saint-Albin se retrouve dans le fief des Pourchelets ; il s'en rencontre également dans les vestiges d'anciens fiefs analogues, sur lesquels nous donnerons des indications dans les Appendices du présent article.

Le seigneur de Saint-Albin avait, dans l'étendue de la paroisse, le droit d'afforage sur les débits de vin, excepté notamment dans les maisons grevées de rentes envers le possesseur du fief des Pourchelets, qui levait le droit à son profit. En 1476, on plaidait pour savoir si certaine maison était de l'une ou de l'autre juridiction. Cette délimitation imparfaite n'est-elle pas l'indice d'une indivision antérieure ?

On peut supposer que l' « éclissement » du fief dit ensuite des Pourchelets a été opéré au profit d'un cadet de la maison de Saint-Aubin, et que ce dernier ou l'un de ses successeurs l'aura vendu à un riche bourgeois, ainsi que cela a eu lieu si souvent.

Une autre preuve de commune origine résulte du fait, que le seigneur de Saint-Albin prêtait sa salle plaidoyable, pour tenir les plaids de ce fief, qui ne possédait pas, on le sait, de manoir féodal.

En tête de notre liste des possesseurs du fief dit des Pourchelets, nous croyons pouvoir placer le nom de *Gossuin d'Arras*, qui vivait au commencement du XIVe siècle. En effet, un article du « cœuilloir » de la maison de Saint-Samson de Douai, renouvelé vers 1307, constate que celle-ci devait une rente foncière, pour un jardin situé en la paroisse Saint-Albin : « A Gossuin d'Arras, pour no courtil de le Couture, xiij s. de douesiens. » Or, un document de l'an 1660 nous apprend que cette antique rente était alors due « au fief des Porcelets » (1).

Rappelons qu'un autre Gossuin d'Arras devint, en 1219, tenancier du Temple pour une terre sise en la paroisse Saint-Albin, au lieu dit la Croix de la Tourelle. *Preuves*, n° CVII.

Les *Pourchelet*, de la famille qui a donné son nom à ce fief, sont, pour ainsi dire, aussi anciens que notre échevinage : ils apparaissent dans les premiers documents qui permettent de dresser les listes des échevins. Dès l'an 1201, Robert *Porcelés*, le vieux, *senior*, était échevin de Douai. En 1205, on trouve Robert *Porcelet*, probablement le même. En 1207, Robert *Porcelet*, le jeune ; en 1220 et 1230, Robert Porcelet ; c'est le même individu, suivant toute apparence. En 1265, Willame *Pourcelet* ; ce dernier acquit certains fiefs présentant, avec celui qui nous occupe en ce moment, beaucoup d'analogie ; nous en dirons quelques mots dans le premier appendice du présent article. Watier *Porcelés* est échevin en 1283 et en 1293 ; Baude *Pourcelés*, *Pourchelet* ou *Pourcellet*, en 1321, 1324, 1327, 1330 ; Bauduin *Pourcelet*, en 1365, Willaume *Pourcellés*

---

(1) Arch. nation., registre S 5044 n° 2 et S 5488.

dit Willehaut est l'un des Six-hommes en 1374. Colart Pourchelet, plusieurs fois échevin, de 1382 à 1399, portait pour armoiries, d'après son sceau, trois pourceaux posés 2 et 1. Bauduin Pourchelet figure à l'échevinage entre 1386 et 1405. Nous ignorons si c'est à cette famille qu'appartenait un gentilhomme artésien, Bauduin Pourcelet, seigneur de Beaumez, fils de feu Jacques, qui était en procès avec sa sœur, au sujet de la terre paternelle, vers le commencement du XIV⁰ siècle (voir le vieux Coutumier d'Artois et la Somme rurale).

Dans les comptes du bailli de Douai, de la fin du XIV⁰ siècle, nous relevons les mentions suivantes (1) :

« 1392, du 6 mai au 18 septembre. Reçu le 10⁰ denier de cent frans, venant de la vente d'un fief seans en l'eschevinage de Douai, vendu par Simon *Pourcellet* à Jehan Foucart : x frans, à xxx iiij s. pour cascun franc. »

« 1393, 22 septembre au 12 janvier suivant, sous la rubrique : Du x⁰ denier venant de ventes de fiefs. — De le fille Simon *Pourchellet*, de le vente de iiij couronnes du roy, à le vie de... etc., le somme de xxiiij couronnes, qui vallent, à xxx vij s. le piece, xliiij lib. viij s. Monte le droit de M$_{gr}$ iiij lib. viij s. ix d. ob. parisis. » Il résulte de cet article de recettes, que la fille de Simon Pourchelet avait grevé d'une rente viagère un fief qu'elle tenait du château de Douai.

Ces indications sont trop laconiques, pour qu'on puisse affirmer qu'elles se rapportent réellement au fief qui nous occupe.

Il en est autrement du document suivant : à la Chambre

(1) Arch. départ., Ch. des comptes.

des comptes, existait, à la fin du siècle dernier, l'original en parchemin, daté de 1406, de la « Déclaration des rentes en argent, avoine, chapons, corvées, issues et entrées dues à *Simon Pourchellet*, fils de feu Guillaume, bourgeois de Douai, à cause de son fief, situé à Douay, qu'il eut de Gillon de Kiéry, écuyer (1). » Ce dénombrement a malheureusement disparu, avec tant d'autres documents, pendant la Révolution, mais l'analyse qui nous en reste ne permet pas de douter que Simon Pourchelet ne fût bien, en 1406, possesseur du fief qui a gardé son nom. Après Simon, le fief passa à *Emmelot Pourchelet*, sa fille, ainsi qu'il va être expliqué.

Il ne tarda point à sortir de cette famille : cela résulte d'un dénombrement servi, le 22 juillet 1420, par *André Payen*, bourgeois de Douai, de deux fiefs mouvant du château, l'un consistant en rentes et situé en la ville et échevinage, et l'autre à Marquette (2). C'est cet *Andrieu* ou André Payen qui figure en tête des plus anciens possesseurs du fief des Pourchelets, dans les titres conservés par la famille qui en était propriétaire à la Révolution. Il était fils d'Andrieu Payen et de Marguerite de Dichi (3) ; échevin de Douai en 1409 et 1412, il fut choisi, en 1424, comme exécuteur testamentaire, par le chevalier Witasse de Ligny (4), chef des échevins (maire) de 1416 ; c'était, semble-t-il, un homme de loi plutôt qu'un marchand. Par son testament du 31 décembre 1434,

---

(1 et 2) Arch. départ., Chambre des comptes ; Invent. des dénombr. des fiefs tenus de Douai, dressé d'après les originaux, par les Godefroy, à la fin du XVIIIe siècle.

(3) Testam. en chirogr. aux archives de la ville. Guilmot, Extraits, III, p. 1099.

(4) Arch. de la ville, 1er reg. aux testam., fo 148.

il lègue à *Hanotin* (Jean), son fils, qu'il avoit eu de feu Agnès Waude, sa femme, son fief de Marquette ainsi que celui « qui fut feu Simon Pourchelet et depuis d^{elle} Emmelot, sa fille, tenu du chastel de Douay, qui se comprend tant en rentes deubes en avaine, cappons, douisiens et courouées, comme en entrées et issues, justice et seignourie sur plusieurs habous et heritages seans en le peroisse Saint-Albin en Douay ». Il était alors remarié à Marie de Vaux ; notons en passant qu'il n'oublie pas ses confrères les Clercs parisiens, auxquels il laisse, « pour celebrer une messe, comme de coutume et boire ensemble », 40 sols, somme pareille à celle qu'il attribue « aux eschevins qui seront à son service en corps de loy ». L'« emprise » de son testament, qui eut lieu le 29 avril 1437, donne la date approximative de son décès (1).

Son fils *Jean Payen* vendit le fief des Pourchelets à *Quentin Le Thelier*. Celui-ci jura la bourgeoisie de Donai le 5 janvier 1428 (v. st.) : « Quentin Le Thelier, clerc, natif de la ville de Porrenmont emprès Bohaing, époux de Sainte d'Ococh, dont il avait deux enfants : *Pasquette*, âgée de deux ans et demi, et Jacotin, de huit mois. » En 1438 (v. st.), le 30 janvier, il acquit une maison située dans la « grande rue Saint-Aubin, faisant touquet à une rue verde alant en la Couture et aboutant par derriere à une autre rue et waresquaix de la ville » (2). Il était là au centre du quartier dans lequel s'étendait son fief, dont il servit un

---

(1) Testam. en chirogr. Guilmot, p. 1123.

(2) Contrats en chirogr. aux arch. de la ville. Guilmot, Extraits, III, p. 1335.

dénombrement, le 27 octobre 1442 (1). Dans l'acte de vente, du 22 avril 1446, d'une vaste propriété qu'on appelait le Coulombier (depuis, la Chartreuse), il est rappelé qu'elle était grevée de rentes foncières envers « Quentin Le Thelier, à cause de son fief qui fut Simon Pourcelet » (2). Il le donna en mariage à sa fille, *Pasque Le Thelier*, née vers 1426, épouse de Colart Desfossez. Celui-ci fit renouveler, en juillet 1461, le cartulaire, « cœuilloir » ou terrier de son fief, sorte de cadastre des biens grevés. En 1476, il obtint une sentence des échevins, condamnant le seigneur de Saint-Albin à lui restituer un droit de forage indûment perçu sur des pièces de vin vendues à « brocque » en une maison sise Ou Pré (quartier de la paroisse Saint-Albin situé entre l'abbaye des Prés, les remparts et la Scarpe), qui fut reconnue dépendre du fief des Pourchelets et non de celui de Saint-Albin. La même année, il eut une contestation avec l'hôpital des Wez (le béguinage), qui possédait, dans le quartier de la paroisse Saint-Albin, appelé la Coûture, un ci-devant fief amorti et converti en roture, et qui offrait beaucoup d'analogie avec le fief des Pourchelets. (Voir l'appendice qui suivra le présent article.) La transaction qui eut lieu devant échevins, le 3 septembre 1476, renferme des renseignements curieux.

Le différend portait sur la vaste propriété nommée le *Coulembier*, séant en la *Coulture*, et qui s'était agrandie de différentes parcelles voisines ; le Coulombier devint au

---

(1) Arch. départ., Chambre des comptes, liasse D 78 ; Invent. des dénombr. des fiefs tenus de Douai, dressé à la fin du XVIII° siècle. Le récépissé, délivré par le bailli, le 18 novembre, est conservé dans les archives de la famille Becquet de Mégille.

(2) Guilmot, p. 1349.

XVII⁰ siècle l'hôtel de Montmorency d'Estaires, et depuis, le couvent des Chartreux. « Colart Desfossez, demandeur, disoit et proposoit que, entre autres fiefs et heritages à lui appartenant, lui competoit et appartenoit un fief nommé le fief des Pourchelés, qu'il tenoit de notre très redouté et souverain seigneur Mgr le duc de Bourgogne, comte de Flandres, à cause de son chastel de Douai. Qui se comprend en plusieurs rentes foncieres et heritieres dont sont chargés plusieurs heritages situés en la ville et echevinage de Douai, en la paroisse Saint-Aubin, sur tous lesquels il avoit justice et seigneurie, avec les droits d'entrées et issues et autres droits lui appartenant. » Il disait avoir le droit de prendre sur le Coulombier 18 sols douisiens de rente, plus 6 « issues » sur une parcelle annexée, 11 sols douisiens et 2 issues; sur une autre, 4 sols douisiens et 2 issues; et attendu que le bien venait d'être vendu, il lui était dû 10 « issues » et 10 « entrées », « portant iiij^{xx} lots de vin, à quatre gros le lot, faisant xvj livres, parisis, monnaie de Flandres, dont la moitié ou viij livres. pour lesdits droits d'issues, appartenoit à payer par ladite justice (*du fief*) audit demandeur, avec de bailler, par icelle sa justice, la saisine et possession desdits heritages à l'acheteur d'iceux, en la présence d'échevins ». A l'appui de sa prétention, il rappelait que « toutes et quantes fois que il avoit convenu saisir et mettre en mains de justice lesdits heritages et les biens meubles étant en iceux, ce avoit été fait par lui ou son commis, en presence et à l'enseignement d'échevins ».

Au nom de l'hôpital des Wez, on disait : « que du temps passé ledit hôpital avoit acquis plusieurs rentes foncieres, avec la justice sur tous les heritages chargés desdites rentes, seans audit lieu de la Coulture, avec droits d'issue et entrée ; lesquelles rentes et justices avoient été amorties au droit dudit hôpital par la comtesse de Flandres, passé longtemps. » On prétendait sur le Coulombier une rente de trois sols douisiens, plus une issue et une entrée en cas de vente, faisant 16 sols parisis pour chaque issue.

Comme la difficulté était née des annexions successives faites au Coulombier, celui-ci fut délimité de manière à préciser la parcelle sur laquelle la justice de la Coûture exercerait désormais ses droits, le surplus devant demeurer sous la juridiction du fief des Pourchelets.

Colart Desfossez servit un dénombrement de ce fief, le 15 juillet 1490 (1). Il fut receveur de la ville, de 1453 à 1477. Nous l'avons trouvé receveur du Gavène en 1479 et 1485.

Il ne fut admis à la bourgeoisie de notre ville que le 27 avril 1481 ; dans l'un des registres, il est ainsi désigné : « Collart Desfossez, *anchien homme*, natif de Marquette en Ostrevant » ; de sa femme Pasque Le Thelier, fille de feu Quentin, il avait alors six enfants, savoir : Marguerite, mariée à Jehan Lescouffle, Jacqueline, épouse de Jehan Lombart (2), Jeanne, femme d'Allard de Ladis, *Martinet*, âgé

---

(1) Arch. départ., Ch. des comptes, liasse D 78 ; invent. des dénombr. de fiefs tenus de Douai, dressé à la fin du XVIIIe siècle. L'original est perdu.

Au moment où Colart Desfossez servait son dénombrement, on dressait, à la Chambre des comptes, à Lille, en vue de quelque recette du droit de franc-fief, une liste des possesseurs des fiefs mouvant du château de Douai, sur laquelle figure « Jehan Bonmarchiet, noble », pour des « rentes foncières et héritières, tant en solz douisiens, parisis, comme en cappons, sur plusieurs maisons en la paroisse Saint-Albins. (Petit reg. en papier, D 31, f° 19.) Cette désignation ne peut s'appliquer qu'à notre fief des Pourchelets ; mais il y a erreur quant au nom du possesseur.

(2) Receveur du Gavène avec son beau-père; seul en 1490.

de 18 ans, Mariette, de 16 ans, et Joachim, de 13 ans
« ou environ ».

Ce fut *Martin Desfosses* qui, en sa qualité de fils aîné, hérita du fief des Pourchelets ; nous ne l'avons trouvé qu'en 1504, occupant le 12e et dernier rang en l'échevinage de Douai, comme troisième échevin de la paroisse Saint-Albin.

Lui mort, le fief fut vendu par décret au siége du bailliage et acheté, vers 1506, par *Porrus de Manchicourt*, écuyer, bourgeois de Douai, qui en servit un dénombrement le 31 décembre 1535. D'après les généalogies, Porrus, seigneur de Manchicourt, était fils d'Hector *alias* Hugues d'Ocoche, chevalier, seigneur de Manchicourt, et de Jacqueline de Framecourt. Il épousa : 1° vers 1501, Colle Pinchon, fille d'Amé, *eschoppier*, échevin de Douai, et de Colle de Haucourt (1) ; 2° Marguerite de Villers (au Tertre) *dit* du Sauchoy, morte avant 1531, fille de Jean, écuyer, chef du magistrat (maire) de Douai, et d'Hélène Le Carlier *dit* de Remy. Il fut plusieurs fois chef des échevins de notre ville, de 1517 à 1543.

La famille d'Ocoche-Manchicourt portait comme la grande maison de Béthune (d'argent à la fasce de gueules), en brisant en chef de trois coqs rangés de sable, membrés, becqués, crétés et barbetés de gueules. La seigneurie de Manchicourt était située près de Béthune.

Sa fille, *Colle de Manchicourt*, issue du premier ma-

---

(1) Arch. de la ville ; reg. aux testam., 1500-9, fo 51 v°.

Par un codicille du 13 mai 1503, Amé Pinchon, qui décéda vers le mois d'août, « quitte à Porrus de Manchicourt, son gendre, et à Colle Pinchon, sa fille, 500 livres qu'il lui avait prêtées pour le rachat de la terre de Manchicourt ».

riage et née vers 1502, eut le fief des Pourchelets. Elle épousa : 1° en 1519, Jacques de Meleun, écuyer, seigneur de Monchy, au comté de Saint-Pol, dont elle était veuve en 1542, quand elle maria sa fille ; 2° Philippe de Le Val, écuyer, seigneur de Graincourt, qui fut bailli de Douai de 1558 à 1593 ; il était aussi veuf avec enfants.

Marie de Meleun, damoiselle de Monchy,—mariée par contrat passé à Douai, le 13 janvier 1542 (v. st.), devant les notaires Julien et Antoine Becquet, avec Jean de Hornes, écuyer, seigneur de Cuinghem, près de Courtray, fils de feu Guillaume, écuyer, et d'Hélène Gilloen, d^{elle} de Cuinghem,—hérita du fief après sa mère ; elle le transmit aussi à sa fille, *Michelle de Hornes*, héritière de Cuinghem, Monchy-Breton, etc., née à Douai, paroisse Saint-Amé, le 11 février 1547 (v. st.), mariée, le 5 février 1569 (v. st.), à Adrien d'Esclaibes, écuyer, seigneur de Péruez, fils de Georges, écuyer, seigneur de Clairmont en Cambrésis, et de Marie de Villers (au Tertre) *dit* du Sauchoy. Adrien d'Esclaibes servit un dénombrement du fief appartenant à sa femme, le 20 octobre 1571. Sur la liste des fiefs du château de Douai, dressée en 1578, Adrien d'Esclaibes, écuyer, « s^r de Clairmont », figure pour le fief des Pourchelets. Il ne tarda point à s'en défaire au profit du bailli *Philippe de Le Val*, cité plus haut, attendu que ce dernier présenta, le 27 novembre 1583, un « homme desservant » pour *son* fief des Pourchelets (1). Néanmoins il résulte du compte du bailli de Douai, de 1597 à 1600, que « le s^r de Graincourt » ne paya qu'à cette époque-là les droits dus pour l'acquisition de son fief, dont la saisine lui avait été baillée,

(1) Arch. de la ville, reg. aux plaids du bailliage.

le 29 avril 1599, par le lieutenant-bailli et les hommes de fief de la cour féodale (1).

Philippe de Le Val, veuf en premières noces de Madeleine de Croix et en secondes de Colle de Manchicourt, déjà mentionnée, servit un dénombrement le 3 août 1601 ; il mourut le 9 décembre 1605, laissant le fief à son fils, issu du premier mariage, *Maximilien de Le Val*, chevalier, seigneur de Grincourt, Pèvele en partie, etc.

Par acte passé à Douai, le 3 octobre 1623, *Philippe de Le Val*, « s' dudit lieu », Grincourt, Briastre, Guignies, etc., résidant à Lille, donna pouvoir de relever le fief des Pourchelets échu par le trépas de son père Maximilien (2) ; mais il le vendit, par acte passé à Douai, le 5 octobre 1637, où il est qualifié chevalier, à *François-Alexandre Blondel*, chevalier, seigneur de Manchicourt, etc., etc., et à *Michelle-Anne de Beaufort*, dame de Boileux, sa femme, qui en furent investis le 26 juin 1638 (3). Ces époux s'empressèrent de le revendre, pour 500 florins, par contrat passé à Douai le 5 avril 1639 et reconnu le 12 août suivant devant lieutenant-bailli et hommes de fief, au profit de *Guillaume Leenne*, brasseur, bourgeois de Douai, qui servit son dénombrement le 22 janvier 1640 ; il mourut en octobre 1656. (Voir ci-après, article V 1°.)

Le 15 mai 1657, M° *Paul Leenne*, prêtre, chapelain de Saint-Pierre, fils et héritier dudit feu Guillaume, releva le fief (4), qui, néanmoins, fut vendu par décret, au siège de la gouvernance, sur la succession de son père, le 25 juin 1671, pour le prix de 300 florins ; ce qui prouve que la

---

(1) Arch. départ., Chambre des comptes.
(2 à 4) Arch. de la ville, reg. aux plaids du bailliage.

valeur des rentes féodales constituant le fief des Pourchelets diminuait de plus en plus.

Il entra alors dans la famille Becquet, qui le possédait encore à la Révolution. M* *André-Michel Becquet*, licencié ès lois, greffier « propriétaire » de la gouvernance, déclara son acquisition aux plaids du bailliage tenus le 24 mai 1672. Il était fils d'André, échevin de Douai, et de Jacqueline de Raismes ; né à Douai en 1635, nommé greffier « aux crimes » de la ville le 23 mars 1679, mort le 11 mars 1692, il avait épousé, en 1668, *Anne-Marguerite Hériguer*, fille de François et de Marie Laude.

Dès l'an 1674, il intente à la ville, au sujet de la juridiction de son fief, un procès dont il ne vit point la fin. Sa veuve donne pouvoir, le 26 mars 1692, de relever le fief des Pourchelets, déclarant comme « homme desservant » à sa place Pierre-François du Bosquel, bachelier en droit, bailli de Dechy et Férin (1) ; elle mourut à 54 ans, le 20 avril 1702.

Cette branche de la famille Becquet fut dès lors surnommée « du Pourchelet », et ses membres prenaient même la qualité de « seigneur du Pourchelet » : ce qui était un non sens, attendu qu'on est seigneur d'une localité, mais pas d'une famille. Elle subsiste encore à Douai sous le surnom « de Mégille », longtemps porté par une autre branche, celle qui avait été anoblie en 1718.

M* *Pierre-Maurant Becquet*, avocat en parlement, fils des précédents, présenta, le 7 octobre 1700, un « homme desservant » pour son fief (2). Le 17 mai 1709, il servit le

(1 et 2) Arch. municip., reg. aux plaids du bailliage.

dénombrement du fief à lui dévolu par le trépas de son père, « vivant greffier » de cette ville (1). Il fut plusieurs fois échevin de Douai, où il était né en 1677. Sous lui se termina le procès commencé en 1674 ; par transaction passée devant notaire, le 20 mars 1714, entre les échevins et lui, il reconnut que les échevins étaient en droit d'exercer dans ledit fief toute justice, haute, moyenne et basse ; de leur côté les échevins déclarèrent que, par leur justice et l'exercice de leurs droits, ils ne prétendaient en aucune manière préjudicier à la perception des droits utiles et seigneuriaux à percevoir sur les biens grevés de rentes au profit du possesseur dudit fief.

Il avait épousé, en 1701, Marie-Jeanne de Caverel, née en 1677, fille de Guillaume, seigneur d'Auby en partie, échevin de Douai, et de Marie-Françoise Doby. Il mourut le 11 janvier 1755 et fut enterré en l'église Saint-Nicolas, à côté de ses père et mère.

Son fils, M* *Pierre-Guillaume-Becquet,* avocat en parlement, servit son dénombrement le 20 avril 1756. Il fut échevin de Douai, où il était né en 1703 et où il décéda le 11 décembre 1759, laissant le fief à son frère, M* *Pierre-Michel Becquet,* avocat en parlement et greffier de la ville de Douai (par réception du 27 juillet 1748), qui dénombra à son tour, le 7 janvier 1761 (2) ; né à Douai en 1715, il épousa, en 1748, sa cousine germaine, Marie-Françoise-Elisabeth Becquet, fille de François, avocat, ancien échevin de Douai, et de Marie-Isabelle Becquet ; sa femme mou-

---

(1) Arch. départ., Bureau des finances, portef. D 213. Original signé; y annexé un certificat du lieutenant-bailli et des hommes de fief, du 19 décembre 1718.

(2) Arch. départ., Bureau des finances, portef. D 245 ; original du dénombr., avec un récépissé délivré par le Bureau, le 12 octobre 1764.

rut à 27 ans, le 31 mai 1750, lui laissant un fils unique. Il survécut jusqu'au 1er août 1781.

Le 26 mai 1782, Marie-Victoire-Joseph Bonniez, veuve de Pierre-Maurand-Joseph Becquet, avocat en parlement, mère et tutrice légitime de *Pierre-Maurand-Valéry-Joseph Becquet*, servit le dernier dénombrement du fief des Pourchelets, dévolu à son fils mineur par le trépas de l'aïeul (1) : c'était l'enfant posthume issu de l'union contractée à Lille en 1776, entre le fils unique du greffier de la ville de Douai et la fille d'un trésorier de France honoraire au Bureau des finances ; il était né à Lille, paroisse Saint-Maurice, le 13 janvier 1777. Par acte daté de Lille, le 10 décembre 1782, elle désigna pour « homme servant » Joseph-Séraphin Bernard, bourgeois de Douai.

En 1789, le possesseur du fief des Pourchelets ne fut pas convoqué à l'assemblée bailliagère avec les vassaux nobles du château de Douai ; du reste, une seule raison suffirait pour expliquer l'absence de convocation : c'est que le fief était dépourvu du droit de justice vicomtière et qu'il se réduisait à la justice foncière, destinée seulement à assurer la perception des rentes.

M. Becquet de Mégille, le dernier possesseur du fief des Pourchelets que la Révolution anéantit, fut maire et sous-préfet de Douai ; il décéda en son château de Roucourt, le 26 juillet 1837.

---

(1) Id.; orig. signé : « Bonnier Becquet », sur lequel la qualité d'*écuyer* a été ajoutée après coup, à la suite des noms du défunt mari et du fils de la dénombrante, mais sans que cette qualité ait été reprise dans le récépissé délivré par le Bureau, le 20 février 1783.

1ᵉʳ APPENDICE DE L'ARTICLE II.

Ancien fief de la Coûture Saint-Albin ; rentes foncières, four et basse justice. — Le chevalier Gérard d'Auby et Boussarde de Bourghelle, dame d'Auby et de Bellefurière. La justice de la Coûture convertie en roture en 1267 et 1268, au profit de l'hôpital des béguines des Wez et de Willaume Pourchelet ; l'hôpital devient seul propriétaire en 1304. — Le four de la Coûture Saint-Albin et la rue du Four moderne. — Nouvel exemple de droits seigneuriaux non féodaux. — La justice de la Coûture tombe en désuétude ; c'est un ancien démembrement de la seigneurie de Saint-Albin.

Nous avons dit qu'il avait existé, dans la paroisse Saint-Albin, des fiefs analogues à celui des Pourchelets. Voici quelques renseignements sur eux.

Au commencement du XIIIᵉ siècle, il y avait, dans le quartier appelé la Coûture Saint-Albin, *cultura Sancti Albini*, d'antiques rentes foncières et seigneuriales, en deniers, chapons, *auwes* (aulx), blé, avoine, *corowées* (corvées), grevant divers biens situés en cet endroit, avec entrées, issues, reliefs et justice, et de plus un four ; l'ensemble formait un ou plusieurs fiefs mouvant du château de Douai.

Dans un acte passé devant échevins, en novembre 1239, relatif à des rentes données à la chapelle Sainte-Marguerite en la paroisse Saint-Albin, il est question de la « Moyenne ruelle de la Couture, selonc le *for* Aleaume de Aubi (1) » : c'est aujourd'hui la rue du Four, menant de la rue du Bloc à la rue Jean de Bologne. Le chevalier *Aléaume d'Auby* florissait en 1230 ; il portait un écu en abîme (comme les Wavrin), brisé d'un bâton posé en bande et brochant sur le tout (2). C'était lui qui, en 1239, possédait le fief de la Coûture, avec les rentes et le four qui en dépendaient.

Son père, le chevalier Barthélemy d'Auby, vivant en 1227, possédait aussi des terres situées dans ces parages, notamment devant la Motte Julien, ainsi que neuf rasières qu'il avait abandonnées pour y construire l'abbaye des Prés. En 1245, le seigneur Aléaume autorisa son vassal Bauduin d'Arras (3) à vendre à la même abbaye neuf rasières situées derrière le cimetière, le long de l'eau (la Scarpe) ; le fief du chevalier Aléaume d'Auby mouvait de Douai, puisque l'amortissement fut autorisé par la comtesse Marguerite (4). Dans l'état des « rentes que li vile doit à hiretage », dressé vers 1250, il est constaté que la ville de Douai devait « à mon segneur Aliaume d'Auby xlj deniers douissiens et vij capons (5) » de rente, probablement à raison de biens fonds situés dans la paroisse Saint-Albin. Mentionnons aussi l'indication que nous avons trouvée, sous la date du mois de décembre 1266, de maisons

---

(1) Arch. départ., fonds de Saint-Amé.

(2) Cf. Demay, *Invent. des sceaux de la Fl.*, I, no 431.

(3) On sait qu'en 1307 environ un Gossuin d'Arras tint le fief appelé depuis « fief des Pourchelets ».

(4) Arch. départ., fonds de l'abbaye des Prés.

(5) Arch. municip., cartul. OO, f° 74.

sises « en le Couture, en le rue Jehan Paelete, en costé *le four* »(1).

Plus tard, les rentes de la Coûture formaient deux fiefs indivis entre les enfants du chevalier Gérard d'Auby et *Boussarde de Bourghelle*, dame d'Auby et de Belleforière. En 1267, le chevalier Jehan de Wasnes vendit à l'hôpital des Wez (le béguinage) un fief « qu'il tenoit en sa main pour les enfans Mgr Gérard de Aubi, chevalier, »rapportant seize livres et demie de rente, monnaie de Flandres (c'est une évaluation), séant « el pooir » de Douai et consistant en rentes de deniers, de chapons, de blé, d'avoine, « de coroées, de un four, de heudes et de reliés », avec la justice en dépendant. La comtesse Marguerite confirma cette vente et convertit le fief en roture, voulant « qu'il soit de l'échevinage et du jugement des échevins » de Douai (2). Le chevalier Jean de Wasnes agit comme tuteur des enfants du chevalier Gérard d'Auby, celui-ci vivant encore : le fief leur venait donc de leur mère défunte.

Le chevalier Gérard d'Auby, bien qu'il eût le même nom que le chevalier d'Auby sus-mentionné, était d'une famille différente, attendu qu'il portait une croix au lambel de cinq pendants, d'après son sceau pendu à un acte de 1264 des archives de l'abbaye d'Anchin (3). Il vivait encore en mai 1271, quand Jehan d'Auby, son fils, ratifia, devant échevins, une vente faite autrefois à l'hôpital des Wez, pardevant échevins de Douai, par « messire Gérard, son père » (4).

(1) Arch. municip., carton aux chirogr. du XIIIe siècle.
(2) Arch. des hospices, p. 274 de l'*Invent.* de 1839, no 889.
(3) Cf. Demay, no 453.
(4) Arch. des hospices, p. 256 de l'*Invent.*, no 791.

En août 1268, « madame Boussarde, dame de Belleforière », fille de feu M§r Boussart de Bourghelle, chevalier, vendit à *Willaume Pourcelet*, bourgeois de Douai, un fief absolument semblable à celui vendu l'année précédente à l'hôpital des Wez, valant seize livres et demie de rente, monnaie de Flandres, séant « en la Coûture et ailleurs dedens le pooir de Douai » et consistant en rentes de deniers, chapons, *auwes*, blé, avoine, *courowées*, *heudes*, maisons *alias* un four, entrées, issues, reliefs et la justice. Sur son sceau, pendu à l'acte, Boussarde de Bourghelle est appelée : « dame d'Aubi » (1). La comtesse Marguerite intervint encore pour convertir le fief en roture (2). C'était la contre-partie indivise du fief acheté l'année précédente par l'hôpital des Wez.

D'après les énonciations contenues dans les actes passés à cette occasion, la venderesse paraît être la veuve d'un chevalier qui aurait été seigneur d'Auby et de Belleforière. En 1281, on retrouve cette dame qualifiée : « madame Boussarde »; elle était alors veuve en secondes noces de Jean de Landas, chevalier, sire de Warlaing, et mère d'Amaury de Landas, seigneur dudit Warlaing (3).

Du reste, il existait entre Boussarde de Bourghelle et Gérard d'Auby une affinité qui nous échappe, faute d'indications suffisantes, attendu que, trente ans après, on croyait que les ventes de 1267 et de 1268 avaient été faites par Gérard d'Auby lui-même, tandis qu'elles avaient été conclues séparément par le tuteur des enfants de Gérard et

---

(1) Cf. Demay, n° 546.

(2) Arch. des hospices, p. 275 de l'*Invent.*, n°° 891 à 893.

(3) Collection Moreau, vol. 204, f° 239; copie d'un titre des archives de l'abbaye de Marchiennes.

par Boussarde de Bourghelle. Cette erreur est commise dans l'acte par lequel l'hôpital des Wez devint propriétaire de la totalité des rentes ci-devant féodales de la Coûture Saint-Albin : car en janvier 1301 (v. st.), *Jehan Pourchelés*, fils de feu Willaume, vendit à l'hôpital des Wez : 8 livres 12 sols 5 deniers douisiens, 48 chapons et les trois parts d'un chapon, 9 *auwes*, 9 *corowdes* et demie, 32 sols de parisis en deniers, et 19 rasières une coupe et demie et un *quaregnon* d'avoine de rente chacun an « hiretaulement », et encore la moitié d'un *four* et de tout le *tenement* qui siet en la Coûture, et encore la moitié de la justice de la Coûture, — « que son père acheta de feu Mgr Gérard d'Aubi, chevalier ; contre l'autre moitié, que possède ledit hôpital et que celui-ci acheta audit chevalier » (1).

L'hôpital des Wez devint donc seul propriétaire des antiques rentes de la Coûture et il les fit longtemps valoir à son profit, en exerçant à cet effet sa justice foncière : nouvel exemple de droits seigneuriaux qui, par suite d'une conversion en roture, n'étaient plus féodaux. Nous avons signalé pareille anomalie en l'appendice du 4e chapitre. Le 27 août 1335, la *demoiselle* (supérieure) de l'hôpital des Wez donne à *luiwage* à Renaut, le fournier de la Coûture, pour les vies dudit Renaut, de sa femme et de son fils, une maison où il y a un *four* séant en la Coûture (2). Nous avons dit quel conflit eut lieu, en 1476, entre la justice de l'hôpital des Wez et celle du fief des Pourchelets, à cause des rentes grevant le Coulombier, vaste propriété sise en la Coûture.

(1) Arch. des hospices, p. 268 de l'*Invent.*, no 858.
(2) Arch. des hosp., no 887 de l'Invent. suppl. ms.

Il résulte des comptes de l'hôpital des Wez ou du béguinage, que celui-ci laissa tomber et se perdre sa justice de la Coûture, dont il n'est plus question lorsqu'on arrive au XVI° siècle.

Comme le fief des Pourchelets, avec lequel il avait tant d'affinité, celui de la Coûture nous paraît tirer son origine d'un démembrement du fief de Saint-Albin. Il est à noter qu'en 1468, il y avait conflit entre le seigneur de Saint-Albin et l'hôpital, pour la justice sur une maison sise en la « Coûture Saint-Aubin, vers le Pont Croisiet » : il s'agissait de savoir qui devait bailler « possession et saisine » de cette maison ; par sentence des échevins, du 8 juillet 1468, il fut jugé au profit de la « justice de l'hôpital des Wez » contre la justice du seigneur de Saint-Albin (1).

Enfin il nous paraît encore utile de rapprocher des fiefs de la Coûture et des Pourchelets, un ensemble d'antiques rentes assises au terroir de *Doregny* ou Dorignies, dépendance de la paroisse Saint-Albin ; elles se lient étroitement à l'histoire des rentes de la Coûture notamment, puisque possédées par le chevalier Gérard d'Auby, elles furent par lui vendues, moitié à l'hôpital des Wez, moitié à Willaume Pourchelet, absolument comme celles de la Coûture, et que les deux moitiés furent également réunies au profit de l'hôpital vers 1301. Voici l'analyse de l'acte constatant l'énoncé ci-dessus :

Janvier 1301 (v. st.). Jehan Pourchelet vend à Piéronain et Hauwit de Hornaing, sœurs, une rente de 23 rasières 2 coupes de bon blé et 3 coupes de blé *marcant* (marchand),

---

(1) Arch. des hospices, n° 918 de l'Invent. supplémentaire.

que feu ses père et mère Willaume Pourchelet et *Marotain* (Marie), sa femme, avaient achetée à feu Mgr Gérard d'Auby, chevalier, ladite rente à l'encontre d'autant de rente que possède l'hôpital des Wez, par achat fait audit seigneur ; étant stipulé qu'une autre menue rente et valeur, qui est du membre de ladite rente, a déjà été vendue par ledit Jean à l'hôpital ; lesquelles rentes gisent, « el pooir de Douai, el tieroir de Doregny (1) ». Les deux sœurs Péronne et Hauwit de Hornaing étaient des béguines de l'hôpital, qui achetaient pour le compte et le profit de leur maison.

Quoique ces rentes fussent alors sous la juridiction échevinale, nous croyons qu'elles avaient eu, elles aussi, la qualité de fief, lorsque, vers 1260, elles étaient dans les mains du chevalier Gérard d'Auby.

2e APPENDICE DE L'ARTICLE II.

Autre fief de justice de clains *et de* repeux *dans la paroisse Saint-Albin* intra *et* extra muros. — *Il mouvait médiatement du château de Douai. — Familles de Goy, de Deuyeul, Pourchel, Picquette et de Goy d'Auby.*

Énumérons d'abord les documents qui nous paraissent pouvoir être relatifs à ce fief de rentes et de basse justice.

En décembre 1254, « Drius a mis en saisine, con (*comme*) justice *Gerart de Goy* »; un « tenement dehors le bare de

(1) Arch. des hosp.; no 868 de l'Invent. supplémentaire.

le porte d'Esquiercin », laquelle saisine fut faite « en le halle par devant eskievins (1) ».

En septembre 1255, « Driuon, le justice *Olivier de Deuioel* », ou autrement « Derius Li Tallieres, justice signeur Olivier de Deuioel », reconnaît devoir audit Olivier dix livres parisis (2).

En « julé » 1292, *Jehane de Deuwioeul* donne « à cense » à Aliaume, « fil Izabiel Audeghon, que cele Izabiaus eu de Tassart, sen baron qui fu, *se justice de Deuwioeul*, à tenir dusques à le volentet et le renon le devant dite Jehanain u de sen hoir, et pour lx sols de parisis l'an » ; le preneur cède cet office à Jehan de Troies, « sen serourge », et reste sa caution (3).

Les de Goy et les de Deuvyeul étaient des plus vieux patriciens de notre ville. Ce que nous savons sur leur fief de Deuyeul est insuffisant pour qu'on puisse affirmer que c'est bien le même qui fut possédé plus tard par les Pourchel et leurs ayants cause.

Dans une nomenclature des biens ayant appartenu à feu *Amourry Pourchel*, écuyer, sont cités, à la date du 18 avril 1382 : le fief du Vinage de Lécluse, mouvant du château de Douai; celui de dix livres de rente sur le domaine (article IV 1° de ce chapitre) et « une justice de clains et respeux sur plusieurs maisons en Douay (4). »

Dans une vente opérée, le 13 avril 1439, pour recou-

(1 et 2) Arch. municip., contrats en chirographe. Guilmot, Extraits Ms., III, p. 1161.

(3) Id., p. 1170.

(4) Id., p. 1217.

vrement de douaire, après saisie des biens du défunt, sont nommés : Simon Catton, *justice* (sergent) de la prévôté, Jehan Villain, « justice au lieu con dist Delà !'iaue, pour le seigneur de Saint-Aubin », et « Jehan Painmoullié, justice, audit lieu de Saint-Aubin, en le seigneurie qui fu Jehan du Hem (1) ». Nous savons que l'écuyer Jean du Hem, troisième mari de dame *Marguerite Pourchel* de Frémicourt, fille d'Amaury, cité ci-dessus, exerça les droits de sa femme, pour les grands biens qu'elle possédait à Douai et aux environs.

Un contrat du 21 janvier 1445 (v. st.), contenant la vente d'une maison sise « sur la Prairie de Saint-Aubin, devant le Planquet », constate que cette maison était grevée d'une rente envers *Antoine Picquette* (2). Dans une vente par décret pour recouvrement de douaire, opérée le 12 janvier 1451 (v. st.), d'une maison située en la rue Entre deux portes d'Esquerchin, on voit que c'est Lambert Boutry qui avait mis et exposé la maison en vente, en sa qualité de « justice de Anthoine Picquette, à cause de sa justice qu'il a en le paroisse de Saint-Aubin »(3). Enfin dans une sentence de la gouvernance, rendue le 15 janvier 1455 (v. st.) au profit de la ville contre le bailli et les hommes de fief, on reproche à ces derniers de n'avoir pas demandé assistance aux échevins, avant de faire plusieurs exploits de justice, en la paroisse de Saint-Albin, sur des maisons appartenant à des bourgeois, « sujets et manans » de la ville, à cause des « rentes qu'ils maintenoient estre deues », sur

---

(1) Arch. municipales. Guilmot, Invent. analyt., pp. 1143 à 1150.

(2) Arch. municip., reg. aux contrats de 1445, f° 10. Guilmot, Premiers Extraits, p. 142.

(3) Arch. municipales. Guilmot, Invent. analyt., p. 1148.

ces maisons, à Anthoine Picquette, écuyer, avec « défense auxdits possesseurs » des maisons de lui payer les rentes (1). Quant à l'écuyer Antoine Picquette, c'était le fils aîné de madame Marguerite Pourchel.

Par son testament du 30 avril 1481, le seigneur d'Auby (Jacques de Goy, chevalier), assigna à *Charles de Goy*, son fils aîné, qu'il avait eu de feu Madame *Marie Picquette*, sa première femme, « le fief qu'il a en la paroisse de Saint-Aubin, lequel vient de sa mère (2) ». Par leur ordonnance du 13 juin 1483, les échevins enjoignent à « Jehan De Vred ou aultre exerchant le fait de la justice de la prevosté de ladite ville, et à Anthoine Fretel, exerchant le fait de la justice du seigneur d'Auby, de son fief qu'il a à Saint-Aubin », de mettre à exécution la sentence echevinale du 24 mai ; en conséquence de quoi eut lieu, le 19 juillet, la vente par décret d'une maison située « en la rue d'Entre deux portes d'Esquerchin »(3). Marie Picquette, mère de Charles de Goy, était fille d'Antoine Picquette, précédemment nommé.

Disons pour mémoire qu'en 1681, les échevins signalaient l'abbaye des Prés comme possédant, du côté de la porte d'Ocre, un fief de neuf rasières de terre, tenu « du seigneur d'Oby (4) ».

Quelqu'incomplètes que soient ces données, elles suffi-

---

(1) Id., cartul. T, f° 98 ; cette sentence y fut transcrite à la fin du XVIe siècle. Cf. n° 974 de la *Table*.

(2) Arch. municip., testaments en chirographe. Guilmot, Extraits, III, p. 1143.

(3) Id., contrats en chirographe. Guilmot, pp. 1391-1393.

(4) Id. Guilmot, Invent. analyt., p. 535. Cf. n° 2139 de la *Table*. — Cf. 1er appendice : fief de rentes appartenant, au XIIIe siècle, à la famille seigneuriale d'Auby.

sent pour constater l'existence d'une basse justice s'exerçant en la paroisse Saint-Albin, dans la ville et hors des murs, formant un fief qui mouvait médiatement du château de Douai et constituant, suivant toute apparence, un très-ancien « éclissement » du grand fief de Saint-Albin.

III.

DAMOISELLERIE DE DORIGNIES

OU FIEF DES DAMOISEAUX.

Le hameau de Dorignies, appelé *Doregni* et *Dorgni* dans les titres du XIII⁰ siècle, a toujours dépendu de la ville de Douai ; de même que les hameaux de Wagnonville et d'Escarpel, entre lesquels il se trouvait situé, il appartenait à la paroisse Saint-Albin de notre ville ; mais ces trois hameaux d'une paroisse avaient suivi, sous le rapport politique, des destinés différentes : tandis que Dorignies était demeuré de l'échevinage de Douai, la seigneurie de Wagnonville était devenue une mouvance du château de Lens en Artois, malgré les protestations des échevins de Douai qui ne se tinrent jamais pour battus ni dépossédés ; quant à la seigneurie d'Escarpel, elle releva du château d'Oisy près de Cambrai.

A Dorignies, les échevins de Douai exerçaient la justice pleine et entière, haute, moyenne et basse, de manière qu'il ne restait aux possesseurs des fiefs enclavés en ce lieu qu'une simple justice foncière, une sorte de privilége destiné à assurer la perception des droits utiles, rentes et autres revenus leur appartenant.

C'était le seigneur de Saint-Albin qui, après les échevins de Douai, était le principal seigneur à Dorignies, soit comme seigneur direct sur les dépendances de son fief de Saint-Albin, soit comme suzerain de plusieurs fiefs tenus de lui. Puis venait le *damoiseau* de Dorignies dont il va être parlé.

L'abbaye les Prés y possédait aussi de belles terres et une cense ; celle-ci est aujourd'hui la ferme Pinquet, appartenant à la comtesse Duchâtel, héritière des Vanlerberghe, Paulée, Lemaire et autres accapareurs des biens d'église pendant la Révolution.

Manoir et motte des Damoiseaux, près de la chapelle Saint-Michel, terres, rentes foncières. — Possesseurs ; familles du Buisson, de Corbehem, Le Tailleur, de Haugard, de Mailly. — Vente de l'an 1593 ; familles de Hennin-Warlaing et Quérenain, Deltz et Graveski. — Vente de l'an 1686 aux Jésuites. — Le collège d'Anchin possesseur du fief des Damoiseaux en 1789.

La *damoisellerie* de Dorignies ou le fief des *damoiseaux* consistait, d'après les dénombrements et notamment d'après celui qui fut servi en 1560 (1), en « un lieu manoir », motte, jardin et fossés, contenant trois coupes et demie ; ce manoir ou chef-lieu du fief était situé, d'après le dénombrement de 1770 (2), près de la chapelle Saint-Michel de Dorignies et

(1) Arch. départ., Ch. des comptes, D 10, f° 35 v°.
(2) Arch. de la ville, reg. aux dénombr., coté 1780, f° 3 v°.

tenait de l'autre côté à la «piedsente» menant à Laudry (1). La chapelle Saint-Michel était à la collation du chapitre de Saint-Amé; la cense de Laudry, enclose de fossés, était située sur le chemin d'Escarpel ; elle dépendait de l'échevinage de Douai ; en 1653 elle était en ruines. La chapelle, la cense de Laudry et le manoir des Damoiseaux (2) n'existent plus depuis longtemps.

Le fief comprenait en outre dix rasières environ de terre, savoir : « Item. Cinq rasières trois coupes en prés, bois, eaux et herbes qu'on nommait le Pré des damoiseaux, tenant au Sauchoy (3), et au filet (d'eau) qui va à Escarpel (branche de l'Escrebieu). Item. Quatre rasières au Ponchelet » ou petit pont; le dénombrement de 1598 appelle cette pièce de terre le champ à le Baille ; celui de 1770 constate qu'il tenait à la « piedsente » de Dorignies à Escarpel et au chemin de Dorignies à Laudry. Pour l'intelligence de ces renseignements topographiques, il faut se souvenir qu'autrefois Dorignies et Escarpel étaient séparés par un bras de l'Escrebieu, comme ils le sont aujourd'hui par le canal de la Deûle qui a été creusé sous la domination française, vers 1690.

Enfin le possesseur du fief levait des rentes foncières et

(1) Il est ainsi désigné, en 1565, dans le « cœuilloir » des rentes de la cure de Saint-Albin (cabinet de l'auteur): « cense de madame d'Agny, tenant à la chapelle de Dorigny et à le motte et fossé de la maison d'icelle, occupée par Jacques Palmart ». Dans le même document est citée la « cense de le Lauderie », avec « masure et gardin ».

(2) En 1710, on l'appelait « Cense des jésuites », d'après un plan de cette époque, dont un fac-simile est conservé dans la collection de notre société académique. Son emplacement est actuellement occupé par l'usine Le Banneur et Cie.

(3) Le Sauchoy, ancien marais ou pâturage, a été incorporé dans les terrains du Polygone.

seigneuriales sur des biens situés au terroir de Dorignies et aux environs, savoir : à la voie d'Escarpel ; au champ à le Chauf, à la Voyette rabatue ; auprès du Champ aux Œufs, sur le chemin de Wagnonville à Douai ; rue du Maret ; aux Marquais; rue Destrannoye (en 1198, de Transloy). Le total de ces rentes, dues par « plusieurs rentiers et sujets tenans dudit fief », s'élevait à : 100 chapons et un quart de chapon douisiens, avec 72 sols 7 deniers douisiens, le tout payable à Noël ; 10 sols parisis flandres, moitié à Noël et moitié à la Saint-Jean-Baptiste; enfin 6 rasières 2 coupes et les 2 parts de 2 coupes d'avoine, payables à la Saint-Remy, à la « priserie » de Douai.

De même que pour les fiefs principaux ou *pairies* mouvant du château de Douai, le droit de relief était de 10 livres, dû en cas de mort du possesseur de la Damoisellerie ; et en cas de vente, don, etc., il était dû au souverain le 10ᵉ denier (10 0/0) du prix principal.

Il est fort probable, d'après ces données, que le fief des Damoiseaux était aussi un démembrement du grand fief de Saint-Albin. Quant à l'expression *damoiseaux*, on sait qu'elle répond à l'idée de jeunes ou petits seigneurs.

Sur le rôle de 1694 des fiefs relevant de Douai, « la Demoisellerie de Dorgnies » est rangée dans la quatrième et avant-dernière classe, avec le fief des Pourchelets (voir l'article précédent), avec celui de Plachy (2ᵉ chapitre, article III), etc. (1).

Notre liste des possesseurs de la Damoisellerie ne remonte pas bien haut; mais voici des renseignements qui permettraient peut-être d'en découvrir de plus anciens.

(1) Arch. municip., reg. aux plaids du bailliage, 1683-1694, fº 73 vº.

Dans un dénombrement de la seigneurie de Wagnonville, servi en 1584, il est question de terres sises au chemin de Wagnonville à Douai, « terres de Mʳ de Mailly, à cause de sa femme, auparavant Wautier Picquette » ; or, nous verrons que Madame de Mailly posséda la Damoisellerie. Peut-être doit-on inscrire parmi les possesseurs Watier Picquette, bourgeois opulent et patricien de notre ville, au XIVᵉ siècle, qui posséda la rente sur le Gavène dont il sera parlé à l'article IV 2ᵉ du présent chapitre, le Dimeron de Saint-Albin, tenu en fief du prévôt de Douai (3ᵉ chapitre, article V), le fief du châtelain de Douai, à Sin, tenu du sire de Montigny, etc. Il est à remarquer qu'en 1376 il fut le chef de la troupe des *damoiseaux* ou jeunes gens appartenant aux familles riches de Douai qui allèrent à Valenciennes « jouster à le fieste qui y fu le premier jour de march. »

Dans un dénombrement du Vinage de Lécluse, fief mouvant du château de Douai, il est dit qu'en 1490, ce fief, appartenant à Robert du Hem, écuyer, comprenait en outre la rente de dix livres parisis sur le domaine, dont nous parlerons à l'article IV 1° de ce chapitre, « à cause d'un fief nommé le Demiselerye de Dorgny, ainsy qu'il est plus ad plain contenu ès lettres de ce faisant mention ». Il ne nous a pas été possible d'expliquer ce passage ; car ni Robert du Hem ni ses auteurs ne possédèrent la Damoisellerie de Dorignies.

C'est *Pierre Le Waltier*, chantre (l'un des dignitaires) de la collégiale de Saint-Amé, que nous placerons en tête de la liste, à cause des renseignements suivants. Dans le compte de son office, du 19 septembre 1390 au 9 janvier suivant, le bailli de Douai porte en recette les articles ci-après : « De M⁰ Piere Le Wat', pour le dixieme denier de c frans roiaulx que a porté le vente de x frans de rente à vie, par lui faite, sur *j fief qu'il tient du castiel de Douay, seans à Dorgny* ». — « Pour le disime denier venans de iiij⁽ˣ⁾ et x frans, que furent vendus iij muis de bled de rente à vie, par me sire Pierre Le Waltier, cantre de Saint-Amé, par lres royaulx. Reçu : ix frans ». — « It. de xx frans du roy, que furent vendu iij frans de rente à vie, par ledit (1) ».

Dans une déclaration de l'an 1416, relative aux fiefs mouvant du château de Douai et acquis par *Jean du Buisson*, bourgeois de Douai, figure un fief sis « à Dorgny », c'est-à-dire la Damoisellerie de Dorignies ; il avait acquis aussi (2) : le fief de la rente sur le Gavène (article IV 2⁰ de ce chapitre), le « Dismeron de Saint-Aubin », tenu du prévôt de Douai (3⁰ chapitre, article V 2⁰), le fief « de Briffeul », tenu alors du châtelain (2⁰ chapitre, article IV), et la terre d'Esquerchin, laquelle mouvait de Lens. Les du Buisson étaient, comme nous l'avons déjà dit, d'une famille patricienne de notre ville.

Un testament de 1498, analysé ci-après, cite « la Damoisellerie de Dorgny, qui fut à feu *Andrieu du Buisson*, lequel la vendit. Dans un compte de l'abbaye des Prés, de l'an 1524-1525, reposant aux archives départementales, il est parlé d'une rente payée « à Madle de Corbehem, veuve de Jehan Lentailleur, à cause de son fief de Dorigni, qui fut Andrieu du Buisson ».

Jehan de Corbehem dit *le Borgne*, écuyer, qui vivait à

---

(1) Arch. départ., Cb. des comptes.

(2) Arch. départ., Cb. des comptes, liasse D 78 ; inventaire des fiefs mouvant de Douai, dressé à la veille de la Révolution. La déclaration originale n'existe plus.

Douai en 1450, époux de dam¹ˡᵉ *Jeanne de Paris*, acheta audit Andrieu du Buisson le fief de Dorignies. Ce gentilhomme, qui mourut vers 1455, appartenait à une branche de Douai, ainsi que nous l'établirons en dressant la généalogie de cette maison.

Hélène de Corbehem, l'une des filles des précédents, hérita du fief et le posséda avec son mari, Jean Le Tailleur, écuyer, qui dénombra le 10 janvier 1483 (v. st.), et le 16 janvier 1502 (v. st.), ainsi que le constate un inventaire de dénombrements de fiefs mouvant du château de Douai, apportés par le bailli, en la Chambre des comptes, au commencement du XVIe siècle (1) ; en marge, il y a une note indiquant que le fief appartient par succession à la femme du dénombrant, « laquelle est noble » ; on recherchait avec soin les acquisitions de fiefs au profit de roturiers, afin de leur faire acquitter le droit de nouvel acquêt ou de franc-fief, dû par les acquéreurs non nobles. Notons une vente par décret, — pour rente non payée à l'hôpital des Wez (béguinage), passée le 10 juillet 1484, devant échevins de Douai,—d'une pièce de terre « séant à Dorgny vers Escarpel, au lieu dit aux Matonnières », après « saisine » et arrêt faits par Ernoul Catel, *justice* (sergent) du fief des Damoiseaulx appartenant à Jehan Le Tailleur, écuyer (2). Mentionnons aussi un chirographe d'échevinage, du 25 mai 1489, contenant échange avec Jehan Le Tailleur, écuyer, de deux pièces de terres à Dorigny (3).

(1) Arch. départ., Ch. des comptes, reg. D 34, fᵒˢ 2, 5 et 19.
Les originaux de ces deux dénombrements ne se retrouvent plus. Ils existaient encore à la veille de la Révolution, ainsi que le constate l'inventaire dressé à la fin du XVIIIe siècle; liasse D 78.

(2) Arch. des hospices, fonds du béguinage. Guilmot, Premiers Extraits, p. 25; mss. aux archives de la ville.

(3) Id., no 869 de l'*Invent.* de 1839.

L'époux d'Hélène de Corbehem était probablement fils de Jean le Tailleur, « bail et mari de Jehanne des Prez », qui plaidait en 1454, au sujet d'un fief à Escarpel, donné en mariage à sa femme et tenu du seigneur d'Escarpel (1).

Jean Le Tailleur fit son testament le 12 mai 1498, élisant pour sa sépulture la chapelle Notre-Dame à Saint-Pierre. Il lègue quelque somme pour la réparation de la chapelle « Saint-Micquel à Dorgny ». Il assigne à *Jehennet*, son fils : « la maison appelée la Damoisellerie de Dorgny, qui fut à feu Andrieu du Buisson, avec terres, prés, bois à coppe, eaux, rentes, ainsi que ledit feu vendit à Jehan de Corbehem, père de ma femme » ; un fief « que j'ai de mon patrimoine », au «hamel» d'Escarpel, etc. Il cite *Périnnette*, sa fille, *Ellaine*, son autre fille, mariée à M° Jean Caulier ; Jeanne Caulier, enfant de ces derniers; Etienne Le Tailleur, son bâtard ; Adrienne Le Tailleur, sa fille bâtarde; *Quatelotte* Lappe, fille « mainée » de celle-ci (il l'appelle *ma nièce* et il ordonne qu'elle « se mariera à la volonté » de sa femme), etc. Il mourut vers la mi-août 1505, et son testament fut « empris » le 19 par : « honorables personnes, d°ⁿᵉ Huline de Corbehem, veuve de Jean Le Tailleur, demeurant à Douai, M° Jehan Caulier, licencié ès lois, son gendre, et Jean de Villers *dit* du Sauchoy, écuyer, son neveu (2) ».

Les titres du XV° siècle, que nous avons examinés, donnent très-visiblement l'orthographe Le Tailleur, sans aucune trace d'abréviation, et non Lentailleur, comme certains actes postérieurs.

(1) Arch. de la ville, reg. aux sentences de la gouvernance, 1451-1456.
(2) Archives de la ville, registre aux testaments, 1500-1508, f° 208 v°.

Nous avons vu plus haut qu'Hélène de Corbehem, veuve de Jean Le Tailleur, vivait encore en 1525. A elle succéda, dans le fief de Dorignies, sa fille, *Hélène Le Tailleur*, « dame d'Argny », c'est-à-dire mariée à Jean Caulier, chevalier, seigneur d'Aigny (Agny, près d'Arras), président du Conseil privé de l'empereur à Bruxelles, de 1520 à 1527 ; grand'mère de *Marie de Hangard* (1), épouse de René de Mailly, chevalier, baron et seigneur dudit lieu, de Colencamp, de Beaussart, de Boullencourt, Remaugies, Onvillers, etc., gentilhomme ordinaire de la chambre du roi de France, gouverneur de la ville et du château de Montreuil-sur-Mer ; titres sous lesquels il servit, le 2 janvier 1560 (v. st.), le dénombrement du fief échu à sa femme par le décès de sa grand'mère. C'était un seigneur de la cour de France et le chef d'une illustre maison.

Marguerite de Mailly, fille des précédents, ne s'établit pas en France : elle épousa un sujet du roi Philippe II, Jacques de Lières, chevalier, seigneur dudit lieu, qui, en 1578, est repris en la liste des fiefs mouvant de Douai, pour la Damoisellerie de Douai, appartenant « à M. de Lières, à cause de sa femme, fille de M. de Mailly. »

Aux plaids du 16 novembre 1580, Jacques Pamart, censier du fief du Damoiseau de Dorgny, appartenant à M. de Lières, prête le serment comme « homme desservant » pour ledit fief (2).

(1) Marie de Hangart, fille d'Antoine, seigneur de Remaugies et de Jeanne Caulier, et femme de René de Mailly, portait : De sable à trois quintefeuilles d'argent ; selon L. Le Blond, *Quartiers généal.*, p. 183 de l'édit. de 1788, Brux., in-8o. D'après A. de La Morlière, *Recueil de plusieurs nobles et illustres maisons*, p. 211, Paris, Cramoisy, 1642, in-fo, la même, petite-fille de « Jean *Descellier* (sic), seigneur d'Any », indiquée en outre comme petite-fille d'Antoine de *Hangard*, seigneur de Remaugies, et de Marguerite de Mailly, aurait porté : De gueules à trois molettes d'argent.

(2) Arch. de la ville, reg. aux plaids du bailliage.

Par contrat passé devant notaires d'Artois, le 23 septembre 1593, M. de Lières et sa femme (du consentement de « noble seigneur » Gilles de Lières, leur fils aîné et héritier apparent, et de Jean de Wignacourt, chevalier, seigneur de Flettres, et de dame Anne de Lière, sa femme, fille d'iceux) aliénèrent la Damoisellerie de Dorignies au profit d'*Adrien de Hennin* (1), demeurant à Anvers, ainsi que le déclara le mandataire de ce dernier, M° Nicolas Lombart, procureur général de la ville de Douai, aux plaids du bailliage, le 29 août 1594. Le même, s'intitulant « bachelier ès droits, procureur général de la ville, bailli, agent et procureur d'honorable homme Adrien de Hennin, fils de feu Claude et de da¹ᵉ Catherine Laoust, demeurant à Anvers », servit le dénombrement prescrit, le 8 mai 1598 (2).

Adrien de Hennin, originaire de Cambrai et marié à Barbe Creton, s'enrichissait à Anvers dans les labeurs d'un commerce lucratif et achetait des biens à Douai et ailleurs. C'est ainsi qu'il acquit le fief des Blanches-Miches, situé également à Dorignies, tenu du seigneur de Saint-Albin, et dont le sort fut très-longtemps uni à celui de la Damoisellerie. (5° chapitre, article IV 2°.) Il acheta encore plusieurs fiefs sis à Cantin, l'un consistant en un droit de terrage mouvant aussi de Saint-Albin (5° chapitre, article IV 7°), un autre formant un marché considérable de 117 rasières de terre démembrées la seigneurie de Cantin, etc. Nous constatons qu'en acheteur habile et sage il donnait la préférence aux fiefs consistant surtout en biens fonds, au lieu

---

(1) Par le même contrat, celui-ci acheta 79 rasières à Wagnonville, près de Planques, formant un fief tenu de l'avoué de Rumaucourt, vassal du chapitre de St-Amé.

(2) Arch. de la ville, origin. en parch. dans la liasse des dénombrements du bailliage.

de s'arrêter à des seigneuries en l'air qui procuraient à leurs possesseurs maints et mains droits honoriques, mais très-peu de revenus sonnants. Les possessions importantes qu'il avait acquises autour de Douai demeurèrent quelque temps dans sa famille. Il était frère d'Antoine de Hennin, évêque d'Ypres en 1614, qui fonda à Douai, en 1606, le séminaire d'Hennin, rue Morelle, rang est.

Le riche négociant d'Anvers n'ayant pas laissé d'enfant, la Damoisellerie passa, en 1614, avec beaucoup d'autres biens, à son frère aîné, *Claude de Hennin*, dit l'*aîné* (pour le distinguer de son fils qui suit), écuyer, seigneur de Quérenain, Warlaing, etc., dont nous parlerons plus longuement en faisant l'histoire de la seigneurie de Warlaing tenue du seigneur de Bouvignies.

A la mort de son père, *Claude de Hennin*, dit *le jeune*, écuyer, seigneur de Quérenain, Warlaing, Baudimont, La Cattoire, *damoiseau de Dorgnies*, demeurant à Valenciennes, donna pouvoir, le 2 janvier 1616, de relever la Damoisellerie, ainsi que d'autres biens féodaux (1). A propos de Warlaing, nous nous étendrons davantage sur ce personnage, connu sous la qualité de seigneur de Warlaing, qui parvint, non sans peine, à faire admettre la noblesse de sa famille, devint prévôt de la ville (maire) de Valenciennes, obtint la dignité de chevalier et mourut à un âge avancé.

En 1635, le seigneur de Warlaing céda en échange aux Jésuites dix coupes de sa prairie des Damoiseaux, contre pareille quantité de terre : ce qui fut autorisé par le prince, le 23 août 1635 (2). Déjà les Jésuites, qui devaient bientôt

(1) Arch. munic., reg. aux plaids du bailliage.
(2) Arch. de la ville, n° 1985 de la *Table*.

acquérir la Damoisellerie, les Blanches-Miches, etc., commençaient à s'arrondir à Dorignies.

Suivant pouvoir donné à Valenciennes, le 10 décembre 1662, par les exécuteurs testamentaires du feu seigneur de Warlaing, le relief de la Damoisellerie fut opéré, le 2 de l'an 1663, pour les enfants mineurs de feu François Antoine de Hennin, chevalier, seigneur de Quérenain, « neveux et nièces », c'est-à-dire petits-enfants du défunt (1). L'aîné de ceux-ci, *Jacques-Philippe de Haynin* ou de Hennin, écuyer, seigneur de Quérenain et Warlaing, Baudimont et autres lieux, demeurant à Valenciennes, petit-fils et héritier de feu Claude, chevalier, seigneur desdits lieux, vendit, vers 1678, la Damoisellerie de Dorignies, pour le prix de 3 200 florins, dont la distribution se fit au siége de la gouvernance, le 5 novembre 1678 ; les acquéreurs de ce fief, ainsi que de celui des Blanches-Miches, mouvant de Saint-Albin, étaient : Damoiselles *Marie-Isabelle Deltz* et *Marie-Léonore Graveski*, sœurs utérines, demeurant à Douai (2).

Voici un renseignement sur la mère de ces demoiselles : en 1662, le 9 juin, « d^le Claire de Liencourt, dame de Bois-Bernard, Opy, etc., veuve de Joachin-Stanislaus-Raynon Graveski », plaide à la gouvernance de Douai, contre le curateur *ad litem* aux « enfans mineurs d'ans qu'elle eut d'icelui » (3).

Le 12 mai 1682, « noble seigneur *Louis-Ferdinand Deltz*, s^r de Bois-Bernard, colonel d'infanterie hault alle-

---

(1) Id., reg. aux plaids du bailliage.

(2) Arch. du parlem. de Fl., gouvernance de Douai, distributions, n° 486 bis.

(3) Id., gouvern., minutes des sentences.

mand, frère et héritier de feue Marie-Isabelle Deltz », relève la moitié de la Damoisellerie, à lui échue par la mort de sa sœur, qui avait acquis du seigneur de Quérenain la totalité conjointement avec leur sœur utérine. Il avait payé au Temple, pour le droit de relief, cinq florins (1).

Le même, « frère utérin et héritier de feue da¹ᵉ Marie-Éléonore de Graveski », releva, le 9 juillet 1686, l'autre moitié de la Damoisellerie de Dorignies, en acquittant un nouveau droit de relief de cinq florins, payé au Temple. Ces cinq florins équivalaient aux dix livres parisis de la coutume du bailliage.

La même année, le nouveau possesseur de la Damoisellerie vendit aux Jésuites les biens que ses sœurs avaient acquis à Dorignies, moyennant 8 000 florins, dont la distribution se fit au siége de la gouvernance, le 5 novembre 1686. Suivant l' « assiette faite sur le tenement du roi, » le prix afférant à la Damoisellerie fut fixé à environ 4 180 florins; prix sensiblement plus élevé que celui qui fut obtenu huit années auparavant, et heureuse conséquence de la réunion à la France. On voit aussi que le vendeur, sa mère et ses sœurs avaient eu sans cesse recours aux emprunts, depuis 1679 jusqu'en 1682 ; parmi les créanciers figurent les Jésuites (2).

Dans un état fourni en 1681 à l'autorité centrale par les échevins et énumérant les biens fonds possédés par les maisons religieuses dans l'échevinage, les Jésuites étaient déjà signalés comme ayant à Dorignies une maison et 48 rasières, avec deux fiefs (3).

(1) Arch. de la ville, reg. aux plaids du bailliage
(2) Arch. du parlem. de Fl., gouvern. de Douai, distrib. no 538.
(3) Archives de la ville, n° 2139 de la *Table*.

On voit par différents documents que ce fut le père recteur du collège de la compagnie de Jésus de la ville de Douai qui exerça alors les droits seigneuriaux dérivant de la Damoisellerie de Dorignies.

A la suppression des Jésuites, les biens de Dorignies passèrent au collége d'Anchin. Le 10 mai 1770, les administrateurs de ce collège servirent au roi Louis XV le dénombrement de la Damoisellerie, fief tenu en amortissement du roi, à cause de son château de Douai.

IV.

RENTES SUR LE DOMAINE, LE GAVÈNE ET LE MOULIN AU BRAI.

Il ne s'agit plus de droits utiles pour l'exercice desquels on avait une sorte de justice seigneuriale, fort restreinte il est vrai (comme nous avons vu à propos du fief des Pourchelets, de la Damoisellerie de Dorignies, etc.), mais qui avait tout au moins une certaine apparence de seigneurie ; ici le fief consiste purement et simplement en une rente, sans l'ombre d'une justice même foncière.

Les fiefs dont il va être parlé ont la même origine, en ce sens qu'ils ont été créés par le prince à la charge du domaine. Au XIII° siècle, le souverain de ce pays avait trouvé plus commode de se faire des vassaux, des hommes de fiefs ou des hommes d'armes (car à cette époque ces trois termes exprimaient la même idée), en créant des rentes inféodées plutôt que de pratiquer le mode usité auparavant, c'est-à-dire de détacher une terre de son propre domaine et de l'inféoder. Depuis longtemps le roi d'Angleterre, très-riche en numéraire, avait eu recours à ce moyen ; le chroniqueur Gilbert de Mons nous apprend qu'au XIIe siècle le comte de Hainaut était l'*homme* de ce roi pour une rente de cent marcs sterling forte monnaie, et que les principaux seigneurs du comté étaient, eux aussi, les hommes du roi, qui pour trente marcs, qui pour quinze marcs, qui pour dix marcs sterling, chacun d'eux suivant sa puissance. Cette pratique était infiniment plus avantageuse que l'autre, puisque le suzerain ne se dépouillait point d'un bien territorial et qu'il conservait même le pouvoir de subordonner le paiement de la rente à la fidèlité de son « homme » ; tandis qu'on avait vu souvent un vassal rebelle, renfermé dans son château fort, tenir en échec son seigneur ou livrer la place aux ennemis de son maître.

A la Révolution, quel fut le sort de ces rentes inféodées ? Elles ont dû s'éteindre sans aucune indemnité, selon les lois d'alors, par la seule raison qu'elles portaient le nom de fief. Le domaine fut donc déchargé de la rente de dix livres, qu'il payait depuis le XIIIe siècle. Quant au Gavène, annexe du domaine, il fut anéanti et avec lui la rente qui le grevait. En ce qui concerne les rentes sur le moulin au Brai, l'application des lois révolutionnaires fournit ici un exemple de la plus flagrante injustice. Le moulin resta la propriété des grands seigneurs descendants des anciens prévôts de Douai ; sans doute il était dépouillé du droit de banalité, l'un des privilèges les plus vexatoires de l'ancien régime ; mais il n'en constituait pas moins une propriété importante, attendu que le moulin fut vendu 32 000 francs, en 1816 (1). Au contraire les innocentes rentes qui le gre-

---

(1) Plouvain, *Souvenirs*, p. 660.

vaient, quoique ne participant que nominalement du régime féodal, furent anéanties au profit exclusif de l'opulent propriétaire de l'ex-moulin banal. *Summum jus, summa injuria.*

Pour l'histoire des fiefs qui nous occupent, nous n'avons pas seulement recherché leur origine, mais nous nous sommes aussi enquis de leurs possesseurs ; on trouvera ci-après quelques renseignements intéressants surtout au point de vue des études généalogiques.

1° *Rente de dix livres parisis sur le domaine. — Vente de l'an 1272. — Familles douaisiennes Du Markiet, Pourchel, du Hem. — Au XVII° siècle, familles Noiret, Peels, Commelin.*

Dans le troisième cartulaire de Flandre, conservé à Lille, dans le fonds de la Chambre des comptes, on trouve, sous le n° 261, la transcription d'une charte de la comtesse Marguerite, de l'an 1272 ; le papier du registre est en très-mauvais état et le folio en partie mangé par l'humidité ; néanmoins on peut encore y lire, outre l'intitulé et la finale, les passages suivants :

« ... Comme Th...... (*Thiebaus*)..... ait raporté en notre main *dis livres de rente* à la monnoie de Flandres, que nous li dev..... et qu'il tenoit de nous en fief, aces notre chier ami *Rikart du Marchiet*, bourgois de D....., bien et à loy, par l'assens de Huet, sen ainsné fil et sen hoir, en le presence de nos hommes, ses pers, parmi..... (*le prix*), desquels li devant dis Thiebaus se tient bien à payé, par devant nous, du devant dit Rikard..... Nous, les devant dites x lb. de rente avons rendues au devant dit R. et l'en avons... .

hommes devant dis, bien et à loy, et les devons faire payer à luy u à son hoir après lui perpetuelement. Encore volons nous que tout sachent que nous, pour sen boin serviche qu'il nous a fait, avons donné a..... rente de lo devant dite monnoie, cascun an, à se vie. Desquels deniers tous nous l'avo..... de l'Espier de Douay, en acroissement de sen fief devant dit. Si mandons et commendons au re..... (*receveur héréditaire de l'Espier ou Gavène; voir 4° chapitre*)..... le soit, qu'il pait au devant dit Rikard u à sen hoir u à lor certain commant, cascun an, au terme... hiretaulement, et les autres x lb. de celi monnoie, tout à un fief, si longhement comme lid..... meisme termine, sans attente d'autre commandement ne d'autres lettres de nous et de nos hoirs..... »

Il résulte clairement de ce qui précède qu'un certain Thiébaut vendit, du consentement de son fils aîné Huet ou Hugues, une rente héritière de dix livres, monnaie de Flandres ou parisis, sur l'Espier ou Gavène du prince à Douai, qu'il tenait en fief du souverain, au profit de Ricart Du Markiet, bourgeois de Douai ; que non-seulement la comtesse Marguerite approuva cette vente, mais encore qu'elle ajouta aux dix livres de rente héritière pareille rente viagère en faveur dudit Rikart et en récompense « du bon service qu'il lui a fait ». Cet acte est fort mal analysé dans les *Monuments anciens* de Saint-Genois, tome I, page 636; Huet y est indiqué comme fils de Ricart, au lieu de Thiébaut.

Ce dernier, dont le nom ou la qualité manque dans la copie de l'acte de 1272, n'est autre que Thiébaut de Le Vincourt, bailli de Douai de 1254 à 1267 environ. Notez qu'en 1262, Ricart Du Markiet et Thiébaut, bailli de

Douai, empruntent ensemble 600 livres parisis (1). Huet ou Hugues, son fils, est nommé dans un acte du mois de novembre 1286: « Hues, li fius le bailliu Thiebaut » (2).

La rente de dix livres parisis était constituée à l'origine sur le Gavène, ainsi qu'on vient de le voir, c'est-à-dire que le Gavenier ou receveur héréditaire de l'Espier l'acquittait, sauf à payer d'autant moins au prince, chaque année. Cette pratique cessa vers la fin du XIVe siècle. En effet, si on lit dans le dénombrement du Gavène servi en 1372 : « Item, Se desquerque (*décharge*) encore de dix livres parisis que ledit Gavenier paie annuellement à messire *Ricart Pourchevalier*, pour son fief qu'il tient de Mgr le comte de Flandre » (*Preuves*, n° XCIX); dans le compte du domaine de 1372-1373, rendu « à le renenghe à Gand l'an lxxiij ensuivant », on trouve en dépense, au chapitre des « aumosnes et fiefs à heritage assignés sur le gavene de Douay », cet article : « A mons. Ricard Pourcel, pour sen fief quil tient de mons. de Flandres à heritage, pour le terme saint Piere et saint Pol lan lxxiij : x lb. » (3). Il est certain que le paiement de la rente fut décidément mis à la charge du domaine du prince, ainsi qu'en témoignent les comptes de 1399, 1400 et années suivantes : « 1399. As hoirs feu *Amoury Pourchel* : dix livres. Nient payé cest an, pour ce que les hoirs ont été en parties l'un contre l'autre. — 1403. A Jehan Piquette, bail et mari de *Marguerite Pourchel*, fille et héritière de feu Amourry Pourchel. Pour rente de dix livres parisis sur le Gavène et Espier au terme Saint-

---

(1) Arch. de la ville, n° 130 de la *Table*.

(2) Arch. départ., fonds de l'abbaye de Flines.

(3) Arch. départ., Ch. des comptes, carton B 946, pièce 10597.

Remy. — 1408. A messire Jehan Piquette, chevalier, etc. — 1410. A Jehan du Hem, etc. » (1).

Ainsi, la rente de dix livres, de même que les autres possessions de l'opulente famille Du Markiet, passa aux Pourchel, et ces derniers se fondirent, comme nous l'avons déjà vu, dans les Picquette et les du Hem d'Auby. (Voir l'appendice du 4ᵉ chapitre.)

Le compte du domaine de 1443-1444 nous apprend que les dix livres de rente « sur le Gavène et Espier » de Douai étaient alors payées à *Anthoine Picquette*, écuyer, « fils de feue dame Marguerite Porcel, jadis fille de feu Amoury Pourchel. » Celui de 1461-1462, à d^{elle} *Marie Picquette*, fille et héritière d'Antoine ; ceux de 1462-1463 et de 1466-1467, à Jacques de Goy, écuyer, à cause de d^{elle} Marie Picquette, sa femme (2).

La succession des Pourchel aux Picquette et aux de Goy d'Auby se trouve donc parfaitement établie, depuis le chevalier Ricard Pourchel, seigneur de Frémicourt, gouverneur de Lille, de Douai et d'Orchies ou de la province de la Flandre wallonne, pour le roi de France, en 1364, ensuite son fils Amoury Pourchel, écuyer, vivant en 1380, puis la fille de celui-ci, Marguerite Pourchel, dame de Frémicourt, et le fils aîné de cette dernière, Antoine Picquette, écuyer, jusqu'à la fille dudit Antoine, Marie Picquette, première femme de l'un des fils d'Arnoul de Goy, bailli de Douai (1437-1453), à savoir : Jacques de Goy, chevalier, seigneur d'Auby, chambellan de Maximilien d'Autriche. Une succession semblable se retrouve pour d'autres fiefs, au 3ᵉ chapitre, article V 3°, ainsi qu'au présent chapitre, article IV 3° *a*.

(1 et 2) Arch. départ., Ch. des comptes.

Le 3 juillet 1490, comme *Robert du Hem*, écuyer, demeurant à Douai, servait le dénombrement de son fief nommé le Vinage de Lécluse, mouvant du château de notre ville, dans cet acte, il ajoute ce qui suit : « Avec ce, se comprend icelui fief en dix livres parisis, monnoye de Flandres, de rente foncière et héritière, à prendre, chacun an, au jour Saint-Remy, sur le Gavène et Espier de la ville de Douay, à cause d'un fief nommé le Demiselerye de Dorgny (1), ainsy qu'il est plus ad plein contenu ès lettres de ce faisant mention »; le tout tenu à charge d'un seul relief de dix livres, plus le 10° denier en cas de vente, etc. (2). Le Vinage de Lécluse et la rente de dix livres sur le domaine ont peut-être été réunis autrefois en un seul fief ; mais quant à la Damoisellerie de Dorigny, pas plus en 1490 qu'auparavant, elle n'appartenait ni aux du Hem ni à leurs prédécesseurs. (Voir article III du présent chapitre.)

Remarquons que, dans son testament du mois de novembre 1282, Ricard Du Markiet lègue « à Emmelot de Fretin, sa nièce, dix livres de rente à prendre sur sen winage kil a al Escluse, qui resteront aux hoirs ke elle aroit de Jehan de Rullai, sen baron (3); que, dans la nomenclature des fiefs ayant appartenu à feu Amoury Pourchel, insérée dans une transaction du 18 avril 1382 (4), figurent : « le fief du winage de Lescluse, tenu du chastel de Douay, dix livres sur le Gavène, une justice de clains et respeux

---

(1) Cette indication erronée apparaît aussi dans le compte du domaine de 1520-1521, reg. D 39 aux Arch. départ., fonds de la Chambre des comptes. Elle ne figure pas dans les comptes antérieurs.

(2) Arch. départ., Chambre des comptes.

(3) Testam. en chirogr. aux arch. de la ville. Guilmot, Extraits, III, pp. 1107-1108.

(4) Contr. en chirogr. Cf. Guilmot, p. 1217.

sur plusieurs maisons en Douay, » etc., et qu'en 1485, le Vinage de Lécluse était la propriété de Charles de Goy, écuyer, seigneur d'Auby (1), fils aîné de Jacques et de Marie Picquette.

Robert du Hem légua, par son testament du 22 juin 1522, « empris » le 23 septembre 1529, à *Marquelot* (Marc), son troisième fils : « un droit appelé le vinaige de Lescluse, ensemble les dix livres de rente qui se prendent sur la recepte du comte de Flandres à Douay, au jour Saint-Remy, qui est tout ung fief tenu du chastel de Douay (2) ».

Un acte reçu par échevins de Douai, le 9 août 1528, constate que Robert du Hem donna aux pauvres de Lécluse son fief du Vinage, « du comprins duquel estoit une rente foncière de dix livres parisis flandres, à prendre, à la Saint-Remy, sur le Gavesne et Espier de Douay, à cause d'un fief nommé le Demiselerie de Dorignies, et par ensemble tenu, en un seul fief, du château de Douay, à dix livres de relief et le 10ᵉ denier à la vente, lesquelles dix livres ledit Robert auroit réservé et laissé à Marquelot du Hem, son fils (3) ».

Malgré toutes ces citations, il est impossible d'entrevoir quelque corrélation entre la rente de dix livres sur le domaine de la Damoisellerie de Dorignies, corrélation dont ne parle pas du reste le testament de 1522, mais qu'indiquent le dénombrement du 3 juillet 1490 et l'acte du 9 août 1528. L'histoire du fief de la Damoisellerie ne nous

---

(1) Arch. du parlem. de Fl., fonds de la gouvern. de Douai, reg. au rôle de 1485-1487.

(2) Arch. de la ville; reg. aux testam., 1522-1537, fº 116.

(3) Renseignement inséré dans le dénombrement du Vinage de L'cluse, servi le 3 octobre 1560. (Arch. départ., Ch. des comptes, reg. aux dénombr. de fiefs mouvant de Douai, 1560-1594, D 10, fº 188.)

révèle rien non plus. Peut-être y a-t-il là une de ces erreurs qui, une fois commises, se répétaient perpétuellement dans les dénombrements ou autres actes féodaux.

Le 24 février 1584, *Nicolas du Hem*, écuyer, « fils aîné de feu Marc, en son vivant bourgeois et bailli de Douay » (1545-1556), présenta à la cour féodale un « homme desservant » à raison de son fief tenu de Sa Majesté, consistant en dix livres parisis sur le *gave* de cette ville (1). Le capitaine du Hem servit, pendant les troubles, dans la compagnie d'infanterie wallonne du brave Mondragon, lequel avait épousé Catherine du Hem, fille de Robert et cousine germaine dudit Nicolas. On s'occupa de lui, dans la séance des états de la ville, du 4 janvier 1578 : s'étant retiré en France, évidemment pour ne pas servir son pays contre les Espagnols, il demandait aux états généraux la faveur d'y séjourner, malgré l'ordonnance publiée contre les gentilshommes émigrés ; de plus il était soupçonné d'avoir pris part au sac d'Anvers avec les Espagnols ; néanmoins un avis favorable est donné, par les états de notre ville, sur la requête de Nicolas du Hem, d'autant plus que « les s^{rs} de Capres et de Zomberghe » affirment qu'il « n'a esté au massacre d'Anvers » (2).

A la fin du XVIe siècle, une vente fit sortir ce fief des mains des nobles héritiers de Ricard Du Markiet, le bourgeois du XIIIe siècle. Nous trouvons, en effet, dans le compte du bailli, de 1597 à 1600, que Me *Jean Noiret*, bourgeois de Douai, avait acheté, de Nicolas du Hem, écuyer, fils de Marcq, cinq florins de rente sur le *gavène*,

---

(1) Arch. de la ville, reg. aux plaids du bailliage.

(2) Arch. de la ville, f° 70 v° du reg. aux Consaux de 1573-1581. — Gachard, *Corresp. de Philippe II*, Brux., 1861, in-4°, tome IV, pages 220 et 607.

moyennant trente florins carolus (1); nous avons également rencontré un dénombrement servi, le 14 septembre 1599, par Jean Noiret, pour cinq florins carolus (valeur, en monnaie courante, des anciennes dix livres parisis) de rente « sur le gavène appartenant tant à Leurs Altesses qu'à la comtesse de Lalaing », tenu en fief à sept sols six deniers parisis de relief et le tiers pour droit de « cambellage », plus le 10e denier en cas de vente, etc. (2).

En 1615, le 25 septembre, M* *Jean Noiret*, fils de feu M* Jean, releva les dix livres parisis de rente foncière « sur le gavène appartenant au comte de Berlaymont »; en 1622, le 15 juin, le même, licencié ès lois, demeurant à Douai, vendit à *Pierre Peels*, bourgeois de Douai, moyennant 93 florins, cinq florins de rente « sur le gavène appartenant tant à Sa Majesté qu'au comte de Lalaing »; ce qui fut reconnu, aux plaids du bailliage, le 23 juin, étant stipulé que le droit seigneurial (à raison de la vente) était dû au domaine (3).

Dans le compte du domaine de 1626-1627 (4), parmi les « dépenses ordinaires faites sur les recettes, pour aulmosne de fiefs et héritages assignés sur le gavène de Douai, » figure la mention suivante : « A Pierre Pels, par transport des hoirs M* Jean Noiret, pour dix livres parisis de rente héritière due sur le Gavène, échue au jour Saint-Remi 1626, à cause d'un fief nommé la Damoisellerie de Dorgnies. »

Le 19 octobre 1629, *Philippe Commelin*, beau-fils de feu

---

(1) Arch. départ., Ch. des comptes.
(2) Arch. de la ville, orig. en parch. parmi les dénombr. du bailliage.
(3) Arch. de la ville, reg. aux plaids du bailliage.
(4) Arch. du parlem. de Fl., fonds de la gouvernance de Douai.

Pierre Pels et fils aîné de damoiselle *Anne Le Maire*, à laquelle le fief appartient et dont elle fait donation audit Philippe, par forme d'avancement d'hoirie, relève les cinq florins carolus de rente sur le Gavène (1).

En 1686 et 1694, c'est *Jean-Baptiste Commelin* qui est mentionné comme possesseur de ladite rente. Une *assiette* (taxe) mise le 1er juillet 1686, sur les fiefs du bailliage, charge d'onze florins le fief de rente en question ; un tarif, établi en 1694, le range dans la cinquième et dernière classe, tarifée à deux florins dix patars (2). On sait que ces taxes étaient levées pour payer notamment les frais des procès criminels jugés par la cour féodale de Douai, quand celle-ci possédait la connaissance des délits commis dans son territoire ; mais cette juridiction lui fut enlevée peu de temps après l'annexion à la France.

2°. *Rente en blé et en avoine sur le Gavène.* — *La rente en blé provient des anciens châtelains.* — *Familles douaisiennes Catel, Picquette et du Buisson, au XIVe siècle et au XVe.* — *Familles Pinchon, de Longueval-Escoives, de Bournonville, de Moreuil et de Lens-Blendecque.*

Le châtelain de Douai possédait, de très-haute antiquité, une rente de dix muids (120 rasières) de blé sur le domaine du prince ; dans le compte de 1187, il est dit que cette rente lui était due pour garder la Vieille Tour, *ad custodiam veteris turris*. (*Preuves* n° XLI.) Quelques années après, elle fut mise à la charge du fief du Gavène, c'est-à-dire sur la partie du domaine dont la recette fut

---

(1) Arch. de la ville, reg. aux plaids du bailliage.
(2) Id., reg. de 1683 à 1694, fos 21 vo et 74 ro.

inféodée, vers ce temps-là. En effet, elle est ainsi énoncée, parmi les dépendances du fief de la châtellenie, dans la charte de 1209 qui règle le douaire de la veuve du châtelain Wautier III, laquelle fut *dowée* « entièrement de toute le castel^ie de Douai et de viès tour de Douai et de toutes les choses qui appartiennent à la castel^ie et à le viès tour de Douai, en Douai et hors, s'il est assavoir : *de X muis de fourment de rente qui sont pris à le Nœuve tour de Douai, de l'euuaige.* » Preuves, n° XLVIII.

Au XIVe siècle, le châtelain avait encore neuf muids et onze coupes (environ 111 rasières) de rente en blé sur le Gavène.

A l'époque de la grande décadence de la maison de nos châtelains, cette rente fut « éclissée » de la châtellenie et vendue à des particuliers. En effet, messire *Jean de Douai,* le dernier châtelain de sa race, en proie aux besoins financiers, commença par vendre, vers 1355, à *Jean Caron* dit *Le Merchier,* six muids et dix rasières de blé de rente annuelle, à prendre dans les neuf muids onze coupes dus à la châtellenie par le Gavène, pour en jouir viagèrement par ledit Jean Caron et d^elle *Marie Daghenet,* sa femme. Quant aux autres vingt-huit rasières trois coupes, faisant le « parfait » de la rente, il ne tarda point à les abandonner à *Jean Catel.* En 1360, il eut encore recours à la bourse de ce dernier, qui lui prêta 910 florins d'or « à l'écu Johannes », avec hypothèque sur l'ensemble de son fief, « à raison de quoi la main du roi avait été assise sur la châtellenie » ; plus tard, cette garantie fut limitée, du consentement de *Watier Picquette,* au « fons et propriété des noeuf muis et onse couppes de blet de rente deus sour ledis gavene ». *Preuves,* n° LXXI.

Aussi, dans son dénombrement de 1369, le châtelain dit-il : « Item. Ai-je ix muis et xj coupes de fourment à prendre sur le gavene de Douai », en ajoutant plus bas : « reservé le bled dont dessus est fait mention, que j'ai vendu durant la vie de certaines personnes ». Et dans le dénombrement du Gavène, servi vers cette époque, en 1372, le Gavenier dit qu'il paie : « à Jehan Le Merchier et à demoiselle *Reusse Catel*, veuve de Wattier Picquette, à cause de M^{er} le châtelain de Douai, ix m.xj c. de bled. » *Preuves*, n°s LXXII et XCIX.

Ce Le Merchier était en 1366 lieutenant du gouverneur; en 1368, comme homme de fief du château de Douai, il reçoit l'acte de vente de la châtellenie, auquel il pend son sceau armorial à trois ruches.

Quant à Jean Catel, il était, en 1339, receveur du Gavène. En 1360, il acheta du châtelain le fief de Sin, tenu du sire de Montigny. C'était un opulent bourgeois de notre ville. L'une de ses sœurs, Jeanne Catel, était en 1370 la femme du chevalier Pierre de Cohem.

L'héritier de Jean Catel, Watier Picquette, fils de Watier et de d^{elle} Roeusse Catel, par sa mère neveu dudit Jean, ayant attrait, en 1369, le châtelain son débiteur, une sentence de la gouvernance, rendue en juin 1371, déclara ledit Watier « bien adhérité d'une rente en blé à prendre sur le *gave* ». Il semble que ce fut ainsi que les neuf muids onze coupes passèrent des châtelains dans la famille Picquette.

Dans le dénombrement du Gavène de 1372, il est question d'une rente de dix muids d'avoine, que le Gavenier payait à *Bernard Catel*, bourgeois de Douai. Cette rente n'avait point la même origine que la précédente; il n'en est nullement question dans le dénombrement de la châtellenie de 1369. Néanmoins ces deux rentes, l'une en blé et l'autre en avoine, réunies dans une seule main, ont formé le fief qui nous occupe et dont nous allons indiquer la série des possesseurs.

Ceux-ci furent pendant quelque temps les mêmes que pour le Dimeron de Saint-Albin, tenu en fief du prévôt (voir 3ᵉ chapitre, article V 2°), ainsi que pour l'une des rentes sur le moulin au Brai (voir ci-après, 3° b), c'est-à-dire que, des du Buisson, ces biens passèrent à la famille Pinchon, puis dans celle de Longueval-Escoivres.

Jean du Buisson, bourgeois de Douai (chef du magistrat en 1422, 1425 et 1428), teste en 1431, laissant à sa fille dᵉˡˡᵉ *Guye*, femme de Jean de Ricaumez, écuyer, outre des fiefs à Esquerchin : « dix muids d'avoine sur le gavène de Douai, onze muids de braix sur le mollin Brascrech, neuf muids onze coupes de bled sur ledit gavène », à charge du viage de dᵉˡˡᵉ Sebille Pathelorée, sa femme (1). Il est très-probable que ce fut une vente qui transféra les rentes sur le Gavène et sur le moulin au Brai des du Buisson aux Pinchon, comme cela avait eu lieu pour l'arrière-fief de la prévôté.

Le 28 août 1469, *Richard Pinchon* (le conseiller de la ville d'Arras) servit son dénombrement pour deux fiefs mouvant du château de Douai, chacun au relief de soixante sols et le tiers pour droit de « cambellage », savoir : 1° la rente de neuf muids deux rasières trois coupes de blé et dix muids d'avoine sur le Gavène de Douai appartenant au seigneur de Croisilles ; 2° la rente sur le moulin au Brai (2).

(1) Arch. de la ville, reg. aux testam., 1423-1434, f° 100.
(2) Arch. départ., Ch. des comptes, Invent. de dénombr. apportés par le bailli de Douai vers 1510 ; reg. en papier, D 31, f° 1. — Invent. de la fin du XVIIIᵉ siècle, D 78. — L'original en parchemin est perdu.

Une déclaration du 8 février 1473 (v. st.), émanée de Marguerite David, veuve de Mᵉ Ricard Pinchon, demeurant à Arras, constate qu'elle tenait alors les deux fiefs de rente (1).

Jean de Longueval, écuyer, seigneur d'Escoives, fils de feu Baudrain (et petit-fils des époux Pinchon), dénombra, en janvier 1483 (v. st.) et le 12 juin 1490, à raison des deux fiefs : 1° la rente sur le Gavène appartenant au seigneur de Bours ; 2° l'autre, sur le moulin au Brai (2).

En 1485 et 1487, « noble Jehan de Longueval, seigneur d'Escoives », plaidait contre les receveurs fermiers du Gavène, qui refusaient de lui payer la rente de « neuf muids onze coupes de blé et dix muids d'avaine, à cause d'un fief et noble tenement qu'il tenait de MMgrs à cause de leur château de Douai (3) ».

Quand *François de Longueval*, écuyer, seigneur d'Escoives, fils du précédent, transporta en 1528 au chapitre de Saint-Amé le Dîmeron de Saint-Albin, tenu en fief du prévôt de Douai, il affecta en garantie « son fief du gavène de cette ville » et il le mit « ès mains de bailli, présents hommes de fief, dont il est tenu (4) ».

En 1571, le 10 novembre, « dame Françoise de Hérin, veuve de messire *Renom de Longueval* (5), en son vivant

---

(1) Id., Invent. D 78.

(2) Id., Invent. de 1810, reg. D 31, fos 3 et 4, et Invent. D 78. Les originaux en parchemin scellés sont perdus.

(3) Arch. du parlem. de Fl., fonds de la gouvern. de Douai, reg. au rôle de 1485-1487.

(4) Voir 3ᵉ chap., art. V 2o.

(5) En 1557, il fut « capitaine » de Douai ou gouverneur militaire. Mort le 20 janvier 1564.

chevalier, seigneur d'Escoivres (*fils du précédent*), Acq, Agnier, Plancques, Esquerchin, Evin, Haignecourt, baron de Hainsseville, seigneur du fief Dardenir, etc., douairière desdits lieux, mère et tutrice ayant le bail et gouverne noble de *Loys de Longueval* », dénombre à raison de « deux fiefs et nobles tenements, chacun à dix livres parisis flandres de relief et au 10° denier à la vente : 1° neuf muids deux rasières trois coupes de blé et dix muids d'avoine de rente, chacun an, au terme et priserie de Saint-Remy, sur le *gavre* de Douai appartenant à messire Philippe, comte de Lalaing » ; 2° la rente sur le moulin au Brai (1).

Le 6 novembre 1585, aux plaids du bailliage, fut enregistré le relief fait par « noble seigneur Loys de Longueval, baron d'Aisseville, seigneur d'Escoivres, Acqz, Plancques, Esvin, Esquerchin, Lauwin, fils unique de feu messire Renom, chevalier, seigneur desdits lieux », qui a prêté le serment de fidélité à raison de deux fiefs, en présentant comme « homme desservant » M° Robert de La Vacquerie (2).

En 1613, Victor de Gouy, procureur de « messire *Daniel de Bournonville*, chevalier, seigneur de Journy, Goullencourt, etc., héritier mobiliaire de dame *Magdelaine de Longueval*, douairière des Maretz et de son chef, dame d'Escoivres, Acq, Plancques, Esvin, etc., » releva les fiefs de rente sur le moulin au Bray et sur le Gavène (3).

Le 24 février 1616, le procureur de « messire *Artus de Moreuil*, chevalier, seigneur de Cominil, Ruysseval, Escoivres, Plancques, etc. », suivant procuration passée « au chastel de Plancques », le 6 janvier, pour faire les devoirs

(1) Arch. départ., Ch. des comptes, reg. D 10, f° 259.
(2 et 3) Arch. de la ville, reg. aux plaids du bailliage.

par suite du « trépas de feu Mr de Journy, son frère », releva la rente sur le Gavène ainsi que l'autre fief, en produisant la quittance du bailli du Temple attestant le paiement des droits de relief (1).

Les deux fiefs de rente, réunis depuis deux siècles environ dans les mêmes mains, ne tardèrent pas à être séparés.

En vertu d'un pouvoir du 31 mars 1642, signé : « R. de Lens » et délivré par « messire *Robert de Lens*, chevalier, seneschal de Blendecq, seigneur dudit lieu, Halline, Cambrone, Le Pluoy, Aloienne, Lannoy, etc., demeurant à Saint-Omer », un « homme desservant » fut présenté et reçu, aux plaids du 23 mai, pour le fief de neuf muids deux rasières trois quartiers de blé et dix muids d'avoine de rente sur le Gavène (2).

Dans les *Quartiers généalogiques* de Laurent Le Blond (Bruxelles, 1788, in-8°, page 201), est cité : « Robert de Lens, chevalier, seigneur de Blendecq, de Hallines, d'Alluange, du Ploich, de Lannoy, etc., gouverneur de Saint-Omer, fils d'Oudart, chevalier, seigneur de Blendecq, Hallines (*alias* Hallene), et de Marguerite de Nédonchel ; il épousa, par contrat du 24 octobre 1622, Magdeleine de Belleforière, fille de Jean, seigneur dudit lieu ». Il portait : Ecartelé d'or et de sable, comme les antiques châtelains de Lens.

En 1694, le fief, indiqué comme « appartenant aux héritiers de Robert de Lens, seigneur de Blandecque », est rangé dans la deuxième classe, avec la prévôté et le Gavène, tandis que la châtellenie et Saint-Albin ne viennent que

(1 et 2) Reg. aux plaids du bailliage.

dans la troisième (1). C'est le dernier renseignement que nous ayons trouvé concernant la rente sur le Gavène.

3° Rente sur le moulin au Brai. — Inféodation en 1230; conversion en roture, 1263. — Autres modifications subies par la rente qui était originairement de 60 muids de brai. Division. — a. Rente de 35 muids réduite ensuite à 23. — Familles de Goy et de La Tramerie. — Vente de 1613; familles Taisne, Tahon, de Briet, de Hunault et de Ranst. — b. Rente de 11 muids 8 rasières. — Familles du Buisson, Pinchon et de Longueval-Escoives. — Vente de 1617 aux Jésuites. — Vente de 1647; familles de Surcques, Le Sellier, Florisoone et de Cazier.

Par lettres en latin du mois de mai 1230, les comtes Ferrand et Jeanne donnent à « leur cher et féal *Jean Du Markiet,* bourgeois de Douai, pour les services qu'il leur a rendus », 60 muids de brai (*brasium*) à prendre tous les ans au moulin au Brai (*ad molendinum braisarium*) à Douai, sur le brai qui leur est dû (*de nostro braisio quod nobis debitur*). Et voulant faire une grâce spéciale audit Jean et à ses hoirs, ils les quittent de tout service (*servitium*, le service féodal par excellence, c'est-à-dire le service militaire) engendré par ledit fief; à charge de se trouver trois fois l'an, s'ils sont convoqués, aux plaids de Douai (*placitis nostris Duacensibus*), et s'ils ne s'y rendaient pas, de payer au comte cinq sols d'amende (2). Les lettres de 1230 sont transcrites dans les suivantes.

La comtesse Marguerite, par lettres en latin du mois de

---

(1) Reg. aux plaids, 1683-1691, fos 71 et suivants.
(2) Arch. départ., Chambre des comptes, 1er cart. de Flandre, pièce n° 22.

mai 1263, « en considération du bon et fidèle service que *Ricart Du Markiet*, notre bourgeois de Douai et féal (*fidelis*, vassal ou homme de fief), fils et hoir dudit Jean Du Markiet, qui fut bourgeois de Douai, rendit pendant longtemps à notre très-cher fils Guy, comte de Flandre, et surtout à l'instante prière dudit Guy, notre fils », quitte audit Ricart et à ses hoirs ledit fief et tout le service qu'il lui devait à cause de lui ; en telle manière qu'elle convertit en héritage (*in hereditatem*, en roture ou « coterie ») lesdits 60 muids de brai de rente sur son moulin au Brai, pour lesquels il lui devait « féauté » (*fidelitas*) et les range à la loi et à la coutume de la ville et de l'échevinage ; à charge toutefois d'un denier flandres par muid de brai (faisant cinq sols parisis) de cens annuel ou rente, payable aux « briefs » de Douai (*ad brevia nostra de Duaco*) ; plus un double cens (dix sols) à chaque mutation produite par mort, donation, vente, échange ou division.

Il est à remarquer que, bien qu'en 1263 la comtesse Marguerite parle de *son* moulin au Brai, celui-ci dépendait depuis longtemps de l'office féodal du prévôt. L'existence de la rente de 60 muids, inféodée en 1230, prouve seulement que le prince, quand il avait donné en fief, sans doute au châtelain ou vicomte de Douai, cette partie de son domaine, s'était réservé sur elle des rentes considérables, qui auront été aliénées dans la suite des temps. D'après le précieux compte du domaine de Douai de l'an 1187, le prince avait alors 80 muids de brai (*mouthuragium*). *Preuves*, n° XLI.

Jean et Ricart Du Markiet sont appelés, dans les titres latins de 1230 et 1263, *de Foro*, traduction de leur nom wallon : *forum* signifiant marché ; c'est donc à tort que plusieurs auteurs qui se sont occupés des actes précités ont nommé nos bourgeois : *du Four*, confondant *furnum* avec *forum*. Plouvain, dans ses *Souvenirs* (page 674), les appelle *Deferlo*.

Les actes de 1230 et de 1263, de même que celui de 1274 cité dans l'appendice du chapitre IV, démontrent quelles charges pesaient sur les fiefs à une époque où la féodalité était encore triomphante, puisque des gens influents à la cour invoquaient des services rendus, pour s'affranchir non-seulement de l'obligation de porter les armes, mais aussi de celle de remplir l'office de juré. Ainsi, à l'origine, l'égalité n'était pas violée, lorsqu'on levait sur les uns l'impôt du sang et sur les autres une taxe pécuniaire ; l'injustice ne se produisit que bien plus tard, lors de la transformation des forces militaires de la nation.

Nous avons déjà parlé plusieurs fois de la famille Du Markiet, qui occupait une haute position financière au XIII° siècle et qui se fondit dans les Pourchel au XIV°.

C'est sans contredit la plus antique famille de Douai. En effet, Hugues Du Markiet était, en 1111, vassal de la collégiale Saint-Amé (*Preuves*, n° XXIV). Vers 1140, vivaient Ricart Du Markiet (*de Foro*) et sa femme, qu'on appelait « dame Augut » ; ils résidaient dans l'une des grandes maisons du Marché ou Grand'place (*forum*), sur le rang nord (n° 23 ou 31), longeant l'étroite rue appelée aujourd'hui des Fripiers et qu'on nommait en ce temps-là rue Dame Augut, à cause du voisinage de l'hôtel de cette opulente bourgeoise. Le nom de la famille Du Markiet lui était venu évidemment du lieu où elle demeurait. Un acte en latin du chapitre de Saint-Pierre, du 28 mai 1175 (1), nous apprend que

(1) Arch. municip., n° 171 de la *Table*, où l'acte est indiqué, par erreur, comme étant de 1275.

ces époux avaient fondé la chapellenie des Chartriers, pour assurer les secours de notre sainte religion aux infirmes de cet hôpital (*infirmis de interiore hospitali*) situé devant l'église Notre-Dame ; Ricart n'étant plus alors de ce monde, c'est à sa veuve (*domina Alguz de Foro*), qu'est attribué le droit de collation, à ses enfants (*pueri ejus*) après elle, et ceux-ci morts, au chapitre. Le pape Alexandre III (1159-1181), confirmant, peu de temps après, cette pieuse institution, donne à la fondatrice la qualité de « noble femme » : *nobilis mulier Alguz de Foro* (1). Nos bourgeois Jean Du Markiet et Ricart, son fils, pouvaient donc rivaliser, comme antiquité, avec les plus illustres maisons.

Un acte de l'an 1361 rappelle qu'autrefois « Jehan Del Marquiet, bourgeois de Douai, et Marien, sa femme, Ricart Dou Marquiet et Emmelot, fille de celui-ci », possédèrent successivement 42 rasières de terre sises à Cantin, qui passèrent après eux à la Commune aumône des pauvres de notre ville (2).

En 1291, on rencontre cette mention dans le « Cartulaire de Jehan De Franche (3) » : « Devant la porte Canteleu, en la rue Dame Augut : deux maisons Marien, fille Richart dou Markiet ki fu. »

Un acte de l'an 1328 constate que Ricart Du Markiet avait laissé, par sa « devise » (testament), aux « communs povres » de la ville, certains revenus « à départir par le

---

(1) C'est à tort que feu M. Le Glay a attribué la bulle au pape Alexandre IV (1254-1261). Cf. Brassart, *Notes hist. sur les hôpitaux*, Douai, 1842, in-8°, p. 263 ; et Plouvain, *Souvenirs*, p. 327.

(2) Arch. des hospices, fonds de la Bourse commune, n° 3 de l'Invent. de 1839.

(3) Arch. des hospices, p. 55 et n° 180 de l'Invent. de 1839.

main Marotin, se fille, et après son décès par le main dame Emmelot Boinebroke, fille dudit Ricart, et après elles, par échevins » (1).

Dans un testament du 13 novembre 1282, Ricart Du Markiet cite en effet deux filles, Marote ou Marie, son aînée, mariée à Jacques Pourchel, et la cadette, Emmelot, épouse de Robert Boinebroke, dont elle n'avait pas d'enfant (2). Ce furent les Pourchel qui héritèrent des opulents Du Markiet, ainsi que nous l'avons constaté plusieurs fois déjà.

Quand nous retrouvons, dans la seconde moitié du XIV° siècle, la mention des brais dus par le moulin au Brai, nous constatons que de notables changements s'étaient opérés dans la rente de 60 muids, telle qu'elle existait après la conversion en roture opérée en 1263: car elle avait servi à former deux fiefs distincts, et 13 muids un tiers avaient disparu. En effet, dans le dénombrement de la prévôté servi en 1372 (*Preuves*, n° LXXXIX), on voit que le moulin au Brai devait deux rentes foncières de « braix d'avaine au grand muid francque et mollue, chacun an, au jour Saint-Remy », l'une, de 35 muids « à noble homme messire *Ricart Pourchel*, chevalier, ou ses hoirs », et l'autre, de 11 muids 8 setiers à *Bernard Catel*. Ce dernier possédait aussi une partie de la rente sur le Gavène. (Voir ci-dessus 2°.)

En l'an 1381, nouveau changement sur la quotité de la rente de 35 muids, qui fut alors réduite à 23, en vertu de lettres patentes ainsi conçues:

(1) Arch. municipales. Guilmot, Premiers Extraits, pages 98 et 99.

(2) Testam. en chirogr. aux archives de la ville. Guilmot, Extraits, t. III, pages 1107-1108.

« Nous Loys, contes de Flandres, duc de Brabant, contes de Nevers, de Reth. et sires de Malines......, ayans regart.....as bons et agreables services que n^re bien amé *Amourry Pourcel* nous a fais en nos guerres et esperons quil nous servira de tant plus loialment en temps avenir (1), et aussi pour acquitter lame de son pere, feu mess. Richart Pourchel, qui Dieux pardoint. Avons.... ottroyé.... que ledit Amourry puisse vendre...... douse muis de brais des trente cinq... quil tient par an de rente en fief de nous, sur un moulin de brais appartenant au seigneur d'Anthoing, en n^re ville de Douay....., sans fief et sans justice..... Parmi laquelle grace, ottroy et consent, ledit Amourry a renonchié plainement et expressement de la grace que feu le roy Jehan, qui Dieux pardoint, avoit faite audit mess. Richart Pourchel.... de vendre..... entièrement as eglises les trente cinq muis.... Si donnons en mandement à n^re bailliu de Douay ou à son lieutenant et à nos hommes de fief dudit lieu...... A Bruges....., 10 juin 1381 » (2).

Ces lettres, très-honorables pour la famille Pourchel, prouvent que le chevalier Richard, l'ancien gouverneur de la Flandre wallonne, avait bien servi le roi Jean (mort en 1364) et que son fils Amoury avait fait les mêmes services auprès du comte Louis de Maele, depuis le retour de Lille et de Douai à la Flandre ; elles prouvent aussi que, dans la carrière militaire, on ne s'enrichissait guère.

(1) Le comte était alors en guerre contre les Flamands rebelles.

(2) Arch. départ., fonds de l'abb. du Saint-Sépulchre de Cambrai. — Les lettres patentes sont insérées dans l'acte de vente du 4 octobre 1381. Ce dernier est indiqué, sous la date fautive du 4 octobre 1187, par dom Caffiaux, dans son *Trésor généalog.*, p. 196, d'après un invent. des archives de la maison de Meleun.

Le vendredi 4 octobre 1381, « nobles homs Amourris Pourchiaux, escuyers, sires de Fremicourt », présenta à la cour féodale du « castel » de Douai les lettres patentes qu'il avait obtenues de son prince et effectua la vente,—convenue avec le curé de « la Magdeleine en la cité de Cambray », exécuteur testamentaire de feu « Andrieu Floquet (1), jadis demourant en ledite cité », pour fonder une chapellenie en cette église,—des douze muids de brais, à prendre « tout premier, cascun an, sur ledit moulin de le Brais, ès trente chiunq muis, au jour saint Remy ». Ces douze muids furent définitivement mis hors de fief et amortis.

Voici la suite de l'histoire des deux rentes constituant des fiefs séparés :

a. *Rente de 23 muids de brai.* — Elle passa des Pourchel et des Picquette aux de Goy d'Auby, les descendants du chevalier Arnoul de Goy, bailli de Douai (1437 à 1453). Voir le 3⁰ chapitre, article V 3°, et le 6⁰ chapitre, article IV 1°.

Vers 1473, *Jacques de Goy* (fils dudit Arnoul), chevalier, seigneur d'Auby, conseiller et chambellan du duc de Bourgogne, déclare au bailli de Douai qu'il possède, entre autres fiefs mouvant du château, une rente de 23 muids d'*avaine molue* sur le moulin « de le braix », à dix livres de relief et au 10⁰ denier en cas de vente (2). Le même, se quali-

---

(1) Le 25 juillet 1390, « noble homs Amouris Pourchiaux, escuier », avait emprunté 400 florins d'or à l'exécution testamentaire d'Andrieu Floquet, jadis « chitoyen » de Cambrai, avec affectation sur une maison, rue de Bellain, tenant d'une part à Mᵉ du Maisnil et d'autre à Torel dou Bos, écuyer. (Contr. en chirogr. aux archives de la ville. Guilmot, Extraits, III, p. 1211.)

Cet emprunt avait évidemment été contracté pour servir le comte Louis de Maele contre les Flamands rebelles.

(2) Arch. départ., Ch. des comp., portef. D 387.

fiant: chevalier, seigneur d'Auby, conseiller et chambellan du duc d'Autriche et de Bourgogne, capitaine du château de Rupelmonde et bailli de Lens en Artois, par testament du 30 avril 1481, dispose de son fief de 23 muids de grain *braisiet* de rente annuelle sur le moulin de « brais » appartenant à M' d'Antoing; il le laisse aux enfants de sa seconde femme, Marguerite du Bois. Il avait aussi des enfants de sa première femme, *Marie Picquette* (1). Il y a un dénombrement servi par cette dame, alors veuve, le 1ᵉʳ juillet 1490, au nom de *Philippe de Goy*, l'un de ses fils, pour un fief consistant en 23 muids de grain *braisé* de rente sur le moulin au Brai, à dix livres de relief dû au Temple et au 10ᵉ denier en cas de vente (2). Le chevalier Jacques de Goy fut en son temps un grand seigneur, haut bailli de Gand comme son père, châtelain de Rupelmonde, chambellan et maître d'hôtel du duc, etc.; il joua un rôle dans le soulèvement des Flamands contre Maximilien d'Autriche et suivit le parti des communes.

Dans le dénombrement de la prévôté, de l'an 1500, Philippe de Goy est repris comme possesseur d'une rente de 23 muids d'*avoine* sur le même moulin. La rente était donc définitivement acquittée en avoine au lieu de brai.

Jacqueline de Goy, fille de Jacques, écuyer, seigneur de Corbehem, et de Cécile Lupart, et arrière-petite-fille du bailli de Douai, en épousant, en 1533, François, chevalier, seigneur de La Tramerie, apporte : un fief tenu du prévôt, situé au Mont de Douai (voir 3ᵉ chapitre, article V 3ᵉ); un fief tenu de l'empereur, à cause de son

---

(1) Testam. en chirogr., aux arch. de la ville. Guilmot, Extraits, III, p. 1148.

(2) Arch. départ., Ch. des comptes, reg. D 31, fo 4 : Invent. de dénombr. de fiefs tenus de Douai.

château de Douai, consistant en 23 mesures d'avoine brûlée, sur le moulin au Brai appartenant au prévôt de ladite ville.

En 1559, le 6 novembre, Jacqueline de Goy, dame « douagière » de La Tramerie, Forest, etc., sert un dénombrement pour « 23 muids de grains bragiés, francqs et mollus de rente, restans de 60 muids, par chacun an, au jour Saint-Remi, sur le molin au Brai », au relief de dix livres flandres, dû à M^{rs} les religieux de Saint-Jean de Jérusalem, et au 10e denier à la vente, avec le service de plaids; « et s'il advenoit qu'il y eût faute de non comparoir auxdits plaids, pour chacune fois que y defauldroye, escheroye en amende de cinq sols et non plus, pour toutes charges » (1). Les prescriptions de l'acte de 1230 avaient donc été remises en vigueur, après qu'une partie de la rente fût redevenue fief.

Le 28 mars 1573, « après Pasques Communiaux », *Ponthus de La Tramerie*, écuyer, seigneur de Hertain, guidon de la compagnie d'ordonnance du comte de Lalaing, donataire de feu madame Jacqueline de Goy, sa mère, sert un pareil dénombrement (2). Mr de Hertain devint capitaine ou gouverneur militaire de Douai, le 19 janvier 1579, lors de la réaction qui suivit les troubles; il repoussa l'entreprise des Gantois contre la ville, le 16 avril 1579; il fut pris à Bouchain par les partisans des États-Généraux, à l'affaire du 21 juin 1580. Il légua son fief à sa sœur *Magdelaine de La Tramerie*, dame de Morbecque, après la mort de laquelle succéda son fils *Robert de Saint-Omer*, vicomte d'Aire, seigneur de Morbecque, qui s'empressa de vendre,

---

(1) Arch. départ., Ch. des comptes, reg. aux dénombr. des fiefs tenus de Douai, D 10, f° 35.

(2) Id., f° 370 v°.

en 1610 ; mais le retrait lignager fut aussitôt effectué par *François de La Tramerie*, chevalier, seigneur dudit lieu, Forest, Auby, « Draucourt », baron de Roisin, etc., gouverneur d'Aire.

Conformément à des lettres patentes datées de Malines, le 26 juin 1613, Marie de Bernemicourt, veuve dudit seigneur de La Tramerie, fut autorisée à vendre le fief, du consentement du vicomte d'Aire (le vendeur de 1610), cousin germain et plus « prochain » parent des enfants mineurs de cette dame, et de Charles de Bernemicourt, chevalier, seigneur de La Thieuloy, Frevin, Douvrin, etc., oncle desdits enfants, du côté maternel. La vente fut effectuée le 9 août, au profit de M* *Jean Taisne*, prêtre, chapelain de l'église métropolitaine de Cambrai, moyennant 7 000 florins, ainsi que le certifia, aux plaids du 26 novembre, Jean Le Maire, bourgeois de Douai, receveur de l'abbaye d'Anchin (1).

Le 7 février 1625, Antoine Le Maire, bourgeois de Douai, procureur dudit chapelain, son beau-frère, fut admis comme « homme desservant » pour ledit fief, à raison du trépas de Jean Le Maire, son frère, qui avait « servi » jusque lors (2).

Paul Taisne, bourgeois de Douai, frère aîné et héritier du chapelain, releva le fief, le 23 avril 1638. Grard Taisne, procureur de Paul, son frère, « de présent demeurant à Lille », fut reçu comme « homme desservant », aux plaids du 18 octobre 1642 (3).

(1) Arch. de la ville, reg. aux plaids du bailliage.
Dans le compte du bailli de Douai, de l'an 1613, on voit qu'il fut fait remise du tiers du droit seigneurial dû à Leurs Altesses à raison de cette vente. (Arch. départ., Ch. des comptes.)

(2 et 3) Archives de la ville, reg. aux plaids du bailliage.

Le 3 novembre 1665, André Le Maire, bourgeois rentier, échevin et Six-homme à son tour, capitaine d'une compagnie bourgeoise, procureur de *Grard Taisne*, bourgeois rentier, releva le fief échu à ce dernier par la mort de son frère (1). Ledit Grard servit son dénombrement, le 25 octobre 1666, pour les 23 muids de « grain braigé », à dix livres de relief dus au Temple, et au 10ᵉ denier en cas de vente, « sans autres charges, fors comparoir aux plaids, trois fois l'an, sous amende de cinq sols » (2). Après son décès, le fief fut administré quelque temps (1670 à 1680 environ) au profit des « créditeurs de sa maison mortuaire »; un curateur, commis par le magistrat, releva et « droitura » en 1670 (3).

Une « assiette » ou taxe mise sur les fiefs, le 1ᵉʳ juillet 1686, nous apprend que celui de 23 muids de grains « bragiés » sur le moulin au Brai était passé à un nommé Séneschal (4).

Le 27 juin 1708, *Antoine-Martin de Briet*, bourgeois rentier, échevin à son tour, releva le fief à lui dévolu par le trépas de dᵉˡˡᵉ *Marie-Marguerite Tahon*, femme de Nicolas Séneschal (5). Briet fit enregistrer, en l'Armorial général du royaume, ses armes qui étaient : De gueules à une croix d'argent chargée de cinq mouchetures d'hermines. Il possédait, à Roost, près de Douai, une petite seigneurie qui passa aux de Ranst, ses héritiers.

Le tuteur judiciaire de *Louise-Joseph* et *Eugénie de Briet*, petites-filles et héritières d'Antoine-Martin de Briet, sieur

(1) Archives de la ville, reg. aux plaids du bailliage.
(2) Id., orig. en parch., parmi les dénombr. du bailliage.
(3 et 4) Reg. aux plaids du bailliage.
(5) Arch. de la ville, reg. aux plaids du bailliage.

de *Rœux* (Roost), présenta, le 11 février 1728, comme « homme desservant » pour le fief : M° Marc-Antoine de Comble, licencié ès droits et ancien échevin (1).

Le 13 février 1740, M° *Pierre-Antoine-Joseph de Hunault*, avocat en parlement, présenta un autre « homme » au lieu dudit feu de Comble, pour « desservir » le fief à lui appartenant (2).

Il servit, au bureau des finances de Lille, le 2 juillet 1753, un dénombrement pour son fief, qu'il dit lui être échu par la mort de son grand-père maternel, Antoine-Martin de Briet, et récépissé lui fut délivré le 1er mars suivant (3). Il était fils de Pierre, conseiller à la gouvernance, et de Marie-Magdeleine de Briet. Né à Douai en 1709, il fut nommé échevin en 1753. Il épousa Marie-Magdeleine-Béatrix-Joseph Desvignes, née à Valenciennes vers 1717, morte à Douai en 1795. Il mourut sans postérité le 23 février 1774 (4) et fut inhumé en l'église Saint-Albin.

Pierre-François-Xavier de Ranst de Berchem, prêtre, chanoine de Saint-Pierre de Douai et conseiller clerc au parlement de Flandres, dernier possesseur, servit, le 25 août 1781, le dénombrement du fief à lui échu par le décès dudit de Hunault, son oncle ; dans ce document se trouve encore relatée l'obligation d'assister aux plaids, telle qu'elle avait été établie par les lettres de 1230 (5). Le 18 février 1786, on le voit comparaître devant bailli et hommes de fief de Douai, pour remplir les formalités né-

---

(1 et 2) Arch. de la ville, reg. aux plaids du bailliage.

(3) Arch. départ., Bureau des finances, portef. D 245.

(4) Plouvain, *Gouvernance*, Lille, Marlier, 1810, in-4o, p. 22.

(5) Arch. de la ville, reg. aux dénombr. du bailliage, coté 1780, f. 103 v°.

cessaires afin de donner en gage à un créancier son fief tenu du roi et consistant en une rente de 23 muids d'avoine sur le moulin au Brai (1).

Le conseiller clerc de Ranst, né à Douai en 1737, était fils de Jacques-Philippe-Joseph, écuyer, avocat en parlement, conseiller pensionnaire de cette ville (1755-1764), et de Marie-Ernestine Pétronille de Hunault. Il devint en 1782 prévôt de Saint-Amé (2).

b. Rente de 11 muids 8 rasières de brai. — Ce fief qui, en 1372, était à Bernard Catel, appartenait en 1416 à Jean du Buisson et était tenu en 1469 par Richard Pinchon ; ces derniers possédaient aussi la rente sur le Gavène (voir le présent article, 2°) ; jusqu'en 1617, l'histoire de ces deux fiefs se confond donc, par suite de leur réunion dans les mêmes mains.

Le 23 octobre 1617, Mr de Cominil (Artus de Moreuil, l'héritier des Longueval-Escoives) vendit, moyennant 3 800 florins, sa rente de 11 muids 8 rasières sur le moulin au Brai, à « damle Françoise de Hennin, franche fille, demeurant à Douai », qui déclara, aux plaids du bailliage du 16 juin 1618, avoir fait cette acquisition pour le collège de la Société de Jésus. Il fut justifié d'une remise de la moitié des droits seigneuriaux dus au domaine à cause de cette vente, et l' « adhéritance » fut accordée aux Jésuites, « moyennant de bailler homme vivant et morant » à raison dudit fief, pour assurer l'exercice des droits de relief (3).

Le fief fut revendu, le 30 avril 1647, moyennant 2 800 florins, par les Jésuites à Me *Arnould-Gaspard de Surcques*,

(1) Archives municip., reg. aux saisines du bailliage, 1762-1789, f. 65.
(2) Plouvain, *Parlement*, Douai, 1809, in-4o, p. 74.
(3) Arch. de la ville, reg. aux plaids du bailliage.

docteur et professeur royal en médecine en l'université de Douai : ce qui fut reconnu aux plaids du 27 mai 1648, où fut exhibée une remise d'un tiers du droit seigneurial dû à Sa Majesté, accordée par le conseil des finances. Il est mentionné que les 11 muids 8 rasières ont fait autrefois partie d'une rente de 60 muids payable à la Saint-Remy ; le brai se payait alors en avoine, comme pour la rente de 23 muids (1).

En 1670, le 30 septembre, Hiérosme de Surcques, licencié en médecine, fils et procureur d'Anne-Françoise Sallé, veuve dudit docteur de Surcques et tutrice de ses enfants, relève le fief échu à Jacques, audit Hiérosme, et à dam^{lles} Anne, *Elisabeth* et Barbe (2). La veuve dénombra, au nom de ses enfants, le 2 janvier 1681, pour les « 11 muids 8 rasières de brai franc moulu, présentement réduits en pareil nombre d'avoine, pris en 60 muids, à dix livres parisis de relief, avec service trois fois l'an aux plaids, sur amende de cinq sols (3) ».

Sur le rôle de 1694 des fiefs relevant du château de Douai, figure « la veuve du s^r docteur de Surques, pour un fief d'onze muids huict rasieres de grain bragé francq molu » ; ce fief de rente est rangé dans la deuxième classe, comme celui « de vingt-trois muids de grain bragé aussi francq molu » (voir le présent article, 3° *a*), comme le fief de rente sur le Gavène (voir le même article, 2°), et par conséquent dans la même classe que les grands fiefs de la prévôté et du Gavène (4).

(1) Arch. de la ville, reg. aux plaids du bailliage.
(2) Registre aux plaids du bailliage.
(3) Arch. de la ville, dénombr. du bailliage, original en parchemin.
(4) Registre aux plaids du bailliage.

C'est à *Elisabeth de Surcques*, unie à Pierre-Paul Le Sellier, qu'échut le fief. La veuve du docteur de Surcques et sa fille, veuve aussi, firent enregistrer leurs armes en l'Armorial général du royaume, vers la fin du XVII° siècle.

Le procureur de la veuve L. Sellier présente, aux plaids du 30 août 1719, un « homme servant », à raison dudit fief. Le 18 juillet 1725, M° Jacques-Bauduin de Lannoy, avocat, est reçu en cette qualité (1).

Aux plaids du 4 mai 1726, il est dit que le fief est échu à « dame *Josèphe Le Sellier*, veuve du conseiller Florisoone, fille et héritière de feu Pierre-Paul et de feue dame Elisabeth de Surcques ». Le 21 janvier 1730, Gaspard Wattelin, sieur de Terbist, écuyer, conseiller secrétaire du roi, etc., en la chancellerie de Flandres, mari de *Jacqueline-Pétronille Le Sellier*, déclare que le fief est échu à sa femme par la mort de ladite Elisabeth de Surcques, sa mère (2).

Nous avons vu, dans le cabinet de M. Amédée de Ternas, à Douai, le récépissé sur parchemin, délivré par le bureau des finances, d'un dénombrement servi le 11 mars 1752, pour la rente de 11 muids 8 rasières, par ladite Jacqueline-Pétronille-Joseph Le Sellier, alors veuve. Son second mari, Gaspard Wattelin, né vers 1685, fils de Jacques, maître menuisier à Lille, rue des Malades, fut reçu à la bourgeoisie de Douai le 25 mai 1726 ; il avait acheté sa charge, qu'on appelait « savonnette à vilain », le 3 mars 1714. Marié en premières noces à d°°° N... de Farvacques, il décéda sans postérité (3).

(1 et 2) Registre aux plaids du bailliage.
(3) Communication de M. Amédée de Ternas.

Le 20 novembre 1754, dénombra, comme héritier de sa mère, Jacqueline-Pétronille-Joseph Le Sellier, *Bernard-Ignace Florisoone*, « écuyer, ancien échevin de Douai, y demeurant »(1). Né vers 1708, d'abord lieutenant au bataillon de Vire, il fut nommé échevin de Douai en 1750 ; il s'était marié à Tournai, en 1737, avec Marie-Antoinette-Ferdinande de Sommain, décédée le 19 novembre 1774. D'après une gravure de garde d'un volume (ancienne bibliothèque du président Bigant), marquée « B. J. J. Florisoone, 1759 », il portait : D'argent à la fasce de gueules accompagnée en chef d'un lion naissant du même, et en pointe d'une tige de roses à trois fleurs de gueules (?) feuillées de sinople (?). Il était probablement fils de M° François-Joseph Florisoone, né à Ypres vers 1684, reçu bourgeois de Douai le 4 septembre 1704, étant alors avocat en parlement (2).

Enfin, le 29 octobre 1771, *René-François de Cazier*, « sr du Breucq », ancien juré de Tournai, servit son dénombrement en qualité d'héritier de Bernard-Ignace-Joseph Florisone, ancien échevin de Douai, décédé le 6 mars 1768 (3) ; cousin germain maternel du précédent, il était fils d'Albert-Philippe de Cazier et de Magdeleine-Elisabeth Le Sellier, fille de Pierre-Paul (4).

---

(1) Origin. en parch. aux arch. départ., Bureau des finances, portef. D 245. Récépissé en fut délivré le 6 décembre.

(2) Communications de M. A. Preux, de Douai.

(3) Orig. en parch. aux arch. départ., Bureau des finances, portef. D 245. Le dénombrant s'attribuait les qualités de *messire* et de *chevalier*, qui furent rayées par ordre du bureau des finances, et le récépissé du 14 août 1772 fut délivré sans y mentionner aucune qualification nobiliaire.

(4) Sur la famille de Cazier, voir p. 64 de l'*Annuaire de la noblesse de Belgique*, 1863, pet. in-8.

V.

PARCELLES DE TERRES HORS DE LA PORTE D'ESQUERCHIN ET A FRAIS-MARAIS.

Après de simples rentes sur le domaine, voici d'humbles parcelles de terres auxquelles était aussi attribuée la qualité de fief sans la moindre prérogative de justice même foncière ou basse justice.

Ce sont très-vraisemblablement d'anciens démembrements du domaine du prince.

1°. *Terres au dehors de la porte d'Esquerchin.*— *Relief de dix livres perçu par le Temple ; relief de soixante sols perçu par le domaine.* — *Morcellements; emprise pour les glacis de la place.* — *Familles de Goy et de Saint-Genois.* — *Les Bonnenuict et les Commelin émigrés à Amsterdam.* — *Familles de Landas et Leenne.* — *Les Dominicains; aliénations successives.*

Au dehors de la porte d'Esquerchin, contre un chemin qui conduisait directement de l'ancienne barrière de ladite porte à Cuincy-le-prévôt, étaient deux champs contenant dix rasières environ (4 hectares 30 ares), dont une partie a été englobée dans les glacis de la place ; c'était là un fief tenu directement du souverain de Douai et donnant à son possesseur le droit de siéger avec ses « pairs » les hommes de fief du château de Douai, tels que le châtelain, le prévôt, le Gavenier, le seigneur de Saint-Albin, le sire de Montigny, le châtelain de Rache, le sire de Landas, etc., et autres grands propriétaires terriens. Car il n'y avait point, en la châtellenie de Douai, à proprement parler de « pairies », c'est-à-dire de fiefs privilégiés.

Avant de subir, à une époque tout à fait moderne, une série de morcellements, les dix rasières formèrent quelque temps deux fiefs distincts, l'un au relief ordinaire de dix livres imposé à l'hommage lige et dû à la maison du Temple de Douai, l'autre au relief de soixante sols qui (fait exceptionnel) était perçu au profit du domaine du prince ; le second fief était donc d'origine assez récente et il était né très-probablement du fractionnement du premier.

Près de là se trouvait une terre dépendant d'un arrière-fief de Saint-Albin. (Voir 5e chapitre, article IV 1°.)

A la fin du XVIIe siècle, quand les abords de la place furent fortifiés à la moderne, on fit une emprise pour les glacis et pour la route de Planques ou de Lens détournée. En 1789, l'ancienne terre de dix rasières, amoindrie et morcelée, formait autant de fiefs que de parcelles de terrain; placée aux portes de la ville, elle avait naturellement obéi à la tendance qui porte au morcellement de la propriété dans les centres populeux ; le progrès ayant pu s'accomplir auparavant, la Révolution n'eut pas ici d'influence fâcheuse.

Nous ne suivrons pas ce fief et ses nombreuses fractions dans les mains de tous ses possesseurs; il suffira d'en indiquer quelques-uns.

Bernard de Goy, dans son contrat de mariage du 24 juillet 1424, avec Jeanne Lefèvre, fille de Gilles, bourgeois de Douai, apporte, entre autres biens, sauf le douaire sur la moitié attribué à d^{elle} Jeanne de Landas, femme de M⁰ Chrestien Hautain : « dix rasières de terre ahauable seans en l'eschevinage de Douay, au dehors de le porte d'Esquerchin, tenues en fief du chastel de Douay (1). »

Vers 1473, *Jacques de Goy*, chevalier, seigneur d'Auby, conseiller et chambellan du duc (fils du bailli Arnoul, mort en 1459), déclare tenir en fief, à dix livres de relief : « Trois pars de neuf rasières de terre ahannable, dehors Douay, emprès le porte d'Esquerchin, tenant au chemin de Cuincy et à le terre Ramage Le Carlier (2), dont on rendoit en cense, l'année passée, quand elles estoient à blé, six rasières de blé de chacune rasière de terre, et autant à l'avaine »(3).

Le 11 juillet 1490, *Nicolas de Saint-Genois*, chevalier, seigneur de Clérioeul, sert un dénombrement pour neuf rasières entre Douai et Cuincy, tenant au chemin (4). Il est utile de rappeler que Marie de Goy, fille du bailli de Douai, morte en 1480, avait épousé Jean de Saint-Genois, seigneur de Haud..., prévôt de Tournai, décédé en 1474.

Sur la liste de 1578, figure le fief de la veuve *Jude Bonnenuict*, fille de *Jean Commelin*, contenant huit rasières près la porte d'Esquerchin. Jude Bonnenuict, bourgeois de Douai, fils d'Adam et d'Anne d'Ablaing, était allé s'établir à Gand comme commerçant ; en 1565, il s'était souvenu

---

(1) Arch. de la ville, reg. aux contrats de 1423-1424, f⁰ 177 v⁰.

(2) Possesseur du fief Toupet, tenu de Saint-Albin. (6ᵉ chap., art. VIᵒ.)

(3) Arch. départ., Ch. des comptes, portef. D 387, orig. en papier. — Dans l'invent. des dénombr. de fiefs tenus de Douai (portef. D 78, fin du XVIII⁰ siècle), ce fief est indiqué par erreur comme ayant appartenu à Guérard Grignart, lequel n'avait été que le fermier insolvable de M. d'Auby.

(4) Invent. de la fin du XVIII⁰ s., D 78. — Petit reg. des fiefs tenus de Douai, D 31, f⁰ˢ 1 et 18 v⁰. — Le dénombr. orig. est perdu.

de sa ville natale et avait fait une donation à la Commune-aumône des pauvres de Douai (1). Compromis durant les premiers troubles et ajourné à comparaître devant le duc d'Albe, avec quantité d'autres, il fut de ceux qui se présentèrent avec confiance à Bruxelles et que le fameux conseil des troubles expédia vers le mois d'avril 1568. Il possédait autour de Douai différents fiefs qui furent confisqués, avec la mention : « Jude Bonnenuict, de Gand, exécuté. » *Jean Commelin*, autre douaisien, établi à Gand, subit le même sort et sa femme fut bannie ; il possédait également à Waziers, à Flers, à Auby, etc., des fiefs et des terres que le roi d'Espagne confisqua, au mépris des lois qui repoussaient l'odieuse confiscation dans la Flandre wallonne.

En 1610, « en suite du traité de la trève », Christophe de Gouy, procureur de Bauduin de Bordes, demeurant à Amsterdam, époux de *Marie Commelin*, héritière de feu Jude Bonnenuict ; de *Marie Bonnenuict*, « josne fille » ; d'Alix Six, veuve de *Nicolas Bonnenuict*, demeurant aussi à Amsterdam ; du tuteur de *Fédricq Bonnenuict*, fils de feu *Jude*, le jeune, vendit à *Vincent Minart*, bourgeois de Douai, moyennant 2 200 florins, les dix rasières, en deux pièces, hors la porte d'Esquerchin, savoir : six rasières, au chemin de Douai à Cuincy, tenant à une rasière des Chartriers, à trois rasières de l'hôpital Saint-Jacques et aux terres de Ferry *de* Carondelet, chevalier, seigneur du Ploych (2) ; et quatre rasières audit chemin. L'« adhéritence » fut donnée à l'acheteur, aux plaids du 9 juillet

---

(1) Arch. des hosp., no 62 de l'Invent. suppl. ms.

(2) Cf. le fief Toupet, tenu de Saint-Albin, 5e chapitre, art. IV 1o.

1610 (1). Les héritiers des victimes du duc d'Albe avaient émigré en Hollande; profitant de la trêve conclue entre les Archiducs et les Hollandais, ils s'empressèrent d'aliéner des biens que le fisc détenait depuis plus de quarante ans.

Le 10 juillet 1614, Vincent Minart vendit le champ de six rasières à *Louis de Landas*, écuyer, seigneur de Haulteporte, demeurant à Douai, qui fut « adhérité », c'est-à-dire mis en possession et « saisine », le 20 février 1617 (2). A la mort de ce Vincent Minart, laboureur à Douai, le même Louis de Landas, qualifié seigneur d'Escarpel, Haulteporte, etc., demeurant à Escarpel, se rendit acquéreur, pour 1 360 florins, de l'autre champ de quatre rasières, tenant aux terres de Saint-Amé et à celles de la Bourse-commune des pauvres de Douai. Lors de la distribution du prix, qui se fit au siége de la gouvernance, le 2 janvier 1619, le greffier du bailliage réclama sept florins quatre patars, « pour certaine assiette à quoi ledit fief a été cotisé, comme les autres semblables fiefs, à raison du procès criminel » intenté contre un individu du village d'Estrées (3).

En 1637, *Eustache de Landas*, prêtre, chanoine gradué de la cathédrale de Saint-Omer, fils dudit feu seigneur d'Escarpel, vendit les deux pièces de terre à *Guillaume Leenne*, brasseur et bourgeois de Douai (4), le même qui acquit le fief des Pourchelets; son fils, M* *Paul Leenne*, prêtre, chapelain de Saint-Pierre, fit le relief, le 15 mai 1657 (5). Le 22 mai 1681, il sert un dénombrement, où il mentionne le décès de son père, arrivé en octobre 1656 (6).

(1 et 2) Arch. de la ville, reg. aux plaids du bailliage.

(3) Arch. du parlem. de Fl., fonds de la gouvern. de Douai, n° 150 des distributions.

(4 et 5) Arch. de la ville, reg. aux plaids du bailliage.

(6) Id., origin. en parch. parmi les dénombrements du bailliage.

Le 9 juin 1684, Jean-Baptiste De Loffre, prêtre, chapelain de Saint-Pierre, exécuteur testamentaire dudit M* Paul et tuteur de *Françoise Leenne*, sœur et héritière du défunt, « desbillé d'esprit », fit les devoirs pour les deux fiefs, celui de six rasières, au relief de dix livres parisis, et celui de quatre rasières, à soixante sols parisis. A cette occasion, le receveur du domaine toucha du greffier du bailliage 30 patars (équivalent des 60 sols), pour droit d'un desdits reliefs revenant au roi (1).

M* Paul Leene, par testament du 31 mai 1683, avait disposé en faveur des Dominicains, qui en 1686 possédaient les deux fiefs, moins deux rasières qui venaient d'être vendues au siége de la gouvernance (2). C'est de cette époque que date le morcellement des dix rasières, qui fut opéré au moyen de rentes successives faites par les Dominicains.

Aux plaids du 17 octobre 1719 (3), le procureur de damoiselle Marie-Robertine de Landas-Mortagne, comme mère et tutrice de *Gaspard-Paul-Joseph de Surcques*, sieur de La Brayelle, héritier substitué de *Jérosme-Gaspard de Surcques*, sieur de La Brayelle, son grand-père, fit certains devoirs pour un fief consistant ci-devant en quatre rasières, réduites à trois « à cause du grand chemin qui y traverse, pris pour la chaussée de Plancques, tenant au glacis de la ville et de deux sens à la chausée ». Le 9 avril 1725, dénombra à Douai, Michel Mey de La Torres, écuyer, sieur de Hautarte, « bail » et mari de Marie-Robertine de Landas-Mortagne, veuve de Gaspart-Ignace de Surcques, sieur de La Brayelle, et mère de Gaspart-Paul-Joseph de Surcques, son fils mineur, pour le fief de « quatre rasières

(1 à 3) Reg. aux plaids du bailliage.

moins une coupe, dont il ne reste que trois rasières, le surplus pris pour la chaussée de Douai à Planques nouvellement construite ». Son cachet représente deux écus accolés sous une couronne : le 1er, à une tour; l'autre, emmanché en pal de six pièces et deux demies d'argent et de gueules (1).

Le 31 mai 1732, *Gaspard Wattelin*, sieur de Terbist, écuyer, conseiller secrétaire du roi, etc., fut « saisi et adhérité » dudit fief, situé vis-à-vis de la barrière de la porte d'Esquerchin ; il en avait poursuivi la vente contre ladite de Landas et son fils mineur, et il l'avait acquis par décret au parlement le 15 juin 1731 (2).

Jacqueline-Pétronille-Joseph Le Sellier, veuve dudit sieur de Terbist, servit son dénombrement, le 11 mars 1752, pour le fief de trois rasières et demie, vis-à-vis la barrière de la porte d'Esquerchin, au relief de 60 sols, acquis par son mari et elle, depuis cédé à elle-même par les héritiers de son mari, suivant transaction du 9 avril 1750, homologuée le même jour par arrêt du parlement (3). *Bernard-Ignace Florisoone*, écuyer, ancien échevin de Douai, fils et héritier de la précédente, dénombra à son tour, le 20 novembre 1754 (4) ; enfin en 1771, le 29 octobre, ce fut *René-François de Cazier*, sieur du Breucq, demeurant à Tournai (5).

Notons un dernier renseignement : c'est que, le 17 dé-

(1) Arch. départ., Bureau des finances, portef. D 245.

(2) Arch. de la ville, reg. aux plaids du bailliage.

(3) Arch. départ., Bureau des finances, portef. D 245.

(4 et 5) Id. Le même dénombrement comprend alors ce fief et celui de la rente sur le moulin au Brai. (Voir ci-dessus, art. IV 3o b.)

cembre 1788, Me *Augustin-Joseph Desmons*, écuyer, conseiller secrétaire du roi, demeurant à Douai (1), acheta, moyennant 2000 florins, deux rasières (2), l'une des parcelles de terres détachées de l'ancien fief de dix rasières.

Comme certaines terres, voisines des dix rasières, étaient tenues en fief de Saint-Albin, peut-être ces dernières avaient-elles eu autrefois quelque affinité avec l'antique seigneurie de Saint-Albin en Douai.

2°. *Fief Griffon à Frais-Marais, près de la Scarpe. — Jacquemart Griffon; famille Loys; les Chartreux.*

Frais-Marais, hameau de Douai, qu'on appelait encore au XVIIe siècle le Grand marais de *Raisse* (Rache), dépendait, sous le rapport religieux, de la paroisse de Waziers et appartenait à la ville de Douai, qui y exerçait tous les droits de justice haute, vicomtière et foncière, comme sur les autres dépendances de l'échevinage.

A l'extrémité du terroir, contre la Scarpe, sur le chemin menant de Rache à Lalaing, dans le voisinage du pont de Rache et de l'Abbiette ou Château Plaisant, censé appartenant à l'abbaye des Prés (aujourd'hui maison de campagne de Mr Dumont), existait un humble manoir qui avait la qualité de fief mouvant directement du château de Douai. Voici, d'après un dénombrement, en quoi il consistait en l'an 1559 : une maison « manable », prés et terres, contenant trois rasières, en l'échevinage de Douai, vers le pont à Raisse, tenant à un champ de trois rasières, à la rivière de

(1) Cf. nos *Recherches hist. sur Flers en Escrebieu*, Douai, 1873, in-8°, p. 36.

(2) Arch. de la ville, reg. aux saisines du bailliage, fini le 23 juin 1789.

l'*Escarpe*, à cinq coupes qui ci-devant étaient *warescaix* (*nagaires* arrenté à la Commune-aumône des pauvres de Douai par le précédent possesseur du fief) et au chemin menant de *Raisse* à Lalaing. On l'appelait alors le fief *Jacquemart Griffon*, évidemment du nom d'un ancien possesseur. Il était tenu du roi à 60 sols de relief et « le tiers cambellage », dus au Temple, et le 10ᵉ denier en cas de vente.

A la fin du XVIᵉ siècle, la maison avait disparu et le fief ne consistait plus qu'en trois rasières (1 hectare 35 ares 66 centiares), tant en terre labourable qu'en prairie.

Le 28 septembre 1559, Isabelle Flocquet, veuve d'Antoine Turquet, demeurant à Douai, comme grand'mère de *Jean Loys*, fils mineur « d'ans » et en bas âge de feu *Nicolas Loys* dit *Pillage* (1) et d'Antoinette Turquet, servit un dénombrement muni du sceau de Jean Cleucquiet, son beau-fils (2). Il s'agit de celui qui devint Mᵉ Jean Loys, le poëte douaisien, le bel esprit, le prince de la grande confrérie des Clercs parisiens, etc.

En 1584, Mᵉ Jean Loys, licencié ès droits, avocat postulant au siège de la gouvernance, obtint de la ville une portion de « flégard » de deux à trois coupes de terre, augmentée par le droit d'alluvion, commençant au Petit-Marisson du pont à Raisse et allant jusqu'à la Ventelle du Bouchart, entre la Scarpe jusqu'aux trois rasières de pré du fief Griffon, à charge d' « estanchonner » ladite rivière à

---

(1) En 1528, « Nycollas Loys *dit* Pilaige, marchant », demeurant à Douai, prenait en arrentement, de l'abbé d'Anchin, le moulin à eau d'Esquerchin. (Arch. départ., fonds d'Anchin.)

(2) Arch. départ., Chambre des comptes, reg. D 10.

l'endroit où elle « mange » son fief, pour garder le chemin menant dudit marais à Lalaing, à charge aussi de laisser voie suffisante aux « treilleurs » ou tireurs de bateaux (1).

Le poëte avocat mourut en 1610, et sa veuve, Jossine Pinchon, en 1615.

Aux plaids du 4 novembre 1611, fut relevé le fief Griffon pour M° *Nicolas-Philippe Loys*, licencié en théologie, doyen de la chrétienneté de Tournésis, fils et héritier dudit feu M° Jean Loys. En 1263, le même, chanoine de la cathédrale Notre-Dame de Tournai, commit pour « homme desservant », M° George de Spira, docteur et professeur ès droits, qui fut admis aux plaids du 14 mars. Le 20 mai 1644, ce dernier fut continué dans ses fonctions, au nom de dam^{le} *Marie Loys*, demeurant à Tournai, sœur et héritière du chanoine ; il fut remplacé, après son décès, par Alexandre Caulier, licencié ès lois, avocat à la gouvernance, admis aux plaids du 7 juillet 1645 (2).

Le 15 avril 1655, M° Bauduin Du Bruille, docteur et professeur en médecine, naguères échevin, exécuteur testamentaire avec Hiérosme Trigault et Jean Le Maire, docteurs et professeurs royaux ès droits, et M° Jacques Cordouan, licencié ès lois et premier conseiller pensionnaire de cette ville, releva le fief Griffon appartenant à l'exécution testamentaire de feu Marie Loys (3). Par son testament, elle avait laissé tous ses biens pour fonder à Douai une Chartreuse (4).

---

(1) Arch. de la ville, nos 1722 et 2153 de la *Table*.
(2) Id., reg. aux plaids du bailliage.
(3) Arch. de la ville, reg. aux plaids du bailliage.
(4) Id., n° 2034 de la *Table*.

Le 18 août 1666, frère Philippe Béharel, « humble » prieur de la Chartreuse de Douai, servit un dénombrement du fief Jacquemart Griffon, comme héritier de dam¹⁰ Marie Loys, « notre fondatrice », et en vertu de l'amortissement autorisé par Philippe IV, roi d'Espagne (1). Sur le rôle de 1694 des fiefs relevant de Douai, « les Pères Chartreux » sont repris « pour un fief de trois rasières sur l'eschevinage », lequel est rangé dans la cinquième et dernière classe, avec « un fief de six rasières de terres, aux Pères Dominicains et Pierre Gruel » (voir le présent article, 1.), etc. (2).

Vers le milieu du XVIIIᵉ siècle, c'étaient encore les Chartreux qui possédaient le fief Griffon ; il en était de même, croyons-nous, à la Révolution.

VI.

PARCELLES DE TERRAIN PROVENANT DE L'ANCIEN CHATEAU.

On trouve quelque fois la mention de *fiefs cotiers* ou *rentiers*, ce qui paraît, à juste titre, être une véritable anomalie : un fief, c'est-à-dire un bien noble, être en même temps cotier, c'est-à-dire roturier, quel amalgame !

Nous avons rencontré deux propriétés de cette nature, et c'est par elles que nous terminons nos recherches sur la féodalité dans la ville et l'échevinage de Douai. C'étaient deux petites parcelles de l'ancien château, qu'on avait alié-

---

(1) Arch. munic., orig. en parchemin dans les dénombr. du bailliage.
(2) Id., reg. aux plaids du bailliage, 1683-1695, fo 74.

nées, à une époque récente, à charge d'une rente annuelle, d'un droit de relief au décès du possesseur et du droit seigneurial en cas de vente. Ces parcelles, détachées d'un domaine noble, conservèrent la qualité de fief.

Il est à remarquer qu'elles ne figurent pas dans la liste des fiefs de Douai dressée en 1578, sans doute à cause de leur peu d'importance. Dans le rôle des fiefs du château de Douai, confectionné en 1694, la première parcelle est rangée dans la quatrième classe et l'autre dans la cinquième et dernière (1).

1°. *Fief Romagnant; maison devant l'entrée du château.* — *Arrentement de 1512.* — *La Bassecourt transformée en collége du Roi; convention de 1568; création de la rue du Collége du Roi, dite ensuite de la Fonderie.* — *La maison du Lombart.* — *Le château transformé en fonderie; les Keller* — *Les conseillers de Flines ; le docteur Majault.*

En 1512, le 15 juillet, le domaine vendit, au siége de la gouvernance, « une place appartenante à l'archiduc, comte de Flandres, à cause du chatel de Douay, size devant ledit chatel, tenant pardevant au chemin qui mène de la cimetière de Saint-Amé au pont de la Bassecour », à charge d'une rente annuelle de six chapons et un quart de chapon, payable au domaine (2). Peu de temps après, la rente fut augmentée d'un demi-chapon, à cause de l'autorisation accordée d'ériger un pignon sur la muraille du pont de la

---

(1) Arch. municip., reg. aux plaids du bailliage, 1684-1694, fos 73 vo et 74 ro.

(2) *Recueil des édits*, Douai, Willerval, 1730, in-4, p. 700.

Bassecourt ; car une maison avait été bâtie sur le terrain aliéné par le domaine en 1512.

A cette époque, l'antique château ou donjon des comtes et le palais de la Bassecourt existaient encore ; l'entrée du premier était au même endroit que la grande porte de la Fonderie actuelle ; la principale entrée de la Bassecourt se trouvait rue d'Arras, où s'ouvre aujourd'hui la rue de la Fonderie. Le château et la Bassecourt étaient séparés par un cours d'eau au-dessus duquel était un pont, dit pont de la Bassecourt ; celui-ci existe encore dans la rue de la Fonderie, entre les bâtiments de la maison n° 4 et ceux du directeur de la Fonderie.

Ce quartier de la ville fut considérablement modifié lors de l'établissement du collége du Roi, à la place de l'ancien palais de la Bassecourt, en 1563, conséquence de la création de l'Université. C'est seulement de cette époque que date la rue du Collége du Roi, aujourd'hui de la Fonderie ; l'entrée du collége, au lieu de rester celle de la Bassecourt, sur la rue d'Arras, où s'élevait une « haute tour et colombier », avait été reculée un peu plus bas (à l'endroit du renfoncement du mur de clôture de la Fonderie), dans le terrain de la Bassecourt, laissant un excédant que l'Université abandonna à la ville en 1564, pour établir une rue qui mettrait le collége en communication, d'une part avec l'église Saint-Amé et d'autre part avec la rue d'Arras. La rue projetée ne fut faite qu'en 1568, et le surplus du terrain, vis-à-vis de l'entrée du collége et de l'autre côté de la rue, fut alors réuni à la maison bâtie sur la parcelle de l'ancien château aliénée par le domaine en 1512 ; seulement un cours d'eau séparait les deux terrains. Tout ceci résulte de l'acte suivant :

En 1568, le 1er septembre, les échevins cèdent en arrentement perpétuel, au profit des propriétaires de la maison située devant l'entrée du château, « une portion de terre que par cidevant solloit estre gardin à la Bassecourt, present vaghue et tournée à flegard, estant au devant et au dehors du collége du Roy..., establly et érigé en sadite maison et Bassecourt, et.... dellaissée » par l'Université à la ville. « Icelle portion de terre se comprendant depuis le pondt de ladite Bassecourt et faisant entrée pour aller audit collége, qui est joindant la maison... (*devant la porte du château*) enue en cens (*rente*) de Sadite Majesté, à cause de son chastel en ceste ville, allant du loing ladite entrée et chemin pour aller audit college et la rue que de nouvel est ordonnée estre faicte pour prendre passage du cloistre de Saint-Amé et dudit college en la rue d'Arras, de telle largeur du moings entre le mur prochain la porte dudit college et la clôture que se fera de ladite portion de terre. Jusques la rivière fluant par dessoubz le pondt de la vieze porte d'Arras, que est à present ladite entrée dudit college (*sur la rue d'Arras, à l'ouverture de la rue de la Fonderie*), et tenant du boult, vers ladite rue d'Arras, à ladite rivière. Retournant et close d'aultre costé, vers ladite maison, d'un ravinet et de la rivière fleuant dudit pondt de la Bassecourt, du loing ladite maison, aux molins de le Pierre et Escoufflet (*lisez :* Goulé ; *ce sont les deux moulins qui existaient dans la rue des Moudreurs*). Laquelle rivière, pour la commodité d'icelle maison », on pourra « faire vaulser par dessus, aussy avant que ladite maison porte en longhueur ». « Demoureront à leur proffit les plancqués, pillers et gistes de bois, sur lesquelles on passe presentement au dessus de ladite riviere, venant de ladite rue d'Arras », mais à charge par eux de faire, à la place, un pont de maçonnerie (celui de l'entrée de la rue de la Fonderie). La rente annuelle au profit de la ville fut fixée à deux chapons et deux sols douisiens (1).

La propriété qui nous occupe porte aujourd'hui le n° 4 de la rue de la Fonderie. En vertu des actes de 1512 et de 1568, elle devint en partie fief et en partie coterie; ce qui est situé au nord du cours d'eau provenait de l'ancien château et avait la qualité de fief; le restant, placé au sud du même cours d'eau, provenant de l'ancienne Bassecourt, était une coterie tenue de l'échevinage.

C'est ce qu'on appela le fief *Romagnant* (par corruption : *Romagnon*), du nom d'un propriétaire de cette maison. Celle-ci, adjugée en 1512 à *Claude Landrieu*, après avoir appartenu à M*e Philippe de Vernay*, chanoine de Saint-Amé, était passée à *Bertholemy de Scenes* et *Sampson de Thouwars*; ce dernier, qui demeurait auparavant à Tournai, était venu s'établir à Douai, avec un privilège pour tenir *table de prêt* pendant douze ans, suivant lettres patentes du 8 février 1543 (v. st.). On l'appela alors la *maison du Lombart*, car on nommait *lombards* ces prêteurs sur gage autorisés par le prince. Dans le « Livre manuel » du bailli Philippe de Le Val, aux archives de la ville, on lit : « 1558. S'est vendue la maison du Lombart, près du chasteau, tenue du roi. Prix : 100 livres ».

Laurent Grenier et *François de Romaignant* (celui qui donna son nom au fief) la possédaient en 1568, quand elle fut agrandie au moyen d'un excédant de terrain provenant de la Bassecourt. En 1581, elle fut saisie et vendue sur François *Romangnant*, résidant à Gand, et adjugée, moyennant 1680 livres, à *Toussaint Du Gardin*, bourgeois

(1) Arch. municip.; n° 1626 de la Table. Cf. Guilmot, Inventaire, I, p. 9.

de Douai. A la distribution du prix, qui se fit le 24 novembre (1) devant bailli et hommes de fief, elle est ainsi désignée : « Maison avec jardin, tenue de Sa Majesté à cause de son chastel, séant au-devant dudit chastel, en laquelle réside à présent Michel Louvet, écuyer ; tenant d'une part à l'héritage de Mrs de Saint-Amé (*maison n° 2*), où réside Me Jacques Du Crocquet, prêtre, chanoine, d'autre part derrière à la rivière fluant du Grand bail ès moulins de la rue du Verd bos ou des Mourdreux. » Ce qui suit montre que les conditions du contrat de 1568, pour l'établissement du pont vers la rue d'Arras, n'avaient pas encore été exécutées : « A charge (*par l'acquéreur*) de faire bacicoler la rivière, du côté de la rue d'Arras, depuis le pont étant sur la fin de la rue allant dudit chasteau en la susdite rue d'Arras, et ce jusques aux basses chambres (*latrines*) étant sur ladite rivière, du côté d'une porte par où on va en la buerie (*blanchisserie de la rue d'Arras*) de la Bassecourt dudit château. Et sur le dessus dit bacicollement et reste du flégard estant du long ladite rue d'Arras, tant au-dechà de l'eau que au-delà, jusques les murs faisant clôture de ladite Bassecourt, étant de présent le collège du Roy, faire bâtir maisons, à l'embellissement de la ville, en élargissant l'entrée dudit pont. Pour être ledit restant de flégard, jusques ledit mur de la Bassecourt, du comprins dudit héritage. »

Jean d'Auby, bourgeois de Douai, acheta, le 21 mars 1597, la maison dite « de Franchois Romagnan, devant le chastel »; mais sa veuve et son fils, dam{le} *Marguerite Becquet* et *Renom d'Auby,* la revendirent, le 20 octobre 1608, à Lambert de « Baillieux », demeurant à Douai (2).

(1) Arch. du parlem. de Fl., fonds de la gouv. de Douai, distributions.

(2) Archives départ., comptes du bailli de Douai, 1602-1603 et 1608-1611.

Celui-ci, dit « le capitaine Lambert » et qualifié, dans le contrat du 19 novembre 1615 : « *Lambert de Baillœul*, sieur de Souastre en Sauchy-Cauchie, y demeurant, pays d'Artois », vendit à dam^{le} *Anne Le Carlier*, demeurant à Douai, femme autorisée de Jacques de La Fosse, écuyer, « une maison et jardin, séant en la paroisse Saint-Amé, haboutant de deux sens à front de deux rues, près du chastel et au devant d'icelui, l'une allant à une ruelle menant à la ruelle des Moudreurs, d'autre à une ruelle (*rue de la Fonderie*) menant à la rue d'Arras, tenant à l'héritage d'une prébende canoniale de Saint-Amé ; et passe, entre la maison et le jardin, la rivière venant du Jardin de plaisance de l'Arcqbalestre (1), et d'un autre côté du jardin la rivière fluant au moulin de la Prairie-Saint-Albin » ; la maison tenue en fief et le jardin, de l'échevinage. La distribution du prix de vente se fit au siége de la gouvernance, le 10 juillet 1616, le vendeur étant représenté par son fils, Me François de Baillœul, licencié en médecine (2).

Aux plaids du bailliage tenus le 20 décembre 1640, Me Philippe *de* Broide, écuyer, docteur ès droits, releva au nom de sa fille, *Anne de Broide*, nièce de ladite Anne Le Carlier, décédée ; il présenta la quittance du droit de relief, délivrée par le « censier du Temple » : ce qui prouve que le relief de ce fief tout moderne était dû aux ayants cause des Templiers, comme pour les plus anciennes seigneuries de la châtellenie. Aux plaids du 22 novembre 1642, Me Bauduin Foucquier, licencié ès lois, avocat à la gouvernance, procureur dudit Pierre *de* Broide, conseiller

---

(1) Cf. Plouvain, *Souvenirs*, p. 513.

(2) Archives du parlem., gouvern. de Douai, n° 129 des distributions. — Arch. municip., reg. aux plaids du bailliage.

de la ville de Lille, fut admis comme « homme servant » pour le fief « Romaignon ». Le 26 octobre 1671, Philippe-Thomas *de* Broide, écuyer, « s' de Rambure », licencié ès droits, procureur de dam^{le} Marie Le Carlier, veuve dudit Pierre *de* Broide, sa mère et de dam^{le} Anne *de* Broide, sa sœur, fut reçu « homme servant » pour ce fief appartenant à Anne, sa sœur, à charge du viage de sa mère. Enfin le 29 avril 1675, Ponthus-François *de* Broide, écuyer, « s' d'Aveskercque, etc., » demeurant à Lille, fils et procureur de ladite Marie Le Carlier, fit recevoir, comme « homme servant », au lieu dudit feu Philippe-Thomas *de* Broide, George Evrard, auditeur (notaire) royal. (Registres aux plaids du bailliage.)

En 1679, le 10 mars, un dénombrement fut servi par *Baltasar Keller*, commissaire ordinaire des fontes de l'artillerie de France, demeurant à Douai, pour ce fief, par lui acheté de Marie Le Carlier, veuve de Pierre *de* Broide, écuyer, « s' de La Vallut, etc. », laquelle en avait acquis le droit « par le trépas d'Anne Le Carlier, sa tante »; ledit fief tenu du roi, à dix livres parisis de relief (1). La Fonderie royale était établie depuis une dizaine d'années dans l'ancien château des comtes; Keller, qui en fut le premier directeur, habita la maison située en face de la nouvelle Fonderie.

Un autre dénombrement fut servi pour le « fief Romaignon », le 16 mai 1702, par « dam^{le} Suzanne de Boubers, veuve de Baltazar Keller, escuier, commissaire général des fontes de l'artillerie de France », qui avait donné pouvoir, le 25 avril, à Paris, tant en son nom que comme tutrice de

---

(1) Original en parchemin, revêtu du sceau de Keller, à un bouquetin; aux archives municipales.

ses enfants mineurs: « Jean-Baltazar, Henry-Louys, Marie-Susanne et Anne-Elisabeth Keller » (1).

Par contrat du 18 août 1714 (2), Guillaume-Antoine de Lannoy, fils de feu Guillaume, bourgeois, rentier et ancien échevin de Douai, procureur de « dame Susanne de Boubers, veuve de M⁺ Baltazard *de* Keller », de « Henri-Louis *de* Keller, écuyer, et de da^le Marie-Susanne *de* Keller, fille majeure, ses enfants, demeurant à Paris, rue de l'Escharpe, paroisse St-Paul », suivant pouvoir du 9 janvier, vendit la maison au conseiller au parlement, *Jean-François de Flines*, moyennant 14 000 livres, dont onze pour la maison et trois mille pour le jardin. Le conseiller servit son dénombrement le 29 janvier 1715 (3). On sait que le parlement, qui avait siégé d'abord à Tournai, puis à Cambrai, venait d'être établi dans notre ville.

Né à Tournai, le conseiller Jean-François de Flines, fils du procureur général Robert, mourut en exercice, à 82 ans, le 23 avril 1742 ; il fut enterré à Saint-Amé, dans la chapelle Saint-Maurand.

Aux plaids du bailliage, tenus le 1ᵉʳ septembre 1742, le conseiller *Séraphin-François de Flines* fit faire les devoirs requis par suite du décès de son père. Il servit son dénombrement, le 5 novembre, pour son fief « vulgairement nommé Romagnon », à lui dévolu par le trépas de son père, doyen des conseillers de la cour (4). Né à Tournai,

(1) Orig. en parch. aux archives départ., fonds du Bureau des finances, portef. D 245.

(2) Arch. municip., reg. aux plaids du bailliage.

(3) Original en parchemin, cacheté aux armes : Ecartelé ; aux 1 et 4, un chevron accompagné en chef de deux trèfles et en pointe d'une étoile (qui est *de Flines*) ; aux 2 et 3, une hamaide. (Archives départ., Bureau des finances, portef. D 245.)

4) Arch. départ., D 245.

reçu conseiller en remplacement de son père, le 11 août 1742, il mourut en célibat et en exercice, à 41 ans, le 3 janvier 1745.

« Dam*lle Noele-Thérèse de Flines* (1), demeurant à Tournay », ayant hérité du précédent, son neveu, un autre dénombrement fut servi, le 26 mars 1746, lequel fut bientôt suivi d'un autre, baillé par l'héritier de cette demoiselle, *Séraphin-Ignace-Joseph van Rode*, trésorier des états de Tournai et Tournésis (2).

Ce fut le docteur Majault qui fit arranger la maison à peu près telle qu'elle existe aujourd'hui. L'ayant achetée, le 7 mai 1772, à « Séraphin-Ignace van Rode, écuier, demeurant à Tournay », M*e François-Joseph Majault*, docteur et professeur royal en médecine de l'université de Douai, servit son dénombrement, le 1er juin (3), pour le fief tenu de Sa Majesté, à cause de son château de Douai, « consistant en un terrain sur lequel il y a quelques bâtiments, situé dans l'enclos de Saint-Amé, vis-à-vis la Fonderie, tenant à une maison canoniale de Saint-Amé, d'un bout faisant coin de la rue allant à celle d'Arras et d'autre à la rivière fluante à celle des Moudreurs, faisant séparation d'un autre terrain bâti à neuf, appartenant au même. »

Il joignit à son dénombrement un procès-verbal dressé, le 4 août, par l'architecte Arnould-Joseph Castille, « à effet

---

(1) Dans la généalogie de Flines, elle ne figure pas parmi les douze enfants du procureur général Robert de Flines et d'Elisabeth du Chambge. (*Annuaire de la noblesse de Belgique*, Bruxelles, 1866, petit in-8o, p. 155.)

(2) Arch. départ., D 245.

Ignace-François van Rode, échevin de Tournai, avait épousé Anne-Louise de Flines, l'une des filles du procureur général.

(3) Archives départ., portef. D 245. — Archives de la ville, reg. aux dénombr., 1753-1777, I, fo 181 ro.

de lever un plan dans lequel est marquée la séparation des mouvances du roi et de l'échevinage ». On y voit que le docteur Majault faisait de grands changements dans sa propriété, où se trouvaient « un ancien corps de bâtiment », sur le terrain du roi, et « un grand corps de bâtiment bâti d'un goût plus moderne », appliqué contre le précédent, sur la partie tenue en coterie de l'échevinage.

Sur le fronton, du côté du jardin, il fit mettre ses armes, autant, du moins, qu'on en peut juger par le blason qui a été refait. Le docteur Majault, chevalier de l'ordre du roi en 1782, portait : Fascé d'argent et de sinople de six pièces, les fasces d'argent chargées, la 1re, de trois roses, la 2e, de deux, et la 3e, d'une rose de gueules (1). Né à Douai en 1730, marié à Marie-Louise-Joseph Durand, il mourut en 1790.

Voilà l'histoire de ce petit fief, qui n'est pas sans intérêt pour nous ; car, outre sa singularité, la maison qui y fut bâtie a vu passer bien des notabilités douaisiennes.

2°. *Fief des Trois-Cocquelets.*

Celui-ci, quoique moins intéressant que le précédent, offre encore quelques renseignements topographiques et historiques.

A l'endroit de la rue d'Infroi où s'élèvent les maisons nos 18 et 20 (rang sud), se trouvaient autrefois de grosses murailles, continuant le « mur de garde du châtel » et dépendant des fortifications primitives élevées à la fin du IXe siècle ; elles reliaient le château à la poterne de l'Au-

(1) D'après un *Ex libris* gravé, de la collection de M. A. Preux.

noit ou Fort-Huis, ouvrage considérable qui allait jusqu'à la rivière (le canal actuel) et dont l'emplacement est occupé aujourd'hui par les maisons n°° 22 et 24 (rang sud) de la rue d'Infroi et par l'entrée du quai du Petit-Bail.

Au commencement du XVIe siècle, le prévôt arrenta perpétuellement à un propriétaire riverain « un petit jardinet, seans auprez du chastel, de le vieze muraille », c'est-à-dire provenant de la démolition d'une parcelle des vieux murs ; moyennant dix sols payables « la nuyt saint Remy » de chaque année. *Preuves*, n° LXXXIX bis.

Vers 1545, l'antique muraille de grés, qui avait en cet endroit cinq pieds de large, fut entièrement démolie par les échevins et les Six-hommes, du consentement du prévôt, « pour les estoffes (*matériaux*) employer à la fortification d'icelle ville ». A cette époque, on élevait de grands travaux de défense tout le long de l'enceinte moderne : c'est ce qu'on a appelé les murs de Charles-Quint, qui sont demeurés tels quels jusque vers 1820 ; aujourd'hui même, il en reste encore quelques parties çà et là. Le prévôt, en sa qualité de gardien et défenseur de l'enceinte fortifiée du IX° siècle, avait dû être consulté pour cette démolition. Tout ceci résulte d'une convention intervenue le 1er mars 1548 (v. st.), entre le prévôt et les arbalétriers de « plaisance ». *Preuves*, n° XC.

Le Fort-Huis n'existait plus alors ; comme toutes les autres portes et poternes de l'ancienne enceinte, devenues inutiles à la défense et gênantes pour la circulation à l'intérieur de la ville, il avait disparu ; sur une partie de son emplacement, la ville avait autorisé l'établissement d'*étuves* (on sait ce que cela signifiait alors), qu'on désigna quelque temps sous le nom d'Étuves du Fort-Huis. Le couvent des Augustins s'y établit vers 1632 ; là sont aujourd'hui les maisons n°ˢ 22 et 24 de la rue d'Infroi, rang sud.

Vers la même époque de 1545, quand fut démolie la partie de muraille précitée, les arbalétriers « de plaisance » avaient « leurs jardin et berceaux » sur la crête ou les rejets du fossé longeant le château, entre ce fossé et le mur de garde. (Voir le plan de Blaew, de 1620 environ.)

A la place de la muraille abattue et sur la crête de l'ancien fossé de défense, une maison s'éleva, qu'on appela *les Trois-Cocquelets*, sans doute à cause de l'enseigne (n°ˢ 18 et 20 de la rue d'Infroi, rang sud). Entre celle-ci et la maison voisine (n° 16, rang ouest), où la rue fait un angle droit, une place fut réservée pour une petite ruelle qui conduirait au jardin des arbalétriers de « plaisance ». Au siècle suivant, cette ruelle était voûtée ; le propriétaire de la maison des Trois-Cocquelets s'était agrandi en bâtissant au-dessus de la « ruellette ».

Entre les Trois-Cocquelets et les Etuves de Fort-Huis, dite ensuite les Rosettes, il y avait une porte de service pour la Bassecourt. Ce passage fut agrandi en 1747, afin d' « élargir et faciliter l'entrée de la Fonderie pour le service du roi ». Au-dessus de la porte cochère aujourd'hui en partie bouchée, on lit le millésime : 1747.

La construction de la maison des Trois-Cocquelets et l'établissement de la « ruellette » avaient dû être autorisés par le prévôt héréditaire de la ville, qui s'était fait payer son consentement au moyen de redevances annuelles : c'est ce qui résulte du dénombrement de la prévôté servi en 1571.

Le prévôt avait accordé en arrentement, surtout au commencement du XVI° siècle, une quantité de terrains analogues, dits crêtes ou rejets, le long de l'ancienne enceinte, entre le vieux mur de grés et le fossé ; c'était même pour lui une source assez importante de revenus, ainsi qu'on voit par le compte de 1529-1530 (*Preuves*, n° LXXXIX bis) et par les dénombrements de la prévôté. Aucun de ces arrentements ne fut marqué du caractère féodal; au contraire, c'étaient des coteries justiciables de l'échevinage. Pour une partie seulement de l'arrentement des Trois-Cocquelets (1), il en fut autrement : la parcelle de 14 pieds de long et de 12 pieds de large (environ 12 mètres carrés), tenant « le long de l'eau vers les moulins », mentionnée comme cédée par le prévôt moyennant une rente annuelle de douze deniers, payable à la Noël, et un droit de relief de cinq sols parisis, « à la mort de l'héritier », fut considérée par le domaine comme un fief tenu du roi, assujetti au relief, au service des plaids et aux autres charges qui pesaient sur les vassaux du château de Douai.

Nous avons rencontré un acte de relief ou hommage et un dénombrement du petit fief des Trois-Cocquelets.

En 1700, le 14 septembre, Hugues Du Mortier, bourgeois de Douai, maître orfèvre, relève, à cause de sa femme *Catherine-Josephe Raoult*, un petit manoir « amasé », *alias* une petite chambre sur l'eau, contenant 14 pieds de lon-

---

(1) Les dénombrements modernes de la prévôté constatent que la brasserie des Trois-Cocquelets était grevée de trois rentes distinctes : 1o 10 sols parisis, à la Saint-Remy, pour une parcelle provenant « des rejets des anciens fossés, à front de la rue d'Infroy » ; c'est la parcelle que le compte de 1529-1530 désigne ainsi : « un petit jardinet, seans auprez du chastel, de le vieze muraille » (*Preuves*, no LXXXIX bis); 2o 12 deniers à la Noël, etc.; 3o 2 chapons et 2 sols douisiens, au lieu et place des arbalétriers « de plaisance », à cause de la ci-devant « petite ruelle faite sur la largeur de l'ancienne muraille ». (Dénombrement de 1732, fo 388 du reg. aux dénombr. du bailliage, coté 1715-1732, reposant aux archives municipales.)

gueur et 12 de largeur, rue d'Infroy, dépendant de sa maison nommée les Trois-Cocquelets et tenant d'autre côté à la porte cochère de derrière du collége du Roi ; tenu à cinq sols parisis de relief (1). Ladite d^{elle} Raoult était veuve en 1714.

En 1768, le 4 juin, dem^{le} *Marguerite-Joseph Du Mortier*, veuve de Pierre-Venant Mouquet, maître apothicaire à Douai, sert le dénombrement du fief des Trois-Cocquelets, échu par la mort d'*Hugues Du Mortier*, son père, consistant en « une place » de la maison portant pour enseigne les Trois-Cocquelets, rue d'Infroy, vis-à-vis le moulin banal au Brai, con nant en longueur 14 pieds et 12 en largeur, dont il a été coupé et pris une portion pour élargir et faciliter l'entrée de la Fonderie, pour le service du roi (2).

(1) Arch. municip., reg. aux plaids du bailliage.
(2) Id., reg. aux dénombr., 1759-1777, f° 133 r°.

SOURCES MANUSCRITES CONSULTÉES.

Quoique nous ayons soigneusement indiqué nos autorités, soit en note, soit dans le texte, il nous a paru utile d'exposer l'ensemble des principales sources auxquelles nous avons puisé : il ne s'agit ici, bien entendu, que des sources manuscrites; quant aux imprimés, ils sont suffisamment mentionnés dans notre travail.

I. — ARCHIVES DÉPARTEMENTALES DE LILLE.

C'est sans contredit le plus important dépôt qui existe en province : il est riche en cartulaires et, ce qui vaut encore mieux, en chartes très-anciennes.

1° *Archives civiles*. — Nous nous sommes attaché surtout à l'exploration des fonds de la chambre des comptes et du bureau des finances.

A. Chambre des comptes. — Lors de l'annexion, en 1667, on y conservait, non-seulement le trésor des chartes des anciens souverains du pays, mais aussi une foule de documents concernant les affaires domaniales et féodales: aveux et dénombrements en original, registres aux dénombrements, listes des fiefs, inventaires, etc.; comptes du domaine, comptes des baillis, comptes du droit de franc-fief auquel étaient assujétis les non nobles acquéreurs de fiefs, etc.

Ce fonds, tout considérable qu'il est encore aujourd'hui, a subi de grandes pertes, surtout pendant la Révolution. Ici nous nous bornons, bien entendu, à ce qui concerne Douai. Ainsi, parmi les dénombrements originaux, s'y trouvait, vers le commencement du siècle dernier, un dénombrement de la prévôté et du Gavène, servi en 1372 (*Preuves*, nᵒˢ LXXXIX et XCIX). A la veille de la Révolution, il fut dressé, par les soins de Denis-Joseph Godefroy (1760-1792), un inventaire analytique des dénombrements des fiefs mouvant de Douai et d'Orchies (liasse D 78), lequel inventaire constaté l'existence de dénombrement originaux servis notamment pour la prévôté en 1440, pour le Gavène en 1473 et 1512 (1), pour le fief de Plachy en 1502, pour celui de l'Eculier-le-Comte en 1468 et 1490, etc., etc.; toutes ces pièces ont disparu depuis, et les lacunes que l'on remarque dans cette série s'appliquent précisément aux fiefs situés à Douai même et dans la banlieue.

Nous n'avons point pour Douai de registre ancien des dénombrements, tandis que pour Lille on en conserve un du XIVᵉ siècle ; notre plus vieux est de la fin du XVIᵉ siècle (reg. ancien D 10). Quant aux inventaires, il en existe un de l'an 1510 environ (reg. ancien D 31) ; le plus important est celui cité plus haut (liasse D 78).

Le compte des « renenghes » de Flandre, rendu à Ypres, au mois de juin 1187 (*Preuves*, nᵒ XLI), constitue notre principale trouvaille.

La belle série des comptes du domaine de Douai et Or-

---

(1) Une copie simple de la copie délivrée par Godefroy, le 13 mai 1779, après collation faite sur l'original du dénombrement du 1ᵉʳ mars 1512, est conservée dans le cabinet de l'auteur.

chies commence à l'année 1399-1400 (reg. ancien D 105) et se continue, sauf plusieurs lacunes, jusqu'à l'annexion ; au siècle dernier, la série remontait jusqu'en 1385 (1) ; dans le carton B 946, pièce 10 597, on remarque le compte de 1372-1373. Malheureusement nous n'avons colligé pour notre travail qu'un bien petit nombre de renseignements dans ces comptes-là ; en effet, les droits de reliefs des fiefs, qui d'ordinaire se payaient au suzerain lui-même, étaient acquittés, pour Douai, Orchies et Lille, entre les mains des chevaliers de Malte, en vertu de la donation de l'an 1128 faite aux Templiers par le comte de Flandre Thierry. Ce droit, qui fut racheté en 1365 (avant la rétrocession de la Flandre wallonne par le roi au comte) par le comte de Flandre pour la Flandre flamingante, et par le comte d'Artois en 1372 ne fit jamais retour au domaine de Douai. Quant au droit seigneurial dû en cas d'aliénation d'un fief, il était perçu non point par le receveur du domaine, mais par le bailli.

La série des comptes des baillis de Douai, par conséquent beaucoup plus intéressante pour nous, est très-incomplète ; elle se borne maintenant à quelques années : 1387 à 1399, 1533 à 1540, 1558 à 1619 (registres anciens D 98-104) ; au siècle dernier existaient encore notamment les comptes du XVe siècle (2). Que de parchemins dévorés par les cartouches ou détruits par nos modernes vandales!

Quant aux comptes du droit de franc-fief levé au quartier de Douai et d'Orchies, nous devons en déplorer la perte : ils ont été systématiquement proscrits et anéantis. Un seul

(1) Voir, dans le fonds de l'Intendance, portef. D 12, intitulé : Gavène, une note de Jean Godefroy (1681-1732).

(2) Arch. municip., n°s 693, 500 et 1188 de la *Table*; copies et extraits collationnés par Godefroy, le 28 août 1700, de comptes de 1401, 1443 et 1488.

a échappé par hasard : c'est celui de 1458-1459, ayant été relié avec les comptes du domaine (voir reg. ancien D 288). C'eût été pour nous une source féconde en renseignements: à des époques indéterminées, tous les dix, quinze ou vingt ans, le prince désignait des commissaires pour rechercher et taxer les non nobles qui s'étaient rendus acquéreurs de fiefs, et la qualité des personnes donnait souvent lieu à de très-vives controverses, qui sont curieuses pour l'histoire des familles et des anciens usages. Cet impôt inquisitorial et partant très-impopulaire s'étendait sur toute espèce de fiefs, non-seulement sur ceux qu'on tenait directement du souverain, mais aussi sur les arrière-fiefs et même sur les fiefs tenus des abbés et autres seigneurs ecclésiastiques, indépendants du prince au moins au point de vue féodal. C'était donc un droit de *souveraineté* et non de *suzeraineté*.

M. l'abbé Dehaisnes, le digne successeur des Godefroy, frappé de l'utilité d'un état général des documents conservés dans le très-riche dépôt confié à sa sollicitude, se mit à l'œuvre dès les premiers jours de son installation et offrit bientôt aux érudits un *Etat général des registres de la chambre des comptes de Lille relatifs à la Flandre* (Lille, 1873, in-8°). Le nouveau classement comprend 3346 numéros, dans lesquels Douai a une bonne part ; d'excellentes tables des noms de personne, des noms de lieu et des matières complète le travail du savant archiviste.

Deux volumes in-4° de l'*Inventaire sommaire* ont paru en 1865 et en 1872 : le premier s'applique aux pièces renfermées dans les cartons, jusqu'à l'année 1450; le second est consacré aux cartulaires et aux registres des chartes.

En 1865, la Société des sciences de Lille a publié une

partie de l'inventaire dressé par l'archiviste Denis-Joseph Godefroy ; les deux volumes in-4° portent le titre d'*Inventaire analytique et chronologique des archives de la chambre des comptes à Lille* ; ils s'arrêtent à l'année 1270 ; un index alphabétique de près de 300 pages donne beaucoup de prix à cette publication.

B. *Bureau des finances.* — Il a remplacé, en 1691, la chambre des comptes instituée par le duc Philippe le Hardi ; c'est là qu'il fallut présenter les dénombrements qu'on servait auparavant à la cour féodale de Douai. Dans plusieurs portefeuilles sont conservés des dénombrements modernes, tous sur parchemin ; un feudataire ayant fourni, contrairement à la coutume, son aveu écrit sur du papier, le récépissé lui fut refusé. Cette cour souveraine surveillait et défendait les intérêts du domaine royal avec une autorité et une indépendance qui manquaient, il faut le reconnaître, à la cour féodale. Les usurpations de noblesse, cette fraude préjudiciable au trésor, rencontraient au bureau des finances, comme à la gouvernance et au parlement, des censeurs très-sévères.

2° *Archives ecclésiastiques.* — D'après les lois révolutionnaires, tous les papiers des établissements religieux, chartes, cartulaires, comptes, etc., auraient dû être transférés au dépôt départemental ; mais il s'en faut de beaucoup que la loi ait été parfaitement observée ; et encore, quand elle l'était, arrivaient des commissaires chargés de déduire ou d' « envoyer aux cartouches » les titres proscrits. Par un heureux hazard le fonds ecclésiastique douaisien n'eut pas trop à souffrir du vandalisme officiel.

A. *Fonds de la collégiale de Saint-Amé.* — C'est dans ses chartes du XI° siècle, la plus vieille remontant à l'an 1024, et dans son petit cartulaire du commencement du XIII°, que nous avons puisé les principaux éléments de l'histoire de nos premiers châtelains ; plusieurs titres du XII° siècle et du XIII° nous ont révélé de curieuses particularités sur les châtelains, les prévôts et les seigneurs de Saint-Albin ; un obituaire, dressé dans les dernières années du XIII° siècle et continué au siècle suivant, nous a été également d'une grande utilité.

B. *Fonds de la collégiale de Saint-Pierre.* — Il a malheureusement disparu durant la tourmente révolutionnaire ; quelques papiers qu'on conservait dans une salle de l'église paroissiale actuelle (1) ont été récemment transférés aux archives départementales. C'est à la Bibliothèque publique de notre ville que se trouvent les plus intéressants vestiges de ce fonds essentiellement douaisien.

C. *Fonds de l'abbaye d'Anchin.* — C'est un des plus riches en chartes ; nos châtelains, nos prévôts ainsi que les seigneurs d'un grand nombre de localités voisines de Douai, y apparaissent fréquemment.

D. *Fonds de l'abbaye de Marchiennes.* — Beaucoup moins riche en chartes que le précédent, il ne possède presque plus de titres du XIV° siècle. C'est là qu'il faut chercher l'histoire des seigneurs de Landas, de Bouvignies, de Warlaing, etc.

---

(1) L'inventaire a été dressé en 1842 par M. Brassart père. Cf. *Mémoires de notre société académique*, Douai, 1843, in-8°, première série, IX, p. 43.

E. Fonds de l'abbaye des Prés. — Il y a abondance de chartes du XIII° siècle émanées de seigneurs et de gentilshommes du pays, ainsi que de très-vieux actes en langue wallonne. Nos seigneurs de Saint-Albin ont protégé cette communauté naissante. L'abbaye a recueilli avec les biens les titres de l'antique béguinage de Champfleuri.

F. Fonds de l'abbaye de Sin. — Lui aussi est riche en chartes scellées du XIII° siècle. Nos châtelains, qui avaient un ou plusieurs fiefs à Sin, n'y sont pas oubliés.

G. Fonds de l'abbaye de Flines. — Le remarquable monument que M. l'abbé Hautcœur, chanoine honoraire, aujourd'hui recteur de l'Université catholique de Lille, a élevé en l'honneur de cette abbaye célèbre (1), nous dispense d'insister sur la richesse exceptionnelle de ce fonds d'archives, intéressant particulièrement nos seigneuries de Cantin et de Rache.

H. Fonds des chanoinesses de Montigny, des Trinitaires, etc. — Parmi les petits fonds douaisiens, celui des chanoinesses établies à Bruxelles et dotées de la seigneurie de Montigny en Ostrevant est presque le seul qui mérite une mention spéciale.

I. Fonds étrangers à l'arondissement de Douai. — Les plus intéressants pour nous sont: celui de l'abbaye de Saint-Aubert de Cambrai, renfermant des chartes de nos châtelains du XII° siècle et du XIII°, à cause de leur terre

---

(1) *Cartul. de l'abbaye de Flines*, Lille, 1873, 2 vol. in-8. — *Hist. de l'abbaye de Flines*, Lille, 1874, in-8. — Ces deux ouvrages ont été couronnés par l'Académie des inscriptions et belles-lettres et par la Société des sciences de Lille.

de Vitry; celui de l'abbaye du Cateau-Cambrésis, où figurent nos premiers prévôts, à cause de leur seigneurie de Cuincy ; celui de la collégiale de Sainte-Croix de Cambrai, qui avait une juridiction à Estrées et à Hamel ; celui de l'abbaye de Cysoing, à cause de ses domaines de Rieulay et d'Ostrevant, dépendant de son prieuré de Beaurepaire à Somain ; celui de la collégiale de Saint-Pierre de Lille, où apparaît, à la fin du XIII° siècle, un châtelain de Douai à cause de la terre de Wasquehal ; etc., etc.

Au surplus il n'y a pas un fonds ecclésiastique du pays où nous n'ayons fait une ample moisson.

Dans son *Nouveau Mémoire sur les archives départementales du Nord* (Lille, 1861, in-8°), feu M. Le Glay a donné au public d'intéressantes indications sur le fonds de la chambre des comptes et surtout sur l'ensemble des archives ecclésiastiques.

Les principaux monuments sigillographiques des archives départementales de Lille sont décrits ou figurés dans le remarquable ouvrage de M. l'archiviste Demay, intitulé : *Inventaire des sceaux de la Flandre*, Paris, 1873, 2 volumes in-4°.

On ne peut parler du dépôt de Lille sans payer un tribut de gratitude à son sympathique conservateur, M. l'abbé Dehaisnes ; nous saisissons avec empressement, nous aussi, l'occasion de joindre notre humble hommage à un concert d'éloges si mérités. Notre reconnaissance est également acquise à M. Losfeld, chef de bureau des archives, et à M. Decleene ; leur complaisance pour nous, depuis de longues années que nous fréquentons le dépôt de Lille, a été inépuisable.

II. — Archives municipales de Douai.

Si l'on n'y trouve qu'un très-petit nombre d'originaux antérieurs à 1201, les chartes et les contrats du XIII° siècle y abondent, puis les cartulaires et les registres apparaissent, et cet important dépôt d'archives se continue presque sans lacunes jusqu'à la Révolution.

Les rapports du magistrat avec les officiers féodaux de notre ville et les seigneurs du voisinage étaient fréquents : de là, un grand nombre de renseignements sur les seigneuries et les fiefs douaisiens. Deux circonstances ont accru cette richesse de nos archives : ce furent l'acquisition de l'office féodal du châtelain ou vicomte en 1464 et l'achat de l'office domanial du bailli en 1757 ; grâce à cette dernière acquisition, les archives municipales s'accrurent notamment des registres aux plaids du bailliage, des registres aux dénombrements de fiefs, de plusieurs dénombrements originaux, etc.

Les travaux considérables de M. Guilmot, bibliothécaire de la ville, mort en 1834, facilitent beaucoup les recherches des curieux, soit que l'on consulte son Inventaire analytique, ou ses Premiers Extraits (volume malheureusement incomplet) ou ses Extraits des Archives, le tout formant 11 volumes manuscrits.

M. Pilate, secrétaire de la mairie, a publié une *Table chronologique et analytique des archives de la mairie de Douai, depuis le onzième siècle jusqu'au dix-huitième* (Douai, 1842, in-8°) : ce n'est qu'un choix fait dans les manuscrits de M. Guilmot ; quoiqu'intéressante, cette publication renferme des erreurs en grand nombre, de plus elle est incomplète, sans méthode et sans tables.

Le savant archiviste du département, M. l'abbé Dehaisnes, alors archiviste de notre ville, publia une *Notice sur les archives communales de Douai* (Lille, 1868, brochure in-8), destinée à faire connaître l'histoire de ce dépôt et l'ensemble de ses richesses.

M. Jules Lepreux, l'archiviste actuel, vient de mettre au jour la série BB (administration communale) de l'*Inventaire analytique des archives communales antérieures à 1790* (Douai, 1876, in-4); le soin extrême apporté à la rédaction de cette série de nos archives fait pressentir quelle sera la haute valeur de l'œuvre; la série AA, préparée par M. Dehaisnes et achevée par son successeur, est sur le point de paraître; l'impression de la série CC se poursuit en même temps que le laborieux archiviste travaille sans relâche à l'inventaire des séries suivantes.

Après cet hommage rendu à la science et au zèle déployés par M. Lepreux dans ses fonctions, nous saisissons l'occasion de le remercier une fois de plus de son inépuisable complaisance.

III. — Archives du parlement de Flandres.

Elles sont conservées au greffe de la cour d'appel et confiées à la garde du greffier en chef.

Nous y avons particulièrement étudié : « 1° le fonds de la gouvernance de Douai, sacs aux procès, minutes de sentences, distributions (ordres judiciaires), registres au rôle, aux Dictums, aux placards, etc. ; 2° le fonds du greffe de Malines, transféré sous Louis XV, et dont certains sacs renferment des documents anciens ou curieux, pour ne citer que le tarif du vinage de Warlaing en 1265 et le cartulaire du riche bourgeois de Douai, Jean Audefroy (ancêtre des d'Aoust de Jumelles), en 1436. Parmi des papiers de rebut provenant de la gouvernance, nous avons eu la bonne fortune de découvrir une copie presque contemporaine de l'aveu de 1369 servi par notre châtelain au comte de Flandre (*Preuves*, n° LXXII).

Des déménagements successifs ayant mis la confusion dans ce dépôt d'archives, M. Dumon, alors premier président de la cour de Douai, aujourd'hui conseiller à la cour de cassation, chargea en 1865 M. Preux, alors avocat général, actuellement procureur général près la cour de Limoges, et l'auteur du présent travail, de procéder à un récollement général et de rétablir la division des fonds divers, judiciaires et autres, qui ont accru, soit avant soit pendant la Révolution, les archives du parlement proprement dites.

IV. Archives hospitalières de Douai.

Les propriétés de nos très-nombreux établissements de bienfaisance ayant engendré de fréquents rapports avec les seigneurs douaisiens, rapports aussi souvent gracieux que litigieux, c'était un dépôt d'archives à ne pas négliger ; les fonds du béguinage et des Chartriers sont les plus riches en renseignements de ce genre.

M. Brassart père a publié l'*Inventaire général des chartes, titres et papiers appartenant aux hospices et au bu-*

reau de bienfaisance de la ville de Douai (Douai, 1840, in-8º).

Notre société académique a couronné en 1863 un Supplément à cet inventaire (1); ce manuscrit, renfermant l'analyse d'environ 1100 pièces et plusieurs tables des noms, des fiefs, etc., cités dans le travail, est conservé dans les collections de cette compagnie; un double existe aux archives des hospices.

V. Archives nationales.

« Douai est une ville française par son origine, son langage et sa situation » (2) : c'est là une vérité incontestable pour quiconque veut étudier l'histoire dans les documents, au lieu de s'en rapporter aveuglément à des auteurs locaux du XVII° siècle, écrivant sous la domination espagnole et avec le désir d'être agréable ou tout au moins de ne point déplaire au maître. Les documents douaisiens du XIII° siècle et du XIV°, conservés dans le trésor des chartes de nos rois et où figurent châtelains, prévôts, échevins, etc., viennent encore attester la nationalité et le patriotisme de nos aïeux. C'est la domination des ducs de Bourgogne, ces princes français qui causèrent plus de mal à la patrie qu'Anglais et Allemands réunis, qui interrompit, au XV° siècle, nos relations directes avec la couronne.

(1) *Mémoires de la Société impériale d'agriculture, de sciences et d'arts*, Douai, 1864, in-8o, 2º série, VII, p. 37.

(2) L'abbé Dehaisnes, *La Domination française à Douai et dans la Flandre wallonne depuis les origines jusqu'en 1667*, Paris, imprimerie impériale, 1868, broch. in-8o.

Nous avons dépouillé avec profit le fonds de la commanderie de Haute-Avesne dans lequel se retrouvent les chartes des Templiers de Douai (1).

Les travaux d'inventaire se succèdent sans relâche aux Archives nationales ; citons particulièrement : les *Layettes du Trésor des chartes*, par M. Teulet (Paris, 1863-187., 3 volumes in-4°) ; les *Actes du parlement*, par M. Boutaric (Paris, 1863-1867, 2 volumes in-4) ; les *Monuments historiques*, par M. Tardif (Paris, 1866, 1 volume in-4° et 1 atlas) ; l'*Inventaire sommaire et tableau méthodique des fonds conservés aux Archives nationales ; première partie, régime antérieur à 1789* (Paris, 1871-1875, un volume et une table, in-4°) ; la *Collection de sceaux*, par M. Douët d'Arcq (Paris, 1863-1868, 3 volumes in-4°).

VI. Bibliothèque nationale. Département des manuscrits.

Parmi les collections importantes que comprend ce dépôt, le plus riche du monde, aucune ne nous a fourni autant de renseignements précieux que celle connue sous le nom de Collection Moreau et qui fut rassemblée au siècle dernier, par les soins du pouvoir royal ; là se trouvent rangées, selon l'ordre chronologique, au milieu de milliers d'autres, les copies de titres que dom Queinsert avait été chargé de recueillir dans les églises et les abbayes du nord de la France (2). Dom Queinsert n'a fait malheureusement que passer à Douai : quand il travaillait à Arras, il se proposait de « dépouiller le chartrier » de la collégiale de Saint-Amé

---

(1) Cf. *Souvenirs de la Flandre wallonne*, XIII. p. 58.

(2) Sur les travaux de ce digne bénédictin, voir les *Souvenirs de la Fl. wallonne*, XI, p. 113.

(vol. 243, f° 146, de la Collection Moreau) ; le 28 juin 1778, il copiait, au greffe de la gouvernance de Douai, une bulle qui s'y trouvait alors (volume 63, f° 241). Quoiqu'il en soit aucune copie de dom Queinsert provenant des archives de Saint-Amé et de Saint-Pierre n'existe dans la Collection Moreau ; cette lacune est d'autant plus regrettable pour nous, que le chartrier de Saint-Pierre a disparu pendant la tourmente révolutionnaire.

Ce laborieux bénédictin, avons-nous dit, a séjourné à Arras : aussi trouve-t-on dans la Collection Moreau la copie des principales chartes de la cathédrale et de l'abbaye de Saint-Vaast d'Arras, ainsi que des abbayes du Mont-Saint-Eloi et du Verger-lez-Oisy (1). Longtemps aussi il a travaillé à Marchiennes, Anchin, Flines, etc.; pour ces deux dernières abbayes, les chartes originales semblent être conservées, presque sans exception, au dépôt départemental, mais l'abbaye de Marchiennes a éprouvé des pertes ; à Anchin, il trouva un cartulaire du XIII° siècle qui manque à Lille. Citons enfin pour mémoire une quantité de copies tirées des chartriers des abbayes de Saint-Amand, d'Hasnon, de Vicogne, de Saint-Jean de Valenciennes, de Loos-lez-Lille, etc.

Un cartulaire du XIII° siècle de la cathédrale d'Arras (fonds latin, n° 9930 de l'inventaire de M. Delisle), un autre du XV° siècle de la cathédrale de Cambrai (fonds latin, n° 1110 des nouvelles acquisitions) et un volume de titres originaux de la commanderie de Haute-Avesne en Artois (195° des 182 Colbert-Flandres) nous ont fourni d'intéressents documents. Nous n'avons point négligé non plus le

---

(1) *Souvenirs de la Flandre wallonne*, XII, p. 190.

fonds de Clairembault, titres scellés du XIV⁰ siècle et des époques subséquentes, d'autant plus qu'un châtelain de Douai était au service du roi en 1314.

Le *Catalogue des manuscrits français* comprend actuellement deux volumes (ancien fonds, Paris, 1868-1874, in-4°) et 3766 numéros.

VII. BIBLIOTHÈQUE PUBLIQUE DE LA VILLE DE DOUAI.
SECTION DES MANUSCRITS.

Un *Catalogue descriptif et raisonné des manuscrits de la bibliothèque de Douai* a été publié par le bibliothécaire feu M. Duthilloeul (Douai, 1846, in-8°); les manuscrits comprenaient alors 953 numéros.

Les chercheurs consultent avec fruit les recueils généalogiques et héraldiques de Malotau, formés au siècle dernier (n°ˢ 891 et 895). Les obituaires de Marchiennes (n°ˢ 826 et 827), d'Anchin (n° 825) et de Beaulieu ou de Sin (n° 828, XIV⁰ siècle, première moitié, avec des additions), ce dernier surtout, renferment des mentions précieuses pour l'histoire de nos seigneurs.

M. l'abbé Dehaisnes, aujourd'hui archiviste du département, précédemment archiviste et bibliothécaire-adjoint de notre ville, a dressé un nouveau catalogue des manuscrits (1) destiné à être imprimé par les soins du gouvernement dans le *Catalogue général des manuscrits des bibliothèques publiques des départements*, dont il a paru quatre volumes (Paris, 1849-1872, in-8°) et où l'on remarque les

(1) Voir *Souvenirs de la Fl. wallonne*, VIII, p. 135.

catalogues de Saint-Omer, d'Arras et de Boulogne. Depuis la publication faite en 1846 par Duthillœul, notre bibliothèque s'est enrichie d'environ 250 numéros, grâce à l'initiative et au zèle incessant du bibliothécaire M. Estabel, grâce aussi à la bienveillance éclairée des administrations municipales qui se sont succédé.

Des acquisitions heureusement faites à la vente de M. le président Bigant (1) ont fait entrer à la bibliothèque des œuvres de Guilmot et de Plouvain, érudits et chercheurs douaisiens de la fin du dernier siècle et du commencement de celui-ci, et, ce qui est plus précieux encore, les travaux de Doutart, chanoine de Saint-Pierre, riches en copies et en analyses de titres de la seconde collégiale de notre ville; si l'on y ajoute deux ou trois copies faites par Guilmot et quinze chartes du XIIe siècle et du XIIIe fournies à Foppens par le chanoine Doutart (Le Mire et Foppens, *Opera diplomatica*, Bruxelles, 1734, in-f°, tome III), voilà tous les vestiges d'un riche fonds d'archives (2) !

Ayant découvert, dans le bâtiment municipal du Dauphin, des titres en grand nombre provenant de la bonne maison des Huit-Prêtres, M. Estabel en obtint le transfert à la bibliothèque, où ils forment plusieurs volumes, dont les deux premiers contiennent des documents curieux du XIIIe siècle, ainsi que du XIVe et du XVe.

Un règlement du 25 janvier 1861 (3) interdisait de

---

(1) *Catalogue des livres, manuscrits..... de M. Bigant*, Douai, 1860, in-8°.

(2) Voir le *Bulletin de la Commission hist. du départ.*, Lille, 1868, in-8°, X, p. 39.

(3) *Règlement pour le service de la bibliothèque publique et du cabinet des médailles de la ville de Douai*, Douai, 1861, broch. in-8°; articles XXV, XXVI et XXVII.

prendre des extraits ou des copies des manuscrits de la bibliothèque publique sans s'être soumis au système vexatoire des autorisations préalables et spéciales. Soutenu par nos collègues de la Société d'agriculture, des sciences et arts, nous avons réclamé contre le maintien de semblables entraves, condamnées partout ailleurs (1). Enfin, grâce à la haute intervention de Son Excellence M. Jules Simon, alors ministre de l'instruction publique (2), grâce à MM. Merlin et le docteur Maugin, maire et adjoint, et malgré les résistances de la commission spéciale de surveillance de la bibliothèque, pleine et entière satisfaction a été donnée à des « vœux légitimes » (3).

(1) *De quelques réformes à apporter dans le règlement de la bibliothèque communale de Douai,* Douai, 1872, broch. in-8o.

(2) Dépêches ministérielles du 26 septembre et du 23 novembre 1872.

(3) Lettre de M. le maire au président de la Société d'agr., sciences et arts du 14 mai 1873. — *Règlement pour le service de la bibliothèque publique et du cabinet des médailles de la ville de Douai,* Douai, 1873, broch. in-8.

ADDITIONS et CORRECTIONS.

Page 13, ligne 10, au lieu de : *XVIII° siècle.* Lisez : XVII° siècle.

Page 18, lignes 3 et 4, au lieu de : *pour suppôts.* Lisez : pour leurs suppôts.

P. 19, lignes avant-dernière et dernière, au lieu de : *vins vendus et « broquetés » (détaillés, débités à la « broque » ou au pot).* Lisez: vins vendus et *broquetés* (débités à la *broque* et vendus en détail).

P. 22, après la dernière ligne, ajoutez :

A Douai, Deçà l'eau, c'est-à-dire dans les paroisses de Saint-Amé et de Saint-Pierre, l'antique impôt sur la bière était, avons-nous dit, de 48 lots. Mais, en ce qui concerne spécialement la paroisse Saint-Pierre, avec ses anciens démembrements (les paroisses de Saint-Jacques ancienne, de Saint-Nicolas et de Notre-Dame), il faut certainement ajouter 6 lots qui appartenaient au chapitre. Le total de l'impôt sur la rive droite devait donc être de 54 lots, et il se divisait dans les proportions suivantes : à Saint-Pierre 1/9, au prévôt 1/9, au Gavenier 4/9, au châtelain 3/9.

P. 35, note 1, ligne 1, au lieu de : *septembre 1222.* Lisez : septembre 1422.

P. 38, ligne 11, au lieu de : *cbapitre.* Lisez : chapitre.

Id., ligne 26, au lieu de : Maire. Lisez : *Mairie*.

P. 43, lignes 4 et 15, au lieu de *francs-alleux*. Lisez : francs-alleus.

P. 44, ligne 1, au lieu de : *sergents de bailliage*. Lisez sergents du bailliage.

Id., ligne 10, au lieu de : *ses ayant-cause*. Lisez : ses ayants cause.

P. 45, ligne 24, au lieu de : *tenu en prairie*. Lisez : tenu en pairie.

P. 57, ligne 21, au lieu de : *qui donna*. Lisez : qui donne.

P. 61, ligne 5, au lieu de : *que l'on doive traité*. Lisez : que l'on doive traiter.

Id., ligne 25, au lieu de *défuut*. Lisez : défunt.

P. 62, ligne 3, au lieu de : *preuve l'ancienne affinité*. Lisez : preuve de l'ancienne affinité.

P. 64, ligne dernière, au lieu de : *Charebold, boutil'er*. Lisez : Clarebold, boutillier.

P. 66, ligne 24, au lieu de: *l'Anchin*. Lisez : l'abbaye d'Anchin.

P. 73, ligne 16, au lieu de: *Gèrard*. Lisez : Gérard.

P. 74, ligne 15, au lieu de : *alleux*. Lisez : alleus.

P. 76, avant-dernière ligne, au lieu de : *Belleforrière*. Lisez : Belleforière.

P. 79, ligne 7, au lieu de : *appelés pou*. Lisez : appelés pour.

P. 80, ligne 25, au lieu de : *le vicomté*. Lisez : la vicomté.

P. 85, ligne 11, au lieu de : *Euguerran*. Lisez : Enguerran.

P. 90, lignes 2 et 3, au lieu de : seigneurie de Saint-Amé, lisez : *seigneurie de Saint-Albin.*

P. 91, lignes 5, au lieu de : castellamus. Lisez : *castellanus.*

P. 92, ligne 18, au lieu de : Holdekini. Lisez : *Hodekini.*

P. 93, ligne 11, au lieu de : *qui nommés.* Lisez : qui sont nommés.

P. 99, lignes 3 et 20, au lieu de : *Hugue.* Lisez : Hugues.

P. 102, dernier mot, et p. 103, premier mot, au lieu de : *Saint-Amé.* Lisez : Saint-Vaast.

P. 106, ligne 4, au lieu de : *denx.* Lisez : deux.

P. 107, ligne 17, au lieu de : *sénéchal de Flandrel.* Lisez : sénéchal de Flandre.

P. 118, lignes 2 et 3, au lieu de : Saint-Aubain. Lisez : *Saint-Aubin.*

Id., ligne 7, au lieu de : *politiqnes.* Lisez : politiques.

P. 122, ligne 9, au lieu de : *fréres.* Lisez : frères.

Id., ligne avant-dernière, au lieu de : *sentiments.* Lisez : sentiments.

P. 123, ligne 2, au lieu de : *1816.* Lisez : 1216.

Id., ligne 6, au lieu de : *à prendre.* Lisez : à prendre.

P. 129, ligne 25, au lieu de *snr.* Lisez : sur.

P. 130, lignes 9 et 10, au lieu de : *emprunter.* Lisez : emprunta.

P. 139, ligne 20, au lieu de : *seignenrs.* Lisez : seigneurs.

P. 145, ligne 2, au lieu de : *censel.* Lisez : consel.

P. 148, ligne 8, au lieu de : *les prieus*. Lisez : le prieus.

P. 157, ligne 4, au lieu de : *écólatre*. Lisez : écolâtre.

Id., ligne 15, au lieu de *chåtelain*. Lisez : châtelaine.

P. 158, ligne 27, après : le 24 octobre 1338, à *Enguerrans*, sire *de Noevirele*. Ajoutez cette note :

En 1310, un certain « Engerrans de Meurchin, sires de Neuuiriele », tenait à « cense » les biens qu'avait à Vitry le chapitre de St-Amé (Cœuilloir des rentes de St-Amé, f° 98, aux archives départementales).

P. 161, avant-dernière ligne, au lieu de : *Le chåtelain II*. Lisez : Le châtelain Gilles II.

P. 163, ligne 14, au lieu de : *catel*. Lisez : Catel.

P. 167, ligne 13, au lieu de : *usuriers officiles*. Lisez : usuriers officiels.

Id., ligne 14, au lieu de : *ceutions*. Lisez : cautions.

P. 180, ligne 1, au lieu de : *Une mission*. Lisez : Une missive.

P. 191, ligne 1, au lieu de : *ces prédécesseurs*. Lisez : ses prédécesseurs.

P. 204, ligne 7, au lieu de : *acqnitté*. Lisez : acquitté.

Id., p. 11, au lieu de : *sollaient*. Lisez : solloient.

P. 206, ligne 20, au lieu de : *Famille*. Lisez : *Familles*.

P. 208, ligne 18, au lieu de : *Sachant tout que*. Lisez : Sachent tout que.

Id., avant-dernière ligne, au lieu de : *pour eskievins*. Lisez : par eskievins.

P. 212, ligne 8, au lieu de : *les serement*. Lisez : le serement.

P. 215, ligne 6, au lieu de : *s'instituer*. Lisez : s'intituler.

P. 216, ligne 19, au lieu de : *lontemps*. Lisez : longtemps.

P. 227, note 2, ligne 3, au lieu de : *dame, Michielle de Mailly*. Lisez : dame Michielle de Mailly.

P. 245, ligne 24, au lieu de : *états de services*. Lisez : états de service.

P. 254, ligne 4, au lieu de : *eu 1432*. Lisez : en 1432.

P. 262, ligne 3, au lieu de : *ou dernier*. Lisez : au dernier.

P. 267, ligne 9, au lieu de : *édissé*. Lisez : éclissé.

P. 268, ligne 2, au lieu de *flls*. Lisez : fils.

P. 281, ligne 6, au lieu de : *dénombrement*. Lisez : démembrement.

P. 283, ligne 2, ajoutez : La « grosse tour » de la Prévôté était encore debout au XVII° siècle, contre « le grand corps de logis », et son toit de tuiles fut entièrement refait au mois de mai 1620 (titres de l'hôtel de la Prévôté, communiqués par le propriétaire).

P. 289, ligne 4, au lieu de : *extra-judiciaires*. Lisez : extrajudiciaires.

P. 291, ligne 23, au lieu de : *doits*. Lisez : droits.

Id., ligne 25, au lieu de : *dûs*. Lisez : dus.

P. 293, ligne 12, au lieu de : *dûs*. Lisez : dus.

Id., ligne 13, au lieu de : *ayant-cause*. Lisez : ayants cause.

P. 301, lignes 27 et 28, au lieu de : *naviguable*. Lisez : navigable.

P. 307, note 1, ligne 1, au lieu de : *p. 100*. Lisez : p. 103.

P. 321, ligne 1, au lieu de : *témoins*. Lisez : témoin.

P. 330, ligne 13, au lieu de : *cens aunuel*. Lisez : cens annuel.

P. 333, ligne 3, après : Sur la fin de sa carrière. Ajoutez : en juin 1222.

P. 343, ligne 7, au lieu de : ij non Julii. Lisez : *ij non. Julii.*

P. 350, note 1, ligne 2, au lieu de : *queue fourchue*. Lisez : queue fourchée.

P. 359, ligne 20, au lieu de : *hoirs en ayants cause*. Lisez : hoirs ou ayants cause.

P. 365, ligne 3, au lieu de : *monseigueur*. Lisez : monseigneur.

P. 368, ligne 20, au lieu de : *croix patée*. Lisez : croix pattée.

P. 371, ligne 11, au lieu de : *extra-judiciaires*. Lisez : extrajudiciaires.

P. 383, ligne 4, au lieu de : *Cltons*. Lisez : Citons.

Id., ligne 5, au lieu de : *arrente viagèrement un ouvrier*. Lisez : arrente viagèrement à un ouvrier.

P. 389, note, ligne 2, au lieu de : *ils était*. Lisez : ils étaient.

P. 402, ligne 21, au lieu de : *grand grand nombre*. Lisez : grand nombre.

P. 418, ligne 11, au lieu de : *moulin de La Prairie*. Lisez moulin de la Prairie.

Id., lignes 19 et 20, au lieu de : « *procureur de dame marquise* ». Lisez : « procureur de ladite dame marquise ».

P. 420, note 1, ajoutez : Le moulin à eau, dont l'érection fut autorisée par les échevins en 1585 au profit du métier des tanneurs, est bien le moulin à Poudre : en 1638, le magistrat autorisa « l'erection d'ung molin à pouldre », sur l'emplacement de l'ancien moulin des tanneurs, brûlé durant le procès contre la ville et abandonné depuis 1590. (4ᵉ reg. aux Mémoires, f° 145.)

Ce moulin est donc de beaucoup le moins ancien de tous ceux de la ville dont l'existence est constatée bien avant le XIIᵉ ou le XIIIᵉ siècle. (Cf. Plouvain, *Souvenirs*, pages 673, 678 et 679. Celui que cet auteur appelle le moulin des Diales est le moulin à Poudre.)

P. 423, ligne 5, au lieu de (*162. — 1632*). Lisez : (1625—1632).

P. 428, ligne 14, au lieu de : *de Moncheanx*. Lisez : de Moncheaux.

Id., note 1, ligne 2, au lieu de : *distribulions*. Lisez : distributions.

P. 429, note 3, ligne 2, au lieu de *Bulll*. Lisez : Bulletin.

P. 431, ligne 6, au lieu de : *étaient dûs*. Lisez : étaient dus.

P. 437, note, ligne 1, au lieu de : Annales historic. Lisez : *Annales historici*.

P. 451, ligne 18, au lieu de : *ainsi que l'initiative*. Lisez : ainsi que de l'initiative.

Id., note 3, ajoutez : et sans préjudice aux lois actuelles.

P. 452, ligne avant-dernière, au lieu de : *la maison d'Antoing arrivé.* Lisez : la maison d'Antoing arrivée.

P. 454, ligne 1, au lieu de : *em ace.* Lisez : en face.

P. 460, ligne 14, au lieu de : *un rente.* Lisez : une rente.

P. 462, ligne 3, au lieu de : *hôtel de prévôté.* Lisez : hôtel de la prévôté.

P. 463, ligne 19, au lieu de : *droits dûs.* Lisez : droits dus.

P. 468, ligne 25, au lieu de : *par conséqnent.* Lisez : par conséquent.

Id., ligne dernière, au lieu de : *epoqne.* Lisez : époque.

P. 469, ligne 19, au lieu de : *un senl.* Lisez : un seul.

P. 471, lignes 2 et 3, au lieu de : *un chef chargé d'un lion issant ; l'écu timbré et supporté par deux chiens avec coliers.* Lisez: un chef d'hermines chargé d'un lion issant ; l'écu timbré, cimé d'un loup (?) naissant supportant une bannière, et supporté par deux lions.

P. 472, ligne 28, au lieu de : *dûs au seigneur.* Lisez : dus au seigneur.

P. 479, ligne 9, au lieu de : *les concession.* Lisez : les concessions.

P. 487, ligne 6, au lieu de : *déinduirement.* Lisez : de induirement.

P. 491, ligne 16, au lieu de : *siége el auditoire.* Lisez : *siége et auditoire.*

Id., ligne 20, au lieu de : *frais dûs.* Lisez : frais dus.

P. 493, ligne 7, au lieu de : *porqnerie.* Lisez : porquerie.

P. 493 note, ajoutez: Dans le compte du domaine de Douai et d'Orchies, de 1372-1373, rendu « à le renenghe à Gand » en 1373, on lit cet article de recette : « Doudit gavene, pour v⁶ doeux (d'œufs) xx s. ». (Arch. départ., Ch. des comptes, carton B 946, pièce 10597.)

P. 500, ligne 20, au lieu de : *demy*. Lisez : demi.

P. 504, note 2, lignes 1 et 6, au lieu de : *Près*. Lisez : Prés.

P. 506, note 1, ligne 7, au lieu de : *fut établie*. Lisez : fut rétablie.

P. 510, lignes 21 et 22, au lieu de : *d'Armuidon*. Lisez : d'Armuiden.

Id., ligne 24, au lieu de : *ayant-cause*. Lisez : ayant cause.

Id., note 2, ligne 2, au lieu de : *dûs*. Lisez : dus.

P. 511, ligne 22, au lieu de : *les sergent*. Lisez : le sergent.

P. 512, ligne 14, au lieu de ; *ayant-cause*. Lisez ; ayant cause.

P. 513, lignes 12, 13 et 14, au lieu de: « *La demoiselle du Mur* », jusque: *le sire d'Antoing, son frère*. Lisez : Un article de recette du compte du domaine de 1372-1373 porte : « De demiselle Marie de Melun, prevoste de Douay, à cause de le demis. du Mur, pour lieuwage de Riullay, tenu du seigneur de Potes, iiij d. douis. » (Arch. départ., Ch. des comptes, carton B 946, pièce n° 10 597.)

P. 514, ligne 5, après : supposée exacte en. Ajoutez : 1372 et.

Id., lignes avant-dernière et dernière, au lieu de : *persounes*. Lisez : personnes.

P. 516, ligne 7, au lieu de : *terroir*. Lisez : terrier.

P. 518, ligne dernière, au lieu de : custotiendum. Lisez : *custodiendum*.

P. 519, ligne 8, au lieu de : *Eu*. Lisez : En.

P. 527, note 1, ligne 1, au lieu de : *vol. 7*. Lisez : vol. 73.

P. 546, ligne 19, au lieu de : *du Rœulx*. Lisez : du Rœulx.

P. 554, ligne 20, au lieu de : *manoir seigneural*. Lisez : manoir seigneurial.

P. 559, ligne 5, au lieu de : *ruele con dist de le Paiiele*. Lisez : ruele con dist de le Praiiele.

P. 560, ligne 20, au lieu de : *Pierre de Donai*. Lisez : Pierre de Douai.

P. 561, ligne 21, au lieu de : *ès Près*. Lisez : ès Prés.

P. 563, après la ligne 16, ajoutez : (Cf. la rectification concernant la page 22 ; le total de l'impôt de la bière était, sur la rive droite, de 54 lots au brassin, dont le Gavenier prenait 4/9.)

P. 565, ligne 2, au lieu de : *Gavéne*. Lisez : Gavène.

P. 569, ligne 26, au lieu de : *chirographies*. Lisez : chirographes.

P. 573, ligne 25, au lieu de : *ayant-cause*. Lisez : ayant cause.

P. 595, ligne 4, au lieu de : *1550*. Lisez : 1549.

Id., ligne 14, au lieu de : *Pilippe*. Lisez : Philippe.

P. 602, lignes 23 à 31, et p. 603, lignes 1 et 2, et note 1 ; les remplacer par les lignes suivantes :

D'Egmont : Écartelé. Aux 1 et 4, parti ; chevronné d'or et

de gueules de douze pièces, qui est *d'Egmont* ; et d'argent à deux fasces bretessées et contre-bretessées de gueules, qui est *d'Arkel*. Aux 2 et 3, parti ; d'azur au lion contourné d'or, couronné, lampassé et armé d'argent, qui est *de Gueldre* ; et d'or au lion de sable, armé et lampassé d'argent, qui est *de Juliers*. Sur le tout, *de Luxembourg-Fiennes*, qui est : Ecartelé ; aux 1 et 4, d'argent au lion de gueules, couronné d'or et armé d'azur, la queue fourchée passée en sautoir, qui est *de Limbourg* ; aux 2 et 3, de gueules à une étoile de seize rais d'argent, qui est *des Baux*. (Maurice, *Le Blason des armoiries de tous les chevaliers de l'ordre de la Toison d'or*, La Haye, 1667, in-f°, pages 227, 327, 62 et 92.)

C'est ainsi que portaient le grand Lamoral d'Egmont et son fils Charles, mais Louis, comte d'Egmont, fils et petit-fils des précédents, délaissa la brisure de Luxembourg-Fiennes (*Limbourg* écartelé de *des Baux*), quoique son titre de prince de Gavre lui vint de cette maison-là, et porta : Ecartelé *d'Egmont* et *d'Arkel* ; sur le tout, parti *de Gueldre* et *de Juliers*. (Maurice, page 394.)

P. 608, ligne 2, au lieu de : (5). Lisez : (1).

Id., ligne 4, au lieu de : *frére*. Lisez : frère.

P. 617, note 3, ligne dernière, au lieu de : *ecntral*. Lisez : central.

P. 625, ligne 16, au lieu de : débités par *broque* ou mesure. Lisez : *débités à la* broque *et vendus au détail*.

P. 629, ligne 24, au lieu de : *qui a le partie*. Lisez : qui à le partie.

P. 633, ligne 20, au lieu de : *dénombrements*. Lisez : démembrements.

P. 631, après la ligne 11, ajoutez :

Selon l'historien de la collégiale de Saint-Pierre de Douai, le chanoine Doutart, qui écrivait vers 1735, MM. de Saint-Amé, quoique patrons de la paroisse Saint-Albin, n'y auraient pas eu le droit de *franquet* ; cependant on lit, dans les coutumes de Saint-Amé rédigées en 1507 : « Ont, en toutes brasseries estans en la paroisse de Saint-Albin en ladite ville, de chascun brassin, ung *tonnelet* de boire, nommé *francquet* » (Bouthors, *Coutumes locales*, Amiens, 1853, in-4, II, page 519).

Id., ligne 22, au lieu de : *de brassin*. Lisez : du brassin.

P. 644, remplacer la note 4 par celle-ci : Les Pourchel de Frémicourt, cadets de la maison de Douai et de la branche d'Auberchicourt, portaient : De sinople au chef d'hermines chargé d'un lion issant de gueules. (Cf. p. 471 et l'erratum ; et le Ms. 893 de la Bibl. com. de Douai, I, f° 262 v°.)

P. 663, ligne 19, au lieu de : Wagonis vila. Lisez : *Wagonis villa*.

P. 664, ligne 19, au lieu de : afforage au droit. Lisez : *afforage ou droit*.

P. 665, ligne 29, au lieu de : *dûs*. Lisez : dus.

P. 668, ligne 22, au lieu de : vocatur. Lisez : *vocatur*.

Id., note 1, ligne 2, au lieu de : *Près*. Lisez : Prés.

P. 688, ligne 22, au lieu de : *échévinage*. Lisez : échevinage.

P. 693, ligne 20, au lieu de : *chevanchée*. Lisez : chevauchée.

P. 700, ligne avant-dernière, au lieu de *pére*. Lisez : père.

P. 708, ligne 23, au lieu de Gossuinns. Lisez : *Gossuinus*.

P. 712, lignes 13 à 17, supprimez : *Le jour de Sainte Luce*..... (jusque) *Agnès, sa femme*. Supprimez aussi la note 2.

P. 713, ligne 13 : ajoutez : En 1283, « le lundi jour sainte Lucie el mois de decembre , » c'est-à-dire le 13 du mois, « mon segneur Gossuin de Saint-Aubin, chevalier, » est nommé le premier parmi les « homes lo roi », témoins d'un acte passé devant le prévôt de Péronne. (Son sceau manque ; archives départementales, fonds de l'abbaye de Vaucelles.)

P. 719, remplacer la note 1 par celle-ci : Sur la famille Pourchel de Frémicourt, issue des châtelains de Douai, branche d'Auberchicourt, qui, de la bourgeoisie douaisienne où elle était tombée au XIII⁰ siècle, se releva, au XIV⁰, jusqu'à l'ordre équestre, voir l'appendice du 4⁰ chapitre.

P. 723, ligne 3, au lieu de : *comparait*. Lisez : comparaît.

P. 751, ligne 6, au lieu de : diférentes. Lisez : *différentes*.

P. 754, ligne 3, au lieu de : 2. Lisez : 2⁰.

Id., ligne 16, au lieu de : *gateaux*. Lisez : gâteaux.

P. 755, ligne 24, au lieu de : *Erquerchin*. Lisez : Esquerchin.

P. 761, ligne 4, au lieu de : *jarbes en warats*. Lisez : jarbes ou waratz.

P. 763, ligne 5, au lieu de : *dressé on 1681, en mentionne*. Lisez : dressé en 1681, on mentionne.

P. 764, ligne 12, au lieu de: *les hommes*. Lisez : ses hommes.

P. 767, ligne 3, au lieu de : *seigneurss*. Lisez : seigneurs.

P. 776, ligne 3, au lieu de: *rôle de 1894*. Lisez: rôle de 1694.

P. 780, ligne 1, après : sinople, ajoutez : etc.

P. 810, ligne 15, au lieu de : *donaire*. Lisez : douaire.

P. 813, lignes 16 et 17, au lieu de: de Haugard. Lisez: *de Hangart*.

P. 820, ligne 10, au lieu de : *gentlihomme*. Lisez : gentilhomme.

P. 826, ligne 12, au lieu de : *fidèlité*. Lisez : fidélité.

P. 845, ligne 7, au lieu de : *La pape*. Lisez : Le pape.

P. 860, ligne 18, au lieu de : *Tournai*. Lisez : Tournai.

P. 867, ligne 8, au lieu de : *chrétienneté*. Lisez : chrétienté.

Id., ligne 9, au lieu de: *1263* Lisez : 1623.

P. 868, ligne 18, au lieu de : *quelque fois*. Lisez : quelquefois.

P. 871, ligne 11, au lieu de : *enue en cens*. Lisez : tenue en cens.

P. 872, ligne 3, au lieu de : *denx*. Lisez : deux.

P. 887, avant-dernière ligne, au lieu de *hazard*. Lisez : hasard.

REMARQUES ET GLOSSAIRE.

Abattis et arsin (Privilége d') au profit des villes sur les campagnes. — P. 15, 16.

Absolutisme et favoritisme; commencent avec le XIVe siècle; funestes aux vieilles maisons seigneuriales. — P. 154, 235 et note 2, 376-377, 720-721.

Affranchissement (Droit d') ou de franc-fief, payé en 1577 par un acquéreur non noble. — P. 270.

Aisance au XVe siècle. — Un gentilhomme possédait 500 francs de rente et sa femme avait eu une dot de 2000 livres : « au moyen de quoi il avoit largement revenue pour le vivre et entretenement de lui, sa femme et mesnaige honnourablement », y compris ses cinq jeunes enfants. (Lettres patentes de 1487.) — P. 224.

Almannus; en wallon: *Aumand* ou Amand. — Nom (prénom) d'homme en 1204. — P. 117.

Annexions de la Flandre wallonne à la France (Heureuses conséquences des). — P. 377-378, 684, 824.

Antoing (Rectifications importantes à la généalogie de la maison d'). — P. 348 à 362.

Aquaticum. — Voir: *Euwage*.

Armoiries. — Au milieu du XIIIe siècle, l'épouse portait encore les armoiries du mari (1269). — P. 134. — Un fils aîné brise, en 1268, d'une bande componée, au lieu du lambel, et en 1284, des armes de sa femme, en chef à dextre. — P. 137, 138, 141. — En 1215, un cadet porte plein, le chef de la maison étant encore jeune. — P. 554. — Variations dans les armoiries des familles, au commencement du XIII° siècle. — P. 335-336.

Armoyer (1304) ; peut-être *armiger*, écuyer. — P. 569.

Assault de maison. — Un individu banni de la ville, en 1429, pour ce crime, est élu maire en 1432. — P. 253, 254.

Auditeur : notaire. — P. 643, 875.

Aufour, Aufons : formes diverses du prénom Alphonse (1325). — P. 365.

Auguste (L.') *personne de Mgr le comte d'Artois*, choisie, en 1772, par le collége d'Anchin, comme « homme vivant et mourant », au décès duquel serait dû au domaine le droit de relief pour un fief amorti. Le prince (depuis le roi Charles X) avait alors quinze ans. — P. 247.

Aveu ou dénombrement, écrit sur papier au lieu de parchemin, refusé par le bureau des finances de Lille. — P. 887.

Bailli des eaux ou du châtelain de Douai. — P. 35, 510, 511.

Banneret (Chevalier), chef d'une bannière (1207, 1315, 1377). — Au XVIe siècle, on l'appelle chef d'une bande d'hommes d'armes ou d'une compagnie d'ordonnance, sorte de régiment de grosse cavalerie. — P. 118, 161-162, 373.

Bannier (Moulin) : moulin banal, jouissant du privilége de banalité. — P. 305, 448.

Banquets traditionnels à Douai. — Souper du châtelain, des échevins, etc., en la halle, au retour de certaines expéditions peu périlleuses (cf. *Entrepresures*); souper des cordonniers, la veille de la fête des saints Simon et Jude (27 octobre) ; dîner offert par le Gavenier, vers la Saint-Remy (1ᵉʳ octobre), au mayeur et aux échevins de certains villages d'Ostrevant ; souper de l'Euwage fait en la Vieille-Tour, à la Saint-Jean (24 juin). — P. 197-198, 210, 212, 494, 511. — Cf. *Pastus*.

Baptisier : spécifier. — « Lesquelz voiages icellui deffendeur se depportoit *baptisier*, pour raison de ce que par lesdits demandeurs judiciairement lui avoit esté confessé » (1460). — P. 616.

Base cambre (1260), *basses chambres* sur la rivière (1581) : latrines. — Il y a, à Douai, la rue des *Basses*. — P. 66, 200, 301, 873.

Bâtard de Flandre : en 1160, apparaît Thierry, fils du comte Thierry, de la maison d'Alsace-Lorraine. — P. 107.

Bâtard de Hainaut : en 1219, apparaît Robert, sire d'Aniche, présumé fils du comte Bauduin V. — P. 557 et note 2.

Baync. . En novembre 1324, le roi Charles le Bel séjournait *apud Baync*. . — P. 715.

Bénéfices ecclésiastiques appelés fiefs. — P. 74, 769.

Bière (Quotité de l'impôt sur la) à Douai, dans les premiers temps de la féodalité. — P. 22 et additions.

Bornes de cuivre imaginaires qui, dans Douai, auraient séparé le Royaume de l'Empire. — P. 659 et note.

Bougres : nom infâme donné par dérision aux hérétiques, au XIIIᵉ siècle. — P. 214, 216, 217-218.

Bourgeois et gentilhomme. — « Ce n'est pas chose répugnant d'estre *bourgeois et gentilhomme* » (sentence échevinale de Douai, en 1460). — P. 617.

Braiseres, braiserec, braserech, bracerel (Moulin); en latin : *molendinum braisarium*: moulin au brai. — P. 305, 336, 337, 368, 838, 842.

Briefs, briés; en latin : *brevia*. — Rente payable, dit le prince, *ad brevia nostri spicarii Duacensis* (1260, 1272), *ad brevia nostra de Duaco* (1263), « à nos *briés* » (1271) ; c'est-à-dire au domaine. — Littéralement, les *briefs* de l'*espier* de Douai étaient les comptes écrits *en bref* du domaine. — P. 481, 574, 623, 843. — Cf. *Espier*.

Bries mars : l'un des très-nombreux noms de la bière (1443). — P. 383.

Broke, broque, brocque : chantepleure, robinet. — P. 19 et additions, 21, 630, 631, 727, 793. — *Broke* s'entendait de quantité d'objets faisant saillie, ou en pointe. Ses acceptions les plus ordinaires étaient : poignard et chantepleure. — Au XIII° siècle, à Douai, on trouve une famille *Boinebroke*, c'est-à-dire : *bonne broque*.

Broqueté : débité à la *broque* et vendu au détail. — Vin vendu « soit à *broke*, soit en gros ». — P. 19 et additions, 20, 21, 625, 630, 631, 650-651, 723.

Cardinal (Le) Pierre de Douai (1212-1221), souvent confondu avec d'autres cardinaux, notamment avec le légat Pierre de Capoue. — P. 544, 545.

Casé. — Les *casés* des *casemens* d'Arleux ; possesseurs de fiefs privilégiés dudit lieu. — P. 638.

Castrum; quelquefois *castellum* : ville forte (XI° siècle et XII°). — P. 1, 6 et note 2, 7, 84, 281, 295, 305, 573, 662, 663.

Castrum : château, maison de campagne fortifiée (XIIIe siècle).—P. 273.

Censsel : cens, rente, redevance roturière. — Erection en fief de biens auparavant tenus en *censsel* (1433). — P. 187.

Cérémonial de l'hommage du prince d'Espinoy au comte de Saint-Pol. – P. 351.

Changements (Les) de nom, si fréquents au XIIIe siècle et au XIVe, sont un obstacle aux recherches généalogiques. — P. 565, 576.

Chartes, *lettres* et *instrumens* d'un seigneur, enfermés dans des *huges ou escrins* et mis en dépôt dans une collégiale (1356). — P. 375, 376.

Châtelain, synonyme de vicomte. — P. 4, 10, 206.

Châtelain royal, gouverneur, capitaine ou gardien de Douai, en 1302, confondu avec le châtelain féodal. — P. 151, 152, 153.

Châtellenie, *castellania, castellaria*.—L'office du châtelain ou vicomte (châtellenie) ne doit pas être confondu avec la châtellenie, territoire ou plat pays. — P. 1 à 10.

Chevaleresse : dame; femme d'un chevalier (1406). — P. 645.

Chimaie (1450) : cymaise. — Voir : *Roulle*.

Citoyen ; en latin : *civis ;* habitant d'une *cité* épiscopale. — Le *bourgeois* est l'habitant d'un *bourg* ou d'une ville ordinaire. — *Civis Attrebatensis* (1238) : citoyen de Cité-lez-Arras. — P. 4, 5, 125, 273, 275.

Clerc. — De « hautes dames » refusent au roi, en 1325, de se marier avec un prince ci-devant chanoine : « car elles ne voloient avoir mari qui eust esté *clerc* ». — P. 365.

Clerc : pouvant exciper des priviléges do « clergio ». — Mention de cette qualité était soigneusement faite sur le registre, lors de l'admission à la bourgeoisie de Douai. — P. 730, note 1.

Coiriau (1450) : carreau. — Voir : *Roulle.*

Com^{cy}.—Le 1er octobre (1313 ?), le comte de Flandre Robert III séjournait à Commercy. — P. 495, note 2.

Committimus (Privilége de). — P. 433.

Communale (Puissance). — Elle ne naît point au XIIIe siècle, époque où elle se manifeste plus clairement, grâce à la méthode nouvelle de conserver les actes publics et privés ; elle existait déjà dans les siècles précédents. — P. 129.

Commune la plus libre et la plus indépendante de toutes les libres communes du nord des Gaules, au XIIIe siècle : c'est Douai. — P. 45 et note 1.

Comtesse (La) de Flandre et la châtelaine de Douai, protectrices du métier des cordonniers. — P. 32, 33, 207, 208, 209.

Confiscation. — Elle n'existait pas dans la province de Lille, Douai et Orchies ou la Flandre wallonne. — P. 425.

Conflictus armorum ; guerre entre le comte de Flandre Charles le Bon et le régent de Hainaut, comte de Ribemont et d'Ostrevant en 1122 ; les chroniqueurs n'en ont pas parlé. — P. 102.

Conspiration des nobles wallons et flamands contre le gouvernement espagnol, en 1632. — P. 423, 427.

Coquina : la cuisine du prince à Douai. — En 1187, c'était un fief ; celui-ci paraît s'être bientôt appelé le fief de l'Eculier-le-Comte. — P. 771.

Cordewaniers (Les) ou cordonniers et les tanneurs de

Douai avaient un tribunal spécial avec douze échevins et un clerc, et exerçant la justice de *clains et respeux*. — P. 204 à 213.

Coterie : bien roturier. — Le prince n'avait pas le droit de transformer en fief une *coterie* dépendant d'une commune privilégiée; mais il pouvait changer un fief en *coterie*. — P. 285, note 1.

Cotier. — Littéralement les mots *vilains*, *roturiers*, *cotiers* désignent les cultivateurs et les laboureurs, nos pères nourriciers. — Par une anomalie révoltante, les mots *vilains* et *roturiers* ont été conservés dans notre langue, comme termes de mépris; mais n'oublions pas que la langue française a commencé à se fixer sous les derniers Valois, à l'une des époques les plus honteuses de notre histoire. — *Cotier*, en latin : *cotarius*, *coterius* : habitant d'une chaumière, en latin : *cota*, *cotagium*, *coteria*. — *Roturier*, en latin : *ruptuarius* : celui qui rompt (*rumpere*) ou laboure la terre, laboureur, cultivateur. — *Vilain*, en latin : *villanus* : habitant d'un village (*villa*), villageois, campagnard, paysan. — Au XII° siècle, ce que nous appelons aujourd'hui *ville* était désigné sous les noms de : *civitas*, cité, chef-lieu d'un diocèse, ville épiscopale ; *oppidum* ou *castrum*, ville forte ; le mot *villa* était alors réservé pour désigner une agglomération rurale.

Coup du roy. — En 1560, était roi des archers « de serment » de Douai, le bailli, « à cause de l'oiselet abattu du *coup du roy*. » — P. 411.

Coureur : corroyeur. — P. 210; cf. p. 207, note.

Courtau : présent offert par courtoisie. — En récompense, on donnera « quelque gracieu *courtau* » (1524). — P. 690.

Coussin (droit de). — En 1637, au lieu de : droit de chambellage. — P. 758 et note 1.

Coustre, coûtre; en latin : *custos* (1228) : sorte de sacristain ecclésiastique. — P. 559 et note 2, 560.

Croisé (Chevalier) dont le blason devrait figurer dans les galeries des croisades, à Versailles : Pierre de Douai, 1207-1208. — P. 543, note 2.

Croûtes (Les); en latin : *crypta* : cripte, église ou chapelle souterraine. — P. 49, 73, note.

Dame. — Au XVe siècle, la veuve d'un chevalier, quoique remariée à un écuyer ou même à un non noble, conservait la qualité de dame. — P. 227, note 2, 466, 467, 642, 643, note 4.

Damoiselle. — L'épouse d'un prince qui n'avait pas la dignité de chevalier était *damoiselle* et non *dame* (1325). — P. 365 et note 4.

Damoisellerie ou fief du *damoiseau* de Dorignies. — P. 812.

Déguerpir (Droit de l'évêque d'Arras de faire) du château de Vitry son maire héréditaire ou châtelain, pour s'y loger lui et sa suite. — P. 141.

Devise avec jeu de mots. — P. 276, note 2.

Domina : dame, qualité d'ordinaire réservée à l'épouse d'un chevalier; attribuée en 1175, par le chapitre de Saint-Pierre, à une bourgeoise de Douai. — P. 844-845. — Cf. *Nobilis mulier*.

Droits seigneuriaux tombés en roture. — P. 38, 39, 40, 126, 181, 182, 519, 563, 621 à 624, 802 à 808.

Ecole Saint-Amé à Douai; agrandie en 1260. — P. 132, 151.

Ecuyer (La qualité d') était encore réservée, au XV° siècle, à ceux qui suivaient la carrière des armes ; elle était indicative d'un grade militaire. — P. 464, 569, 576, 696.

Elisabeth ; en wallon : *Isabeau.* — P. 121-122, 564-567.

Embrunché : caché, dissimulé, déguisé. — Les Douaisiens allèrent à Vitry « armés et *embrunchés*, de nuyt » (1409). — P. 180.

Enquête (Aller à). — Dans les cas difficiles, les juges inférieurs *allaient à enquête* (prenaient conseil) auprès d'une juridiction supérieure. — En 1337, les échevins des cordonniers de Douai *allèrent à enquête* aux échevins de la ville qui donnèrent leur avis sur la difficulté : « *Dit fu et kierkiet dou sens de maistre*, rendu en plaine halle par eschievins de Douay ». — P. 208, 209.

Enseignes des chines : marques différentes portées par les cygnes d'une rivière, qui appartenaient à différents seigneurs. — P. 169, 177.

Entrepresure : emprise sur une juridiction. — Cérémonial usité à Douai pour aller réprimer les emprises contre la juridiction échevinale. — P. 15, 125, 179, 197, 198.

Escroweta ; en wallon : *escroete* ; quartier d'une ville (1228). — P. 659. — Vient de *escroe :* écrit, rôle ; parce qu'on inscrivait les noms des habitants de chaque quartier. — Dans la langue moderne on a conservé le mot *écrou.* — Cf. Henschel, *Glossarium* (de du Cange), III, p. 90, Paris, 1843, in-4, où le mot *escroweta*, changé en *escrowetus*, est donné par erreur comme synonyme du mot flamand *schoutet*, prévôt.

Espagne ou de Castille, branche de La Cerda (Rectifications importantes à la généalogie de la maison royale d') — P. 364 à 367.

Espier de Douai, *spicarium* ; XIII° siècle ; synonyme de domaine. — P. 481, 562, 567, 579. — Cf. *Briefs*.

Espinette, *rose ou joyau*, offert par le seigneur vicomtier, lors de la « ducasse » du village. — P. 48.

Establie. — En 1314, le châtelain sert le roi « en l'*establie* (garnison) de Douay ». — P. 156.

Etape des bois. — Voir : *Euwage*.

Etats (Les trois). « Selon l'universelle congracation des xpiens (chrétiens) et vraix filz de sainte église », il y a trois *estats* : l'église, la noblesse et l'*estat* « de labeur, marchandise et autres œuvres et opperations serviles et mecanicques » (1460). — P. 645-646.

Euwage (Droit d') ; en latin : *aquaticum* ; droit sur la navigation des bois. — Il assurait à la ville de Douai le privilège d'étape sur les bois qu'on pouvait exploiter par la Scarpe depuis Douai jusqu'à Saint-Amand. — P. 23, 26 à 31, 121 et note, 133, 172 et note, 190, 510 à 514, 558, 567, 573, 742, 836.

Exercitus et equitatura : l'ost et la chevauchée, dus à un seigneur par ses vassaux, hommes de fief ou hommes d'armes (1161). — L'Eculier-le-Comte doit au prince les écuelles et le sel de la table de celui-ci, quand il séjourne à Douai *sans ost et chevauchée*. — P. 693, 768, 770, 771, 775.

Familié du diable et hérétique brûlé à Cambrai vers 1460 : c'était un imposteur, qu'on appellerait maintenant un *spirite*. — P. 196.

Féodalité (La), au XVIe siècle comme au XVIIIe siècle, n'était plus guère que de la fiscalité. — P. 468-469.

Ferveur religieuse et monastique au XIe siècle et au XIIe, les puissants du monde, au déclin de leur vie, se retirant chez les fils de saint Benoît et de saint Augustin. — P. 63, 85, 312, 314, 334.

Fesusien : physicien, chirurgien. — Un chapelain de Saint-Amé de Douai, en 1375 *fesusien* de la comtesse de Flandre. — P. 166. — Il a été imprimé, par erreur, *ferusien*, à la p. 161 du *Suppl. au Glossaire de la langue romane* de Roquefort, Paris, 1820, in-8 ; on sait que ce *Supplément*, édité par Chasseriau, a été en grande partie formé avec les travaux du savant douaisien Guilmot.

Fidelis ; en wallon : *foiaule :* féal, vassal, homme de fief ou homme d'armes. — P. 565, 622, 825, 826, 843.

Fief *cotier* ou *rentier*, c'est-à-dire chargé d'une rente annuelle envers le suzerain. — P. 868.

Fief ou seigneurie.—Distinction à faire; c'est absurde de s'intituler, comme on l'a fait souvent : *seigneur d'un tel* (un nom d'individu, au lieu d'un nom de terre). — P. 215, 271-272, 782, 799.

Filet, fillet : petit cours d'eau. — P. 469, 814.

Firma terra (1212) ; terre de main ferme : terre roturière ou *cotière*, dont le possesseur était *censuarius*, c'est-à-dire devait cens ou rente. — P. 330.

Firmitas ; en wallon : *fremeté :* maison fortifiée. — En 1156, le comte de Flandre défend à un chevalier de fortifier une maison de campagne. — En 1181, le comte de Hainaut en détruit une dans un village d'Ostrevant. — P. 7, 105, 323. — Cf. p. 539.

Flancquet. — Voir : *Franquet.*

Flégard. — Voir : *Warechais.*

Fontenieux (1564): fontaines. — P. 738.

Forum, marché, confondu avec *furnum*, four. — *Johannes de Foro* (1230) souvent mal traduit : Jean du Four, au lieu de : Jean du Marché. — P. 283, 284, 470, 843, 844, 845.

Fourmenteresse (Mesure d'avoine). — La mesure ou rasière à froment ou à blé était plus petite que celle à l'avoine. — P. 263 à 266.

Franc-fief (Droit de), dû au *souverain* et non au *suzerain*. — P. 886.

Franquet (Droit de) : antique impôt sur la bière à Douai. — Le mot *franquet* paraît avoir servi à désigner, tout d'abord, certaine mesure usitée pour la bière et contenant un nombre variable de « lots vinerés » ou pots de vin : 6, 18 ou 24 pots, toujours des multiples de 6. Le *franquet* de 6 « lots » était la mesure ordinaire ; il y en avait un de 18 pots (triple *franquet*) et un autre de 24 pots (quadruple), qualifié en 1576 de *francquet entier*. — Il est question, en 1448, de « *tonniaulx* de cervoise appelez *francqués* ».—En la paroisse de St-Albin, MM. de St-Amé avaient, « de chascun brassin, ung *tonnelet* de boire, nommé *francquet* » (1507). — P. 292 et note 3, 383, 519, 631 et note 2, 632, 633, 634 et additions, 635, 644, 645, 649 à 656, 675, 717, 723. — On lit dans la coutume de Buissy-Baralle (1507) : « Que nuls ne mesure à mesure de grains, à *franquet* ne boisteaux, quil ne soient bon, juste et loyal ». (Bouthors, *Coutumes locales*, Amiens, 1853, in-4, II, p. 469.)

Frumaldus ; en wallon : *Froumault. —* Nom (prénom) d'homme en 1177. — P. 110, 322. — Cf. p. 151.

Garbe. — Voir : *Jarbe.*

Gavène, gavle, gave ; différentes significations. — A Douai, les rentes de *gavène* étaient des vestiges d'un antique impôt foncier. — P. 477 à 481, 491, 492, 522.

Gavenier de Douai : officier féodal, créé aux dépens du châtelain ou vicomte de la ville, et ayant, entre autres attributions, celle de percevoir les rentes domaniales de *gavène. —* Au XIII⁰ siècle, on l'appelait : *receptor spicarii Duacensis* ou receveur du domaine, et quelquefois : *spicarius ;* au XIV⁰ : *requelieres iretaules du gavène* ou receveur héréditaire. — P. 477 à 524, 562, 567, 574, 580.

Godault (en wallon), *Godeldis* (en latin) : nom de femme au XI⁰ siècle, comme : *Mahault, Mathildis.* — P. 87 et note 2.

Grand maistre (1524) : grand seigneur, homme puissant. — P. 690, ligne 6.

Groises, groiches, grouaches. — Jardin « remply de *groises* et autres immondices, qu'il conviendra de faire emporter à grands frais hors de la ville, veu qu'il y a au moins mil tombereaux à enlever » (1701). Ici, les *groises* provenaient des anciens remparts de Douai. — P. 434-435. — Cf. Vermesse, *Diction. du patois,* Douai, 1867, in-8°, p. 276.

Hambour : l'un des très-nombreux noms de la bière (1443). — P. 383.

Hamestoo : partie indéterminée d'un bateau servant au transport du bois. — P. 27, 28.

Hanotin (1434) : diminutif de Jean. — P. 792.

Hawit, Havis ; en latin : *Hawidis, Hauwidis ;* nom de femme en 1221, 1237, 1262. — P. 90, 122, 123, 125, 127, 128, 202.

Hérauts d'armes (Comment l'histoire est traitée par les). — P. 439 et note, 729, 734-735.

Hereditas, hereditagium : bien roturier ou « cotier » ; opposé à *fcodum*, fief.—P. 705, 843.

Homme d'armes, homme de fief et vassal étaient synonymes au XIIIe siècle. — P. 825.

Hospes : hôte, sujet, rentier ou redevable de rente ; expression supposant presque toujours l'existence d'une propriété bâtie et habitée. — P. 18, 75, 89, 554, 556, 680, 703, 706.

Huche : « Harnas de pesquerie non convenable, *huches*, tentes, nefz, bacqués » (1422). — P. 35.

Hygiène du XVIIe siècle en désaccord avec celle du XIXe. — P. 425 et note 2.

Impedimye (Maladie de) : épidémie ; et non : *impedivine*, comme on l'a imprimé plusieurs fois.— P. 194, 195 et note 1.

Induirement : délai, terme. — « Ils ont huit jours de *induirement* pour payer » (1512). — P. 487. — Dans les glossaires romans, on trouve : *induce*, délai.

Institutions du moyen âge. Leur variété infinie. — P. 47.

Invasion germanique de l'an 1107 ; vaillante et heureuse défense des Douaisiens. — P. 97, 98.

Jarbe, garbe : gerbe. — Droit de terrage « tel que trois bottes, *jarbes* ou warats de chacun cent ». — P. 216, 251, 252, 678, 761.

Jours d'ataux, par corruption de : *nataux* ; les quatre grandes fêtes de l'année. — P. 133, 681, 698.

Juge des exempts : juge spécial, commis à Douai par le roi, pour connaître des causes dans lesquelles étaient parties ceux qui, ayant interjeté appel des échevins, ne pouvaient être jugés par ceux-ci, tant qu'il n'avait pas été statué sur l'appel (1463). — P. 648.

Juridiction (La) au civil et au criminel appartenait aux échevins de Douai, dans la ville et la banlieue, à l'exclusion des possesseurs des fiefs y enclavés. — P. 33, 34, 409, 764, 767, 784, 812.

Justice : sergent ou huissier. — P. 24, 208, 211, 212, 281, 282, 289, 290, 307, 308, 363 et note 3, 389, 443 note 2, 477, 514, 517, 520 et note 2, 521, 664, 679, 683, 689, 730, 776, 784, 785, 808, 809, 810, 818.

Karltens : Français, sujets du Royaume ; expression employée par le chroniqueur Baudry de Cambrai, au XIe siècle, par opposition à celle de Lorrains : sujets de l'ancien royaume de Lorraine et alors sujets de l'Empire. — P. 47.

Laignes pour ardoir (1433) : bois à brûler. — P. 30. — Cf. *Mairien*.

Lapidea domus : palais du comte de Flandre à Bruges en 1087 ; hôtel du prévôt de Douai vers 1140. — Ces constructions en grès se distinguaient des maisons bourgeoises, qui presque toutes étaient alors bâties en bois. — P. 90, 283.

Maille du roi ; les filets autorisés pour la pêche dans la Scarpe devaient avoir « la maille qu'on soloit dire *la maille du roi* » (1369). — P. 14.

Mairien pour carpenter (1433): bois à bâtir. — P. 30. — Cf. *Laignes*.

Maisière et parroit de l'hôtel de ville de Gand, où était peint, semble-t-il, en 1369, le tarif du tonlieu de la Scarpe et de l'Escaut de 1271. — P. 26 et note 1.

Maître. — La qualité de *maître* commence à être usurpée, vers 1460, par des gens n'ayant point étudié « en clergie ». — P. 463, 638

Maîtresse nef: grand bateau. — P. 773.

Malle bergaigne : droit de préemption pour le châtelain de Lens. — P. 46 et note 1.

Martyr du XIe siècle Ramihrd *de Schercin* (d'Esquerchin), brûlé à Cambrai, en 1076, pour avoir combattu la simonie de l'Empire (d'Allemagne). — P. 71 et note 2.

Mauguier; en latin : *molendinarius*; possesseur de moulin ou de part de moulin. — P. 303.

Mausneria (1222); en wallon : *mauguerie* : part de propriété dans un moulin. — P. 333.

Més; en latin : *mansum* ou *mansus*: manoir seigneurial. — Avant la fondation de la ville forte (*castrum*, fin du IXe siècle), un *més* existait à Douai sur l'emplacement du Théâtre actuel et des propriétés voisines. — P. 453 et note 3.

Messagé : employé dans le sens de sergent, huissier ou *justice* (voir ce mot). — « S'il a semont, par lui u par sen *message*, de ses justichaules ». (XIIIe siècle). — P. 208.

Messier (Sergent): sorte de garde champêtre. — P. 216 et note 1, 252 et note 1.

Modération des droits seigneuriaux. — En 1665, il n'y

avait pas « de seigneur particulier » qui ne fît *modération d'un tiers ou d'un quart de pareils droits* (demande en modération de droits dus au domaine). — Dans la Flandre wallonne, le droit sur la vente d'un fief était de 10 %; il était de 20 % en Artois, c'est-à-dire du *quint* ou du cinquième du prix; droit énorme, — P. 259; cf. p. 7 note 2.

Mœurs relachées sous le duc Philippe le Bon et le roi Louis XV. — P. 461, 609 à 612.

Monnaie douisienne. — Voir : *Tabulæ*.

Montée : réserve d'eau dont le niveau est plus élevé que celui de la rivière. — Bail de la pêche sur la Scarpe (1387), « jusques au Riuscot qui va de le *montée* en le riviere, liquelle *montée* est comprise ou fait de ledite cense ». — P. 169.

Mouth., abrégé de *mouthuragium*, signifiant brai. — En 1187, le comte avait à Douai un revenu de 80 muids de *mouth* (*Preuves*, n° 1187). En 1230, il possédait encore une rente de 60 muids de brai sur le moulin au Brai; il l'inféoda cette année-là. — En 1187, la rasière de *mouth.* ou de brai valait 1 sol 2 deniers, celle d'avoine 1 sol 4 deniers et celle de blé 4 sols 8 deniers. — P. 504, 842, 843.

Mouvance féodale. — Confusions, anomalies. — P. 62, 126, 338-339, 459, 765.

Muiage (et non *minage*). — P. 19 note.

Mulot. — Voir : *Ponchon*.

Nain et naine; gens de la domesticité seigneuriale en 1598. — P. 418.

Navelée (1450) : probablement un diminutif de *navée*, charge d'un bateau. — Voir : *Roulle*.

— 931 —

Nef escarpoise : bateau de dimension fixée, destiné à naviguer sur la Scarpe et non ailleurs.— P. 193 et note 2, 521.

Nobilis mulier: noble femme ; qualité attribuée, vers 1175, par le pape, à une bourgeoise de Douai. — P. 845. — Cf. **Domina**.

Noblesse (Rôle ou état de la) de la Flandre wallonne en 1476. — P. 466 et note 3. .

Noblesse française (Titres et qualités de la) au XVIIIᵉ siècle. — Confusions et incertitudes. — P. 442 à 450, 746.

Oreillet : anse d'un pot. Terme de blason. — P. 581.

Ostrevant (Question litigieuse des limites du comté d').— A l'origine, il mouvait du Royaume et non de l'Empire : c'est au XVₑ siècle que le roi laissa se perdre l'hommage d'Ostrevant. — P. 156.

Ouwlée, oublé ou *oubli :* sorte de gâteau appelé aussi *miche.* — Redevance de « six *ouwlées, oublez* ou *oublis* de trois parts ou coupes de pur froment blanc. » —P. 754.

Pairies : seigneuries privilégiées, égales entre elles et mouvant directement d'un comté, d'une châtellenie, etc.— A Douai, il n'y avait point de pairies proprement dites. — P. 859.

Pastus : repas; en wallon : *past.* — Procès en 1221, *pro quodam pastu*, réclamé au chapitre St-Amé de Douai, à cause du moulin Tauvoie, par le prévôt de la ville. — P. 332-333. — Cf. **Banquets**.

Picavet : fagot. — « Raismes, fascheaux, *picavets* ou autres sortes de laignes ». — P. 28.

Piedsente : sentier pour les piétons. — P. 814. — Cf. **Sente**.

Pinocq (Vin de). — En 1470, à Douai, « Poitau, Paris et *Pinocq* » valaient 4 sols 6 deniers « le lot » ou la mesure. — P. 627.

Pires ou warescaix : chemins pierrés et chemins verts. —P. 294. — Voir : *Warechais.* — Cf. p. 723.

Ponchon, poinchon : pièce (de vin). — « Pièce ou *poinchon* de vin de cent lots » (1583). — « Queue, *ponchon* ou mulot » de vin (1472). — P. 20, 626, 630.

Posté (Justice de) à Douai (du latin : *potestas*), « pour mettre à execucion tous clains et respeux avec les sentences civyles » des échevins (1524). — P. 736.

Pourveanche : provision. — Garantie du vendeur envers son acheteur, à raison « de douaire ou de *pourveanche* » de la part de sa femme (1284). — P. 139.

Prénom (Ce que nous appelons) était, au XIIe siècle et précédemment, le nom véritable, qu'on faisait suivre d'un surnom (le nom de famille actuel). — P. 99, 101.

Prepositus, prévôt. — Nombreuses et différentes significations de ce mot au moyen âge. — P. 279, 280.

Preuves de noblesse. — Comment on les faisait en 1435. — P. 464.

Prévôt de la ville de Douai. — Les attributions nombreuses et diverses de cet officier féodal, créé aux dépens du châtelain ou vicomte de la ville, ne ressemblent en aucune façon aux fonctions des autres prévôts. — P. 280.

Prévôts de Saint-Amé de Douai. — Regnier (*Rainerus*), vers 1090, ainsi que son prédécesseur Roger doivent être ajoutés sur la liste. — P. 66, 75.

Prévôts de Saint-Pierre de Lille. — Wautier, en 1111,

et Roger, en 1116, semblent devoir être ajoutés sur la liste. — P. 85, 316, 317.

Prisonniers criminels de l'échevinage de Douai. — Comment ils doivent être mis, à la Vieille tour, « en prison fermée, en fers, en buie, en cep ou en carcan » (1369). — P. 16, 17, 289 note 2.

Prisonniers pour dettes à Douai Garde des). — Elle incombait, selon les cas, au prévôt, au seigneur de Saint-Albin, au possesseur du fief des cordonniers, etc., feudataires ayant une justice de *clains et respeux*. — P. 17, 211, 289, 290, 515, 516, 518, 664.

Prix du blé. — En 1187, la rasière (correspondant à l'hectolitre, à peu de chose près) valait 4 sols 8 deniers. — P. 504.

Provende : prébende, gages ; du latin : *proventus*. — Quand il sert le prince à Douai, l'Eculier-le-Comte a *provende* « aussi suffisante qu'un chevalier » dudit prince. — P. 770.

Puestic, puestis, postis: petite porte, porte pour les piétons. — Réserve d'une porte charretière, « por aler et por venir à karete u autrement », et d'un *puestic* « por aler et por venir » (1260). — P. 132.

Pulchrum mansum ou *pulchrus mansus ;* en wallon : *biau mes* (beau manoir). — En 1161 : *S(ignum) Hugonis, castellani de Pulchro Manso* ; c'est-à-dire: Hugues de Beaumes, châtelain de Bapaume. — P. 107.

Quarantaine (1452) ; en latin : *quarentena* (1260) : fraction d'une mesure de terre. — « Neuf rasières deux coupes une *quarantaine* » (1451). — La rasière se divise en 16 *quareaux*. — P. 132, 757, 758.

— 934 —

Quaregnon : fraction de la rasière, mesure des grains. — 19 rasières une coupe et demie et un *quaregnon* d'avoine (1301). — P. 806.

Quarel, quareau : fraction de la mesure des grains. — « xvj rasieres demi *quarel* » d'avoine (1473). — P. 265, 266.

Quarte : mesure pour le vin et aussi pour le sel. — « Querque de une nef de sel, portant 28 *quartes*, mesure du pays, qui est querque commune pour une nef » (1436). — P. 193.

Renenghe de Flandre : vérification générale des comptes des différents domaines. — Un très-important fragment du compte de la *renenghe* de l'an 1187 est conservé aux archives départementales à Lille. — P. 480 et note 1, 488, 489, 504, 505, 526, 527, 530 note, 829, 884.

Reneurs (Hauts) de Flandre : membres de la chambre des Renenghes. — *Reneurs*, en latin : *ratiocinatores*, calculateurs, vérificateurs de comptes. — P. 480 et note 1, 481.

Requelieres iretaules : receveur héréditaire. — P. 496, 524, 580.

Respeux (Justice de *clains* et) ; *clamare et respondere*. Basse justice d'une nature particulière. — P. 206, 209, 210, 211, 281, 288, 289, 292, 370, 371, 378, 515, 516, 518, 574, 664, 665, 666, 671, 672, 718, 736, 746, 755, 782, 783, 808, 809, 831.

Restitutio per figuram. — Cérémonie du « rétablissement par figure » d'un prisonnier litigieux mort durant l'instance (1315). — P. 159.

Retines : petits rets, filets. — P. 774.

Reusse, Roeusse ou *Ruesselle :* prénom de femme au XIV° siècle et au XV°. — P. 170, 460 et note 2, 501, 525, 837.

Rex, comes, castellanus : roi, comte, châtelain ou vicomte de ville. — Hiérarchie au XI° siècle et au XII°. — P. 11, 69.

Roeusse. — Voir : *Reusse.*

Roture (Conversions de fief en) obtenues comme une faveur du prince. — P. 623, 843, 844.

Roturier. — Voir : *Cotier.*

Rouillie : digue. — Il y avait, le long de la Scarpe, « *rouillies* et empechemens de quesnes et de halos, conquiés de plat l'un sur l'autre », qui gênaient la navigation (1450). — P. 197-198.

Roulle : bloc de grès. — Douze « *navelées* de *roulle* et moillons » provenant « du demolissement de certains pans de mur » de la Vieille-Tour. « Plus ung monch de autres pierres de plusieurs fachons, si comme seulles, listeaux, corbeaux, *chimates, coirtaux* et aultres parties venant desdits murs » (1450). — P. 194.

Ruesselle. — Voir: *Reusse.*

Saint-Jaugon (Vin de). — En 1470, à Douai, « Beaune Rin, comme *Saint Jaugon* » valaient 5 sols 6 deniers « le lot » ou la mesure. — P. 627.

Saint-Jehan (Vin de). — « Tonneaux de vin de *Saint Jehan* », achetés « ou pays de Flandres » et vendus à Douai en 1352. — P. 620.

Sang et larron. — La pendaison du voleur était dans les attributions de la justice vicomtière.—P. 125, 159, 273.

Scabini et judices. — Les échevins de Ghyvelde, village du canton d'Hondschoote, sont témoins d'un acte de l'an 1076. — P. 66.

Scabini et legitimi viri. — Les échevins de Douai sont cités dans une charte de l'an 1120. — P. 100.

Sceau du père servant au fils. — P. 581-582, 701-702.

Sceaux (Examen et comparaison des), afin de distinguer, dans la série des seigneurs, le père, le fils, le petit-fils, etc., qui, au XIIIe siècle, se transmettent d'ordinaire le prénom avec la terre. — P. 348, 580-582, 701.

Sceaux équestres, plus communs au XIIe siècle et au XIIIe, qu'au XIVe, où seuls les grands seigneurs continuent de s'en servir. — P. 117, 154, 170, 334, 339, 557.

Seigneur. — La possession d'un fief quelconque ne donnait pas le droit de se qualifier seigneur. — Abus du mot seigneur au XVIIe siècle et au XVIIIe. — P. 232, 233, 267, 272.

Seniores : seigneurs, pairs ou principaux feudataires d'une châtellenie, d'un comté etc. (1092). — P. 80.

Sens de maître : avis du supérieur. — Voir : Enquête.

Sente (1452); une *sente* : sentier. — P. 756. — Cf. *Piedsente.*

Séparation de la Flandre wallonne d'avec la France en 1369 (Conséquenses fâcheuses de la). — P. 377-378.

Sergent *à verge* ou *vergue* : sergent des échevins de Douai; huissier. — Les sergents du bailli ou agents de police s'appelaient sergents *à masse.* — P. 102, 103, 389, 511.

Servitium : le service féodal par excellence, c'est-à-dire le service militaire. — Fief créé par le prince et affranchi du service. — P. 37, 568, 623, 842, 844.

Sira (dame, baronne) d'Escornaix (1591). — P. 597.

Soldoier : homme d'armes.—En 1325, un chanoine devient *soldoier* et bientôt après chevalier. — P. 365.

Somme pour une fois (1661) : capital ; opposé à revenu. — P. 235.

Sourquis : dépouillé, épuisé. — Ordonnance « afin que li dite riviere et yaues ne soient *sourquises* ne pesquiés desraisonnablement » (1387). — P. 169. — On trouve dans les glossaires : *surquérir*, interroger avec indiscrétion.

Spicarium. — Voir: *Espier*.

Spicarius : receveur de l'Espier (*spicarium*, domaine) de Douai (1272). — P. 574.

Tabulæ Duacenses (1207) : *tables* de la monnaie de Douai ; recette du profit de cette monnaie. — P. 489, 536, 537.

Terrageur (1475, 1646) : sorte de garde champêtre établi pour la perception d'un droit de terrage. — P. 760.

Thiois : Flamands flamingants. — Langue *thioise*, par opposition à la langue *romane*, *wallonne* ou française. — P. 65, 68, 78, 89, 94-95.

Tiercheron : fraction de la mesure de capacité pour le blé. — 37 rasières, une coupe et un *tiercheron* de blé (1410). — P. 182.

Tourillage, tourelaige (Droit de) : impôt sur les tourelles de brasseur servant à « touriller » les grains.— P. 137, 293, 383, 675.

Tourtel : galette.—Redevance des bourgeois de Douai envers le châtelain (1338). — P. 158.

Transitus sancti Amati : mort de saint Amé. — On la célèbre le 13 septembre ; au XI° siècle, on la mettait peut-être au 12 septembre. — P. 65 et note.

Trespas : passage. — Les biens de l'abbaye d'Anchin passant : « par le *trespas* d'Escarpel, et par ewe et par terre », sont exempts de tonlieu ou vinage (1231). — P. 338.

Trève de Dieu, instituée par les évêques du Royaume (de France) au XI° siècle ; non acceptée dans l'Empire (d'Allemagne). — P. 60.

Troncq de foulon : cuve. — De chaque *troncq* le prévôt de Douai a par an 2 deniers, et cinq du *maistre troncq*. — P. 293. — Cf. p. 673.

Tuteur *honoraire* et tuteur *onéraire* d'un seigneur (1751) : le premier était un proche parent qui n'avait que l'*honneur* de la tutelle ; le second, un homme de loi qui en avait la charge, *onus*. — P. 446.

Ulmus : orme. — En 1162 : S(*ignum*) *Hugonis de Ulmo* ; c'est-à-dire : Hugues de *Lomme* (village de l'arrond. de Lille). — P. 108.

Verge de *merlier* (néflier) : attributs des quatre sergents du châtelain de Douai (1422), pour les distinguer des sergents des échevins qui portaient « verghe blanche ». — P. 24, 29, 35. — Cf. p. 512 : sergent des eaux.

Vicomte (Le) ou châtelain de Gand est « héritablement » chef des troupes fournies par les communes flamandes (1436). — P. 385 et note 5.

Vicomte d'une ville ou châtelain, différent du seigneur *vicomtier* d'un village. — P. 48.

Vicomtière (Justice). — Elle était spéciale à la Flandre wallonne et à l'Artois. — En France et aussi en Hainaut, la justice se divisait en haute, moyenne et basse; à la haute justice appartenait de « pendre, bouillir, ardoir, enfouir, couper membres », etc., sauf les cas royaux, tels que crime de lèse-majesté et autres ; à la moyenne justice, de prononcer certaines amendes ; à la justice basse ou foncière, de connaître des rentes et redevances, de bailler la saisine ou mettre en possession, etc. — En Artois et dans la Flandre wallonne, la justice moyenne, dite *vicomtière*, participait de la haute et de la moyenne justice : le seigneur *vicomtier* punissait les larrons par la corde et avait droit à une justice patibulaire de deux piliers (celle à trois piliers étant réservée au haut justicier). — En France et en Hainaut, le seigneur d'un village avait ordinairement la haute justice ; dans la Flandre wallonne et l'Artois, il ne possédait que la justice vicomtière et exceptionnellement la haute justice.

Viculus : étroite rue ou ruelle (1140); diminutif de *vicus* : rue. — P. 283.

Vicus : rue ou chemin (1219). — P. 704.

Vignobles de Montigny en Ostrevant, près de Douai, au XVIe siècle. — P. 624.

Vilain. — Voir : *Cotier*.

Vin (Edits ou règlements sur le) à Douai, au XVe siècle. — P. 627.

Vin estimé, en 1570, à Douai : 6 patards, 10 gros, etc., le lot. — P. 739.

Vineré (Lot ou pot) : mesure au vin, plus petite que celle à la bière. — P. 621, 631, 632, 633, 675.

Vins *de gardin*, « creuz » à Douai. — Exempts de l'« assis » ou octroi de 1406. — P. 645.

Waghe : pelle de brasseur. — Deux *waghes* figurent sur le sceau d'un brasseur en 1502. — P. 256.

Warat. — Voir : *Jarbe*.

Warechais, waresquaix, warescaix, flégard : petit chemin, chemin vert, ruelle peu ou point habitée, impasse, etc. — Le châtelain de Douai a la garde des « *waresquais*, pires, pasturages et chemins ». - Parcelle de terrain apresent waghue et tournée à *flegard* » (1568). — P. 13, 15, 35, 48, 161, 189, 190, 191, 217, 294, 296, 298, 431, 674, 682, 684, 724, 866, 871, 873.

TABLE DES NOMS DE FIEFS & DE FAMILLES [1]

Abbeville (d'). 388.
Ablaing (d'). 229, 230, 407, 617, 613, 733, 750, 772, 860.
Acheul (sgrie d'). 394.
Acq (sgrie d'). 245, 246, 467, 840.
Acquart. 270.
Aerschot (duché d'). 424, 596, 598, 599, 602, 747.
Agnez-lez-Aubigny (sgrie d'). 464, 840.
Agny (sgrie d'). 814 note 1, 820 et note 1.
Aigremont (d'). 326, 529, 545, 548, 745 et note 2.
Ailly-sur-Somme (sgrie d'). 359, 360, 376, 378.
Ailly (maison d'). 350.
Aimeries (sgrie d'). Voir : Aymeries.
Aire (château et châtellenie d'). 81, 112, 114, 384, 533, 851.
Aire (châtellenie ou vicomté d'). 850, 851.
Aire (d'). 8?, 94, 110, 115, 532, 533.
Aisseville (baronnie d'). 840.
Aix en Pèvele (sgrie d'). 303.
Albe (duché d'). 414, 595, 596, 603, 861, 862.
Albgrac de Laughac. 452. — Cf. Allire.

Albret (duché pairie d'). 440.
Albret (maison d'). 595.
Alckmaer (sgrie d'). 608.
Alençon (duché d'). 415, 416, 417, 595, 596, 597.
Alhagen. 236.
Allard. 447.
Allemagne (empire d'). 9, 37 note 3, 46, 47, 59, 60, 72, 82, 96, 97, 229, 232, 234, 325, 396, 397, 408, 447, 496, 521 note, 579, 592, 593, 602, 659, 686, 728, 820, 849.
Allemaigne (d'). 753.
Allire de Lengheac. 446. Cf. Albgrac.
Alloes (d'). Voir : Arleux.
Alluange (sgrie d'). 841.
Allues (d'). Voir : Arleux.
Aloienne (sgrie d'). Voir : Alluange.
Alost (comté d'). 371, 593.
Amblise (principauté d'). 432.
Amerin (d'). 701.
Amiens (vidamie d'). 359, 361.
Ammelant (sgrie de l'île d'). 600.
Andinfer (sgrie d'). 600.
Angleterre (royaume d'). 49, 63 et notes 3 et 4, 64 et note, 89, 115, 189, 375, 385, 396, 432, 513, 593, 600, 826.

(1) L'astérisque indique les renseignements héraldiques.

Angoulême (comté d'). 367, 585.
Aniche (dîme d'). 323.
Aniche (sgrie d'). 557.
Anjou (duché d'). 416, 597.
Anserœuil (sgrie d'). 233.
Anstaing (d'). 118.
Antoing (sgrie et baronnie d'). 177, 226, 242, 243, 335, 336, 342, 344 à 370, 372 à 379, 381, 383 à 392, 394, 395, 397, 419, 420, 422, 429, 430 à 438, 453, 454, 466, 467, 470, 513, 584 à 588, 616, 719, 847, 849.
Antoing (maison d'). 206, 240, 328, 333, 335, 336, 337, 338*, 339, 343, 344*, 345, 346* et note 1, 347* et note 2, 348*, 349*, 350* et note, 351* et note 2, 352 à 355, 356* note 1, 357, 358*, 359, 360*, 361, 362*, 363 à 367, 368*, 369, 370, 371, 422, 452, 585, 718.
Aoust (d'). Voir : Daoust.
Aparisis. 251, 256, 257* à 259, 267, 269, 270, 271, 597, 619, 750.
Arbre (d'). 115, 546.
Arckel (sgrie d'). Voir : Arkel.
Ardres (baronnie d'). 373.
Ardres (d'). 65.
Arenberg (comté et duché d'). 424, 438, 509, 597, 603, 665, 729, 741, 747, 748, 749.
Arenberg (maison d'). 423, 424, 426, 597, 598-599, 602, 603, 608, 665, 682 note 1, 748*, 749.
Arkel (sgrie d'). 600, 606.

Arkel (d'). 602 et additions*.
Arleux (Casemenls d'). 638, 639.
Arleux (mairie d'). 639.
Arleux en Cambrésis (sgrie et château d'). 60, 415, 639.
Arleux (d'). 111, 552, 638.
Armentières (sgrie d'). 227 note 2, 600, 601.
Armentières (d'). 545.
Armuyden (vicomté d'). 510, 604, 742 à 745, 908.
Arnelles (d'). 548.
Arras (avouerie d'). 58, 64, 103, 104, 109, 110, 111, 345, 353, 358, 361.
Arras (châtellenie ou vicomté d'). 103, 104, 111, 119.
Arras (cour féodale du Temple d'). 636.
Arras (Gavène d'). 104. — Cf. Beaumez (Gavle de).
Arras (maison des châtelains d'). 119*, 120*.
Arras (d'). 64, 103, 109, 110, 190, 322, 528, 696, 698, 763, 782, 789, 803 et note 3.
Arschot (duché d'). Voir : Aerschot.
Artois (comté d'). 7 note 2, 39, 40, 77, 82, 112, 113, 114, 152, 154, 166, 179 et note 2, 180, 247, 332, 347, 349, 350, 405, 414, 429, 437, 483, 485, 522, 549, 591, 592, 598, 658, 659, 688, 692, 710, 714, 727, 728, 749, 874, 885.
Artois (maison princière d'). 370.

Artus. 502.
Aschach? (d'). 91.
Ascq (sgrie d'). Voir : Acq.
Asperach ou Hasprach (alleu à). 76.
Assenaing (sgrie d'.) 347.
Asset. 276.
Assignies (d'). 234, 236 et note 3, 469, 470.
Athies (d'). 698 et note 2.
Attorf (d'). 229.
Aubencheul (d'). 328, 329, 552.
Auberchicourt (rente à). 695.
Auberchicourt (sgrie d'). 215 note 1, 638.
Auberchicourt (d'). 321. 638.
Auberchicourt (Cretin d'). 702 et note, 703 et note 1.
Auberchicourt (de Douai dit d'). 106, 115, 121, 123, 131, 138, 525, 546, 557, 558, 565, 566, 644 additions, 719 note 1 additions.
Aubermont (d'). 761.
Aubi (d'). Voir : Auby.
Aubigny-au-Bac (sgrie d'). 642.
Aubigny-en-Artois (baronnies d'). 55, 77, 80, 81, 82, 89, 103, 600.
Aubigny (d'). 80, 84, 86 note, 89.
Auby (fiefs à). 524, 525, 526, 861.
Auby (sgrie d'). 265, 471, 472, 642, 686, 691, 693, 694, 695, 697, 802, 804, 805, 811, 830, 832, 848, 849, 851, 860 et note 3.
Auby en partie (sgries d'). 643, 645, 649, 650, 651, 800.
Auby (d'). 119, 123, 127, 221, 247, 502, 705, 710, 765*, 802*, 803, 804*, 805 à 808, 811 note 4, 873.
Auby (de Douai dit d'). 139, 142, 524, 525, 787 note 2.
Auby (de Saint-Aubin dit d'). 109, 693 à 696.
Auchel (alleu à). 55, 77, 89.
Auchel (fief d'). 239.
Auchy lez-La Bassée (dîme à). 503.
Auchy (d'). 142.
Audefroy. 123, 206, 210, 211, 220, 453, 729 à 734, 752, 763 et note 4, 893.
Audenarde (d'). 91, 116, 547.
Audregnies (d'). 583.
Aumale (duché d'). 422.
Aussy (sgrie d'). 374.
Autriche (duché et archiduché d'). 386-387, 592, 849, 869.
Autriche (maison d'). 229, 483, 595, 596, 651, 735, 830, 849.
Auvergne (dauphiné d'). 375.
Auvergne (sénéchaussée d'). 446.
Auxy-le-Château (sgrie d'). 604.
Avelin (d'). 118, 545 note 2.
Avesnes (baronnie d'). 104, 110, 527-528, 547.
Avesnes (maison des sires ou barons d'). 100, 104, 143*, 147 en note, 334, 532, 547, 566.
Aveskercque (fief d'). Voir : Havesquerque.

Avion (d'). 221.
Ayette (sgrie d'). 650, 651.
Aymeries (sgrie d'). 147 note, 411, 412, 417, 419.
Bacheler. 581.
Baiencourt (sgrie de Frémicourt à). Voir : Bancourt.
Baillelet (sgrie de). 734.
Bailleul (baronnie de). 143.
Bailleul (de). 103, 104, 115, 143, 528, 532, 693, 763.
Bailleul - sire - Bertoul (sgrie de). 464.
Baillieux (de). Voir : Bailloeul.
Bailloeul (sgrie de). 402, 411.
Bailloeul (de). 712 et note 1, 873, 874.
Baillon. 761.
Ballenghien. 619-620.
Ballet. 239.
Bancourt (sgrie de Frémicourt à). 641.
Bapaume (château et châtellenie de). 105, 112, 640.
Bapaume (châtellenie ou vicomté de). 104, 107, 120, 121, 383, 386, 420, 440, 443, 545, 546.
Bapaume (de). 105.
Barbançon (baronnie de). 597.
Barbançon (de). 534, 546, 547, 548.
Barbey (de). 251, 259, 260*.
Barncourt (de). 107.
Barré. 617.
Bassecourt (de). 604.
Baudain. 245, 758.
Baudelet. 273.
Baudignies (sgrie de). 146.
Baudignies (de). 25, 102, 219, 220.

Baudimont (sgrie de). 760, 822, 823.
Bauffremez (de). 167 note 2.
Baulx (des). Voir : Baux.
Baustignies (de). Voir : Baudignies.
Bauvette (de La). 655.
Baux (des). 603* et additions.
Bavaincourt (de). 548.
Bavière (maison de). 743.
Baye (baronnie de). 401, 405, 409.
Baye à Dourges (alleu de). 86.
Beaucamp (de). Voir : Cornu.
Beaudignies (de). Voir : Baudignies.
Beaufort (de). 548, 798.
Beaumarais (de). 772 note.
Beaumez (Gavle de). 163, 172.
— Cf. Arras (Gavène d').
Beaumez (sgrie de). 386, 391, 422, 443, 790.
Beaumez (maison de). 90, 107, 112, 120 à 124, 163, 359, 360, 361, 699.
Beaumont (sgrie de). 200.
Beaumont en Hainaut (baronnie de). 143, 147 en note.
Beaumont en Hainaut (châtellenie ou vicomté de). 115, 531, 534.
Beaurain (baronnie de). 419, 600.
Beaurevoir (sgrie de). 387.
Beausart (sgrie de). 820.
Beausart (de). 378, 587, 588.
Beauvolers (sgrie de). 740.
Becket. Voir : Becquet d'Hennin.
Becquet. 408* et note 2, 652, 727 note 3, 753, 769, 780,

782 et note, 793 note 1, 797, 799, 800, 801, 873.
Becquet d'Hennin - Liétard. 86 note, 103.
Bedenno. 225.
Beelen-Bertholff (de). 239.
Béhagny (fief à). 277, 278.
Béharel. 868.
Bel. 184, 185, 253, 254, 722.
Belem (de). 100.
Belleforière (alleu à). 76, 901.
Belleforière (sgrie de). 220, 464, 802, 804, 805.
Belleforière (maison de). 841.
Bellegambe. 759, 760 note 1.
Bellonne (sgrie de). 347, 354, 779.
Bellonne (de). 706.
Benon en Aunis (sgrie de). 367.
Berchem (de). Voir : Ranst (de).
Berçus (sgrie de). 619.
Bérenger. 251, 262*, 263.
Berg (duché de). 600, 606, 611.
Bergh (van den). 424.
Berghes (duché de). Voir : Berg.
Berg-op-Zoom (marquisat de). 424.
Bergues (château et châtellenie de). 118.
Bergues (châtellenie ou vicomté de). 103, 143.
Bergues ou Berghes (maison des châtelains de). 143*.
Berlaire (de). 410.
Berlaymont (comté de). 417, 419, 420, 598, 599, 600, 601, 603, 690, 739, 740, 750, 834.

Berlaymont (maison de). 598, 599, 602, 735.
Bernard. 801.
Bernemicourt (de). 851.
Bersée (fief de la Vicomté de La Hargerie à). Voir : Hargerie.
Bersele (sgrie de). 424.
Bertincourt (sgrie de). 399, 401, 403.
Béthencourt (sgrie de). 181, 183.
Béthune (baronnie de). 77, 89, 103, 104, 109, 110, 111, 345, 353, 358, 361, 496.
Béthune (duché pairie de). 446.
Béthune (maison de). 348, 350, 353, 354, 357, 358, 361, 401, 405, 409 à 413, 428, 430, 541, 542, 796*.
Beugnâtre (dîme de). 106.
Beugnâtre (sgrie de Frémicourt à). 611.
Beugnâtre (de). 107.
Beuvrages (sgrie de). 411.
Beuvry (sgrie de). 450.
Beuvry (de). 548.
Beveren (sgrie de). 712 et note 2.
Beveren (de). 115, 532.
Beyerlant (sgrie de l'île de). 600.
Bibbianello (château de), dépendant du domaine de Canossa, non loin de Parme et de Reggio. 70. — Cf. *Journal officiel* de 1876, n° du 12 octobre, p. 7461.
Biez (du). 114, 529, 699.
Billistin (vicomté de). 745.

Bisaccia (duché de). 608 à 612, 616, 741, 747.
Blairon (sgrie de). 651.
Blanches-Miches (fief des) à Dorignies. 754, 755, 757, 821, 823.
Blandras (comté de). 541.
Blareaus. 709 et note.
Blendecque (sgrie et sénéchaussée de): 835, 841.
Blois (de). 195, 196, 367, 544.
Blondel. 750, 782, 798.
Blondiaux. 377.
Bodimont (sgrie de). Voir : Baudimont.
Boffulin. 756.
Bohême (royaume de). 162.
Boileux (sgrie de). 798.
Boinebroke. Voir : Bonnebroque.
Bois-Bernard (sgrie de). 693. 823.
Bois (du). 244, 251, 252, 253*, 254, 715 et note 1, 722 et note 2, 752, 757, 848 note 1, 849.
Boisceavesne (de). 549.
Bomy (sgrie de). 743, 744, 745.
Boncourt (sgrie de). 744, 745.
Bondues (sgrie de). 176.
Bondues (de). 104, 144, 545.
Bonmarché. 378, 453, 795 note 1.
Bonnebroque. 217, 635, 636, 638, 714, 722, 756, 757, 759, 769, 776, 777, 846. — Cf. Remarques et glossaire: *broke* :
Bonnemaison (de). 456.

Bonnenuict. 258, 457, 472, 858, 860, 861.
Bonnier. 801 et note.
Bordes (de). 861.
Borgegnon de Ferin. Voir: Bourghegnon.
Borgheignon (Le). Voir: Bourghegnon.
Bos (du). Voir : Bois (du).
Bosqueau (sgrie du). 651 et note 3, 652.
Bosquel (du). 799.
Botin. 251, 254, 255*.
Boubers (sgrie de). 163, 388.
Boubers (de). 875, 876.
Boucel. 704.
Bouchain (château et châtellenie de). 51, 58, 482, 561.
Bouchain (de). 326.
Bouchelin. 466.
Boudet. 570.
Boufflers (de). 227 et note 2.
Bouillon (de Boulogne *dit* de). 59.
Boulers (de). 91, 547.
Boulet. 520 note 2.
Boullencourt (sgrie de). 820.
Boullet. Voir : Boulet.
Boulogne (comté de). 50, 53, 59, 63 note 4, 68, 107, 118 note 3, 437, 694.
Boulogne (maison des comtes de). 59, 68, 70, 71.
Boulogne (de). 174.
Bourbon (duché de). 441, 609, 610.
Bourbon (maison royale de). 373, 615.
Bourbourg (château et châtellenie de). 90.
Bourbourg (de). 104, 105.
Bourgeois (Le). 273, 277.

Bourghegnon. 329, 330, 708.
Bourghelle (de). 115, 545, 546, 547, 548, 802, 804, 805*, 806.
Bourgogne (comté de). 180.
Bourgogne (duché de). 37, 113, 168, 171, 179, 180, 181, 188, 189, 190, 191, 195, 196, 199, 223, 265, 373, 374, 375, 383, 384, 385, 387, 454, 461, 463, 471, 483, 587, 589, 591, 615, 616, 647 et note, 720, 721 note 3, 726, 727, 728, 756 note 2, 794, 848, 849, 887, 894.
Bourgogne (maison princière de). 383, 384, 590.
Bourguignon (de Croix dit). 229*, 230.
Bournel. 467.
Bournonville (duché de). 433.
Bournonville (fief de). 250.
Bournonville (maison de). 835, 840.
Bours (sgrie de). 467, 584, 589, 590 et note 2, 591, 592, 593.
Bours (de). 589, 590.
Boutry. 810.
Bouvignies (dîme à). 77, 89.
Bouvignies (seigneurie de). 32, 101, 110, 303, 307, 888.
Boyelles en partie (sgrie de). 759.
Brabant (duché de). 364, 403, 847.
Bracle (sgrie de). 591, 737.
Bracquet. 750.
Brai (de). 64 note.

Braiele (de Le). Voir : Brayelle,
Braine (château de). 613 note 2, 615.
Brancas (duché de). 748.
Brancas (de). 748.
Bray à Raimbaucourt (sgrie du). 257, 258, 259, 269, 271.
Brayelle-lez-Douai (sgrie et château de La), ancienne paroisse de Brebière. 551, 560, 863.
Brayelle (de La). 551, 552, 560, 712 et note 1.
Brebière (dîme à). 701.
Brebière (fief à). 550, 551.
Brebière (moulin à). 77, 551.
Brebière (sgrie de). 189.
Brebière (de). 103, 693.
Breckvelt. 654.
Bretagne (baronnie pairie de). 447, 450.
Bretagne (comté et duché de). 152, 367.
Bretaigne (fief de la). 227 note 2.
Breucq (fief du). 857, 864.
Breucq (du). 117, 118, 545 note 2.
Briastre (sgrie de). 798.
Brienne (comté de). 388.
Briet. 761, 842, 852*, 853.
Briffœul à Sin (fief de). 206, 240 à 250, 347, 817.
Briffœul (sgrie de). 242, 243, 347, 373, 374, 375.
Briffœul (d'Antoing dit de). 240, 242.
Brillon (sgrie de). 112, 121, 128.

Brillon (de Douai dit de). 127, 128.
Brimeu (sgrie et château de). 375, 402, 405, 408.
Brochet. Voir : Becquet d'Hennin.
Brocum. Voir : Breucq.
Broide. 874, 875.
Brouane (sgrie de). 237, 238, 239.
Bruech (de). Voir : Breucq.
Brueck (sgrie de). 165.
Bruecum. Voir : Breucq.
Bruges (château et châtellenie de). 90.
Bruges (châtellenie ou vicomté de). 92, 94 et note 1, 103, 109.
Bruila. Voir : Bruille.
Bruille en Ostrevant (fief à). 577.
Bruille en Ostrevant (mairie de). 321.
Bruille (de). 102, 321.
Brulle (fief du). 276.
Brunghenot (de). Voir : Buggenhout.
Bruniaus. 703.
Brunnebech (de). 152-153.
Bueren (comté de). Voir : Buren.
Buggenhout (sgrie de). 354, 357 et note 2, 362.
Bugnicourt (sgrie de). 638.
Bugnicourt (de). 463 *, 465 *, 495.
Buignastre (sgrie de Frémicourt à). Voir : Beugnâtre.
Builli (de). 127.
Buissière (sgrie de La). 233.
Buisson (du). 243, 379, 387, 391, 392, 394, 395, 457,

460 et note 2, 461, 465 et note 2, 813, 817, 818, 819, 835, 838, 842, 854.
Buissy (de). 225.
Bulecourt (de). 731.
Buletiel. 453.
Buren (comté de). 403, 404, 600.
Bury (sgrie de). 344, 345, 347, 352, 358.
Bus (fief du). 434.
Busquoy (sgrie de). 411.
Busquoy (de). 110.
Byes (sgrie de). 420.
Cainés. 709.
Calonne (de). 655.
Cambrai (avouerie de). 96, 698.
Cambrai (châtellenie ou vicomté de). 4, 5, 9, 11, 46, 47, 49, 51, 52, 57 et note, 58, 59, 60, 61, 62, 63, 78, 83, 85, 86 note, 87, 88, 89, 96, 97, 98, 99, 104, 107, 108, 110, 111, 311, 315, 316, 318, 319, 320, 322, 329, 335, 552, 694.
Cambrai (maisons des châtelains de). 49, 52, 57, 58, 78, 315, 316.
Cambray (de). 212, 386, 785.
Cambrésis (comté de). 4, 5, 9, 10, 319, 323, 334, 522.
Cambrésis (Gavène de). 528, 698.
Cambronne (sgrie de). 841.
Camus (Le). 245, 246.
Canivet. 167, 376.
Canni (sgrie de). Voir : Chauny.
Canteleu (de). 114, 699.
Cantin (fiefs à). 263, 264, 267, 353, 751, 760, 761, 821.

Cantin (sgrie de). 73 en note, 112, 115, 119, 120, 124, 127, 128, 142, 261, 689 et note 2, 760, 780, 821, 889.
Cantin (de Douai *dit* de). 120.
Cantin (de). 85, 528.
Caoursin. 763.
Capoue (de). 543, 544.
Capres (sgrie de). 833.
Carbonnel. 461, 463.
Cardon. 621, 652 à 656.
Carency (de). 104.
Caretto Savona y Grana (marquisat de). 603-604, 608.
Carieul (du). 270.
Carliers (fief de). 239.
Carlier (Le). 752, 796, 860 et note 2, 874, 875.
Carnin (de). 240, 244, 245, 254, 382, 757.
Caron. 570, 755.
Caron *dit* Le Merchier. 378, 836, 837*.
Carondelet (fief) lez-Douai. Voir : Douai.
Carondelet. 753. 861.
Cassel (château et châtellenie de). 117, 593, 700.
Castel (du). 328, 330.
Castelet. 273, 461.
Castille (royaume de). 243, 364, 365, 366, 373, 483.
Castille. 877.
Castro y Toledo (de). 239.
Catel. 162, 163, 170, 171, 376, 457, 460, 501, 616, 818, 835, 836, 837, 846, 854, 603.
Catoire (sgrie de La). 822.
Catton. 810.
Caudron. 548, 654.

Caudry (sgrie de). 250.
Caulant. 179.
Caulier. 819, 820 et note 1, 867.
Cault (de). 37.
Caumont - lez-Hesdin (sgrie, baronnie et château de). 388, 391, 396, 397, 399 à 403, 406, 408, 409, 411, 413.
Cauni (de). Voir : Flament.
Caverel (de). 750, 800.
Caverem (de). 100.
Caverine (fief de). 134.
Cazier (de). 842, 857 et notes 3 et 4, 864.
Cérenz (dîme de). Voir : Chéreng.
Chabot de Rohan. 428, 430 à 434.
Champagne (maison des comtes de). 557.
Chanteraine (fief de) à Niergnies. 655.
Chanteraine (de). Voir : Quellerie.
Chantilly (château de). 411.
Charolais (comté de). 383-384, 590.
Charost (duché pairie de). 430.
Chastel (du). 739-740.
Chastelain. 425.
Châteauroux (duché de). 610.
Châtelet (fief du). 237 note 2.
Châtillon (maison de). 346, 353, 361, 378.
Chauni (de). Voir : Flament.
Chauny (sgrie de). 143, 156.
Chéreng (dîme de). 323.
Chimay (principauté de). 595.
Chimay (de). 548.
Chiny (comté de). 739.

Chucquet. Voir : Sucquet.
Cisoing (de). Voir: Cysoing.
Clairmont en Cambrésis (sgrie de). 797.
Claro. 247.
Clérioeul (sgrie de). 860.
Clermont (comté de). 441.
Clermont (de). 154, 175, 176, 178, 182, 186.—Cf. Neele.
Cleucquiet. 866.
Clèves (maison de). 406.
Clicquet 228 et note 4.
Clisson (sgrie de). 373.
Clite (de Le). Voir : La Clite.
Cluignart. 479.
Cocquerie à Landas (fief de La). 256.
Cohem (sgrie de). 744, 745.
Cohem (de). 163, 837.
Coillons. 332, 458, 703 et note 2.
Cokés (Li). 706.
Colencamp (sgrie de). 820.
Comble (de). 853.
Cominil (sgrie de). 840, 854.
Comitatus. Voir : La Comté.
Commelin. 240, 246, 248, 827, 834, 835, 858, 860, 861.
Commercy (Damoisellerie de). 392.
Commines (sgrie de). 384, 612.
Commines (de). 115, 118, 174 et note 2, 529, 532.
Condé (baronnie de). 594.
Condé (de). 116, 547.
Conmelre (Le). 732.
Constantinople (empire de). 536 à 543.
Conty (principauté de). 436.
Conty (de). 729, 731.

Coppin. 268, 447.
Coquerie (de La). 163.
Corbehem (moulin de). 564.
Corbehem (sgrie de). 471, 849.
Corbehem (de). 328.
Corbehem (de Douai *dit* de). 813, 817 à 820.
Cordewan. Voir : Cordouan.
Cordier. 249, 250.
Cordouan. 192, 407, 462, 769, 775 note, 776*, 777*, 778, 779, 780, 867.
Cornache. 267, 269.
Cornet (fief du). 268, 269.
Cornu. 729.
Cortheh ? (de). 91.
Cosnac (marquisat de). 604.
Cosnac (de). 604, 605, 606 note, 607, 608.
Coucy (baronnie de). 375, 721 note 3.
Couette. 385.
Courcelles (fief à). 131.
Courcelles - le - Comte (château à). 105.
Courcelles-lez-Lens (sgrie de). 651.
Courcelles (de). 263, 264, 265, 453, 460 note 2, 640.
Courchelette (fief à Wagnonville, mouvant de) 704, 706, 707, 761.
Courchelette - lez - Lambres (sgrie de) 706, 708 et note 2, 761, 762, 765, 766.
Courrières (sgrie de). 584, 587, 589, 590, 592, 593.
Court (de). 194.
Courteville (de). 233.
Courtrai (château et châtellenie de). 797.

— 951 —

Courtrai (châtellenie ou vicomté de). 94 et note 1, 104, 105, 108, 110.
Courtrai (de). 115, 532.
Cousin. 363.
Coutiches (fief à). 707.
Coûture Saint-Albin (ancien fief de la). Voir : Douai.
Couvreur (Le). 198.
Crane (de). 239.
Cranevelde (sgrie de). 239.
Creneche. 380 et note 1, 382, 462.
Créquy (maison de). 746 et note 1.
Cretin d'Auberchicourt. 702 et note, 703 et note 1.
Creton. 123, 227, 821.
Creveche. Voir : Creneche.
Crévecœur (sgrie de). 422.
Crocquet (Du). 873.
Croisilles (sgrie de). 195, 584, 587, 589, 590 et note 2, 617, 838.
Croix (marquisat de). 450.
Croix (de). 155, 229, 798.
Croy (duché de). 747.
Croy (maison de). 424, 595, 601, 606, 721, 745, 746.
Cruyshautem (sgrie et comté de). 238, 239, 240.
Cugnières (de). 156.
Cuincy-Bauduin (sgrie de). 326, 336.
Cuincy-le-Prévôt (sgrie et château de). 311, 325, 326, 329, 331, 334, 343 note 1, 344, 348, 349, 350, 354, 452, 453, 858, 860, 861, 890.
Cuincy (de). 64 en note, 109, 328, 548, 696.

Cuinghem (sgrie de). 797.
Cusance (de). 602.
Cuvillon. 386, 776*.
Cysoing (sgrie et baronnie de). 108, 346, 420, 422, 429, 437, 438, 716, 721 et note 1.
Cysoing (de). 93, 105, 107, 344, 346, 347.
Daghenet. 759, 836.
Dammartin (comté de). 373.
Dampierre (château de). 613 note 2. A 14 kilom. de Rambouillet.
Dampierre en Champagne (sgrie de). 143.
Dampierre-Flandre (maison de). 90, 134, 135, 144, 149, 150, 353, 691, 713, 715.
Danchel. 223 note 3.
Danthuille. 472.
Daoust. 729, 730, 731*, 732, 733, 734, 749, 893.
Dardenir (fief). 840.
Darnent. 249.
Dat. 446.
Daussut. 225. — Cf. Carpentier, *Hist. de Cambray*, II, p. 495 et la table des noms de famille.
David. 466, 839 et note 1.
Dechy (fief de). 444.
Dechy (sgrie de). 241 note 2, 324, 326, 327, 477, 481, 482, 483 et note 2, 494, 495, 496, 799.
De Franche. 283 note 2, 284, 479, 635, 670, 713, 845.
Defroom. 750.
De la Croix. Voir : Barbey (de).
De la Haye. 271, 272.

De la Rue. 689 et note 1.
De la Vallée. 237.
De le Becque. 654.
De le Court. 759.
De le Doeul. 740.
De le Haye 247.
De le Motte 777 et note 3.
De Le Val. Voir : Le Val (de).
De Loffre. 863.
Deltz. 813, 823, 824.
Denain (de). 269*, 557, 577*.
Densch (?). 91.
Deonna. 263.
Dergnau (de). 118.
Des Fossez. 501, 591, 617, 782, 793 à 796.
Des Mons. 865 et note 1.
Des Prez. 819.
Des Vignes. 853.
Deuioel (de). Voir : Deuyeul (de).
Deurewarde (de). 492, 617.
Deuyeul (justice de). Voir : Douai.
Deuyeul (de). 85, 138, 696, 702, 704, 808, 809.
Devioel (de). Voir : Deuyeul (de).
De Vred. 811.
Dichy (de). 791 et note 3.
Dixmude (châtellenie ou vicomté de). 532.
Doby. 800.
Dompvast (sgrie de). 388, 402, 408, 411.
Doneng (de) 102, 694.
Dongier. 251, 260*, 261.
Donvast (sgrie de). Voir : Dompvast.
Dorignies (Damoisellerie de). 267, 755, 762, 768, 787, 812 à 825, 831 et note 1, 832, 834.
Dorignies (fiefs à). 52, 725, 751, 754 à 759, 761 à 766, 807, 808.
Dossemer (de). 316.
Dossut. Voir : Daussut.
Douai (ancien fief de la Couture Saint-Albin à). 793, 794, 795, 802 à 808.
Douai (arrière-fiefs de la châtellenie ou vicomté de). 35 et note 2, 36, 37, 203 à 278, 347 et note 1, 457, 641, 751, 817.
Douai (arrière-fiefs de la prévôté de). 306, 332, 457 à 472, 641, 677, 707, 708, 751, 762, 816, 817, 838, 839, 849.
Douai (arrière-fiefs de St-Albin de). 458, 469, 676, 677, 704, 706, 725, 751 à 761, 813, 821, 823, 859, 861 note 2, 865.
Douai (avouerie de St-Amé de). 11, 38, 44, 49, 50, 52, 54, 67, 74, 75, 84, 89.
Douai (château, cour féodale et châtellenie de). 3 et note, 7 note 2, 18, 25, 36, 37, 41, 42, 132, 285, 296, 297, 306, 331, 353, 371, 393, 406, 408, 419, 423, 428, 433, 444, 459, 462, 466, 472, 495, 497, 519, 527, 536, 547, 579, 585, 586, 591, 592, 597, 599, 604, 635 et note 3, 641, 658, 659, 666, 685, 688, 689, 695, 696, 699, 700, 710, 715, 716, 727 et note 2, 734, 735, 739, 740,

744, 745, 747, 751, 752, 757, 762, 768 à 771, 775 à 779, 781, 783, 785, 787, 790.

Douai (châtellenie ou vicomté de). 1 à 278, 281, 289 note 2, 292 note 3, 293, 294, 295, 307, 308, 311, 312, 315, 316, 320, 322, 326, 327, 332, 334, 341, 347, 369, 409, 454, 457, 458, 469, 470, 477, 498, 499, 507 à 511, 518 à 521, 523, 524, 525, 526, 530, 533, 535, 536, 545, 549, 554, 558, 562, 563, 584, 586, 589, 590, 591, 621, 622, 624, 625, 626, 628, 629, 633, 634, 641, 657, 665, 668, 676, 677, 683, 687, 689 et note 2, 691, 692, 694, 695, 696, 699, 700, 710, 714, 722, 724, 734, 749, 751, 764, 768, 771, 772, 773, 775, 776, 777, 787, 816, 817, 835 à 838, 841, 843, 858, 888, 889, 890, 891, 894, 897, 900, 902, 903.

Douai (cour féodale de St-Amé de). 75, 76, 85, 101 note 1, 821 note 1, 844.

Douai (cour féodale de St-Pierre de). 617.

Douai (dîme et Dimeron de St-Albin à). 243, 332, 457 à 469, 677, 691, 707, 762, 816, 817, 838, 839.

Douai (fief Carondelet lez-). 753, 861 et note 2.

Douai (fief de l'Ecuiler-le-Comte à). 23, 34, 136, 192, 193, 409, 504 note 2, 689 et note 2, 768 à 781, 884.

Douai (fief des Pourchelets à). 267, 409, 501, 617, 637, 670, 671, 678, 727 et note 3, 762, 768, 782 à 808, 815 et note, 825, 862.

Douai (fief de St-Albin à). 11, 12, 17, 18, 20, 22, 33, 45, 52, 62, 83, 84, 90 (lignes 2 et 3 ; et non seigneurie de St-Amé), 98, 106, 191, 192, 201, 205, 211, 252, 267, 288, 289 note 1, 290, 291, 292 note 3, 293, 294, 295, 307, 332, 370, 371, 389, 409, 457, 458, 469, 504 note 2, 511, 512, 519 et note, 520 note 2, 521, 591, 595, 597, 598, 599, 603, 604, 619 note, 622, 624, 625, 628, 633, 634, 640, 654, 655, 657 à 766, 768, 776, 782, 784, 785, 787 et note 2, 788, 793, 802, 807, 810, 812, 813, 815, 821, 841, 858, 861 et note 2, 865, 888, 889.

Douai (fief des Trois-Cocquelets à). 769, 878 à 882.

Douai (fief du chantre de St-Amé de). 74.

Douai (fief du Gavène de). 11, 12, 18, 19, 20, 22 et additions, 23, 25, 31, 33, 34, 45, 90, 112, 121 en note, 162, 171, 177, 192, 195, 205, 243, 282 en note, 285, 289 note 1, 290, 291, 292 note 3, 307, 364, 367, 370, 371, 372, 376, 378, 379, 381, 409,

467, 477 à 622, 624, 665, 672, 676, 688, 718, 719, 737, 742, 749, 768, 771, 772 et note 2, 828, 829, 835 à 842, 855, 858, 884 et note, 908.
Douai (fief du Mont de). 457, 469 à 472; 819.
Douai (fief Griffon à Frais-Marais-lez-). 769, 865 à 868.
Douai (fief Romagnant à). 769, 787, 868 à 878.
Douai (fief Toupet lez-). 752, 859, 860.
Douai (justice de Deuyeul à). 809.
Douai (justice des tanneurs à). 33, 206 à 213.
Douai (justice en la paroisse Saint-Albin à). 808 à 812, 831-832.
Douai (moulin du Pont-à-l'Herbe à). 303.
Douai (offices de sergent et d'huissier fieffés à). 769.
Douai (prévôté de). 11, 12, 13, 17, 18, 20, 22 et additions, 24, 33, 45, 62, 90, 98, 106, 108, 110, 116, 160, 161, 192, 204 à 206, 211, 226, 242, 279 à 472, 489, 513 et additions, 514 à 521, 528, 533, 546 note 1, 549, 574, 583 à 586, 588, 594, 598, 616, 622, 633, 634, 641, 665, 666, 671 à 677, 683, 686, 688, 689, 694, 701 note, 703 note 2, 707, 718, 719, 749, 751, 761, 762, 764, 810, 816, 817, 826, 838, 839, 841,
843, 846, 849, 850, 855, 858, 879, 880, 881 et note, 884, 888, 890, 894, 904.
Douai (rentes sur le moulin au Braido). 460, 472, 636, 768, 825, 826, 827, 838 à 857.
Douai (rente sur le domaine de). 636, 768, 809, 816, 825 à 835.
Douai (rente sur le Gavène de). 162, 460, 467, 500, 591-592, 768, 816, 817, 825, 826, 835 à 842, 846, 854, 855.
Douai (sous-avouerie de St-Amé de). 38, 50, 52. 53.
Douai (terres hors de la porte d'Esquerchin de). 769, 858 à 865, 868.
Douai (tonlieu de). 97, 109, 695, 696 et note 1.
Douai (première maison des châtelains de). 49 à 89, 95 à 102, 315, 316
Douai (deuxième maison de). 102 à 115, 116*, 117*, 118, 119, 120*, 121, 122, 123, 124* 125 à 133, 134*, 135, 136, 137*, 138,*139*, 140, 141 à 144*, 145 à 150, 151*, 152, 153, 154*, 155 à 168, 169*, 170*, 171, 172*, 173 à 186, 304, 313, 314 note 2, 320, 321 note 3, 327, 329, 489, 508, 513, 518, 523 à 535, 536*, 537* 538 à 542, 543 et note 2*, 544 à 547, 548*, 549*, 550*, 551, 552, 553 554*, 555 à 560, 561*, 562, 563, 564*, 565 à 578,

583, 622, 642, 643, 661, 668, 687, 692*, 693, 698, 699, 700, 710, 724 et note 2, 728, 787 note 2, 818, 836.

Douai (maison des prévôts de). 62*, 311*, 312 à 315, 316*, 317 à 325, 326*, 327, 328, 329*, 330, 331*, 332*, 333*, 334*, 335*, 336 à 344, 355, 356.

Douai (de). 50, 51, 52, 99 à 102, 328, 459, 501, 544*, 515*, 697 et note.

Douai (de Deuyeul ou de). 696.

Douai (de Gœulzin ou de). 109, 695.

Douay (de) dit Audefroy. Voir: Audefroy.

Douchy (seigneurie de l'abbaye de St-Pierre de Gand à). 51.

Dourges (seigneurie de). 86 et note.

Dourges (de). 74, 86 et note, 87.

Douvrin (sgrie de). 851.

Draucourt (sgrie de). Voir: Drocourt.

Drehaucourt (sgrie de). Voir: Drocourt.

Dreux (comté de). 370.

Drocourt (sgrie de). 266, 471, 472, 851.

Du Bois. 245, 246, 747, note 2.

Du Brulle. 620, 867.

Du Chambge. 877 note 1.

Duchâtel. 813.

Duclerc. 463 et note.

Ducoch. 380.

Du Gardin. 246, 247, 872.

Du Hem d'Auby. 621, 628, 643 à 652, 810, 816, 827, 830 à 833.

Duiolo (de). Voir: Deuyeul (de).

Du Markiet. 85, 130, 139, 217, 218, 282, 283 et note 1, 284, 470, 576, 621, 622, 623, 625, 626, 628 à 631, 633, 635, 636, 637, 652, 696, 827, 828, 830, 831, 833, 842 à 846, 925.

Du Miny. 760.

Du Mont. 328, 865.

Du Mortier. 881, 882.

Du Pont. 191, 314 et note 1, 381, 724.

Du Pret. 309-310, 418, 423, 619, 750.

Du Puch. 185.

Durand. 878.

Duras (duché de). 608, 609.

Durfort (de). 609.

Du Riés. 283.

Dury (fiefs à). 267 à 272.

Du Sart. 395, 723.

Du Sentier. 190.

Du Val. 732.

Eculier-le-Comte (fief de l'). Voir: Douai.

Egmont (comté d'). 290, 584, 599 à 616, 735, 741, 747.

Egmont (maison d'). 404, 512, 595, 599, 602* et additions, 603 à 609, 729, 741, 742, 743, 747.

Egmont-Pignatelli (maison d'). 584, 608*, 609 à 616.

Emerchicourt (sgrie et château d'). 311, 323, 324, 330, 334, 338, 347, 452.

Enclosses (fief des). 747.

Enghien (baronnie d'). 387-388.
Enghien (maison d'). 116, 363, 380.
Englos (d'). 529.
Erain (sgrie d'). 745, 746.
Ercha (de). 529.
Erchin (sgrie d'). 477, 481, 482, 483 et note 2, 494, 495, 496.
Escaillon (d'). 695, 785.
Escarpel (arrière-fief d'). 819 et note 1.
Escarpel (sgrie d'). 52, 62, 311, 316, 331, 334, 337, 338, 339, 340, 344 et note, 657, 663, 664, 671, 672, 686, 724, 757, 758, 761, 762, 766, 812, 814, 818, 819, 862.
Escarpel (vinage d'). 25, 26, 331, 338, 339, 507.
Escaussines (sgrie d'). 595.
Esclaibes (d'). 797.
Esclevaing (d'). 85, 101.
Escoives (sgrie d'). 111, 245, 264, 466, 467, 468, 591, 835, 838, 839, 840, 842, 854.
Escorailles (d'). 452 et note.
Escornaix (baronnie d'). 150, 594, 595, 597, 601, 737.
Eselmens (baronnie d'). 450.
Espagne (royaume d'). 232, 245, 412, 423, 424, 425, 427, 428, 432, 593, 595, 596, 602, 607, 608, 861, 868.
Espagne (de Castille ou d'). 344, 364 et note 4, 365, 366, 367, 369, 376, 584, 585.

Esparbez de Lussan (d'), 604.
Espinekoque, 716.
Espinoy (seigneurie et principauté d'). 104, 109, 242, 290, 307, 311, 335, 336, 338, 342, 344 à 370, 372 à 379, 383 à 393, 413, 417, 419 à 443, 453, 454, 584, 588, 719.
Espinoy (d'). 90.
Espumerel (mairie d'). — Voir : Pommereau.
Esquencourt (sgrie d'). 163.
Esquerchin (fiefs à). 838.
Esquerchin (sgrie d'). 465, 817, 840.
Esquerchin (d'). 71.
Esquerchin (de Douai *dit* d'). 99.
Estaimbourg (sgrie d'). 565.
Estaires (comté d'). 422, 794.
Estampes (comté d'). 385.
Estoret. 620, 750.
Estourmel (d'). 717.
Estracele (d'). 103.
Estrada (d'). 238.
Estrées (arrière-fiefs d'). 641.
Estrées (fiefs à). 328, 329, 330, 343 note 1, 452, 459, 549.
Estrées (sgrie d'). 307, 311, 591, 641, 862, 890.
Estrées (d'). 36, 328, 332, 458, 709 et note.
Estrépy (d'). 547.
Estreun (d'). 534.
Esvin (sgrie d'). 245, 467, 840.
Eu (comté d'). 370.
Eule (sgrie d'). 265.
Eule (d'). 263.
Euvrelengehem (sgrie d'). — Voir : Everlinghem.

Evennes (Li). 569.
Everlinghem (mairie d') à Herlies. 85. — Nous avions pensé qu'il s'agissait de Verlinghem ou de Frelinghem, villages de l'arrondissement de Lille (voir *Preuves*, pp. 13 et 217).
Everlinghem (sgrie d') à Herlies. 54.
Evin (sgrie d'). Voir : Esvin.
Evrard. 875.
Ewars (sgrie d'). 261.
Faiel (de). 698 et note 2.
Farvacque (de). 856.
Fauchet. 706.
Fauquembergue (comté de). 119, 420.
Fay (du). 190, 197.
Féchain (dîme à). 702, 703 et note 1.
Feignies (sgrie de). 651, 652.
Fenain (fief à). 577.
Férin (sgrie de). 326, 327, 477, 481, 482, 483 et note 2, 494 et note 1, 495, 496, 528 et note 3, 799.
Férin (Borgegnon de). Voir : Bourghegnon.
Fiennes (sgrie de). 735.
Fiennes (de). 253*, 254.
Fiérin (de). 255, 570, 639, 752.
Fiermiecourt (sgrie de). Voir : Frémicourt.
Fillion. 612, 613.
Fins en Cambrésis (alleu à). 55, 56, 57, 78, 89.
Fives (de). 229 et note 2.
Flamen de Canni. Voir : Flament.

Flament de Chauny. 143, 154, 155, 156*, 157 et note 2.
Flandio. 441.
Flandre (bouteillerie de). 64 et additions, 81, 92, 103.
Flandre (Chambellanie de). 93, 103, 108, 109, 110, 532-533.
Flandre (comté de). *Passim*.
Flandre (connétablie de). 103, 105, 107, 110, 316, 346, 378, 379, 383, 386, 388, 420, 431, 440, 443, 444, 447, 450, 547-548.
Flandre (maréchaussées de). 81, 143.
Flandre (première baronnie de). 431, 440, 450.
Flandre (sénéchaussée de). 65, 81, 83, 93, 103, 104, 107 et additions, 108, 109, 110, 346, 353, 358, 361, 532, 549, 762.
Flandre (maisons des comtes de). 51, 53, 65, 101, 104 à 108, 149, 150, 151, 318, 319, 320, 346, 353, 354, 363 et note 5, 364, 530, 532, 543, 547, 762.
Fléchin (comté de). 743, 744, 745.
Fleirs (de). Voir : Flers.
Flers (alleu à). 76, 89.
Flers (dîmes de). 693.
Flers (fief de Rottencourt à). 654 et note 3.
Flers (fiefs à). 861.
Flers en Escrebieu (sgrie de). 686, 691, 692, 693, 697, 710, 714, 715, 717, 719, 865 note 1.
Flers (de). 109, 696, 701.

Flesquières-lez-Cantin (sgrie de). 125, 477, 481, 482, 483 et note 2, 491, 495, 496.
Flêtre (sgrie de). 821.
Flines (sgrie de). 307, 496.
Flines (de). 869, 876 et note 3*, 877 et notes 1 et 2.
Floquet. 848 et note 1, 866.
Florisoone. 842, 856, 857*, 864.
Foncquevillers (sgrie de). 428.
Fontaine-sous-Montdidier (vignoble de). 646-647.
Fontaine (de). 379, 547, 548, 705.
Fontanges (duché de). 452 note.
Fonta (de). 101, 705.
Forest (sgrie de). 266, 472, 850, 851.
Formeselle (de). 109, 110, 118, 549.
Foro (de). Voir : Du Markiet.
Fosseux (baronnie de). 651.
Foucart. 790.
Foucquier. 753, 758, 759, 874.
Foucqvillers (sgrie de). Voir : Foncquevillers.
Foulon. 261.
Fourmielles. Voir : Fromelles.
Fournel. 270.
Fournes (château de). 442.
Fovet. 402, 404, 405, 407.
Fraine (de). 102.
Framecourt (de). 796.
France (Chambéllanie de). 360, 368, 369, 370, 373, 440.
France (panneterie de). 359.
France (royaume de). *Passim.*

France (maison de). 39, 54, 65, 112, 366, 436, 447, 587, 597, 606, 607.
Franecches (de). 577.
Frausus (sgrie de). 304.
Fremeneur. 784.
Frémicourt (sgrie de). 218, 219, 264, 471, 639 à 645, 719, 830, 848.
Fresnoy (sgrie de) à Willem. 191, 593, 640, 691, 715, 716 et note 3, 717, 719 à 725, 749.
Fressain (fiefs à). 337, 338, 343 note 2.
Fresvillers (fief à). 55, 77, 89.
Fretel. 811.
Fretin (de). 576, 636, 831.
Frévent (sgrie de). 443.
Frevin (sgrie de). 851.
Frion. 329, 330, 332, 458, 459.
Frisa (sgrie de). 597.
Frison. Voir : Frion.
Froidecourt (de). 721-722.
Fromelles (rente à). 167.
Fronsac (duché de). 614.
Fuentes (comté de). 613.
Gaesbeke (sgrie de). 364, 400, 403, 404, 600.
Gaissart (sgrie de). Voir : Ghiessart.
Galissonnière (de La). 613.
Gallant. 308.
Gallois. 455.
Gamans (de). 118.
Gand (châtellenie ou vicomté de). 10, 93, 115, 143, 308 et note, 309, 363, 364, 365 et note 4, 370, 372, 374 à 377, 379, 383, 385 et note 5, 388, 393, 394,

396 à 425, 427, 440, 443, 445, 447, 450, 454, 455, 529, 532, 588.
Gand (maison des châtelains de). 93, 143*, 165 note 2, 545.
Gand (de). 546, 726 et note 2.
Gant (de). 527 et note 2.
Garlande (de). 162.
Gasebeque ou Gasbesque (sgrie de). Voir : Gaesbeke.
Gassion (de). 430.
Gauge (de). 118, 769 et note 3.
Gaverelle (sgrie de). 702, 710, 718.
Gaverelle (de). 701.
Gavre (sgrie et principauté de). 143, 599, 600, 601, 602 additions, 603, 604, 606, 608, 609, 611, 612, 741.
Gavre (maison de). 103, 110, 529, 532, 547.
Genech (sgrie de). 242, 316.
Germain. 709 et note.
Germigny (sgrie de). 161.
Geulesin (de). Voir : Gœulzin.
Ghenart. 778.
Ghiessart (sgrie de). 591, 592.
Ghistelle (sgrie de). 143.
Ghistelle (de). 143, 165 note 2, 276, 277, 350, 387, 393, 447 à 452, 454.
Ghyvelde (fief à). 66, 72, 78, 89.
Gilbert. 444.
Gilloen. 797.
Gimevelt (fief à Ghyvelde ou). 78.
Givenchy (sgrie de). 472.
Goele-in (de). Voir : Gœulzin.
Gœulzin (arrière-fief de Saint-Albin à). 458, 708.

Gœulzin (château du Petit-Hordaing à). 201.
Gœulzin (fiefs à). 751, 760, 761.
Gœulzin (sgrie à). 124, 133, 146, 147 et note, 148, 149, 154, 201.
Goeulzin (sgrie de). 123, 201, 760, 761, 779.
Gœulzin (de). 85 et additions, 109, 123, 139, 332, 458, 528, 552, 696, 708.
Gœulzin (de Douai ou de). 109, 695.
Goingnyes (de). Voir : Gongnies.
Gommegnies (de). 322.
Gongnies (de). 246.
Gônois à Corbehem (château du). 189. — Cf. Marés (manoir du).
Gosson. 273, 275 et note 2, 276, 277.
Gossuin. 757.
Goulet. 479.
Goullencourt (sgrie de). 840.
Gouy (sgrie de). 359.
Gouy en Ternois (alleus à). 86, 89.
Gouy (de). 840, 861.
Goy (de). 183, 185, 186, 206, 209, 210 et note 1*, 213, 219 à 222, 263 à 266, 272, 328, 329, 378, 380, 453, 457, 471, 472, 638, 642, 756, 759, 808, 809, 811, 830, 832, 842, 848, 849, 850, 858, 859, 860.
Graincourt à Néchin (sgrie de). 308, 418 et note 2, 797, 798.
Gramines (de). 104.

Grammont (château de). 593.
Grana (marquisat de). Voir : Caretto.
Graveski. 813, 823, 824.
Grenet. 258.
Grenier. 872.
Griffon (fief). Voir : Douai.
Griffon. 865, 866.
Grignart. 860 note 3.
Grimbert. 614, 620.
Grincourt (sgrie de). Voir : Graincourt.
Gruel. 868.
Gueldre (duché de). 600, 601, 606 à 612.
Gueldre (maison de). 102, 602 et additions*.
Guelesin (de). Voir : Gœulzin.
Guesclin (du). 243, 373.
Guesnain (sgrie de). 477, 481, 482, 483 et note 2, 494, 495, 496.
Guibbe. 381.
Guignies (sgrie de). 798.
Guines (comté de). 50, 53, 81, 118 et note 3, 119, 532, 549.
Guysia (de). 708 et note 2.
Habarcq (sgrie d'). 600.
Haignecourt (sgrie d'). 840.
Hainaut (comté de). 6 note 1, 49, 51, 53, 64, 68, 78, 79, 90, 91, 99, 100, 101, 102, 110, 113 à 116, 154, 252, 257 note 2, 280, 319, 321 à 327, 344, 345, 351, 363 et note 5, 368, 369 et note 1, 379, 423, 480, 496, 523, 530 à 535, 537, 548, 552, 555 et note, 557 et note 2, 560, 566, 579 et note 1, 581, 582, 594, 596, 659, 688, 695 et note 1, 700, 703, 826.
Hainau (pairies de). 116, 546, 547, 594, 595, 737, 745.
Hainaut (sénéchaussée de). 143, 373, 413, 420, 422, 431, 436, 440, 447, 450.
Hainaut (maisons des comtes de). 39, 102, 115, 116, 321, 327, 532, 533, 534, 537, 546, 547, 548, 557*, 566.
Hainaut (de). 107.
Hainecour (de). 552.
Hainsseville (baronnie d'). Voir : Aisseville.
Halewin (de). Voir : Halluin.
Hali (de). 696 et note 2.
Hallines (sgrie d'). 841.
Halluin (d'). 143, 591.
Hamaide (sgrie de La). 600, 601.
Hamal (de). 412, 745.
Hamayde ou Hamedde (de La). 649.
Hamblaing (Vieil-Chastel d'). 125, 126, 272, 273 à 278.
Hamel (dîmes à). 328, 329, 549.
Hamel (sgrie d'). 592, 890.
Hamel (d'). 328, 329.
Hamelaincourt (d'). 103, 104, 106-107, 544.
Hamelle. 178.
Hanette de Bercus. 649.
Hangart (de). 813, 820 et note 1*.
Hangemeri (d'). 328.
Hangest (de). 162.
Hangouart. 436.
Hanicot. 759.
Haponlieu à Dourges (sgrie d').

352 et note, 353, 354, 361.
Hargerie (fief *dit* la Vicomté de La), à Bersée. 756, 757, 779.
Harnes (sgrie d'). 228, 349, 350.
Harnes (maison de). 103, 343, 344, 345, 348, 350, 354, 548, 549.
Harnes (d'Antoing *dit* de). 347, 350 et note 1 et additions*.
Harnes (de). 479.
Hasprach ou Asperach (alleu à). 76.
Hastet (de Noyelle *dit*). 326.
Hatsci (de). 110.
Hattu. 259.
Haucourt (de). 267, 268, 796 et note.
Haudion (sgrie de). 860.
Haugard (de). Voir: Hangart.
Haultepenne (sgrie de). 600.
Haulteporte (fief de). 862.
Haussy (de). 650, 709
Hautain. 860.
Hautarte (fief de). 863.
Hautavesne (commanderie de). 636 note 2, 895, 896.
Hautdecuer. 222 note 2.
Hautefontaine (fief de). 278.
Havesquerque (fief d'). 875.
Havesquerque (de). 101.
Havet. 81.
Havré (duché d'). 601, 604.
Haynin (de). 268, 269*. — Voir aussi: Hennin.
Hazencort (de). 321. — Aujourd'hui *Azincourt* est un hameau d'Emerchicourt.

Hébuterne (sgrie de). 402, 403, 405, 406, 408 à 411.
Heilly (sgrie d'). 186, 187 et note 2, 589.
Helesmes (d'). 339, 538, 539.
Helin. 380.
Hellennies (de). 696.
Hellin (de). 649.
Hem (du). Voir: Du Hem.
Hennin (de). 263, 266, 267, 701, 760, 813, 821, 822, 823, 854.
Hennin-Liétard (comté d'). 427.
Hennin-Liétard (sgries d'). 86 note, 103, 336.
Hennin-Liétard (d'). 651.
Herchengehen (d'). 316.
Hériguer. 753, 799.
Hérin (de). 839.
Herlies (mairie et seigneurie d'Everlinghem à). Voir: Everlinghem.
Hernandez de). 227 et note 2.
Herselles (baronnie d'). 420.
Herstal (sgrie d'). 364.
Hertain (sgrie d'). 850.
Hesdin (comté d'). 53.
Hesnes (d'). 91.
Heudicourt (sgrie d'). 329, 641-642, 762, 763.
Heverlengehen (sgrie d'). Voir: Everlinghem.
Heze (sgrie de). 403.
Hibert (Le). 394.
Hiéraut. 479.
Hierges (baronnie d'). 419, 420, 598, 600, 601.
Hingettes (de). 589.
Hocquet. 237 note 2.
Hollande (comté de). 119, 735, 862.

Hondecoutre (sgrie d'). 591.
Hondescote (de). 335*, 336, 337, 338, 339*, 340*, 341 à 344, 346, 548.
Hondschoote (sgrie d'). 335, 378, 403.
Honoré. 271, 272.
Hordaing (sgrie d'). 379 à 383, 461, 513, 514.
Hornaing (de). 807, 808.
Hornes (comté de). 595, 600, 606, 608.
Hornes (maison de). 393, 396, 400, 402 à 406, 409, 410, 447, 782, 797.
Houardrie (fief de La). 444, 445.
Housdaing (de). 103.
Houzé. 449.
Hulluch (sgrie d'). 642.
Humières (sgrie d'). 384.
Hunault (de). 842, 853, 854.
Hundescote (de). Voir : Hondescote.
Hurtebize (fief d'). 237.
Hustin. 260.
Huvlin (alleu à). 55, 56, 57, 77, 89.
Huysse (sgrie d'). Voir : Usse (avouerie d').
Inchy (en Artois (seigneurie d'). 17, 86 note, 97, 176, 180, 181, 183, 184, 186 à 200, 202, 215 note 1, 220, 224, 319, 589, 590.
Inchy (d'). 86 note, 107, 155, 186*, 187 à 200, 212, 589, 590.
Ipres (d'). Voir : Ypres.
Isambart. 431, 433, 619, 785.
Iser (d'). 85.

Isestyn (comté d'). Voir : Ysselstein.
Isle-Adam (sgrie de l'). 589.
Issche (d'). Voir : Yssche.
Istain (sgrie d'). Voir : Ysselstein.
Ittre (sgrie d'). 709.
Ittre (d'). 709.
Iwir (d'). 762.
Izambard. Voir : Isambart.
Jace (de). Voir : Jauche.
Jauche (de). 65, 79, 124, 546, 547, 548, 593.
Joches (de). Voir : Jauche.
Joie. 763.
Journy (sgrie de). 810, 811.
Joveniel. 670.
Joyeuse (vicomté et duché pairie de). 440, 441, 442, 454.
Juliers (duché de). 600, 606, 607, 608, 610 et note 4, 611, 612.
Juliers (maison de). 600, 602 et additions*.
Jumelles à Waziers (fief de). 729, 893.
Kaeu (de). 539.
Keller. 869, 875 et note *, 876.
Kiéry (de). Voir : Quiéry.
Kievraing. Voir : Quiévrain.
La Clite (de). 642.
La Comté (alleus à). 55 à 57, 77, 84 à 87, 89.
La Comté (sgrie de). 276, 277.
La Coûture (sgrie de). 744.
La Croix (fiefs de). 259, 260, 278.
Ladam. 37.
Ladis (de). 795.
La Forest (de). 36.
La Fosse (pairie de). 450.

La Fosse (de). 472, 650, 651, 874.
La Haye (fief de). 654.
La Haye (de). 142.
La Hutte (sgrie de). 651 et note 3, 652.
Laigle (sgrie de). 367.
Lalain. 354, 525, 576.
Lalaing (sgrie et comté de). 26, 100, 101, 156, 183, 322, 331, 464, 490 note, 508, 509, 510, 572, 584, 594 à 599, 689, 700 et note 1, 735 à 740, 747, 749, 750, 834, 850, 865, 867.
Lalaing (maison de). 156*, 379, 380, 381, 514, 582, 595*, 596 à 599, 642, 650, 729, 735, 740.
Lallart. 758 et note 3, 779.
Lamant. 755.
La Marck (maison de). 597, 609, 747.
Lambert. 273, 278.
Lambres (sgrie de). 97, 222, 234, 236 et note 3, 237 à 240, 325, 326, 328, 330, 528, 706, 708 et note 2, 765, 766.
Lambres (de). 111, 138, 217, 320, 322, 326, 328, 329, 330, 331, 528, 532, 552, 704, 706, 707, 765, 766.
La Motte (sgrie de). 638, 639.
La Motte-au-bois de Nieppe (château de). 593.
La Motte-lez Oin (sgrie de). 592.
La Motte (de). 277, 565, 566.

Landas (sgrie de). 32, 101, 110, 121, 303, 859, 888.
Landas (de). 157, 242, 254, 649, 651, 758, 805, 858, 860, 862, 863, 864*.
Landast (de). 101, 103, 105, 106, 108, 110, 131, 316, 317 note 1, 323, 572.
Landrieu, 779, 872.
La Nef (de). 167.
Langhac (Albgrac ou Allire de). 446, 452.
Lannoy (fief de). 841.
Lannoy (sgrie de). 155.
Lannoy (de). 240, 248, 249, 593, 716 note 3, 769, 779-780*, 876.
Laoust. 821.
La Pierre (de). 102.
La Porte (de). 705.
Lappe. 819.
La Rachie (de). 395, 752-753.
La Roche (sgrie de). 726.
La Ruielle (de). 418.
Lassus à Dechy (fief de). 241 et note 2.
La Torres (de). Voir : Mey.
La Tour d'Albret (de). 436, 440.
La Truie. 107.
Laubegoix. 212.
Laubiel (de). 165 note 2.
Laude. 240, 248, 249, 753, 799.
Lauraguais (duché de). 610.
Lauraguais (de). Voir : Brancas (de).
Lauwin (sgrie de). 840.
Le Blan. 248.
Le Bret. 693.
Le Caisne. 338.
Le Cauf. 577.

Lecca (dîme de). 532.
Le Cerf. 117.
Leches. 329.
Le Chièvre. 167, 220, 648.
Lécluse (château, sgrie et Poeté de). 60, 97, 113, 268, 269, 270, 272, 273, 274, 415, 527, 530 et note.
Lécluse (Vinage de). 576, 809, 816, 831, 832 et note 3.
Le Colz. 26.
Le Comte. 434.
Leconte. 490.
Le Deulle (de). 139, 713.
Leenne. 798, 858, 862, 863.
Leerdam (comté de). 600.
Le Febvre. 617.
Lefèvre. 255, 382, 462, 859.
Le Franc. 703, 706.
Le Gay. 649-650.
Le Gentil. 619, 750.
Le Gros. 328, 329, 330.
Le Kièvre. Voir : Le Chièvre.
Le Maire. 259, 263, 266, 753, 813, 835, 851, 852, 867.
Le Moisne. 240, 248, 249.
La Mote (sgrie de). 219.
Le Mote (de). 339.
Lenglés. 212.
Lens en Artois (châtellenie ou vicomté de). 5, 11, 45 et additions, 46, 47, 86 note, 109, 549.
Lens en Artois (comté et châtellenie de). 39, 45 et additions, 46, 57 note, 82, 114, 378, 381, 395, 419, 465, 485, 586, 658, 659, 663, 686, 688, 812, 817, 849, 859.
Lens en Artois (maison des châtelains de). 253*, 835, 841*.
Lens (de). 569.
Lens en Hainaut (sgrie de). 601.
Lens en Hainaut (de). 548.
Lentailleur. Voir : Tailleur (Le).
Lepoivre. 273, 278.
Le Riche. 702.
Lermo. 733.
Le Roy. 733.
Lers (fief de Saint-Aubin à). 716 et note 1.
Lescalopier. 430.
Lescouffle. 795.
Lesprat (de). 698 et note 1.
Lespaignol. 434.
Lespais (de). 102.
Lestevart. 382, 724, 725, 726.
Leuvacque (de). 270.
Leuze (baronnie de). 242, 351, 419, 544.
Levac. 470.
Le Vacque à Roucourt (fief de). 215, 244, 251 à 263, 619, 689 et note 2.
Le Vacque. 103, 251, 252.
Le Val (fief de). 798.
Le Val (de). 308, 411, 418 note 2, 782, 797 et note, 798, 872.
Le Verd. 192.
Le Vigne à Roubaix (fief de). 176.
Le Vingne (de). 154, 162, 164 et note 2, 166, 167, 168, 169*, 170*, 172, 174 note 1, 176*, 177 à 181, 182*, 183, 184, 185, 186*, 187, 586.

Lewarde (fiefs à). 337, 338.
Lhonneré. 225.
Lices (des). 222.
Liège (sénéchaussée de). 745.
Liencourt (de). 823.
Li Englais. 130.
Lières (sgrie de). 820.
Lières (de). 820, 821.
Ligne (sgrie, comté et principauté de). 309, 310, 418 note 1, 420, 421, 422, 424, 425, 437, 438 et note 2.
Ligne de). 393, 424, 429, 432, 548, 597, 748.
Ligny à Eterpigny (sgrie de). 223 et note 1.
Ligny (de). 223, 791 et note 4.
Lille (châtellenie ou vicomté de). 1, 2, 5 note, 11, 21 note 1, 41 à 45, 52, 83, 91, 93, 104, 110, 111, 114, 118, 142, 316, 317 note 1, 364, 529, 532, 545, 562, 563, 693, 699, 700 et note 3.
Lille (juridiction des Timaux à). 43, 45.
Lille (offices de sergent fieffé du bailliage de). 43-44 et additions, 45.
Lille (pairies tenues du châtelain de). 43, 44.
Lille (Salle ou cour féodale et châtellenie de). 1, 6 et note 1, 7 note 2, 42, 113, 114, 143, 144, 323, 495, 496, 526, 529, 579 et note 1, 640, 688, 716 et notes 3 et 4, 727 et note 2, 749, 762, 765, 847, 884, 885.

Lille (maison des châtelains de). 692*.
Lillebonne (principauté de). 435, 439.
Lillers (comté et marquisat de). 65, 353, 532, 600, 762.
Limbourg (maison de). 602 additions*.
Li Ogiers. Voir: Logiers
Locres (de). 109, 110.
Locron (fief du). 271.
Loffre (De). Voir: De Loffre.
Logiers. 220.
Lohes (de). 66, 72, 85.
Lolyer. 311.
Lombart. 391, 591, 617, 795 et note 2, 821.
Lomme (sgrie de). 589.
Lomme (de). 108.
Longhastre (sgrie de). 715.
Longueval (maison de). 152 et note 2, 240, 245 et note 1, 246, 457, 466, 467, 468*, 499, 591, 835, 838, 839, 840, 842, 854.
Longueville (marquisat de la). 600, 603.
Lonwez (de). 153 en note, 156, 549.
Loos en Gohelle (alleu à). 53.
Lorraine (maison de). 422, 432, 435, 436, 437, 439, 442, 613.
Lossignol à Dury (6 f). 267, 269 à 272.
Lossignol. 269.
Lothier (duché de). 59.
Lothier (maison de). 59.

Louvain (maison de) ou de Brabant. 364.
Louvet. 873.
Loys. 866, 867, 868.
Lunel (baronnie de). 364 note 4, 366, 367, 369.
Lupart. 849.
Luxembourg (comté et duché de). 147 et note, 148, 595, 598, 739, 740.
Luxembourg (maison de). 195, 196, 364, 384, 387, 392, 414, 594, 602 et additions *, 735.
Lyauwart. 174 note 1.
Machon (Le). 190.
Madoul. 569.
Maele (château de). 108.
Mahieu (Le). 621, 651, 652.
Mahout. 619.
Maieur (Le). Voir : Mayeur.
Mailly (baronnie de). 816, 820.
Mailly (maison de). 227 et note 2 et additions, 541, 722 et note 3, 725, 813, 820 et note 1.
Mairesse. 251, 261 *, 262.
Maisnil (fief de). 55, 77, 89.
Maisnil (sgrie du). 848 note 1.
Maisnil (du). 114, 118, 225, 333, 528, 529, 532, 699, 700 et note 3.
Maisonceles (de). 548.
Majault. 869, 877, 878 et note*.
Major. Voir : Mayeur (Le).
Malbotrie (fief de) ou de Malboutry à Nomain. 231.
Malemaison à Esvin (sgrie de La). 146, 147.

Malet. 284, 479, 550, 635, 712 et note 1.
Malines (baronnie de). 847.
Manchicourt (sgrie de). 796 et note, 798.
Manchicourt (de). 782, 796 * et note, 798.
Manouvrier. 451.
Mansfelt (maison de). 595, 739 et note 1.
Marchiennes (avoueries de). 117, 320, 700.
Marchiennes (fief mouvant de l'abbaye de). 696 note 2.
Marchiennes (sgrie et abbaye de). 496.
Marchiet (del). Voir : Du Markiet.
Marés à Corbehem (manoir du). 189. — Cf. Gônois.
Marés en Normandie (sgrie de). 592.
Maretz (sgrie des). 840.
Marigni (de). 156.
Marillach (de). 753.
Maritz. 263.
Marke (de). 712.
Markeillies (de). 141.
Markete (de). 339.
Markiet (del ou du). Voir : Du Markiet.
Marlière (fief de La). 237.
Maroeul (de). 728.
Maroilles (de). 79.
Marpent (sgrie de). 380, 381, 382.
Marquette en Ostrevant (fiefs à). 328, 339, 450, 791, 792.
Marquette en Ostrevant (seigneurie de). 25, 307.

Marquette (de Douai *dit* de). 106, 115, 119, 121, 524, 525, 526, 546, 700.
Marquion (château de). 97.
Marquion (de). 552.
Martin. 778.
Martin (des). 237.
Martinie (fief de La). 277.
Masny (sgrie de). 339.
Masny (de). 115, 117, 121, 123, 546, 558.
Mastaing (fief à). 694, 695.
Mastaing (sgrie de). 409, 743.
Maubray (sgrie de). 394.
Mauchicourt (de) 534.
Mauduite. 185.
Maulde (sgrie de). 432, 496.
Maulde (de). 233 et note 3.
Maulroy (sgrie de). 233.
Mauni (de). Voir : Masny.
Maurevel (de). 533.
Mauville (sgrie de). 245, 444, 758.
Mayeur (Le). 283, 284, 328.
Meaux (vicomté de). 335.
Meere (van der). 213, 237, 238*, 239, 240.
Mégille à Coutiches (fief de). 258, 799.
Meilleraye (de La). 430.
Meleun (maison de). 152, 344, 359, 360, 368 et additions* et note, 369, 370*, 371, 372*, 373, 374, 375*, 376*, 377*, 378 à 382, 383*, 384 à 406, 407*, 408 à 416, 417*, 418 à 422, 423 et additions, 424 à 452, 454, 456, 467, 513 et additions, 514, 584, 586 à 589, 598, 718, 719, 782, 797, 817 note 2.
Melun (vicomté de). 160, 360, 365, 368, 369, 370. 372, 383, 439 note, 584, 718.
Menil-sur-Ille (sgrie de). 443.
Menin (de). 150.
Meppen (sgrie de). 748.
Mercato (de). 103.
Merchier (Le). Voir : Caron.
Méricourt (sgrie de). 728.
Merlin de Douai. 522.
Mérode (de). 424.
Mesnil (du). Voir : Maisnil.
Messencoûture (sgrie de). 386, 391, 422, 443. — *Moinsendis Cultura*; aujourd'hui par corruption : Metz-en-Coûture.
Messines (de). 110, 527
Metz-en-Coûture (sgrie de). Voir : Messencoûture.
Meurchin (de). 903.
Meuricourt (sgrie de). Voir : Méricourt.
Meurs (comté de). 606, 608.
Mey. 863, 864*.
Minart. 861, 862.
Miramont en Pèvle (fief de). 270.
Miraucourt. 456.
Miromont (de). 548, 549.
Mœurs (comté de). Voir : Meurs.
Molembais (sgrie de). 745, 746.
Molimont à Houplines sur la Lys (fief de). 589, 590 et note 2. — Un dénombrement de ce fief vicomtier, mouvant de la Salle de Lille, du 4 mars 1388 (v. st.), existe dans le fonds de l'abbaye de Marquette, aux archives départementales.

Monbertault (de). 464.
Monchaux (de). 225.
Moncheaux (sgrie de). 428.
Moncheaux (de). 428 et additions.
Monchy-Breton (sgrie de). 797.
Monchy (de). 442.
Mondragon. 833.
Monmort (sgrie de). 242, 243.
Monnyer (Le). 183, 221, 223.
Mons (château et comté de). 53, 59, 62, 64, 65, 78, 79, 100, 116, 533, 546, 547, 557 note 2.
Mons (de). 335, 355, 534.
Monstreul-Bellay (sgrie de). Voir : Montreuil-Bellay.
Montegni (sgrie de). 127, 128.
Montguyon (baronnie de). 443.
Montigni (de). 363 et note 3.
Montigny en Ostrevant (sgrie de). 25, 26, 143, 163, 307, 337, 338, 343, 391, 393, 419 et note 1, 567, 568, 572, 595, 598, 599, 600, 603, 604, 624, 642, 695 et note 3, 816, 837, 858-859, 889.
Montigny-Saint-Christophe (sgrie de). 594.
Montigny en Ostrevant (de). 121, 131, 138, 326, 328, 329, 343, 344, 528, 567.
Montigny en Ostrevant (de Douai dit de). 66, 72, 85.
Montlieu (baronnie de). 443.
Montmirail (maison de). 335*, 552.
Montmorency (baronnie de). 192, 193, 379, 587, 588, 589, 617.
Montmorency (maison de). 195, 400, 418, 421, 422, 423, 514, 584, 588*, 589, 590*, 591*, 592, 593*, 595, 786, 794.
Montrecourt (sgrie de). 722 et note 3.
Montreuil (vicomté de). 450.
Montreuil-Bellay (baronnie de), en Anjou. 360, 368.
Montreuil-sur-Mer (château de). 820.
Mont-Sergeant (fief du). 271.
Morbecque (sgrie de). 591, 850.
Morchies (sgrie de). 399.
Moreaumez (de). 353, 361.
Morel. 723.
Morel ou Moriaux. 332, 458 et note, 701 et note, 703, 704.
Moreuil (de). 835, 840, 854.
Morselede (de). 527 et note 1.
Mortagne (baronnie de). 52, 497.
Mortagne (maison de). 64 note, 142, 143.
Morvillers (de). 384.
Mosnier. 418.
Mote (de Le). Voir : La Motte.
Mouquet. 882.
Moutiers (de). 222.
Mulet. 150, 679, 703, 765.
Mur (du). 513 et additions, 514 et additions.
Muret. 213, 221, 225, 226, 618.
Mutigny (de). 236 et note 3.
Namur (marquisat et comté de). 116, 117, 118, 147, 148, 384, 419, 543, 544, 547, 598, 700.

Namur (de Flandre *dit* de). 150.
Naples (royaume de). 608.
Narbonne (de). 366.
Nassau (maison de). 149.
Navarre (royaume de). 367, 585.
Naves (sgrie de). 276.
Nébra en Allemagne (sgrie de). 229, 234, 236.
Nébra (de). 213, 228, 229*, 230 à 237.
Nédonchel (maison de). 266, 267, 841.
Neele (sgrie de). 547.
Neele (de Clermont de). 154, 164 note 2, 174 à 178, 181, 182*, 186*, 586.
Neufchâtel (sgrie de). 384.
Neufville (de). 110, 544, 548.
Neuvilly (sgrie de). 261.
Neuvireul (sgrie de). 158 et additions.
Nevers (comté de). 532, 847.
Nigella. Voir : Noyelle.
Niger. 92.
Nivelle (baronnie de). 595.
Nivelle (de). 104.
Noailles (maison de). 611.
Noefville en Porguonval (sgrie de La). 642.
Noevirele (sgrie de). Voir : Neuvireul.
Noiret. 760, 827, 833, 834.
Normandie (duché de). 63 note 3.
Norrent (sgrie de). 745.
Noyelle-Godault (sgrie et alleus de). 86 et note, 87 et note.
Noyelle-sur-l'Escaut (sgrie de). 753.

Noyelle (de). 104, 326, 328, 701.
Noyelles (des). 228.
Obeaulx (sgrie des). 589, 590.
Obercicurt (rente à). Voir : Auberchicourt.
Obrecicort (d'). Voir : Auberchicourt.
Ococh (d'). 792, 796*.
Odemaer. 655.
Odingehem (d'). 103.
Offemont (sgrie d'). 176.
Ogiers (Li). Voir : Logiers.
Oignies (d'). Voir : Ongnies.
Oisy (baronnie d'). 9, 51, 62, 78, 85, 86 note, 89, 98, 104, 107, 108, 110, 111, 196 note 2, 311, 315, 316, 320, 325, 331, 335, 338, 339, 344, 552, 664, 694, 762, 766, 812.
Oisy (sénéchaussée d'). 320.
Oisy (d'). 111, 552.
Oisy (de Douai *dit* d'). 49, 59, 62*, 63, 98, 104, 107, 108, 316, 320, 321, 329*, 335*.
Olza (comté d'). 612.
Ongnies (maison d'). 331, 591.
Onvillers (sgrie d'). 820.
Oppy (sgrie d'). 693, 823.
Orange (principauté d'). 595, 596.
Orchies (châtellenie ou vicomté d'). 3 et note.
Orchies (mairie d'). 110.
Orchies (Motte, cour féodale et châtellenie d'). 3 et note, 4, 7 note 2, 113, 495, 496, 497, 527, 687 et note, 727 et note 2, 884, 885.
Orléans-Longueville (maison d'). 436-437.

Orscam (d'). 103.
Ostrevant (comté d'). 29, 51, 58, 73, 78, 90, 102, 116, 156, 252, 321, 323, 324, 327, 328, 334, 339, 481, 482, 485, 533, 552, 561, 659, 686, 695, 703, 890.
Ostrevant (sénéchaussée d'). 321, 326, 379, 380, 381.
Oudart. 618.
Ouencourt (sgrie d'). 418.
Ouvrin (fief d'). 655.
Overhem (sgrie d'). 239.
Overyssel (sgrie d'). 597.
Paiage (du). Voir : Payage.
Paiebien. 131.
Painmouillet. 192, 457, 460, 462, 810.
Palmart. Voir : Pamart.
Paluel (château de). 97.
Paluel (de). 322, 552.
Pamart. 814 note 1, 820.
Papelart. 320, 552.
Pappoire (de La). 255, 502.
Paris (de). 818.
Parme (maison de). 414, 415.
Pas en Artois (sgrie de). 187, 195, 197, 589.
Pas (de). 187.
Patheloré (de Pernes *dit*). 460, 461, 838 et note 1.
Patou. 240, 249.
Paulée. 813.
Payage (sgrie du). 466.
Payage (du). 194, 690, 717 et note, 736.
Payen. 782, 791, 792.
Peels. 827, 834, 835.
Pernat (de). 267, 268.
Pernes (de). Voir : Patheloré.
Péronne (de). 560.

Péruwez (sgrie de). 358, 419, 797.
Pestrin (sgrie de). 583.
Petit. 223, 249, 273, 277, 761.
Petit (Le). 338, 702, 704, 712 et note 1.
Petit-Diu. 21.
Peule (fief de). 308.
Pèvele ou Pève, et non Puelle ni Pévèle (terre de). 496.
Pèvele en partie (sgrie de). 798.
Phalempin (sgrie de). 42, 52.
Piau. 173, 174.
Piaut. 173.
Picquette. 170, 171, 172, 213, 220 à 223, 224*, 225, 457, 460, 462, 470, 471 et additions*, 501, 502, 550, 642 à 645, 703, 754, 755, 756, 758, 808, 810, 811, 816, 829, 830, 832, 835, 836, 837, 848, 849.
Picquigny (baronnie de). 359, 721 note 3.
Picquigny (maison de). 348, 359, 360*, 361, 368, 376, 378.
Pierpont (sgrie de). 359.
Pierrebais (fief de) à Radinghem. 167 note 2.
Pignatelli. 608, 609, 613, 741, 747.
Pikette. Voir : Picquette.
Pilate. 123, 284, 328.
Pinchon. 267, 268, 457, 461, 462, 463*, 464, 465* et notes, 466, 796 et note, 835, 838, 839, 842, 854, 867.
Pioche. 173.

Pipemont (sgrie de). 200.
Piquette. Voir : Picquette.
Plachy à Aniche (fief de). 215 note 1.
Plachy - lez - Douai (fief de). 190, 213 à 240, 263, 267, 470, 619, 787, 815 et note, 884.
Plachy (fiefs à). 213, 222.
Plachy (de). Voir : Placi (de).
Placi (de). 64 note, 217, 328, 330, 332, 458, 459, 708 et note 2.
Planchon. 462.
Plancq. 785.
Plancque (de La). 188, 273, 276 et notes 2 et 5, 277*.
Plancques (sgrie des). Voir : Planques.
Plankes (des). 533.
Planques-lez-Douai (sgrie de). 244 et note 3, 245, 331, 333, 467, 468, 672, 686, 691, 695, 697, 701, 840, 859, 863, 864.
Planques (de Saint-Aubin *dit* des). 331, 697, 701, 702.
Plessis - Richelieu - Wignerod (du). 613.
Ploich (fief du). 753, 841, 861.
Poitiers (de). 373.
Pollet. 197, 228.
Polliade. 617.
Pommereau (mairie de) à Aubers. 85. — *Spumerellum*, en 1076. Espumerel, en 1111. Pumeriaus, au XIV° siècle.
Ponte (de). Voir : Du Pont.
Porcel ou Porciel. Voir : Pourchel.

Porcelet. Voir : Pourchelet.
Portugal (maison de). 560.
Potente (A la). 717.
Potes (justice de). Voir : Douai (fief du Gavène de).
Potes (sgrie de). 513 et additions, 514, 516, 517, 518 et note 1, 524, 574, 575, 578 à 583, 616.
Potes (de). 497, 516, 578*, 579, 580 à 583*.
Potin. 330, 706, 708 et note 2.
Potin de Plachy. 217.
Pottes (sgrie de). Voir : Potes.
Pottier. 225.
Pouchin. 636, 637.
Poucques (de). 589.
Poulle. 195.
Pourcel. Voir : Pourchel.
Pourcelet. Voir : Pourchelet.
Pourchel (de Douai ou d'Auberchicourt *dit*). 213, 218, 219, 264, 457, 462, 470, 471 et additions*, 621, 635 à 643, 644 et note 4 et additions*, 645, 652, 719 et note 1 et additions, 808 à 811, 827, 829, 830, 831, 844, 846, 847, 848.
Pourchelet. 328, 637*, 705, 782, 783, 789, 790*, 791, 792, 793, 802, 805 à 808.
Pourchelets (fief des). Voir : Douai (fief des Pourchelets à).
Pourchiaux. Voir : Pourchel.
Prat (de). 532.
Preschonnet (sgrie de). 446.
Prez (des). Voir : Des Prez.
Prie (de). 610.
Priez *dit* Cardon. 653 à 656.
Pronier. 457, 472.

Prouvy (de). 532.
Provenc (sgrie de). 276.
Purmenrend (sgrie de). 600, 608.
Quartes (de). 716 note 4.
Quellerie (de). 655.
Quérenain (sgrie de). 813, 822, 823, 824.
Quesnoy (du). 616, 722.
Quiéret. 200.
Quiéry (de). 328, 693, 791.
Quiévrain (fief à). 577.
Quiévrain (sgrie de). 379.
Quinci (de). Voir : Cuincy.
Quincy (de). 416.
Rache (Pontenage de). 25, 31, 32, 121, 123, 158, 163, 179, 193.
Rache (seigneurie ou fief de la châtellenie de). 3 note, 26, 32, 101, 108, 110, 119, 142, 143, 155, 307, 320, 383, 496, 528, 694, 859, 865, 889.
Rache (vivier de). 123.
Rache (de). 527, 696.
Radingehan (de). 118.
Radinghem (sgrie à). — Voir : Pierrebais.
Raimbaucourt (sgrie de). 329.
Raimbaucourt (de). 64 note.
Raincheval (de). 191, 192.
Raineval (sgrie de). 359.
Raismes (de). 619, 799.
Rambure (de). 875.
Ramecourt (sgrie de). 200.
Ranst (de). 842, 852, 853, 854.
Raoult. 881, 882.
Rascia. Voir : Rache.
Rasière (de). 444, 445, 747.
Rassen. 407.

Rassoncamp (fief de). 780, 781.
Ravinel (fief) à Flines. 696 note 2.
Ravinel (de Hali *dit*). 696 et note 2.
Raycourt (de). 552.
Recklinghausen (comté de). 748.
Regnault. 255.
Regnier (Le). 245, 246.
Reinghersvliet (de). 350.
Relengue (de). 548.
Relly (sgrie de). 388.
Remaugies (sgrie de). 820 et note 1.
Remerchicourt (sgrie de). 650.
Remy. 261, 760, 769, 780, 781.
Remy (de Douai *dit* de). 131.
Remy (Le Carlier *dit* de). Voir : Carlier.
Renenges (dîme à). 529. — Aujourd'hui : Reninghe, à 15 kil. de Dixmude.
Renenges (de). 529.
Renty (marquisat de). 601, 604, 606.
Resbais (de). 104.
Ressay (sgrie de). 651.
Réthel (comté de). 847.
Retourneur (Le). 712.
Reymerswale (de). 589.
Ribemont (comté de). 58, 73, 78, 90, 102.
Ricamez (de). 838.
Richebourg (sgrie de). 363, 392, 414 et note, 420, 425, 427, 428, 450.
Richelieu (duché de). 613.
Rieulay (château et sgrie de). 523, 524, 552 à 583, 622, 890.

Rieulay (Euwage de). Voir : Douai (fief du Gavène de).
Rieulay (de). 23, 496, 523, 524, 565, 573 à 576, 577*, 578 à 582, 622, 623, 629, 636, 831 et note 3.
Rieulay (de Douai *dit* de). 304, 557, 559, 560, 561*, 562 à 577, 622.
Rispelgi (de). 103.
Rivery (de). 188.
Rivière (de La). 64 note.
Roavia (de). 547.
Robecque (de). 109.
Robespierre (de). 221 et note 1.
Roche-Andelys (château de La). 115.
Rochefoucault (de La). 616.
Rode (van). 780-781, 877 et note 2.
Rodes (de). 115.
Roet (de). Voir : Rueth.
Rœulx en Hainaut (baronnie, pairie et comté du). 346.
Rœulx en Ostrevant (sgrie de). 324, 325, 339.
Rœulx (de Hainaut *dit* du). 321, 325, 379, 546, 547.
Rognon (principauté des francs fiefs de). 745.
Rohan (duché pairie de). 430, 443.
Rohan (maison de). 435, 438, 442, 443.
Roisin (baronnie de). 132, 379, 851.
Roisin (maison de). 90, 100, 131, 132, 133, 134, 136, 137, 140, 472.
Rolin d'Aymeries. 406, 412, 413, 417, 418, 419.

Rollencourt à Flers (fief de). 654 et note 3, 655.
Romagnant (fief). Voir : Douai.
Romagnant (de). 872, 873.
Rombies (de). 759.
Rond (de). 262.
Roost (fief à). 852, 853.
Rosbecq (fief de). 237.
Rosny-lez-Mantes (sgrie et baronnie de). 399, 401, 402, 405, 409, 410, 412, 415, 416, 417.
Rosny (de). 378.
Rossignol ou Lossignol (fief). 275.
Rou (de). 548.
Roubaix (sgrie et marquisat de). 165 note 2, 176, 384, 392, 393, 413, 415 à 420, 422, 429, 431, 437, 438, 443, 490 note.
Roubaix (de). 143-144.
Rouci (comté de). Voir : Roucy.
Roucourt (fief de Le Vacque à). Voir : Le Vacque (fief de).
Roucourt (fiefs à). 251, 257 et note 2.
Roucourt (sgrie et château de). 251, 252, 262, 324, 325, 801.
Roucourt (de). 321, 323 et note 4, 324, 325, 326, 328, 330.
Roucy (comté de). 55, 56, 71 note 1, 392.
Rouvespierre (de). Voir : Robespierre.
Roye (de). 154, 158, 161, 162 note.
Ruciacensis. Voir : Roucy.
Rues (sgrie de). Voir : Rœulx (sgrie du).

Ruet (sgrie de). Voir : Roeulx.
Rueth, Ruet ou Roet (de). 324, 325*, 326, 328, 329. — Cf. Rœulx en Ostrevant (sgrie de).
Rueth (de Hainaut *dit* de). Voir: Rœulx (du).
Rullai (de). Voir : Rieulay.
Rumaucourt (avouerie de). 111.
Rumaucourt (fief de l'avouerie de). 460-461, 821 note 1.
Rumaucourt (de). 552, 698 et note 2.
Rume (de). 347, 352.
Rumeis (sgrie de). 143.
Rupelmonde (château de). 848.
Ruysseval (sgrie de). 840.
Saarbruck (de). 392, 393, 396.
Saigny (de). 752, 753.
Sailly en Ostrevant (fief à). 693.
Sailly en Ostrevant (Gavène de). 108, 320, 694, 695.
Sailly-la-Bourse (sgrie de). 450.
Sainghin en Weppes (sgrie de). 114, 419, 529.
Saint-Amand (avoueries de). 316.
Saint-Amand (prévôté de). 124, 531.
Saint-Amand (seigneurie et abbaye de). 30, 496.
Saint-Amand (de). 21.
Saint-Aubert (de). 115, 322, 531, 533, 547.
Saint-Aubin (fief de) à Lers. Voir : Lers.
Saint-Aubin (maison de) à Douai. 52, 64 note, 108, 109, 114, 115, 118 et additions, 120 et note 3, 121, 127, 191, 332, 336, 370, 371, 379, 458, 459, 528, 546, 551, 561, 640, 663, 668, 670, 677, 680, 681, 686, 691*, 692*, 693 à 698, 699 et note*, 700, 701 à 709*, 710 à 717, 718 et note 1*, 719 à 728, 731, 749, 765, 766, 788.
Saint-Aubin (de) en Picardie. 721 note 3.
Saint-Aulaye (sgrie et marquisat de). 430, 443.
Saint-Disdier (de). 434.
Saint-Dizier (sgrie de). 143.
Saint-Floris (sgrie et marquisat de). 276, 277, 447, 450.
Saint-Genois (de). 761, 858, 860.
Saint-Omer (château et châtellenie de). 39, 65, 112, 114-115, 533, 725, 728.
Saint-Omer (châtellenie ou vicomté de). 65, 104, 109, 110, 111, 118 et note 3, 119, 334, 549.
Saint-Omer (maison des châtelains de). 318 en note, 325, 328, 329, 331, 334, 343 et note 3, 549, 591, 850.
Saint-Pithon (sgrie de). 432.
Saint-Pol (comté de). 77, 104, 196, 321, 346, 351, 352, 375, 437, 440, 443 et note 1, 444, 590, 797.
Saint-Séverin d'Aragon (de). 612.
Saint-Valery (de). 108.
Saint-Venant (sgrie et comté de). 143, 144, 164 note 2,

174, 176, 178, 181, 182, 186, 353.
Saint-Venant (de). 559.
Salé. 619, 855.
Sallommez (sgrie de). Voir : Salomé.
Salomé (sgrie de). 167 note 2.
Salonique (terre de). 540, 541, 542.
Sapignies (de). 226 *, 240, 244, 245 *, 253, 254, 468*.
Sardaigne (royaume de). 602, 606, 741.
Sarre. 247.
Sauchoy (sgrie du). 174.
Sauchoy (du). Voir : Villers-au-Tertre.
Sauchy (fief de). 244.
Sauchy-Cauchy (fief à). 874.
Sauchy (de). 320, 322, 552.
Sauls. 180.
Sauthy (sgrie de). 391, 420.
Saveuse (de). 174, 722 et note 3.
Savoie (comté de). 365, 366.
Savoie (maison de). 560, 709.
Saxe (maison de). 447.
Scenes (de). 872.
Schercin (de). Voir : Esquerchin.
Scohier. 37.
Sebourg (alleu à). 100.
Sebourg (de). 102.
Sellier (Le). 259, 760, 842, 856, 857, 864.
Senallart. 251, 255, 256 *, 282.
Senech (sgrie de). Voir : Genech.
Senelle. 268, 269.
Sénéschal. 852.
Senghin (de). 144.

Serignan (sgrie de). 615.
Sesseval (de). 416.
Sicile (royaume de). 135.
Silly (baronnie de). 745.
Silly (de). 745 *.
Simancas (château de). 419.
Sin-lez-Douai (fiefs à). 115, 127, 128, 146, 147, 154, 161, 163, 816, 837, 889.
Sin (sgrie et marquisat de). 485, 689 et note 2, 735 note.
Six. 861.
Slype (van). 238.
Snellart. Voir : Senallart.
Sobier. 386.
Soissons (comté de). 152.
Soldoyer. 268, 269.
Somain (avouerie de). 552 à 556, 583.
Somain (de). 102, 857.
Somerghem (de). 545.
Sorel (de). 110.
Sotteghem (sgrie de). 363, 364, 372, 376, 588, 601.
Sotteghem (de). 115, 118, 362, 363, 364, 581.
Sottenghien (de). Voir : Sotteghem (de).
Souastre (sgrie de) en Sauchy-Cauchie. 874.
Soubise (principauté de). 435, 442, 443 et note 2.
Souchez (de). 518, 717.
Souldoier. Voir : Soldoyer.
Soumeng. Voir : Somain.
Soupplet. 226.
Spinceham (alleu de). 86 note, 87.
Spira (de). 867.
Steelant (de). 353, 361.

Steenhuysen (principauté de). 600.
Struen (de). Voir : Estreun.
Sucquet. 224, 225, 466, 467, 468.
Sucre (de). 759.
Sully (de Béthune *dit* de). 393, 400, 401, 411, 413, 415, 416, 417, 421, 422.
Surcques (de). 271, 842, 854, 855, 856, 863.
Tahon. 842, 852.
Tailleur (Le). 813, 817 à 820.
Taisne. 248, 269, 270, 842, 851, 852.
Tallieres (Li). 809.
Tampère. 236 et note 3.
Tancarville (sgrie et comté de). 370, 372, 383.
Tancarville (de). 368.
Tange. 763.
Tarekin. 712.
Temple (du). 17, 572.
Tenbossche (fief de). 239.
Terbist (fief de). 856, 864.
Termonde (baronnie de). 345, 353, 361, 371, 402, 529, 593.
Testart. 227.
Thelier (Le). 492, 782, 792 à 795.
Thian (de). 131, 188.
Thieuloy (sgrie de La). 851.
Thouwars (de). 872.
Tilly (de). 391.
Toitellus. 526.
Tolède (maison de). 414.
Torquring (de). Voir : Tourcoing (de).
Tortequesne (de). 638.
Toulet. 206, 207, 209, 341.

Toupet (fief) lez-Douai. Voir : Douai.
Tourcoing (de). 506.
Tourmignies (de). 472.
Tournai (châtellenie ou vicomté de). 52, 91.
Tournay (de). 36.
Touse. 166.
Trachet. 619, 745, 750, 785.
Tramerie (sgrie de La). 472, 849, 850, 851.
Tramerie (de La). 266, 457, 471, 472, 842, 850.
Trazegnies (de). 534, 608, 682, 729, 742, 743, 744, 745*, 746.
Tréhou à Vitry (sgrie de). 257, 258, 269, 550, 551.
Trélon (sgrie de). 196.
Trémoille (de La). 440.
Trigault. 867.
Trit (de). 115, 533, 534, 539, 548.
Troies (de). 809.
Trois-Cocquelets (fief des). Voir : Douai.
Troncquoy (fief du). 259, 260.
Tronquoy (sgrie du). 174.
Tupenni (de). 698 et note 2.
Turpin. 213, 226*, 227, 228, 391, 455.
Turquet. 866.
Usse (avouerie d'). 352 et note, 353 et note, 361. — M. Demay (*Sceaux de la Flandre*, n° 4146) cite, sous l'année 1323, le chevalier Willaume, maire d'Usse ou d'Uisses. — A Huysse, en la châtellenie d'Audenarde, l'abbaye de

Corbie avait d'importants domaines.
Vacquerie (de La). 257, 381, 840.
Valenciennes (châtellenie ou vicomté de). 51, 102.
Valenciennes (comté de). 53, 54, 79, 100, 321, 534.
Valenciennes (de). 537.
Vallut (fief de La). 875.
Valois (comté de). 150, 151.
Vandendriesche. 237 note 2.
Vanlerberghe. 813.
Vanrode. Voir : Rode.
Varelles (fief de). 236 note 3.
Varnicamps (fief de). 655.
Vaux (de). 792.
Vélu (de). 135, 552.
Vendegies (de). 223.
Ventadour (duché de). 443 note 2.
Verdeau. 137.
Vermandois (comté de). 323, 529, 698 et note 2, 711.
Vermiele (de). 118.
Vernay (de). 872.
Vernimmen. 655, 656.
Verquenesse (domaine de l'abbaye de Vicogne à). 545.
Vertaing (de). 642.
Vertbos (du). 150.
Vésignon-Lewarde (sgrie de). 418.
Viane (château et sgrie de). 374.
Viefville (sgrie de La). 384.
Viefville (de La). 735.
Vieille-Chapelle (sgrie et château de). 447, 448 et note 1, 450.
Vierve (de). 347.
Viéville (fief de La). 261.

Vignon. 418.
Vileirs (de). 114.
Vilers (sgrie de). 199.
Villain. 723, 724, 779, 810.
Villain (Le). 617.
Villars (duché de). 611.
Villars (de). 611, 612.
Villemont (comté de). 745.
Villemur (sgrie de). 613.
Villers (sgrie de). 642.
Villers (de). 370, 371*, 552.
Villers-au-Tertre (de). 655, 733, 796, 797, 819.
Villers-Ployich (sgrie de). 227 note 2.
Villiers de L'Isle-Adam (de). 588, 589.
Vincourt (de Le). 827, 828, 829.
Viromandia. Voir : Vermandois.
Visven? (de). 91.
Vitry (mairie et château de). 11, 38, 39, 40, 52, 61, 89, 90, 107, 109, 111, 116, 117, 123, 126, 127, 128 et note 1, 133, 134, 141, 145, 146, 147, 149, 154, 155, 164 à 170, 177, 179 à 184, 189, 202, 336, 524, 526, 527, 536, 890.
Vitry-le-François (château de). 6 note 2.
Vlorenbek (de). 91.
Vuoerden (de). 428 note 3, 436.
Waencourt (de). 110.
Wagnonville (fief à), mouvant de Courchelette. Voir : Courchelette.
Wagnonville (fiefs à). 751.
Wagnonville (sgrie de). 52,

62, 370, 379, 381, 389, 390, 394, 395, 396, 399 à 403, 408, 411, 657, 662, 663, 671, 672, 686, 687, 688, 691, 693, 695, 697, 699, 700, 704, 705, 706, 710, 712 à 715, 718, 719, 749, 758, 766, 812, 815, 816.

Walaincourt (de). Voir : Walincourt.
Waldeck (comté de). 406.
Waldeck (de). 402, 405, 406, 409.
Walincourt (de). 116, 549.
Wallers (de). 102, 321.
Waltier (Le). 816, 817.
Wambrechies (de). 545 note 2.
Waucourt (sgrie de). 589, 590.
Warenghien (de). 653, 744, 784.
Warfusée (comté de). 427.
Wargny-le-Grand (sgrie de). 643 et note 4.
Warkembeke (de). 92.
Warlaing (sgrie de). 26, 101, 110, 760, 805, 813, 822, 823, 888, 893.
Warneston (de). 94.
Wartembeke (de). 90, 91, 93.
Waschet. 100.
Wasiers (sgrie de). Voir : Waziers.
Wasiers (de). 328, 696.
Wasiers (de Wavrin dit de). Voir : Waziers.
Wasnes (de). 804.
Wasquehal (sgrie de). 136, 138 à 142, 144, 146, 147, 148, 154, 155, 156, 158, 162, 165 et note 2, 172, 202, 890.
Wasquehal (de). 90, 137, 138, 139*, 141*, 153.
Wastines ou Wattinnes (fief des). 276 et note 2, 277.
Wastines (des). 138, 139, 218, 264, 470, 640.
Watelin. 856, 864.
Waude. 722, 792.
Waukier (Le). 479.
Wavrans (sgrie de). 725.
Wavrin (baronnie de). 373, 532, 547, 549, 595, 597, 598, 600, 738, 739, 740, 761 à 765.
Wavrin (fiefs à Dorignies mouvant de). 761 à 765.
Wavrin (maison de). 104, 105, 107, 108, 109, 114, 127, 143*, 174 et note 1, 176, 178 note 3, 182*, 186*, 329, 335*, 346, 348, 352, 353, 354, 358, 361, 362, 529, 532, 641, 762, 765*, 803*.
Waziers (fiefs à). 861.
Waziers (seigneurie de) 15, 125, 329, 594, 595, 597, 598, 599, 603, 604, 619 note, 641, 689 et note 2, 741, 743, 744, 745, 865.
Waziers (de Wavrin dit de). 641, 642, 651.
Welu (de). Voir : Vélu.
Wendin (de). 221.
Werchin (sgrie de). 422.
Werchin (maison de Hainaut dit de). 115, 143, 532.
Werchin (deuxième maison de). 413, 420.
Wert (sgrie de). 600.

Wignacourt (de). 821.
Willatte. 502.
Willem (seigneurie de Fresnoy à). Voir : Fresnoy.
Willerval (sgrie de). 716 note 3, 719.
Willerval (de). 693.
Wimevelt (fief à Ghyvelde ou). 66, 72, 78.
Winendale (château de). 143.
Wingles (château et sgrie de). 378, 586.
Wingles (de). 752.
Wion. 619, 750.
Witase. 492.
Witthem (de). 423, 424.
Woestine (fief à). 345.

Woorde (fief de). 238.
Wortanbeque (de). 92.
Wyeres (sgrie de). 420.
Wyngaerde (sgrie de). 239.
Wyon. 407.
Ypres (cour du comte à). 527, 884.
Ypres (fief à). 342.
Ypres (d'). 91, 92, 93, 114, 699.
Ypres (de Flandre *dit* d'). 101.
Yrercourt-lez-Saint-Laurent (manoir d'). 636 et note 2.
Yssche (d'). 618.
Ysselstein (sgrie et comté d'). 403, 600.
Zomberghe (de). 833.
Zutphen (comté de). 606.

TABLE DES MATIÈRES.

                                                      Pages.

INTRODUCTION à l'histoire féodale de Douai.......... v

CHAPITRE PREMIER. Châtellenie de la ville de Douai ou office du châtelain. — Distinction entre la châtellenie (territoire ou plat pays) et la châtellenie (fief du châtelain ou vicomte)......... 1

I. Attributions du châtelain ou vicomte de Douai. — La Vieille-Tour. — Achat de la châtellenie par la ville. — Avouerie de Saint-Amé. — Mairie de Vitry. — Comparaison entre le châtelain de Douai et ceux des villes voisines. — Le châtelain ou vicomte d'une ville et le seigneur vicomtier d'un village.................... 11

II. Liste des châtelains de Douai. — Le châtelain Hugues, grand avoué de Saint-Amé, vassal du comte de Flandre et sujet français (1024). — Wautier Ier, le plus généreux bienfaiteur de Saint-Amé après saint Maurand ; sa vie agitée ; il meurt moine au Mont-Saint-Éloi. — Un cadet de la maison de Douai devient châtelain de Cambrai et chef de la puissante maison d'Oisy... 49

III. Liste des châtelains (suite). — Démembrements successifs de la châtellenie. — Rapports avec les échevins de Douai. — Domination française en 1213 et en 1300....................... 90

IV. Liste des châtelains (fin). — Gilles Ier, capitaine au service du roi contre les Flamands (1314). — Le châtelain Jean, confondu avec un valet !

	Pages.
— Le sire d'Inchy vend la châtellenie à la ville (1464). — Différentes demeures des châtelains de Douai...............................	154
CHAPITRE DEUXIÈME. Fiefs tenus du châtelain à l'origine et mouvant directement du château de Douai depuis 1464......................	20
I. Arrière-fief du prévôt de la ville. — Son extinction.................................	204
II. Justice du métier des cordonniers et des tanneurs. — Extinction du fief qui est réincorporé à la châtellenie. — La justice du métier subsistait en 1789...............................	206
III. Fief de Plachy-lez-Douai ; justice foncière. — Familles douaisiennes. — Derniers possesseurs : les seigneurs de Lambres...........	213
IV. Fief de Briffœul à Sin et Dechy ; terres sans aucun droit de justice. — La branche de Briffœul de la maison d'Antoing. — Division et morcellement des terres..................	240
V. Fief de Le Vacque à Roucourt ; Dimage et justice vicomtière. — Dernier possesseur : le seigneur de Roucourt.................................	251
VI. Fief à Cantin ; rasière d'avoine *fourmentereche*.	263
VII et VIII. Fiefs à Dury ; parcelles de terre sans droit de justice. — Une *dame du Rossignol* au XVIIIe siècle.............................	267
IV. Fief du Vieil-Chastel d'Hamblaing, créé en 1238. — Familles artésiennes..............	273

CHAPITRE TROISIÈME. Prévôté de la ville de Douai ou

office du prévôt. — Nombreuses et différentes acceptions du mot *prepositus*.............. 279

I. La prévôté était un démembrement de la châtellenie. — Le prévôt apparaît au XII° siècle ; ses attributions très-diverses. — Hôtel de la prévôté. — Le *justice* ou sergent de la prévôté. — Tentatives réitérées de la commune pour acquérir cet office féodal.................. 281

II. Liste des prévôts. — La maison de Douai au XII° siècle et au XIII°. — Son affinité avec la maison d'Oisy. — Les prévôts enrichissent l'église Saint-Pierre.................. 311

III. Liste des prévôts (suite). — Rectifications importantes à la généalogie de la maison d'Antoing. — Maison de Meleun, branche d'Antoing. — Procès contre la ville.................. 344

IV. Liste des prévôts (fin). — Cadets de la maison de Meleun : les vicomtes de Gand. — L'illustre Sully deshérité de la prévôté. — Retour à la branche aînée. — Le marquis de Roubaix et ses deux sœurs. — Procès entre les maisons de Meleun et de Ligne. — Les princes d'Espinoy. — Le duc et pair de Melun. — La princesse de Ghistelle, née de Meleun, dernière prévôte. — Hôtel de la prévôté, depuis 1140 jusqu'à nos jours.................. 393

V. Arrière-fiefs de la prévôté. — Le Dîmeron de Saint-Albin. — Les vingt rasières au Mont de Douai.................. 457

CHAPITRE QUATRIÈME. — Fief du Gavène de Douai et office du Gavenier.................. 477

Pages.

I. Diverses significations du mot *gavène*. — A Douai et à Sin, le *gavène* paraît avoir été à l'origine un impôt foncier. — Le *gavène* des cinq villages d'Ostrevant. — Formation du fief du Gavène de Douai, aux dépens de la châtellenie ou vicomté. — Profits de la recette du *gavène*. —Part du vinage et de l'Euwage de la Scarpe. — Justice de Potes. — Le receveur du Gavène.................................... 477

II. Liste des Gaveniers. — La châtelaine douairière Adèle (1177). — Pierre de Douai; sa vie et ses aventures. — Branche de Douai-Rieulay. — Vente du droit de forage (1274). — Les seigneurs de Potes........................ 523

III. Liste des Gaveniers (fin). — La dame d'Antoing réunit le Gavène et la prévôté (1350). — Le connétable Charles d'Espagne, futur héritier des d'Antoing. — Lettres patentes du roi Jean (1353). — Maison de Meleun. — Le Gavène passe aux Montmorency (1400). — Les seigneurs de Croisilles, de Bours et de Courrières, cadets de cette maison. — Le comte de Lalaing achète le Gavène (1547). — Maisons d'Egmont et d'Egmont-Pignatelli. — Liste de receveurs du Gavène............................ 584

Appendice du chapitre quatrième. — Afforage et *franquet*, détachés du Gavène (1274). — Droit seigneurial tombé en roture. — Donation aux lépreux (1282). — Lot ou pot *vineré*. — Cet antique impôt sur le vin et la bière était encore perçu en 1789. — Les Du Markiet, opulents bourgeois du XIII° siècle, et leurs héritiers. — Famille Cardon (1661).................. 621

Chapitre cinquième. Fief de Saint-Albin en Douai. — Wagnonville, Dorignies et Escarpel dépendaient de l'antique paroisse de Saint-Albin. — En 1150, celle-ci mouvait de Lens en Artois............................ 657

I. Justice des *clains* et *respeux* de Saint-Albin. — Donjon. — Droits honorifiques. — Procès contre la ville. — Tentatives réitérées de celle-ci pour acquérir le fief de Saint-Albin....... 664

II. Liste des seigneurs de Saint-Albin. — L'ex-châtelain de Douai Waulier Ier (1097). — Famille de Saint-Aubin, issue des châtelains de Douai. — Un seigneur de Saint-Albin prend femme dans la bourgeoisie douaisienne (1412). — Les Saint-Aubin se retirent en Artois........... 691

III. Liste des seigneurs de Saint-Albin (fin). — Les Daoust (1484-1520). — Comment l'histoire est traitée par les hérauts d'armes. — Maisons de Lalaing, d'Egmont et de Trazegnies. — Le duc d'Arenberg, dernier possesseur. — Hôtel de Saint-Albin, converti en collége au XVII° siècle. — Liste de baillis................... 729

IV. Arrière-fiefs de Saint-Albin. — Parcelles de terres, rentes foncières et terrage à Dorignies, Wagnonville, Cantin et Gœulzin. — Les blanches *miches*........................... 751

Appendice du chapitre cinquième. — Enclaves, en la paroisse Saint-Albin, de la baronnie de Wavrin, de la seigneurie de Courchelettes-lez-Lambres et de celle d'Escarpel.............. 761

CHAPITRE SIXIÈME. Petits fiefs enclavés dans la ville et la banlieue........................ 768

I. Fief de l'Eculier-le-Comte. — Familles de la bourgeoisie douaisienne.................. 769

II. Fief des Pourchelets. — Basse justice dans le quartier Saint-Albin. — La vieille famille Pourchelet a donné son nom au fief. — *Le seigneur du Pourchelet*..................... 782

1ᵉʳ appendice de l'article II. — Ancien fief de la Coûture Saint-Albin. — Nouvel exemple de droits seigneuriaux tombés en roture............. 802

2ᵉ appendice. — Autre fief de justice de *clains et repeux* dans la paroisse Saint-Albin......... 808

III. Damoisellerie de Dorignies ou fief des Damoiseaux. — Manoir situé près de la chapelle Saint-Michel. — Le collége d'Anchin, possesseur en 1789........................ 812

IV. Rentes sur le domaine, le Gavène et le moulin au Brai.............................. 825

V. Parcelles de terres hors de la porte d'Esquerchin et à Frais-Marais. — Fief Griffon........... 858

VI. Parcelles de terrains provenant du château de Douai. — Fief Romagnant. — Fief des Trois-Cocquelets................................ 868

SOURCES MANUSCRITES CONSULTÉES...... 882
ADDITIONS ET CORRECTIONS..................... 900
REMARQUES ET GLOSSAIRE...................... 914
TABLE DES NOMS de fiefs et de familles............ 941
TABLE DES MATIÈRES........................... 980

CLASSEMENT ET EXPLICATION DES PLANCHES.

Pages

La planche d'armoiries, servant de frontispice, en regard du titre du 1⁰ʳ volume.................... »

En première ligne figurent les blasons du roi de France et du comte de Flandre, du souverain et du vassal ; sauf que les vicissitudes politiques valurent maintes fois au roi la seigneurie directe sur Douai, ce qui arriva définitivement en 1667, et que le comte sut se rendre indépendant, en fait, de 1467 à 1529 en droit et en fait, de 1529 à 1667.

Le châtelain ou vicomte de Douai, vassal du comte et plusieurs fois du roi, mais toujours sujet français, portait, dès la fin du XII⁰ siècle : De sinople au chef d'hermines ; il criait (d'après un vieil armorial du XV⁰ siècle, publié par Arthur Dinaux dans ses *Archives historiques et littéraires,* Valenciennes, 1842, in-8°, nouvelle série, IV, page 14) : *Douay ! Passez oultre !*

Un prévôt de Douai eut l'honneur d'être fait duc et pair de Melun en 1714 ; pour les armoiries de cette maison, voir page 370.

Le Gavenier était, en 1654, le comte

d'Egmont, qui portait comme nous l'avons dit à la page 910.

Le seigneur de Saint-Albin, issu de la maison de Douai, portait, dès la fin du XII° siècle : D'or au chef de gueules.

Vue cavalière de l'hôtel de la prévôté et des terrains voisins vers 1140...................... 285

C'est un essai de reconstitution, d'après les titres, d'un quartier de la ville forte (*castrum Duacense*).

Vue de la Prévôté en 1789.................... 456

Le tableau en bois sculpté, qu'on remarque au-dessus de la grille, porte, au lieu des armes de Meleun, les trois lettres entrelacées : J J M, et peut-être en outre deux C affrontés ; serait-ce le chiffre du comte de Melun (Jean-Alexandre-Théodose), prévôt en 1734, époque où l'on s'occupait de la reconstruction « du bâtiment de devant de la maison et prévosté » (voir page 444)? Le style architectural de la Prévôté est bien de cette époque-là.

Dans la précieuse collection Robaut, si généreusement donnée à la bibliothèque communale, à côté du bon dessin de la Prévôté, exécuté en 1848 (2° volume grand in-folio, f° 11), on remarque un autre dessin, accompagné de la copie d'une note transmise par l'ancien propriétaire de l'hôtel, feu M. Daix, et datée aussi de l'année 1848 : ce dessin représente le fronton de la Prévôté, mais surmonté d'une colonne (sorte d'obélisque), avec un blason fruste et une couronne à fleurons, supportée par deux licornes *(deux capricornes en pierre de taille*, selon la note de M. Daix). Après bien des recherches, nous avons acquis la certitude que ce dessin n'est qu'un essai de reconstitution d'ornements imaginaires (1) ; quant aux licornes, elles sont étrangères aussi bien aux de Meleun qu'aux Ghistelle, l'une et l'autre maison ayant pour supports de son écu deux griffons.

Vue cavalière de l'Lôtel de Saint-Albin et de ses abords au XIIe siècle.......................... 669

Autre quartier de la ville forte (*castrum Duacense*) reconstitué d'après les titres.

(1) En 1858 ou postérieurement, M. Daix dessinait lui-même un autre essai où ne figure plus la pyramide, mais seulement « un grand écusson établi sur une base en pierre bleue et soutenu par deux sortes de licornes à tête de cheval avec corne droite ». (Communiqué par le propriétaire actuel, M. Courtecuisse.)

FIN.

DOUAI. IMP. L. CRÉPIN.

www.ingramcontent.com/pod-product-compliance
Lightning Source LLC
Chambersburg PA
CBHW051407230426
43669CB00011B/1793